Joost Jongerden – A
Bahar

İSYAND

KÜRDİSTAN ÖZGÜRLÜK HAREKETİ

*dipnot yayınları

İsyandan İnşaya: Kürdistan Özgürlük Hareketi

ISBN: 978-605-4878-47-5
Dipnot Yayınları: 225
Sertifika No: 14999
1. Baskı, 2015/Ankara

Editör: Emir Ali Türkmen
Düzelti: Bahar Şimşek
Kapak Tasarımı: Duysal Tuncer
Kapak Fotoğrafı: Seyit Evran (Benê-Efrîn; 19 Haziran 2013)
Çeviri: Ceren Akyos (2., 5., 7., 9. & 11. Makaleler), Bahar Şimşek (10. Makale)

Baskı Öncesi Hazırlık: Dipnot Bas.Yay. Paz. Ltd. Şti.
Baskı: Sözkesen Matbaacılık (Sertifika No: 13268)
İvedik O.S. B. 1518. Sok. Mat-Sit İş Merkezi No: 2/40
Yenimahalle/ANKARA Tel: (0312) 395 21 10

Dipnot Yayınları
Selanik Cad. No. 82/32 Kızılay / Ankara
Tel: (0 312) 419 29 32 / Faks: (0 312) 419 25 32
e-posta: dipnotkitabevi@yahoo.com
www.dipnotkitap.com

Joost Jongerden
Ahmet Hamdi Akkaya
Bahar Şimşek

İsyandan İnşaya
Kürdistan Özgürlük Hareketi

*dipnot yayınları

İçindekiler

Giriş 7

1. BÖLÜM

1990 ÖNCESİ PKK

1 Kürt Hareketi'nin Örgütlenme Süreci Olarak 1970'ler 21
Ahmet Hamdi Akkaya

2 Kürt Hareketi'nin "Filistin Düşü" 75
Ahmet Hamdi Akkaya

3 Ulusal Kurtuluş, Ayaklanma ve Sınırların Ötesi: 1970'lerden 1990'lara Kürt Hareketi'nin Değişim Dinamikleri 99
Ahmet Hamdi Akkaya

2. BÖLÜM

YENİ PARADİGMA ARAYIŞINDA PKK

4 Demokrasiyi Radikalleştirmek: Güç, Siyaset, Halk ve PKK 137
Joost Jongerden

5 PKK, Radikal Demokrasi ve Ulus-Devletin Ötesinde Kendi Kaderini Tayin Hakkı 155
Joost Jongerden

6 İsyandan İnşaya Kürt Kadın Hareketi'nin Uyanışı: Dilan Malatyalı ile Röportaj 181
Joost Jongerden

7 PKK'nin Ekonomi Politiği 195
Güllistan Yarkın

3. BÖLÜM
KAPİTALİST MODERNİTEYE ALTERNATİF BİR DİRENİŞ VE İNŞA: ROJAVA

8 Kobanî Direnişi'nin Hakikati: Ulus-Devletin İlgası, Totaliter İslâmın Zulmü 227
Bahar Şimşek & Joost Jongerden

9 Ortadoğu'da Korku ve Umut Arasında: Türkiye, İslâm Devleti ve Kürdistan Özgürlük Hareketi...247
Joost Jongerden & Bahar Şimşek

10 Rojava Deneyimi Bağlamında Sosyal Ekonomiyi Düşünmek: Temeller ve İlkeler 261
Ahmet Yusuf

4. BÖLÜM
DİRENEN İMGELER: KAMERANIN DAĞ YOLCULUĞU

11 Çatışma, Direniş ve Halil Dağ'ın Sineması 293
Kevin Smets & Ahmet Hamdi Akkaya

GİRİŞ

Ortadoğu'da son bir sene içerisinde tüm dünyanın gözleri önünde vuku bulan gelişmelerin dikkatleri üzerine çektiği başlıca grup şüphesiz Kürtler oldu. Bilhassa 19 Temmuz 2012 günü ilan edilen Rojava Devrimi'ne kayıtsız kalınan iki senenin ardından, başta Halk Savunma Birimleri (*Yekîneyên Parastina Gel*, YPG) olmak üzere Kürdistan İşçi Partisi'nin (*Partiya Karkerên Kurdistan*, PKK) ideolojisini benimseyen hareketler ve bizzat PKK, Ortadoğu'da siyasal alanın başlıca failleri olarak ön plana çıktı. Her ne kadar dünya kamuoyu YPG ve Demokratik Birlik Partisi'ni (*Partiya Yekîtiya Demokratîk*, PYD) IŞİD'e karşı sergilediği direniş ile tanıdıysa da, PKK ideolojisini benimsemiş söz konusu hareketlerin devraldığı miras hayli köklü. Bu anlamda, modern ulus devletlerin dayatmalarına karşı "toplumsal yeniden inşa" temelinde radikal demokratik politikayı öngören bir hareketin taşıyıcılarından söz etmekteyiz. Elinizdeki kitap, tam da bu ilişkiselliğin tanınmasının gerekliliğini gösterme amacıyla derlenmiştir. *PKK Üzerine Yazılar*[1] kitabının devamı niteliğindeki bu kitap, PKK'nin 1970'lerdeki ilk tartış-malarından 2000'lerdeki radikal demokratik dönüşü-

---

[1] Joost Jongerden & Ahmet Hamdi Akkaya, *PKK Üzerine Yazılar*, İstanbul: Vate Yayınları, 2012.

müne, Kürt Kadın Hareketi'nin şekillenişinden ekonomik yeniden yapılanmaya ve Filistin Davası ile ilişkisinden kültür alanında açılımlarına, hayli meşakkatli bir alana dair mütevazı bir çerçeve sunma iddiasındadır. Bu bağlamda PKK sadece askeri bir yapı olarak değil aynı zamanda siyasal bir hareket olarak da ele alınmıştır. PKK'yi terörizm söylemi içerisinden anlamlandıran ve konumlandıran ana akım çalışmalar göz önünde bulundurulduğunda, devletlerin baskıcı uygulamalarını gizlemek ve meşrulaştırmak adına sıklıkla başvurdukları "terörizm" kavramını sorunsallaştırmak eleştirel bir yaklaşımın başlıca odaklarından birisi haline gelmektedir. Tartışmak istediğimiz bir diğer konu ise, "Kürt Milliyetçiliği" kavramının pejoratif kullanımı ile PKK'nin siyasal tarihinden ve mirasından koparıldığı çalışmaların aksine, bir önceki kitapta söz edilen 1970'lerde PKK'nin içine doğduğu devrimci sol geleneğin 2000'li yıllarda post-Marksist demokratik, ekolojik ve cinsiyet özgürlükçü söylem ile sürekliliklerini ve kırılmalarını anlamaktır. Zira PKK, kendisini ifade etme imkânlarının yasal olarak tanınmadığı koşullarda şiddet kullanmaya yönelmiş siyasal bir örgüttür.[2]

PKK 1978'de kurulduğunda Genel Sekreteri ve doğrudan pratikten sorumlu bir yürütme komitesini içeren dönemin komünist partilerinin klasik örgütlenme yapısına sahipti. En yüksek yürütme organı Merkez Komitesi ve partinin en yüksek karar alma mercii ise Parti Kongresi'ydi. Daha sonra gerilla savaşına başladığı dönemden itibaren, "halk savaşı" teorisine

---

[2] Hamit Bozarslan. *Violence in the Middle East, From Political Struggle to Self-Sacrifice*. Princeton: Markus Winer Publishers. 2004. s. 23. Joost Jongerden & Ahmet Hamdi Akkaya. "Born from the Left. The making of the PKK". Casier, Marlies ve Jongerden, Joost (ed.), *Nationalisms and Politics in Turkey: Political Islam, Kemalism and the Kurdish Issue* içinde, New York: Routledge 2011, s. 124.

uygun şekilde parti-cephe-ordu (PKK-ERNK-ARGK) şeklinde faaliyette bulunsa da, temel örgütlenme mantığında ve şeklinde köklü bir değişimden söz edemeyiz. Ancak yıllar geçtikçe, özellikle 2000'lerden sonra, hem örgütlenme mantığı, hem de yapısı itibari ile çok daha bütünlüklü ve kapsamlı bir hal almasına bağlı olarak bugün, bir parti-kompleksinden söz etmekteyiz. Kadın hareketine bağlı eş partinin[3] yanı sıra, Irak, Suriye ve İran'daki kardeş partiler[4] ve bu partilerle bağlantılı gerilla örgütlerinin[5] içinde yer aldığı bu komplekste, politik pratiklerin koordinasyon ve entegrasyonun sağlandığı başka kurumlar da yer almaktadır. Bugün bunların en önemlisi, asıl olarak bir köy, kasaba/şehir ve bölge konseyleri ağı olan ve genel meclisi de Kürdistan Halk Kongresi (KONGRA-GEL)[6] olarak

---

[3] PKK'de kadın örgütlenmesi uzun bir tarihe sahiptir. İlk özel Kadın Gerilla Birlikleri 1995'te kurulmuştur, bunu 1999'da ilk kadın partisi izlemiştir. Kadın partisinin adı pek çok defa değişmiştir —bugün Kürdistan Kadın Özgürlük Partisi (*Partiya Azadiya Jina Kurdistan*, PAJK) adı altında faaliyet göstermektedir. PAJK, cephe örgütü olan Yüce Kadınlar Topluluğu (*Komal Jinên Bilind*, KJB) ve kadın gerilla örgütü olan Özgür Kadın Birliği (YJA-STAR) ile birlikte, otonom olarak örgütlenmiş kadın grupları için ideolojik bir merkez teşkil etmektedir.

[4] Kürdistan Demokratik Çözüm Partisi (*Partiya Çareserîya Demokratîka Kurdistanê*, PÇDK), 2002'de Irak'ta kuruldu; PYD 2004'te Suriye'de kuruldu; Kürdistan Özgür Yaşam Partisi (*Partiya Jiyana Azada Kurdistanê*, PJAK), Nisan 2004'te İran'da kuruldu.

Gerilla güçleri temel olarak üç bölümde örgütlenmiştir: Parti hareketinin askeri örgütlenmesini oluşturan Halk Savunma Güçleri (*Hêzên Parastina Gel*,HPG), PJAK'ın siyasal hedeflerine koşut çalışan Doğu Kürdistan Askeri Gücü (*Hezî Rojhelatî Kurdistan*,HRK) ve kadın gerillaların örgütü YJA-Star.

[6] *Kongra-Gel* (Halk Kongresi), PKK'nin çok bileşenli yapısı içinde, bir ölçüde 2000 yılında feshedilen ERNK'nin işlevlerini üstlenen halk cephesidir. Adından hareketle, yasama organı olarak görülebilir.

tanımlanan Kürdistan Toplumlar Birliği'dir[7] (*Koma Civakên Kurdistan,* KCK). Bir diğeri ise, Kürdistan'dan değişik politik partilerin temsilcilerini olduğu kadar Kürt diasporası ile Kürdistan'daki etnik-dini azınlık temsilcilerini de içeren pan-Kürdistani bir kongre niteliğindeki Kürdistan Ulusal Kongresi'dir (*Kongreya Netewiya Kurdistan,* KNK).[8] Bu yapıyı geleneksel bir örgüt akış şeması ile göstermek zordur. PKK üyeleri ve sempatizanlarının Abdullah Öcalan'a "Güneş" olarak atıfta bulunmalarından hareket edilirse, bu analoji doğrultusunda parti kompleksinin örgütsel yapısı bir gezegenler sistemini andırmaktadır: Güneş Öcalan'dır ve partiler, gerilla güçleri, kurumlar da bu Güneş'in etrafından hareket eden gezegenlerdir.[9]

Yukarıda belirtilen konuların yanı sıra metodolojiye içkin bir konuya dikkat çekmek istiyoruz. Bu bağlamda "militanları, çıkarları olan ve bu çıkarları eklemlemek ve genişletmek iradesi olan politik aktörler"[10] olarak ele almayı öneriyoruz. Ça-

---

[7] Kürdistan Topluluklar Birliği (*Koma Komalan Kurdistan,* KKK) daha sonra Kürdistan Toplumlar Birliği (*Koma Civakên Kurdistan,* KCK) adını almıştır. Her ikisi de demokratik konfederalizm fikrini ve Öcalan'ın Ortadoğu'daki sorunlara çözüm modeli olarak gördüğü, ulus devlete alternatif bir toplumsal örgütlenme anlayışını içermektedir. PKK parti kompleksinden, KCK, tüm parti ve örgütlerin aracılığıyla koordine edildiği icra organı olarak görülebilir.

[8] KNK, pan-Kürdistan bir şemsiye örgütlenme olup Ortadoğu, Avrupa, Kuzey Amerika, Avustralya ve Asya'daki Kürt diasporasının temsilcileriyle birlikte Kürdistan'ın tüm yörelerinden siyasal partileri, dinsel ve kültürel kurumları, bağımsız siyasal birimleri, aydınları ve Kürt olmayan etnik grupları kapsamaktadır.

[9] Joost Jongerden & Ahmet Hamdi Akkaya. "Democratic Confe-deralism as a Kurdish Spring: the PKK and the quest for radical democracy." Mohammed Ahmet ve Michael Gunter (ed.), *The Kurdish Spring: Geopolitical Changes and the Kurds* içinde. Costa Mesa: Mazda Publishers. 2013. s. 165-167).

[10] Roger V. Gould, *Insurgent Indetities: class, community and protest in Paris from 1848 to the Commune,* Chicago: The University of Chicago Press. 1995. s. 195.

lışma konusu ise eleştirel bir bağ ancak kavram ve eylemlerin söz konusu faillerini anlama çabası ile müm-kündür. Eksiklik ve yetersizlik arayan, kusur ve yanlışın peşinde koşan parçalı ve seçici olma riski taşıyan bir eleştirellikten söz etmiyoruz. Daha ziyade ayrıntılı ve titiz değerlendirmeye karşılık gelen içkin bir eleştiri eğiliminde söz etmekteyiz. Sonuçta, metodolojik olarak,

> eleştiri çalıştığı nesne ile yakın ilişki gerektirir; çalıştığı nesnenin terimlerini edinir, onları gidebildikleri yere kadar götürür ve bunu yaparken de alanın sınırlılıklarını vurgularken bile düşünce alanına içkin potansiyelleri, toparlar. Eleştiri çalıştığı nesne ile o kadar iç içe geçer ki, onunla özdeşleşme riskini taşır. Marx'ı düşünelim; *Ekonomi Politiğin Eleştirisi*'nde (*Kritik der politischen Ökonomie)* politik ekonomiği o kadar olumlayarak sahiplendi ki sıklıkla Kapital'in politik ekonomi, Marx'ın da politik ekonomist olduğu varsayıldı.[11]

Bu kitaptaki amaç, PKK'nin siyasal bir hareket olarak değerlendirildiği çalışmalara çeşitli perspektifler önermektir. Kuruluşundan itibaren iki politik amacını tespit edebildiğimiz PKK'nin öncelikli hedefi kendi kaderin tayin ikincisi ise solun hem örgütsel hem de ideolojik olarak tasarlanmış bir yeniden inşası olmuştur. Bu kitaba ismine veren "inşa" kavramı, PKK'nin kuruluşundan bugüne geliştirdiği söylemler boyunca takip edebileceğimiz bir hat sunmaktadır.

Bu doğrultuda, kitabın "1990 Öncesi PKK" başlıklı ilk bölümünde, Ahmet Hamdi Akkaya'nın kaleme aldığı üç makale var. "Kürt Hareketi'nin Örgütlenme Süreci Olarak 1970'ler" başlıklı birinci makalede Akkaya, PKK'nin ortaya çıkış sürecini de kapsayacak şekilde, 1970'ler itibariyle Kürt Hareketi'nin soyağacını ortaya koyuyor. "Sömürge Kürdistan" ve "Ulusal

---

11 Taylor, Chris, "Not Even Marxist: On Vivek Chibber's Polemic against Postcolonial Theory", Of C. L. R James. 2013.

Kurtuluş Mücadelesi" tezleri çerçevesinde şekillenen 1970'lerdeki Kürt örgütlerinden müteşekkil genel harita içinde PKK'nin ortaya çıkışını tartışan Akkaya, PKK'nin Kürt hareketleri içinde hegemonik aktör haline gelişinin de izini sürüyor. PKK ile diğer Kürt örgütleri ve dönemin radikal Türk sol hareketleri arasındaki tartışmalara da değinen Akkaya'nın makalesi, 1990'lara kadar Kürt Hareketi'nin seyrini belirleyen sürecin çerçevesini de sunmakta. Akkaya, "Kürt Hareketi'nin Filistin Düşü" başlıklı ikinci makalesinde ise, 1960'ların sonunda yükselen Türkiye'deki radikal öğrenci hareketinin Filistin Fedai Hareketi'ne öykünmesini ve bir okul olarak konumlandırmasını analiz ediyor. 1960'ların sonunda, Türk ve Kürt solcu öğrenci grupları Lübnan ve Ürdün'deki Filistin kamplarına giderek silahlı mücadeleye hazırlık amaçlı eğitim görmüşlerdi. Filistin Hareketi ile 1970'lerde de süren bu yakın ilişki, Türkiye'deki Kürt ve Türk radikal hareketler üzerinde ciddi etkileri olan 1980 Darbesi'nden sonra yeni bir moment kazanmıştır. Söz konusu Türk ve Kürt gruplar için temel geri çekiliş alanı olan Filistin kamplarından en çok fayda sağlayan şüphesiz PKK olmuştur. Ancak, bu fırsatı sadece askeri eğitim amaçlı kullanmakla yetinmeyen PKK, örgütsel yeniden inşaya yönelerek benzer hareketlerden farklılaşmıştır. Akkaya'nın iddiası, bu bağlamda PKK'nin sıklıkla anılan "Filistin Düşü"nü Kürdistan özelinde gerçekleştirdiğidir.

Akkaya "Ulusal Kurtuluş, Ayaklanma ve Sınırların Ötesi: 1970'lerden 1990'lara Kürt Hareketi'nin Değişim Dinamikleri" başlıklı, birinci bölümün son makalesinde, Kürt Hareketi'ni söylem ve eylemlerinin muhtevası ve niteliği ile örgütlenme ve mücadele tarzını tanımlaması bağlamında kolektif eyleminin ana çerçevesi temelinde dönemleştirmeyi esas alıyor. Kürt Hareketi'nin yakın tarihini 1970'lerin ilk yarısından 1990'ların sonuna kadarki ilk dönem ve günümüze değin süren ikinci dö-

kırsal komünleri tanımlamaktadır. Yarkın, makalesinde, PKK'nin Kürt bölgesinin ekonomi politiğine ilişkin amaçlarının dönüşümünün bir yandan dünya sisteminin ve iç sınırlılıklarının PKK üzerine olan etkisince; öte yandan da PKK'nin bu kısıtlamalara ideolojik cevabınca belirlendiğini ileri sürmekte.

Kitabın "Kapitalist Moderniteye Alternatif Bir Direniş ve İnşa: Rojava" başlıklı üçüncü bölümünün ilk makalesi Bahar Şimşek ve Joost Jongerden'e ait. "Kobanî Direnişi'nin Hakikati: Ulus-devletin İlgası, Totaliter İslâm'ın Zulmü" başlıklı makale, Rojava Devrimi'ni bütün dünyanın tanımasını mümkün kılan Kobanî Direnişi'ni, askeri değil siyasal bir çatışma düzleminde sorunlaştırmakta. Bugün artık Türkiye ve Kürdistan siyasetinde belli başlı kırıl-malardan birisi olarak kabul gören Kobanî Direnişi esnasında, yüz otuz dört günlük abluka henüz kırılmamışken kaleme alınan makale, IŞİD'in Kobanî'yi hedef alışının belli başlı sebeplerinden birisini de PYD'nin demokratik özerklik temelli siyasal söylemi olarak tespit etmekte. Kapitalist modernitenin totaliter ulus-devlet dayatmasının başlıca dayanağı olan "hayali (ulusal) cemaat"in, IŞİD özelinde "Radikal İslâm" mayasında birleşmiş "hayali [dini] cemaat" şeklinde karşımıza çıktığını tespit eden yazarlar, Kobanî Direnişi sırasında savunulan değerlerin siyasal karşılığını ve tarihselliğini ortaya koymakta.

Jongerden ve Şimşek'in "Türkiye, İslâm Devleti ve Kürdistan Özgürlük Hareketi" başlıklı bölümün ikinci makalesi ise, IŞİD'in Rojava'ya yönelik saldırılarındaki ısrarını, temsilci oldukları farklı modeller bağlamında tartışıyor. IŞİD'in savunduğu modelin modern ulus-devlet yapılanması ile paralelliklerine dikkat çeken yazarlar, homojen devlet yaratma fikrini katastrofik olarak niteleyen Abdullah Öcalan'ın düşünceleri temelinde şekillenen modelin Ortadoğu halklarına vaadini ele almakta. PYD'nin Rojava'da hayata geçirip savunduğu alternatif model, çok kültürlülüğü, kişilerarası farklılıkları ve kendini yönetme hakkını tanımak suretiyle bu vaadin taşıyıcısıdır. Rojava'nın üç kantonunda hayata geçirilen birbiriyle bağlantılı konseyler ya da topluluk demokrasi pratiklerinde somutlaşan model, bu bağlamda ele alınmıştır. Efrîn Ekonomi Bakanı Ahmet Yusuf'un kaleme aldığı, "Rojava Deneyimi Bağlamında Sosyal Ekonomiyi Düşünmek: Temeller ve İlkeler" başlıklı, bölümün ikinci makalesi, demokratik özerklik temelinde şekillenen bir alternatif ekonominin gerekliliğini ve zorluklarını ele almakta. Yusuf'un çalışması, şimdiye kadar sözü edilen süreklilikler ve kırılmalar bağlamında siyasal bir örgütün iddiası ile gerçekliği ya da teori ile pratik arasında yaşadığı salınımı gözler önüne sermekte. Kapitalist modernitenin dayattığı ekonomik modelin karşısında sosyal ekonomiyi tartışmaya açan Yusuf, alternatif bir inşa sürecinin kaçınılmazlığını ve vaadini Ortadoğu halklarının ortak çıkarı doğrultusunda sorunlaştırıyor.

Kitabın "Direnen İmgeler: Kameranın Dağ Yolculuğu" başlıklı dördüncü bölümü, şimdiye kadar görece ihmal edilmiş kültür alanına yönelmekte. PKK'nin kültür alanına dair çok çeşitli ve kapsamlı pratikleri üzerine çalışmaların kısıtlılığı göz önünde bulundurulduğunda, ana akım sinema araştırmalarında kendisine yer bulamayan PKK'li gerilla-yönetmen Halil Dağ'ın çalışmalarına yoğunlaşmak özel bir anlam taşımakta. Kevin Smets ve Ahmet Hamdi Akkaya'nın "Çatışma, Direniş ve Halil Dağ'ın Sineması" başlıklı makalesi, ana akım medya çalışmalarının ihmal ettiği bu alana yönelerek, çatışma içindeki aktörlerin alana yaklaşımlarına ve üretimlerine odaklanmayı Halil Dağ'ın sineması özelinde gerçekleştirmekte. Smets ve

Akkaya, gelişmekte olan Kürt sineması özelinde direniş ile bağlantılı önemli bir eğilimin temsilcisi olarak ön plana çıkan Halil Dağ'ın yeni kuşak Kürt sinemacılar üzerindeki etkisine de dikkat çekiyor.

Son yıllarda Kürt Hareketi'nin yalnız askeri alanla sınırlı kalmayarak siyasal, sosyal ve kültürel alanlarda da gitgide daha görünür olmasıyla beraber, üzerine yapılan tüm çalışmaların eksik ve acemi kalması olağan bir hal almışa benziyor. Hayli büyük bir dönüşüme dair bir çerçeve sunma iddiasındaki bu kitabın eksikliklerinin de bu bağlamda anlaşılması temennimizdir. Hâlihazırda devam eden bir sürece dair bir kesit sunma iddiasının zorluğunu görece hafifleten "inşa" kavramı etrafında düşünmek, PKK'nin siyasal dönüşümleri boyunca tarihsel bir analizini yapmayı da mümkün kıldı. Bugün Rojava'da bu inşanın en somut halini görmekteyiz.

Bitirirken tekrar vurgulamak isteriz ki, bu kitap daha önce yayımlanan makalelerin toplamıdır. Bunun sonucunda kimi makalelerde karşımıza çıkan tekrarlara, makalelerin iç tutarlılıklarının korunması adına müdahale edilmemiştir.

Joost Jongerden
Ahmet Hamdi Akkaya
Bahar Şimşek

Temmuz 2015

* *

1. Bölüm

1990 ÖNCESİ PKK

* *

1
KÜRT HAREKETİ'NİN ÖRGÜTLENME SÜRECİ OLARAK 1970'LER*

Ahmet Hamdi Akkaya

Giriş

Yakın tarihin Türkiye siyaseti ve siyasal-sosyal hareketleri tartışmasında, ardı ardına gelen üç on yılın (60'lar, 70'ler ve 80'-ler) en önemli ortak noktası olarak her birinin bir askeri darbeyle (27 Mayıs 1960, 12 Mart 1971 ve 12 Eylül 1980) başlaması öne çıkarken, her üç on yıla da atfedilen anlamlar oldukça farklıdır. 1960'lar, Türkiye'de sosyal ve siyasal hareketlenmenin canlandığı, ilk kez "ideolojik" siyasetin kamusal alana radikalleşerek damgasını vurduğu (Landau, 1974) dönem olarak resmedilirken, 70'ler, bu hareketlenmenin kutuplaşma ile birlikte çatışmaya dönüştüğü oranda bir kaos dönemi (Gunter,

---

* Bu yazı ilk olarak *Toplum ve Bilim* dergisinin 127. Sayısında, daha sonra ise *Kürdistan Sosyalist Solu Kitabı: 60'lardan 2000'lere Seçme Metinler*'de (Emir Ali Türkmen ve Abdurrahim Özmen [haz.], Dipnot Yayınları, Ankara, 2014) yayımlanmıştır.

1989; Sayarı: 2010), 80'ler ise Cunta'nın baskısı altında bu hareketlerin bastırılıp sönmesi ile anılır oldu.

Kürt meselesi ve/veya hareketleri açısından ise bu dönemlerin anlamı, söz konusu hususları yansıtmanın ötesinde ciddi farklılıklar içermektedir. En temel farklılık da Kürt Hareketi'nin 80'lerden itibaren sönümlenme yerine, yeni bir rotaya girerek yükselişe geçmesi ve bunu 90'lar ve 2000'lerde de kimi kırılmalara rağmen sürdürmesidir. Türk solu ile Kürt (sol) Hareketi'nin[1] 1960'ların sonundan itibaren yolları ayrışmaya başlasa da zaman zaman iç içe, zaman zaman paralel gelişen çizgileri, 1980'lerden sonra birinin sönümlenip diğerinin yükselmesinin ötesinde başka bir açıdan da farklılaşmaya uğradı. Türk sol/sosyalist hareketinde 70'lerden itibaren iyice belirginleşen çok parçalı yapı, sonraki süreçte –özellikle 80'lerin ikinci yarısından itibaren– yürütülen birleşmeye yönelik birçok girişime rağmen sürdü. Benzer şekilde 1970'lerde çok parçalı bir yapıya sahip olan Kürt Hareketi ise[2] 1980'lerden sonra, çok

---

[1] Bozarslan'ın (2007a: 1169) 1960'dan sonrası için dile getirdiği "Kürt Hareketi ile Kürt solu hemen hemen tümüyle eşanlamlı terimler olarak ortaya çıkması" saptaması, 1970'ler için çok daha kuvvetle geçerlidir. O nedenle bu makalede Kürt Hareketi ve Kürt Solu terimlerini birbirlerinin yerine geçecek şekilde kullanıyorum. Bu makalede sol terimi ise, gerek Türk gerekse de Kürt Hareketi açısından olsun, sosyalist solu ifade etmek için kullanılmaktadır. Bu arada Türkiye'de son yıllarda sol/sosyalizmin önüne Türk veya Kürt sıfatının konmasına karşı tepkiden yola çıkarak kimlik politikalarına daha çok da "sol"dan eleştiri içeren yoğun güncel tartışmalar yürütülüyor. Bu konuda "kimlik siyasetlerine karşı çıkan milliyetçilik ve sınıfsalcılık gibi modernist akımların da aslında birer kimlik siyaseti örneği" olduklarını savunan (Gülalp, 2009) ve daha genel olarak kimlik politikalarının devrimci politikanın parçası olabileceğine dair de (Hardt & Negri, 2009: 325-340) bakılabilir.

[2] 1970'lerin ikinci yarısından itibaren siyaset sahnesine çıkan Kürt örgütleri en kaba gruplama ile bir düzineye yakındır. Gündoğan en az 10 tane diyerek şu örgütleri sıralamaktadır (2002: 3): 1- Türkiye Kürdistan

daha net olarak da 90'lar itibariyle, kendi içinde tek bir aktörün (PKK) hegemonikleştiği, dar örgütsel çerçevenin ötesine geçerek toplumsal ve siyasal yaşama damgasını vurduğu bir gelişim çizgisi gösterdi.

Bu iki farklı gelişim çizgisi, sadece güncel siyasal süreçler açısından değil, geçmişe yönelik değerlendirme biçimlerini etkilemesi itibariyle de önem kazandı. En genel ifadelendirme ile 1970'lerdeki Türk sol/sosyalist hareketi üzerine tartışma asıl olarak geçmişe ait olurken, Kürt Hareketi'ne yönelik böyle bir tartışma çok daha kolay ve doğrudan bugüne ait referansa dönüşebiliyor. Bu da genelde tartışmanın, Kürt Hareketi'nde bugün hâkim olan hegemonik yapının geçmişte izini sürmek şeklinde yürütülmesine yol açıyor. Öte yandan, Kürt Hareketi'ni sadece Türk solunun izdüşümü olarak tartışan yaklaşımlar da (Yıldız, 2009: 545-558) esas olarak tek yanlı kalarak 'bağımsız' Kürt siyasal varlığının doğmasının altındaki en temel gerilim noktasını göz ardı ediyorlar.

Bu makalede, çok parçalı olan 1970'lerdeki Kürt Hareketi'nin siyasal haritasını ortaya koyarken, tek aktörün hegemonyasının gerçekleştiği daha sonraki süreci kavramamıza yardımcı olacak bazı hususları da vurgulamaya çalışacağım. Bu bağlamda 1990'ların ortasına kadarki sürecin ön aşaması veya hazırlık devresi sayılabilecek olan 1970'ler, Kürt (sol) hareketi için ne anlam ifade etmektedir? Kürt ulusal kurtuluş

Demokrat Partisi (TKDP) 2- Kürdistan Ulusal Kurtuluşçuları (KUK) 3- Türkiye Kürdistan Sosyalist Partisi (*Partiya Sosyalîsta Kurdistan*, PSK) 4- Devrimci Demokratik Kültür Derneği (DDKD)/Kürdistan İşçi Partisi (KİP) 5- Kürdistan İşçi Partisi (*Partiya Karkerên Kurdistan*, PKK)/"Apocular" 6- Kurtuluş (*Rizgarî*) 7-Kurtuluş Bayrağı (*Ala Rizgarî*) 8- Kawa 9- Kawa'nın Sesi (*Dengê Kawa*) 10- Mücadele (*Têkoşîn*). Bir kaç daha küçük örgüt de eklendiğinde sayıları rahatlıkla bir düzineyi geçen bu örgütler, iç ayrışmalar göz ardı edildiğinde 7 ana yapıdan (TKDP, PSK, DDKD-KİP, PKK, Rizgarî, Kawa ve Têkoşîn) oluşmaktadır.

söyleminin oluşum süreci mi (Gunes, 2012)? 1984 ve sonrası gerilla savaşı ile devam eden Kürt Hareketi'nde radikalleşmenin asıl gerçekleştiği dönem mi (Ercan, 2010)? Yoksa bir fragmantasyon ve şiddete kayış dönemi mi (Bozarslan, 2008)? Eğer böyle ise, bu fragmantasyon ne anlama gelmektedir? 1961-75 yılları arasında oluşan Kürt solunun güçten düşmesi[3] veya kriz dönemi mi? Ya da 1970'ler "gerçek" anlamda Kürt Siyasal Hareketi'nin ortaya çıktığı dönem olarak mı resmedilmeli? Yani "bölgesel geri kalmışlık ve feodalite meselesi olarak Kürt sorunu" tartışmasının yerini alan "milli mesele olarak Kürt sorunu ve sömürge olarak Kürdistan" tezleri temelinde örgütsel yapıya kavuşma, belli bir siyasal-sosyal pratik (seçimlere katılım ve sınırlı sayı ve süre için de olsa yerel yönetimlerde iktidar olma dahil bir dizi politik etkinlik) geliştirme ve bunlara paralel bir kitlesel mobilizasyon yaşanması süreci mi?

Bu sorulara cevap aradığım bu makalede, öncelikli olarak Kürt Hareketi'nin örgütlenme süreci olarak ele aldığım 1970'lerdeki genel siyasal haritasını çıkarmaya çalışacağım. Bunu yaparken değişik örgütlerin oluşmasını bir tür patoloji değil de, hem Türkiye'de hem de dünyanın birçok farklı ülkesinde sol siyaset alanında o dönem yaşanan gelişmelere uygun bir durum olarak ele alacağım. Makale beş temel bölümden oluşmaktadır: 1970'lerin arka planı olarak 1960'lardaki geliş-

---

[3] "12 Mart sonrasında başlayan ve hızla derinleşen bir fragmantasyon sürecinde, eskiden 'çatı örgüt' olarak faaliyet gösteren ve bir parti disiplini ve programına sahip olmayan, daha çok bir fikir, sosyalizasyon ve mücadele kulübü olarak çalışan DDKO'ların yerine yeni oluşumların ortaya çıktığını görmekteyiz" (Bozarslan, 2007: 1190). Türkiye sol hareketinde 1971 öncesi TİP hegemonyasındaki sosyalist hareket ile FKF/Dev-Genç hegemonyasındaki gençlik hareketi sürecine neredeyse bir "Altın Çağ" metaforu çerçevesinde gıpta ile bakma yaklaşımının, Kürt Hareketi açısından da zaman zaman tüm yaşamı bir buçuk yıl olan DDKO eksenli olarak geliştirildiğini not etmek gerekmektedir.

melere değindiğim birinci bölümden sonra, on yılın başlangıcı sayılan 12 Mart Darbesi öncesi ve sonrası Kürt Hareketi'nin durumu ikinci bölümde tartışılacak. 1974'e kadarki süreci kapsayacak bu bölümden sonra, 1975 yılından itibaren oluşan/ortaya çıkan genel Kürt siyasal örgütlenmesinin bir tür soyağacının tartışılacağı üçüncü bölüm yer alıyor. Dönemin ideolojik-siyasal atmosferini yansıtacak Kürt ve Türk örgütlerinin birbirleri ile ve kendi içlerinde yürüttükleri çeşitli tartışmaların aktarıldığı dördüncü bölümü takip eden sonuç bölümünde ise, 1970'ler Kürt Hareketi'nin genel özellikleri vurgulanarak daha sonraki sürecin anlaşılmasına yardımcı olacak temel hususlar ortaya konuluyor.

Arka Plan Olarak 1960'lar

Türkiye'deki Kürt Hareketi'nin 1960'lardan itibaren, biri TİP ve FKF/Dev-Genç'te somutlanan Türk solu, diğeri ise Osmanlı İmparatorluğu'nun çözülüşü ve Cumhuriyet'in kuruluş sürecinden itibaren ortaya çıkan geleneksel Kürt hareketlerinden başlayarak o dönem Güney Kürdistan'daki Barzani Hareketi'nde ifadesini bulan Kürt milliyetçiliği olmak üzere iki kaynaktan beslendiği görüşü genel kabul görmektedir (Bozarslan, 2007a; Gündoğan, 2002, 2012). 1970'lerdeki Kürt Hareketi'nin ortaya çıkmasında belirleyici olan bu iki kaynağın gelişimi açısından ise bir önceki on yıla bakmak gerekmektedir.

Bu bağlamda 60'lar, öncelikle yoğun politik tartışmalar ve bunlarla iç içe gelişen kitlesel mobilizasyon dönemi olması ve ikincil olarak da ilk kez kamusal alanda varlığını ortaya koyabilen bir Kürt Hareketi'nin oluşum süreci olması itibariyle özel bir önem taşımaktadır. Bu süreç ise 27 Mayıs 1960'da gerçekleştirilen, Cumhuriyet tarihinin ilk askeri darbesi ile başladı. On yıldır iktidarda olan Demokrat Parti'yi (DP) deviren darbenin, sonraki iki on yılı da belirleyecek en büyük mirası,

1961'de yürürlüğe giren yeni anayasa oldu. Basın ve sendikalaşma alanı başta olmak üzere politik özgürlükler ve hakları genişlettiği için, akademisyenler tarafından Türkiye'nin sahip olduğu en "liberal" anayasa olarak nitelendirilen (Ahmad, 1977: 186; Karpat, 2004: 20; Zürcher, 2005: 5) bu anayasa kaçınılmaz bir ikilemi de içinde taşıyordu. Askeri darbeye dayanarak "liberal" reformlar geliştirme şeklinde ortaya çıkan bu ikilem, aslında anayasanın kendisinde de ilk kez Milli Güvenlik Kurulu gibi bir organa anayasal rol verilmesi ile içkindi (Zürcher, 2005: 245). Yine de anayasa ile tanımlanan özgürlükler, özellikle de politik sahnede radikal değişimlere yol açtı ki, bunlardan en önemlilerinden biri yasal sosyalist bir partinin, Türkiye İşçi Partisi'nin (TİP) kurulması idi. 1961 yılında on beş sendika başkanı tarafından kurulan parti, başlangıçta hâkim olan "uvriyerist" yaklaşım nedeniyle ciddi bir etki yaratmasa da, genel başkanlığına Mehmet Ali Aybar'ın gelmesi ve aydınların katılımı ile önemli bir çekim merkezine dönüştü. Öyle ki;

> TİP, Türk solu için çok önemli –aslında belirleyici– bir rol oynamaya başladı ve TİP'in iç mücadeleleri sonucunda modern solun büyük kısmını oluşturan değişik akımlar ortaya çıktı (Samim, 1981: 67).

Tabii bu süreçte politik yaşamda ortaya çıkan değişimler sadece sosyalist bir partinin kurulması ile sınırlı değildi.

> Özellikle üniversitelerden başlamak üzere ülkede genel bir sol kanat varlığı hissedilmeye başlandı. Öğrenciler, bir kısmı TİP ile ilişkili olmak üzere örgütlenmelere gittiler. Sol literatürün önemli metinleri çevrilip basılmaya başlandı. Bir anlamda Türkiye'nin izolasyonu sona ererken, ülke de etrafındaki dünyanın daha fazla farkına varmaya başladı (Ahmad, 1993: 139).

Ancak Kürtler açısından 1960'lar –özellikle de başlangıç dönemi itibari ile– baskı altındaki konumlarında ciddi bir değişiklik anlamına gelmedi. Hatta tersine, darbeyi gerçekleştiren cunta yönetimi en başından Kürtlere karşı sert tavır içine girdi.

> Cuntanın ilk uygulamalarından biri, 485 Kürt ileri gelenini Sivas'ta bir kampta enterne etmek, ardından da bunların elli beşini Batı illerine sürmek oldu. Darbeden hemen sonra ilan edilen genel af, DP iktidarının son döneminde tutuklanan ve 49'lar[4] diye anılan Kürt aydınlarını kapsamadı. Ayrıca darbeyi gerçekleştiren Milli Birlik Komitesi'nin ilk kararlarından biri de yerleşim merkezlerinin Kürtçe isimlerini Türkçeleştirmek oldu (Kendal, 1993: 65).

Öte yandan Cunta'nın lideri ve sonraki Cumhurbaşkanı Cemal Gürsel, darbeden bir kaç ay sonra Kürt illerine yaptığı gezilerdeki konuşmalarda anti-Kürt söylemlerde bulundu: "Bu memlekette ve bütün Şark'ta Kürt diye bir millet yoktur … Fısıltı ile bizi yoldan ayartanların yüzüne tükürün. Hayır deyin, bu memleketin aslı Türk'tür" (*Milliyet*, 25 Ekim 1960: 5).

Sonuçta, bir yandan askeri darbenin ürünü olan "liberal" bir anayasanın özgürlükler alanını genişletmesi, öte yandan da Kürtlere, özellikle de entelektüellerine yönelik, darbe ile devrilen hükümet döneminde uygulanmaya başlanan baskının artarak sürdüğü bir süreçte (60'ların ilk yarısında) yeni bir Kürt aktörü/öznesi ortaya çıkmaya başladı. Watts'ın "Kürt karşı-

---

[4] 1959 Nisan'ında Kerkük'te yaşanan olayları gerekçe gösteren Niğde Milletvekili Asım Eren, Meclis'te yaptığı bir konuşmada misilleme çağrısında bulunur. Eren'in "Kürtler Irak'ta soydaşlarımız Türkmenleri öldürüyor, Türkiye Kürtlerine mukabele-i bilmisil yapılması" tarzındaki önergesi Kürt üniversite öğrencileri tarafından tepkiyle karşılanır. Yetmiş yedi Kürt öğrenci telgraflar çekerek protesto ederler (*Milliyet*, 12 Nisan 1959: 2). Darbeden altı ay önce, Aralık 1959'da, aralarında üniversite öğrencilerinin de bulunduğu elli Kürt aydını tutuklanır. Tutuklu öğrencilerden birinin yaşamını yitirmesi üzerine "49'lar" diye adlandırılan bu olay daha sonraki yıllarda Kürt Hareketi'nin doğuşu açısından kritik noktalardan biri olarak nitelendirilecektir (STMA, 1988: 2110-2112). 49'lara ilişkin daha fazla bilgi için, bkz. (Kutlay, 1994); (Çamlıbel, 2007); (Yılmaz, 2008).

eliti" olarak adlandırdığı ve esas olarak aydın gruplaşması biçiminde ortaya çıkan bu özne, 1950'lerden itibaren yaşanan demografik değişimler ile Kürt gençlerinin bir kısmı için üniversitede eğitim olanaklarının artmasının bir sonucu idi (2007: 58). Ancak vurgulamak gerekir ki; başlangıçta ne sürekli ve tutarlı bir yapıya, ne de güçlü bir kitle desteğine sahipti.

Bu süreçte ortaya çıkan Kürt aktörünün/öznesinin gelişim çizgisini incelediğimizde iki temel aktivite alanı göze çarpmaktadır: Birincisi, esas olarak "aydın gruplaşma-sı/öbekleşmesi" çerçevesinde kamusal alanda Kürtlük eksenli bir entelektüel çevre veya etki sahası oluşturmak. Çoğunlukla ömürleri kısa sürse de bu süreçte yayımlanan çeşitli dergilerle[5] başlatılan bu çabalar giderek dönemin etkili yayın organlarına da taşırıldı. Tartışmaların eksenini "Doğu'nun sosyal, ekonomik ve kültürel sorunları" oluşturuyordu. Bu süreçte "Kürt Sorunu"nun "Doğu Meselesi" olarak tartışılması; "Doğu'da ekonomik değişim ve ilerlemeyi desteklemek" anlamında Doğuculuk denen bir akıma yol açarken (Kendal, 1993: 64), ortaya çıkan bu yeni Kürt (karşı) eliti de "Doğucular" diye adlandırıldı.[6] Bu tartışmalar sadece Kürt dergileri ile sınırlı kalmadı; dönemin etkili dergisi *Yön*'ün yanı sıra sol çevrelerin yayın organları ile -en azından tartışmanın başlangıcında- liberal aylık dergi *Barış Dünyası* bu konuya epey ağırlık verdiler. *Yön* dergisindeki tartışmalar Doğu'nun azgelişmişliği ve feodalizmin süren hakimiyetine odaklanarak bölgesel gelişme çerçevesinde sınırlı

---

[5] "Bu dergilerin ilki 1958 yılında yayımlanmaya başlayan *İleri Yurt* idi. Daha sonra *Dicle-Fırat* (1962), *Dicle Kaynağı* (1962), *Deng* (1963), *Roja Newê* (1963), *Dengê Taze* (1966), *Yeni Akış* (1966) gibi dergiler yayımlandı" (Bruinessen, 2000: 228). Bu dergiler ve yürüttükleri tartışmalar için, (STMA, 1988: 2110-2127).

[6] Genel olarak "Kürdistan" ve "Kürt" yerine "Doğu" ve "Doğulular" terimlerinin kullanılmasının yasal sınırlamalardan kaynaklandığı belirtilmektedir (Gunes, 2012; Bruinessen, 2000: 228).

kaldı. Sorunun "etno-kültürel karakter içerdiği ancak utangaçça itiraf edildi, bunun ötesine geçen çok az metine yer verildi" (Yeğen, 2006: 161).[7]

İkinci temel aktivite odağı ise doğrudan politik alanın kendisiydi. 1946'da çok partili sisteme geçilmesinden itibaren, köylülüğün ezici nüfus çoğunluğu büyük bir politik anlam da kazanmaya başlamıştı; Keyder'in ifadesiyle "Türkiye politikasında ilk kez köylülük kazanılması gereken aktif bir güç haline geldi" (1979: 18). Bu da yönetici iktidar bloğu içinde olduğu kadar ekonomiden devlet-din ilişkilerine kadar bir dizi alandaki politikalarda kapsamlı değişimlere yol açtı. Kürt aşiret ve dini liderleri gibi dışlanmış eski sınıflar "blok halinde kırsal oy getirecekleri" için sahneye geri döndüler (Watts, 2010: 29).[8] Ancak 1930'lardan 1960'lara kadar olan ve "Sessizlik" ya da "Yılgınlık Yılları olarak adlandırılan bu dönemde özerk bir Kürt aktörü/öznesinden söz etmek mümkün değildir" (Bozarslan, 2003: 31; 2008: 850).

Kürt politikası ile veya daha doğru bir deyim ile "Kürtlük" eksenli politika ile özdeşleştirilen ilk yasal parti, 1961'de çoğunlukla eski DP üyeleri tarafından kurulan Yeni Türkiye Partisi (YTP) oldu.[9] Hatta Aktürk'e göre, "YTP (...) 1990'larda Kürt milliyetçi partileri çıkana kadar Türkiye tarihinde Kürt

---

[7] *Yön*'ün Kürt meselesini nasıl tartıştığına ilişkin, bkz. Yeğen, 2006: 160-163).

[8] Demokrat Parti-Kürtler arasındaki ilişki için, bkz. (McDowall, 1997: 397-401) ve yasal Kürt politikası için, bkz. (Watts, 2010).

[9] Kurucuları arasında Ekrem Alican (Başkan), Prof. Cahit Talas, Prof. Aydın Yalçın, Hikmet Belbez, İrfan Aksu, Raif Aybar, Hasan Kangal, Sırrı Öktem, Dr. Esat Eğilmez, Yüksel Menderes, Dr. Yusuf Azizoğlu, Ali İhsan Çelikkan, Emil Galip Sandalcı, İhsan Hamit Tigrel, Rıfat Özten, Cemal Tarlan, Recai İskenderoğlu, Fahreddin Kerim Gökay, Sadık Perinçek, Hayri Mumcuoğlu bulunmaktadır (http: //www.tbmm.gov.tr /kutuphane/ siyasi _partiler.html.).

seçmenlerle özdeşleştirilen tek parti" olmuştur (2012). Ancak Aktürk ve konu üzerine yazan diğer akademisyenler de "YTP'nin Kürt milliyetçi partisi olmadığı", "Kürtlerin etnik temsili iddiasının bulunmadığı" veya "Kürtlerin taleplerini politik programına eklemlemediği" hususlarını vurgulamaktan geri durmadılar[10] (Aktürk, 2012: 145; Watts, 2010: 38; Güneş, 2012: 53). Önemli bazı Kürt politikacılarının üye ve yönetici olarak içinde yer aldığı YTP, 1961 seçimlerinde özellikle Kürt illerinde başarılı oldu.[11] Esas olarak partinin "Kürt görünümü" başta Sağlık Bakanı Dr. Yusuf Azizoğlu olmak üzere bazı önemli Kürt üyelerinden ve onların Kürt nüfusu ağırlıklı bölgeye yönelik politikalarından kaynaklanmaktadır. Watts'ın ifadesiyle, "Azizoğlu'nun kişisel tarihi ve onun ülkenin doğu illerine altyapı ve kalkındırma hizmetleri götürmeye yönelik kararlı çabalarından dolayı, parti Doğuculukla özdeşleştirildi" (2010: 37). Aktürk de YTP'nin bu yatırım politikasını, Kürt taraftarı bir politik yönelim olarak değil, sosyo-ekonomik modernleşme paradigması çerçevesinde yorumlar. "Tam tersine", der Aktürk, "YTP Kürtlerin Türk toplumuna entegrasyonu ve gönüllü derinleşen asimilasyonunun taraftarıdır" (Aktürk, 2012: 146) ve Aktürk'ün görüşüne göre, bu politika Azizoğlu'nun temsil ettiği "geleneksel, feodal Kürt eliti açısından çok tipiktir" (148).

İlk özgün Kürt milliyetçi partisi veya McDowall'ın sözleri ile "ilk özel olarak Kürtçü parti" (1997: 408), 1965 yılında kuru-

---

[10] Bir doktora tezi dışında YTP üzerine özel bir akademik çalışma yoktur (Çolak, 1997). Fakat bazı çalışmalarda YTP üzerine tartışmalar bulmak mümkündür, bunların en genişi Aktürk'ün çalışmasındadır (2012: 140-150).

[11] Ülke genelinde %13,7 oy alan, 67 ilin on altısında birinci parti olan YTP'nin bu başarıyı gösterdiği iller arasında ağırlıklı Kürt nüfusa sahip olan Diyarbakır, Van, Muş, Siirt, Bingöl, Bitlis, Tunceli ve Adıyaman bulunmaktadır

lan *Türkiye Kürdistan Demokrat Partisi* (TKDP) oldu.[12] *Irak Kürdistan Demokrat Partisi*'nin (IKDP) bir kolu olan parti, IKDP'nin Irak'ta öngördüğüne benzer bir özerklik programını savundu. 1970'lerin başlangıcına kadar tek Kürt partisi olarak etkin olan parti, bir dizi ciddi engelle de karşılaştı. İlk ciddi tehdit, parti lideri avukat Faik Bucak'ın 1966'da (devletin arkasında olduğu düşünülen) bir silahlı saldırı sonucunda öldürülmesi oldu. Daha sonra parti lideri olan Said Elçi ve diğer kurucular (biri hariç) 1968 yılında tutuklanarak yargılandılar. Esas olarak kırsal alanda ve medrese kökenli geleneksel aydınlar ve "esnaf, eşraf" gibi kesimler arasında çalışan partinin temel gündemi, Irak'taki KDP'ye destek sağlamaktı.[13]

1960'ların Kürt öznesinin doğuşu açısından önem taşıyan diğer bir yönü ise sosyalizmin hegemonik söylem olarak Türk ve Kürt gençleri arasında gelişmesine paralel olarak ortaya çıkan kitle hareketleri olmuştur. Bu kitle hareketliliği, Kürt siyasetini sadece entelektüeller veya "eşrafın" hâkimiyetindeki bir aktivite olmaktan veya sadece seçim politikasının parçası olmaktan çıkarmıştır. Bozarslan'ın "Kürt milliyetçiliğinden sosyal muhalefet olarak Kürt Hareketi'ne geçiş" (2008: 852) olarak adlandırdığı bu süreç, Kürt kitlelerinin politikada aktif bir güç olmaya yönelimi anlamına da gelmektedir. Bu geçiş sürecinin belirleyici momenti ise Doğu Mitingleri olmuştur.[14] 1967 ile

---

[12] TKDP'nin kuruluş dönemi ve 1968'deki yargılanma süreci için, bkz. (Epözdemir, 2005); (Gündoğan, 2002).

[13] Ancak ileriki bölümde vurgulayacağımız gibi, bu en geleneksel parti de sol dalganın etkisinden kurtulamayacaktır, Güney Kürdistan'daki (Irak) Barzani Hareketi'nin yenilgisinin ardından 70'lerin ikinci yarısında içinden çıkan sosyalist eğilim (KUK) karşısında kısmen etkisizleşmiştir.

[14] Doğu Mitingleri'nin kapsamlı analizi için, bkz. (Beşikçi, 1992); (Gündoğan, 2005).

1969 arasında gerçekleştirilen bu mitingler,[15] kültürel baskı ve ekonomik geriliğe karşı kitlesel protestolara dönüştü. Kürt aktivizmi açısından önemli bir dönüm noktası oluşturan mitingler, aynı zamanda aydınların dile getirdiği "bölgesel eşitsizlik, Doğu'nun ihmali, kültürel ve politik baskı" gibi taleplerin sıradan insanlar arasında ne kadar güçlü karşılık bulduğunu da ortaya koydu.

Gündoğan'ın tezinde belirttiği gibi, "Doğu Mitingleri ayrıca Türk solu ile o zamana kadar bu solun içinde yer alan Kürtlerin yıllar süren ortaklığının bir ürünü olarak da önemlidir" (2005: 146). Kürtler Türkiye'de gelişen sol hareketin aktif parçası olmuşlardı.1960'ların sonuna kadarki dönemin en önemli sosyalist örgütü TİP içerisinde "Doğulular" diye adlandırılan etkili bir Kürt grubu vardı.[16] Bu grubun genel olarak Türk solu ve özel olarak TİP içerisinde, Kürt sorununa yönelik ilginin doğmasına yol açtığı belirtilebilir. Ancak not etmek gerek ki, özerk Kürt örgütlenmesi, TİP'in içindeki bu kanat üzerinden değil de, yükselen gençlik hareketinin açtığı alandan doğacaktır. Bu açıdan Kürt Hareketi'nin, Bozarslan'ın işaret ettiği gibi, hem Türk solundan hem de Irak'taki Kürt Hareketi'nden gerçek özerkleşme momenti, bir kitle örgütü olan Doğu Devrimci Kültür Ocakları'nın (DDKO) kurulması ile gerçekleşti. Bu Ocaklar toplu halde kapatılmayı engellemek için farklı illerde ayrı ayrı dernekler olarak kurulsa da, hem program açısından

---

[15] Mitinglerin yer ve tarihleri: 13 Ağustos 1967, Silvan; 3 Eylül 1967, Diyarbakır; 24 Eylül 1967, Siverek; 8 Ekim 1967, Batman; 15 Ekim 1967, Tunceli; 22 Ekim 1967, Ağrı; 18 Kasım 1967, Ankara, 13 Nisan 1969, Diyarbakır; 17 Temmuz 1969, Suruç; 27 Temmuz 1969, Hilvan; 2 Ağustos 1969, Varto; 2 Ağustos 1969, Siverek; 24 Ağustos 1969, Lice; 3 Eylül 1969, Diyarbakır.

[16] Bu grup ve genel olarak TİP içindeki konumlarına ilişkin (Alış, 2009).

hem de birbirleri ile bağlantıları itibari ile bir ağ oluşturuyorlardı.[17]

Tüm faaliyetleri Kürt halkının, dili, tarihi ve kültürü temelinde ayrı bir ulus olarak varlığının savunulması ve devletin Kürtlere karşı uyguladığı şiddet ve baskıya dikkat çekmeye yönelik olan DDKO deneyimi, yeni oluşan Kürt öznesi açısından önemli bir değişim anlamına gelmiştir. Birincisi, Kürt gençlerinin ve toplumun çeşitli kesimlerinin kitle örgütü olarak daha önceki aydınlar toplulu-ğu/kümeleşmesinin ötesine geçmiştir. İkincisi, dönemin tek Kürt partisi olan TKDP'den ideolojik tercihleri itibari ile ayrışmıştır. Bu ikincisinin açık muhafazakâr ideolojik hattının tersine, DDKO sosyalist eğilim içindeydi. Tabii ki bir yasal kitle örgütü olarak Ocaklar'ın sosyalist eğilimi bir parti-ninkinden daha farklı idi. Nitekim kendisi de DDKO üyesi ve sanığı (daha sonra da 1970'lerin ikinci yarısından itibaren Komal Yayınevi'nin sahibi) olan Recep Maraşlı, devrimci üniversite gençliğinin ağır bastığı üyelerin üç kategoride gruplanabileceğini belirtir:

> Irak Kürdistanı'ndaki Barzani Hareketi'ne sempati duyan geleneksel Kürt aydınları, TİP'i destekleyen veya bağımsız liberaller olarak tavır alan modern Kürt aydınları ve sonuncu olarak da Marksizm ve ulusal kurtuluş hareketlerinden etkilenen radikal üniversite gençliği (Maraşlı, 2010).

Üçüncüsü, DDKO kurucu kadroları ile dönemin Türk sosyalistlerinin çoğu benzer ideolojik yönelime sahip olsalar da, DDKO Türk sosyalistlerinden de ayrışarak özerk (ve 70'lerden

---

[17] Mayıs 1969'da ilk olarak Ankara ve ardından da İstanbul'da kurulan DDKO, sırasıyla Kasım 1969'da Ergani'de, Aralık 1969'da Silvan ve Kozluk'ta, Ocak 1971'de Diyarbakır ve Batman'da açıldı. Tüm dernekler 1971 yılında kapatıldı. DDKO'ya ilişkin daha kapsamlı bir çalışma için, bkz. (Yeleser, 2011). Ayrıca *Bîr* dergisinin iki özel sayısı için, bkz. (2007a); (2007b).

itibaren de "bağımsız") bir Kürt sosyalist çizgisi oluşumunda temel kaynaklardan biri olmuştur. Bu kopuşun önemli nedenlerinden biri, Türk sosyalistlerinin genel olarak Kürt meselesi karşısındaki "sosyalizm/devrim ile halledilir" şeklinde özetlenebilecek yaklaşımları idi.[18]

Sonuçta Kürt Hareketi'nin özerkleşmesi ve Kürt aktivistler üzerinde sosyalist ideolojinin hâkimiyeti baş başa gelişen süreçler olmuştur. Bozarslan'ın ifadesiyle, "klasik milliyetçi temaları terk etmese de, Türkiye'deki Kürt Hareketi *de facto* olarak milliyetçilik ötesi bir nitelik kazanmakta, kendisini işçi-köylü hareketinin ve emperyalizme karşı savaşan halkların bir parçası olarak algılamaktaydı" (2008: 855).

Ancak Türk solu da Kürt meselesine ilişkin tartışmalardan tamamen uzak durmadı. 1960'lardan itibaren ideolojik ve politik olarak gelişmeye başlayan ve uzun bir süre de Kürt aktivistleri için çıkış yolu rolü oynayan Türkiye sosyalist hareketi, bu dönem Kürt meselesini esas olarak azgelişmişlik paradigması içinde tartıştı. Örneğin TİP programında Kürt meselesi bir Doğu sorunu olarak "Doğu'nun kalkınması" başlığı altında ele alındı. Bu konudaki en radikal karar ki daha sonra Anayasa Mahkemesi tarafından partinin kapatılmasına gerekçe yapılacaktır; TİP'in 1970 yılındaki IV. Genel Kurulu'nda alındı. Kongre'de kabul edilen bir karar ile "Türkiye'nin doğu ve güneydoğusunda Kürt halkının varlığı" kabul edildi. Kürt mese-

---

[18] Türkiye solunda iki ismin, Hikmet Kıvılcımlı ve İbrahim Kaypakkaya'nın Kürt sorunu konusunda genel akımın çok dışında bir tutum aldıklarını not düşmek gerekmektedir. Kıvılcımlı, 1930'larda kaleme aldığı ancak 80'lerde günışığına çıkan *Yol* serisinde "Doğu meselesini" bir milliyetler meselesi olarak ele alıp "Kürdistan'ın ayrı bir pazar oluşturduğunu" belirtirken; Kaypakkaya da ezilen bir millet meselesi olarak tartıştığı Kürt meselesinde kendi kaderini tayin hakkını koşulsuz savunmuştur (Bozarslan, 2007b: 520-22).

lesi sadece azgelişmişlik sorunu değil aynı zamanda etnik ve ulusal bir sorun olarak tanımlandı. Ayrıca parti olarak Kürtlerin demokratik taleplerinin ve anayasal haklarının kabul edilmesi için mücadelelerini destekledikleri duyuruldu. Ancak aynı süreçte gelişen özerk Kürt siyaseti, yani DDKO, bu kararın formülasyonu ve kabul edilmesinin kendi çabaları ile gerçekleştiğini daha sonra açıklayacaktır (*Rizgarî*, 1978: 18). TİP içinde yer alan "Doğulular" grubunun kimi üyeleri de (Burkay, 2001: 279-281; Ekinci, 2012: 791-794) bunu doğrulayarak diğer Kürt yapılarının (DDKO ve TKDP) TİP'i zora sokma girişimi olarak değerlendirip eleştirmektedir. Sonuçta kimin inisiyatifi ile alınmış olursa olsun, Güneş'in de belirttiği gibi, bu karar "ilk kez bir yasal partinin açıkça Türkiye'de Kürt halkının varlığı kabul etmesi ve ulusal baskıya dikkat çekmesi açısından önemliydi" (2012: 60).

Bu süreçte Türk solunun yürüttüğü ve Kürt aktivizmi üzerinde etkisi olan başka tartışmalar da vardı. En önemlisi de sosyalist hareketin *Sosyalist Devrim* (SD) ile *Milli Demokratik Devrim* (MDD) tezleri temelinde iki ana grup olarak ayrışmasına yol açan tartışma idi.

> Bu iki ana akımın her biri daha sonra kendi içinde bölünmeler yaşadı; dolayısıyla aslında bölünme bu iki ana akımın çok daha ötesinde boyutlar kazandı (Jongerden & Akkaya, 2013: 42).

MDD'yi savunan grup içinden doğan ve 70'lerden günümüze Türkiye'de radikal sol çizginin genel çerçevesini belirleyen temel örgütler (THKO, THKP-C, TKP/ML) de bu dönemde kuruldu. Küba'dan Vietnam'a, Laos'tan Angola'ya, Mozambik'e, Gine'ye, Cezayir ve Filistin'e dünyanın başka bölgelerinde yürütülen silahlı mücadelelerden de esinlenen Türkiye solunun bu radikal kesimi, kısa sürede giriştiği şiddet eylemleri ile politika alanını etkiledi. Bu grupların içinde bireysel olarak çok sayıda Kürt öğrenci-genç yer alırken, Kürt aydınları, TİP içindeki "Doğulular" grubu ve DDKO, MDD tezlerini savunan bu gruplara fazla yakınlık duymadı (Maraşlı, 2010). O dönem DDKO'larda temsilini bulan özerk Kürt siyaseti açısından temel sorun Kemalizme yaklaşımdı (*Rizgarî*, 1978: 21) ve bu açıdan da özellikle MDD'yi savunan grupların değişik derecelerde Kemalizme tarihi veya güncel olarak olumlu rol atfetmeleri temel bir ayrılık noktası oldu.[19]

Öte yandan gerek dayandığı lider figürü gerekse 1970'lerin Kürt Siyasal Hareketi'ni etkilemesi açısından önem taşıyan bir başka oluşum olan T-KDP (Türkiye'de Kürdistan Demokrat Partisi veya Şivancılar) de aynı dönemde ortaya çıktı.[20] T-KDP, genellikle TKDP ile birlikte ve çoğunlukla da onun sol kanadı olarak değerlendirilen bir örgüt olagelmiştir (STMA, 1988: 2320). Ancak konuya ilişkin, özellikle de son yıllarda yayımlanan araştırma ve anı kitaplarındaki bilgiler temelinde T-KDP'yi, esas olarak kurucusu Dr. Sait Kırmızıtoprak'ın (Dr. Şivan) kişisel girişimleri ile temellenen ve TKDP ile hem yakın ilişkide hem de rekabet içinde olan ayrı bir örgüt olarak tanım-

---

[19] MDD tezlerini esas almalarına rağmen bu radikal örgütler, bu tezin bazı temel yönlerini (orduyu esas alma, sosyalizmin bir darbeyle gerçekleşebileceğine olan inanç gibi) reddederek başlıca destekleyici gücü köylüler oluşturmak üzere proletarya öncülüğünde devrim anlayışını vurguladılar (Çayan, 2008; THKO, 1972). THKO ve THKP-C Kemalist hareketin 1919-24 dönemini ilerici saymakla birlikte milliyetçiliği reddetti. Buna karşın TKP-ML, başından itibaren Kemalizm karşısında son derece eleştirel bir durum sergileyerek bunun "komprador burjuvazi ile feodal toprak ağalığını temsil eden bir faşizm" olduğu görüşünü savundu (STMA, 1988: 2194).

[20] T-KDP lideri Dr. Sait Kırmızıtoprak (Dr. Şivan) 49'lar olayında yer alan, daha sonra da dönemin *Yön, Dicle-Fırat* gibi önemli sol ve Kürt dergilerindeki çeşitli yazıları ile tanınan önemli bir Kürt aktivisti idi (Arik, 2011; Miroğlu, 2009).

lamak çok daha doğru olacaktır. T-KDP'nin geleneksel, muhafazakâr çizgisine karşı, Dr. Şivan Hareketi (T-KDP) dönemin radikal sol hareketlerinden çok daha fazla etkilenen bir temelde ortaya çıkmıştır. Öte yandan Kürt Hareketi'nin beslendiği iki temel kaynaktan biri olan Güney Kürdistan'daki Barzani Hareketi ile de sonu oldukça trajik biten yakın bir ilişki içinde oldu.[21] Daha sonraki Kürt örgütlerinden çok daha önce sorunu "dahili milli iç çelişki" diyerek siyasal temelde tanımlaması, parti örgütlülüğünü esas alıp silahlı mücadeleyi öngören bir anlayış içinde olması itibari ile bu hareket, dönemi açısından oldukça radikal olarak nitelenebilir. Bütün bu özelliklerinin yanı sıra Kürt Hareketi'nin beslendiği iki temel kaynakla da - sol düşünce ve Güney Kürdistan'daki milliyetçi hareket- belli bir rezonans içinde olma ve güçlü bir lider figürü etrafında ortaya çıkması, Dr. Şivan Hareketi'nin 1968-1971 arasında oldukça kısa süren hayatına rağmen 70'lerde de Kürt Hareketi'nin aktığı kanallardan biri olmasına yol açmıştır.

1971 Darbesi ve Sonrası: Hazırlık Süreci

Sonuçta, Kürt Hareketi de, Türkiye sosyalist hareketi de, tüm sol ve Kürt örgütler ile yayınları yasaklayan, kadrolarını tutuklayıp devrimci hareketin liderlerini öldüren Mart 1971 darbesinin şiddetinden kaçamadı. Ancak bu darbe ve ar-kasından gelen devlet şiddeti, bu hareketler açısından bir son anlamına gelmekten çok yeni bir sürecin başlangıcı olarak görülebilir. Bunda temel etkenlerden biri, 12 Mart Darbesi'nin niteliği idi. Samim'in ifadesi ile,

---

[21] Hâlâ yoğun tartışmalara neden olan Dr. Şivan ve iki arkadaşının, TKDP lideri Sait Elçi ve iki arkadaşını öldürdüğü gerekçesi ile Barzani liderliğindeki IKDP tarafından öldürülmesi (Arık, 2011: 465-505; Aydoğmuş, 2005: Büyükkaya, 2008).

1971 darbesinin amacı sınırlı idi. Mevcut kapitalist sistemin yerini almak veya kendi diktatörlüğünü yerleştirmekten çok, Ordu, acımasızca etkili bir kontra-gerilla kampanyasını yürütmekle yetindi (1981: 72).

Devlet şiddeti, ilk özerk Kürt örgütlenmesine zaten darbeden önce yönelmişti. Ankara ve İstanbul DDKO merkezleri Ekim 1970'de polis tarafından basıldı ve bazı üyeler tutuklandı. Darbeden sonra da DDKO'nun tüm çalışmaları durduruldu ve sıkıyönetim mahkemesinde dava açıldı. Aynı şekilde TKDP için de dava açılırken, DDKO davasında yapılan savunmalar hem o dönem itibari ile hem de 1970'lerde gelişecek Kürt Hareketi açısından önemli bir dönemeci oluşturdu.[22] Toplu savunmaların ağırlıklı kısmı askeri savcılığının "Kürtçe bir dil değildir, Türkçeden ve başka dillerden toplanmış kelimeler yığınıdır" tarzındaki iddialarına karşı Kürt halkının dili ve kültürü ile ayrı bir halk olarak varlığını savunmaya adanmıştı. Hem savunmaların genel konumu hem de duruşmalarda alınan tavır (toplu savunma yapmak, askeri mahkemenin zorladığı bazı uygulamalara karşı direnmek vs.) DDKO'nun Kürt Hareketi'nin daha sonraki süreçlerindeki esin kaynaklarından biri olma iddiasına güç kattı.[23] Daha da önemlisi, Kürt Hareketi'nin özerkleşme momenti olarak oluşması, aktiviteleri

---

[22] Türkiye'de mahkemelerde Kürt Hareketi'nin siyasi savunma yapma geleneği açısından, bkz. (Gündoğan, 2007). Özel olarak DDKO savunmaları için, bkz. (Devrimci Doğu Kültür Ocakları Dava dosyası 1, 1975) ve (Gündoğan, 2007: 181-207). DDKO davasında mahkemenin çeşitli aşamalarında birden çok toplu savunma farklı tutuklu grupları tarafından yapıldı. Daha sonraki (1970'ler) politik gruplaşmalar açısından da önemli olan bu farklı savunmaların en çok öne çıkanı daha sonra Rizgarî grubunu oluşturacak "Ocak Komünü" ile Özgürlük Yolu (PSK) ve Kawa gibi değişik hareketler içinde yer alacak grubun yaptıkları savunmalardı.

[23] "... [DDKO] daha sonra Rizgarî, Özgürlük Yolu, Kawa gibi birçok Kürt Hareketi'ne kadro sağlamıştır" (Gündoğan, 2012: 117-8).

ve savunma metni ile DDKO, Kürt sorununun "bölgesel azgelişmişlik" değil de, "ulusal sorun" olarak tanımlanmasına geçişte önemli bir konum kazanmış oldu.[24]

Genel olarak 1971-74 süreci, T-KDP'nin Güney Kürdistan'da üslenerek oluşum süreci yaşaması (her ne kadar akamete uğrasa da), Diyarbakır'daki DDKO yargılaması ve savunmalar ile 12 Mart darbesi ardından tutuklamalardan kurtulanların Ortadoğu ve Avrupa'ya çıkışları temelinde daha sonraki yıllarda ortaya çıkacak Kürt Hareketi'nin gelişim hatlarını belirledi.[25] Nitekim Kürt Hareketi açısından bu süreçte netleşen bazı temel hususlar daha sonraki gelişmelerin de zemini oldu. Bunlar, "Kürdistan sömürgedir" tezi ve buna dayalı ulusal kurtuluş mücadelesi yürütülmesi gerektiği perspektifi ile ayrı (bağımsız) ve esas olarak da illegal örgütlenme anlayışı idi. PSK, DDKO kökenli örgütler ve PKK gibi Kürt Hareketi'nin daha sonra ana omurgası olarak nitelenebilecek hareketlerin hepsinin de bu süreçte bu iki temel konuda netleştikleri söylenebilir. Örneğin, PSK lideri Kemal Burkay anılarında, ilk kez ayrı ve illegal bir örgüt kurma fikrini TİP içindeyken bir grup arkadaşı ile 12 Mart öncesi tartıştıklarını (2001: 284), daha sonra aynı tartışmayı darbe ardından tutuklu olduğu Diyarbakır Cezaevi'nde de yinelediklerini (329) ve son olarak 1973 yılında Avrupa'da iken bu görüşlerinin netleştiğini (385) belirtmektedir. Benzer şekilde PKK lideri Öcalan da, 1972-3 döneminde cezaevinde iken örgütlenme konusunda netleştiğini "73 baharı ile birlikte Kürdistan temeline dayalı bir gruplaşmanın olduk-

---

[24] Bu arada TİP yetkililerinin özellikle de IV. Kongre'de Kürt sorununa ilişkin aldığı karara yönelik Anayasa Mahkemesi'nde yaptığı savunma Kürt çevrelerinde ciddi bir hayal kırıklığına yol açacaktı (*Rizgarî*, 1976: 21).

[25] Gündoğan, bunu 1974'den sonra Kürt Hareketi açısından belirleyici olacak radikal diskurun Güney Kürdistan, Avrupa ve Diyarbakır olmak üzere üç alanda üretilmesi süreci olarak ifade ediyor (2007: 197).

ça rol oynayacağını kestirdim" diyerek ifade etmektedir (Sayın, 1997: 73).

Düşünce ve söylemde netleşmelerden öte kamusal alanda görülebilir etkili politik örgütlenmeler ve aktiviteler açısından ise bu süreç sessiz bir hazırlık dönemi olarak değerlendirilebilir: 1974 Temmuz ayındaki genel af ve sonrasına kadar, DDKO davasından yargılananlar cezaevindedir; Güney Kürdistan'da Dr. Şivan Hareketi'ne katılanlar dağılmış, bir kısmı Türkiye'ye dönerken aralarında daha sonra Kürt Hareketi'nde önemli konumlar işgal edecek olan Necmettin Büyükkaya gibi kimi isimler ile TİP içinden Kemal Burkay, önce Suriye-Lübnan'a ardından da Avrupa'ya çıkmışlardır; bu isimlere göre daha yeni kuşaktan gelen Öcalan ise kısa süreli cezaevi sürecinin ardından Ankara'da üniversite gençliği içinde gruplaşma çalışmaları yürütmektedir. Kürt poli-tikacıların Güney Kürdistan ve Suriye-Lübnan'a çıkışları aynı zamanda kendilerinden önceki kuşaklardan burada kalan Kürt politikacıları (Cigerxwîn, Ekrem Cemilpaşa, Hesen Hişyar vb.) ile tanışma, Avrupa'ya çıkışları ise henüz çok cılız da olsa Kürt diasporası ile buluşma anlamına gelecektir. Bu alanlar Türkiye'deki Kürt Hareketi açısından 1970'lerin sonu ve 1980'ler itibari ile çok daha önemli roller oynayacaktır.

Türk solunun da bir bütün olarak kamusal alanın dışında ağırlıklı olarak küçük çevreler ve yerel bağlar içinde kendini koruma çalıştığı bu 12 Mart Darbesi sonrası dönemden çıkış, 1973 Ekim ayında yapılan genel seçimlerde politik tablonun değişmesi ve ardından 1974 yazında tüm siyasal tutukluların serbest bırakıldığı genel af ilanı ile başladı. Serbest kalan Kürt ve Türk sosyalistleri, özellikle gençlik arasında canlı bir kitlesel zemin buldular (Samim, 1981: 73). Böylece 1975 yılından itibaren birbirinden örgütsel olarak bağımsız gelişen Kürt ve Türk sol hareketleri dönemi başlamış oldu.

1975 Sonrası Kürt Hareketi'nin Sahneye Çıkışı

Kürt Hareketi, 1975 yılından itibaren çok parçalı bir yapı olarak sahneye çıktı. Bu sahneye çıkış, 1971-74 sürecinde ortaya çıkan iki temel eksende ("Kürdistan sömürgedir" tezi ve "Türk solundan ayrı örgütlenilmesi" kararı) gerçekleşti. Bu konudaki saptamalar 1975 yılından itibaren yayına başlayan çeşitli dergilerde yazılar ve Türk solu ile yapılan tartışmalarla derinleştirildi. Özellikle "Kürdistan sömürgedir" tezine Türk solunun hemen hemen tümü[26] "sömürgecilik, emperyalizmin belirli bir tarihsel aşamasında ortaya çıkan bir olgudur ve Türkiye'nin kendisi (yarı/yeni) sömürge durumunda olduğundan aynı zamanda emperyalist bir ülke olamaz" argümanı ile karşı çıktı. (Jongerden & Akkaya, 2013: 50). Türk solunun birbirinden farklı çevreleri tarafından paylaşılan bu görüşler daha da ileri götürülerek "sömürgecilik tezi, ayrılıkçı burjuvazinin pazara egemen olma tezidir" (akt. STMA, 1977: 2308) noktasına vardı. Bu tartışmaların mantıki sonucu da ayrı örgütlenmenin olamayacağı idi.

Öte yandan Kürt örgütleri açısından, "Kürdistan sömürgedir" tezinin patent sahipliği konusunda 1970'lerden itibaren süren, zaman zaman bugüne de yansıyan bir tartışma vardır. Bu tezin Kürtler arasında ilk kez hangi tarihte ileri sürüldüğünü tespit edemediğini belirten Bozarslan, Zinar Silopi'nin (K. Cemil Paşa) 1969'da yayımlanan anılarında bu kavramı kullandığını kaydetmektedir (2007a: 1204). TKDP kurucularından

---

[26] Bu açıdan istisnai durum THKP-C kökenli hareketlerden *Kurtuluş* idi. Kürdistan'ın sömürge olduğu saptamasını yapan aynı adlı derginin Temmuz 1976 tarihli ikinci sayısından son sayısına (*Kurtuluş*, Aralık 1979, 35. Sayı) kadar birçok sayısında ulusal soruna ilişkin yazılara yer verildi. Sömürge tezini savunmasına karşılık birlikte örgütlenmeyi öngören Kurtuluş, daha sonra Türkiye ve Kuzey-Kürdistan Kurtuluş Örgütü (TKKKÖ) adını aldı.

Şakir Epözdemir de, 1969 yılındaki savunmasında "Kürdistan, 46 yıldır Türkiye'nin sömürgesidir" demiştir (2005: 39). Fakat sömürgeciliğin her iki kaynakta da bahsedildiği biçimi ile 1970'lerde geliştirilen teorik veya ideolojik nitelikte bir tez olmaktan çok bir isimlendirme olduğu kaydedilmelidir. Temel bir ideolojik tez ve bu temelde örgütlenme, mücadele çerçevesi olarak "Kürdistan sömürgedir" saptamasına, esas olarak Dr. Şivan'ın 1969-71 arası yazılarında rastlamaktayız. Daha sistematik olarak ve Marksist literatür temelinde "Kürdistan sömürgedir" tezinin gelişim çizgisini ise Kemal Burkay'ın Avrupa'da sürgünde iken 1973 yılında Hıdır Murat takma adı ile yazdığı *Türkiye Şartlarında Kürt Halkı'nın Kurtuluş Mücadelesi* adlı kitaptan başlayarak, 1975 yılından itibaren *Özgürlük Yolu, Rizgarî* ve *Kawa* gibi legal dergilerdeki yazılar ile PKK'nin 1977 yılından sonra illegal yayınladığı broşür ve kitapçıklarda bulmak mümkündür. Bu noktada, akademik alanda çalışmaları ile İsmail Beşikçi'nin de bu tezin oluşumunda katkıları göz ardı edilemez:

> ... Beşikçi'nin Kemalizmi hedef alan Bilim Yöntemi Dizisi'nin [Komal Yayınevi tarafından 1976-78 arasında yayımlanan - b.n.] ilk üç kitabı Kürt Hareketi'nin yeni bir tarih yazımına sahip olmasını sağlamış, bu tarih yazımı ise Kemalizmin ötesinde Türkiye'nin meşruiyetinin sorgulanmasını beraberinde getirmişti (Bozarslan, 2007a: 1181).

Maraşlı da, 1975 yılından itibaren, Komal Yayınevi ve *Rizgarî* dergisi yayınlarında savunulan "Türkiye'nin sömürgeci bir devlet ve Kürdistan'ın da ayrı bir tarihsel, sosyolojik bütünlük taşıyan sömürge bir ülke olduğu tezinin kurulmasında ... önceleri *Rizgarî* yazı kolektifinde yer alıp daha sonra düşünsel üretimini bu çerçevede ama bağımsız olarak yürüten" Beşikçi'nin önemli katkıları olduğunu belirtmiştir (2010).

Sonuçta bütün Kürt örgütleri, bu çerçevede 1970'lerin ortalarından itibaren, Kürt Hareketi'nin kurucu tezi olarak ortaya çıkan sömürge tezi temelinde, bir yandan Türk solu ile tartışmalar yürütürken, diğer yandan da başka ülkelerden örnekler bularak kendi tezlerinin doğruluğunu savunmaya çalıştılar. Bu çerçevede örneğin bir başka yarı (veya yeni) sömürge ülke durumundaki Etiyopya'nın sömürgesi olarak Eritre veya Portekiz ile Angola arasındaki ilişkiler en çok verilen örnekler oluyordu (Jongerden & Akkaya, 2013: 51). Bütün bu tartışmalar sonucu kendi tezlerini güçlendiren Kürt örgütlerinin (ilk başlarda TKDP hariç) büyük çoğunluğu, hedeflerini ulusal demokratik devrim mücadelesi verip bunu daha sonra sosyalist devrimle tamamlamak olarak tanımladılar. Bu ortak paydanın yanı sıra Kürt Hareketi'nin hem oluşum sürecini etkileyen hem de kendi içinde farklılaşmasına zemin olan iki husus daha vardır.

Birincisi Güney Kürdistan'da 1961 yılından itibaren Kürtlerle merkezi Irak hükümeti arasında –ateşkes ve görüşmeler şeklinde kesintilerle de olsa– süregiden müca-dele. Daha önce belirttiğimiz gibi Güney Kürdistan'daki bu gelişmeler 1960'lardan itibaren Kürt Hareketi'nin sosyalizmin yanı sıra ikinci kaynağı olagelmiştir. TKDP'nin oluşumu, T-KDP'nin ortaya çıkışı ve her iki hareketin liderlerinin ölümü ile akamete uğramaları da buradaki gelişmelerle yakından bağlantılıdır. 1975 yılında Barzani Hareketi'nin trajik yenilgisinin, Kürt Hareketi'nin önemli bir kısmı üzerindeki etkisi ise daha sarsıcı olmuştur. Kürt Hareketi'ni etkileyen bir diğer husus da dünya sosyalist hareketinde yaşanan Moskova-Pekin merkezli ayrışmanın yansıması olmuştur. Türk soluna etkisi kadar büyük olmasa da, bu ayrışma, Kürt Hareketi'nin kendi içinde farklılaşmasının önemli zeminlerinden biri olmuştur.

Sonuçta iki ortaklaşılan, iki de ayrışma zemini sayılabilecek husus temelinde 1975 yılından itibaren en az yedi ana yapıdan (TKDP-KUK, DDKD-KİP, *Rizgarî,* PSK, PKK, *Kawa, Têkoşîn*) oluşan bir Kürt Hareketi'nin ortaya çıktığını söyleyebiliriz. Bu örgütleri değişik kriterlere göre farklı farklı sınıflayabiliriz.[27]

Kökenleri itibari ile bu hareketler üç ana grupta toplanabilir: Geleneksel Kürt milliyetçiliğinin temsilcisi olan TKDP kökenli TKDP-KUK; Kürt Hareketi'nin özerkleşmesinin temsilcisi DDKO kökenli *Rizgarî, Kawa* ve kısmen DDKD-KİP[28] ve Türk sosyalist hareketinden kaynaklı olarak PSK, PKK ve *Têkoşîn*. Dönemin Türk sol hareketinin sınıflamasında kullanılan "Sovyetik, Maoist ve bağımsız" (Samim, 1981) kriterleri açısından bakılırsa da, Sovyetik çizgide olan PSK ve DDKD-KİP ile Maoist kanatta yer alan *Kawa* kutuplaşması arasına diğer hareketleri yerleştirebiliriz.

Yine dönem açısından önemli bir tartışma olan silahlı mücadele konusunda ise öncelikle vurgulanması gereken husus, Kürt örgütlerinin hiçbirinin teorik olarak silahlı mücadeleye kategorik bir karşıtlık göstermediğidir.[29] Örneğin bu konuda

---

[27] 1970'lerdeki Kürt Hareketi'nin genel analizi için, bkz. (Ercan, 2010). Ercan, yüksek lisans tezinde çatışmalı politikalar (*contentious politics*) literatürü çerçevesinde Kürt Hareketi'nin 1970'ler sürecindeki siyasi-toplumsal dönüşümlerini incelerken, Gündoğan da makalesinde aynı dönemin Kürt Hareketi'ni geleneksel-modern karşıtlığı temelinde tartışıyor (2012).

[28] Bu hareket bir yandan Dr. Şivan'ın T-KDP'sinin, öte yandan da DDKO'nun mirasına dayanmaktadır.

[29] Silahlı mücadeleye yönelik kategorik bir reddin olmayışı, bunu sadece yoksul gençlik dayatması olarak ve bu temelde de bazı örgütlerle sınırlı gören yaklaşımın (Bozarslan, 2007) yeterli açıklayıcı olmadığını gösteriyor. Dönemin genel sosyalizm ve özellikle de ulusal kurtuluş mücadelelerinden beslenen yaklaşımı bu açıdan önemli oranda belirleyici olmuştur. Ayrıca cumhuriyetin ilk 15 yılında yaşanan isyan deneyimleri ile Güney Kürdistan'da 1961'dan itibaren süren mücadelenin etkileri de göz önüne alınmalıdır.

silahlı mücadeleye en uzak olarak sunulan ve esas olarak politik mücadeleyi temel aldığını belirten PSK'nin lideri Kemal Burkay, yaklaşımlarını şöyle özetlemektedir:

> PSK, silahlı mücadelenin ancak yığınsal eylemin belli bir aşamasında ve onun bir parçası olarak gündeme geleceği görüşündedir. Bu aynı zamanda bir dizi iç ve dış koşulun uygun düşmesine bağlıdır. Koşulların ne olup olmadığına bakmaksızın, her durum ve şartta silahlı mücadele öneren ve bunu temel alan görüşler yanlıştır (STMA, 1988: 2319).

PKK dışındaki örgütlerin büyük kısmının silahlı mücadeleye yönelik tavrı, "önce ideolojik-siyasi bilinçlenme ve örgütlenme" şeklinde özetlenebilir.[30] PKK ise şiddete ilişkin yaklaşımını 1978'de yazılan *Kuruluş Bildirisi*'nde şu temelde belirler:

> PKK, Kürdistan halkı için siyasal, kültürel, sosyal alanda gelişmenin ancak savaş içinde mümkün olacağına inanır ... barışçıl bir ortam içinde her gün ulus olarak eriyip yok olmaktansa, savaşla ve savaş içinde dirilmeyi bir ilke olarak kabul eder. PKK, halkımız için öngördüğü düzenin, ancak hayatın her alanında uzun vadeli, basit biçimlerden karmaşık biçimlere doğru verilecek bir savaştan sonra kurulabileceğine inanır. Ama bu, devrim süreci içinde mücadelenin yan ürünleri olarak ortaya çıkan reformlardan yararlanmamayı ve toptan reddetmeyi gerektirmez (1984: 58).

Bu temelde, her zaman esinlendiğini vurguladığı Türk solunun radikal kanadının silahlı mücadeleye yüklediği anlama –özellikle de Mahir Çayan'ın Politikleşmiş Askeri Savaş Stratejisi'ne– benzer şekilde, bilinçlenme ve örgüt-lenmenin ancak silahlı mücadele aracılığıyla mümkün olacağı görüşünü savu-

---

[30] O dönem PKK dışındaki Kürt örgütlerinin büyük çoğunluğunun "silahlı mücadelenin zamanı henüz gelmedi" şeklinde özetlenebilecek tavırları, uzun yıllar süren silah mücadele sonucunda PKK'nin tek hegemonik aktör olduğu dönemde de devam etmiştir (Ballı, 1991).

nan PKK, 1977'den sonra yer yer silahlı mücadeleyi örgütlemeye girişecekti.

Bu genel çerçevede, Kürt örgütlerinin 1971-74 yılları arası düşünsel hazırlık sürecinin ardından 1975 yılından itibaren sahneye çıktığını belirtebiliriz. Teorik çerçevesini Lenin ve daha ağırlıklı olarak da Stalin'in "ulusal sorun"a ilişkin görüşlerini esas alan "Kürdistan sömürgedir" tezi oluşturan, pratik yönelimini belirlemede ise Güney Kürdistan'daki Barzani Hareketi'nin 1975 yenilgisinden ders çıkarma kadar Vietnam'dan Angola, Mozambik, Cezayir ve Filistin'e kadar dünyanın başka bölgelerindeki ulusal kurtuluş müca-delelerinden esinlenen bu yeni dalganın temel bileşenlerinin ana faaliyet alanlarını şöyle sıralayabiliriz: illegal örgüt yapısı oluşturma, yasal yayın ve kitle örgütleri faaliyeti, kitlesel mobilizasyon ve Türkiye'de yükselişe geçen aşırı sağ/faşist hareketler ile yer yer silahlı çatışmaya da varan mücadeleye girişme.

Kürt Örgütleri Soyağacı

Kendisini esas olarak "Kürt ulusal demokratik hareketi için ideolojik-siyasal zemin oluşturma" iddiası ile tanımlayan (Maraşlı, 2010) ve 12 Eylül sürecindeki mahkemelerde de "bir örgüt değil, dergi çevresiyiz" şeklinde savunma geliştiren *Rizgarî* hariç, diğer Kürt örgütlerinin hepsi 1975 yılından başlayarak illegal örgüt formunda komiteler, merkez organlar ve kongreler temelinde oluşmuş ve/veya faaliyet göstermiştir.[31] Bu açıdan ilk olarak TİP içindeki Doğulular grubunun önde gelen isimlerinden Kemal Burkay liderliğindeki Türkiye Kürdistan

---

[31] Gündoğan, Rizgarî'nin de şeklen diğer örgütler gibi olmasa bile gerçek yaşamda benzer organ, mekanizma vb yoluyla faaliyet yürüttüğünü belirtmektedir (2007: 220).

Sosyalist Partisi (*Partiya Sosyalîsta Kurdistana Tirkiye*, PSKT[32]) 1974 yılının son gününde kurulmuştur (PSK, 2004: 11). İllegal olarak kurulan parti, I. Kongresi'ni 1980 yılında yaparken, faaliyetlerini ağırlıklı olarak aylık *Özgürlük Yolu* ve 15 günlük *Roja Welat* adlı yasal yayın organları ve çeşitli demokratik kitle örgütleri üzerinden yürütmüş, Devrimci Halk Kültür Derneği (DHKD) adıyla yasal gençlik derneği kurmuştur. İllegal olması, kuruluşunu ve adını da kamuoyuna uzun süre duyurmamasından dolayı genelde çıkardığı derginin adı ile kısaca ÖY olarak tanınmıştır (Burkay, 1988: 2318). Bağımsız adaylar yoluyla, 1977 yerel seçimlerinde Diyarbakır'da Mehdi Zana ve daha sonra da Ağrı'da Urfan Alpaslan ile belediye başkanlıklarını kazanan PSK –diğer örgütlerin çoğu gibi– 1978 yılından itibaren iki grubun ayrılması ile bölünme yaşasa da, bunlar etkisiz kalmıştır. Dünya sosyalist hareketindeki ayrışmada Sovyet yanlısı tutum alan parti, silahlı mücadeleye ise zamansız olduğu gerekçesi ile karşı çıkmıştır.

İlk sayısı Haziran 1975'te yayımlanan *Özgürlük Yolu*, 1970'lerde en istikrarlı yayımlanan Kürt dergisi idi. Ocak 1979'ya kadar 44 sayı yayımlanabilen derginin on bin tiraja sahip olduğu belirtiliyor (akt. Burkay, Ballı,1991: 382). Dergide yayımlanan ve bir kısmı da daha sonra kitap olarak derlenen teorik yazılar (Aladağ, 1976; Burkay, 1978)[33] temeli Kemal Burkay'ın Avrupa'da sürgünde iken Hıdır Murat takma adı ile yazdığı *Türkiye Şartlarında Kürt Halkı'nın Kurtuluş Mücadelesi* adlı kitapta ortaya konulan çizgiyi geliştirmiştir (Murat, 1973). Bunların yanı sıra Maoculuğun eleştirisi ile çeşitli Türk ve Kürt gruplarla (*Devrimci Yol, Ürün* ve *Rizgarî*) girişilen polemikler

---

[32] 1992 yılındaki III. Kongre'de aldığı bir kararla ismindeki Türkiye sözcüğünü çıkardı.

[33] Bu iki kitap Kemal Burkay'ın 1975-77 yılları arasında *Özgürlük Yolu* dergisinin çeşitli sayılarında C. Aladağ ismi ile yazdığı yazıların derlemesidir.

de dikkat çeken konular olmaktadır. *ÖY* dergisi Güney Kürdistan'da Barzani Hareketi'nin 1975'teki yenilgisi sonrası KDP'ye yönelik oldukça eleştirel tutum alarak "burjuva, feodal-aşiretçi yapı"yı eleştirmiştir. Esas olarak kendi kitle örgütünün (DHKD) yanı sıra TÖB-DER gibi meslek kuruluşları ile çeşitli sendikalarda aktif olan PSK'nin kendi politik faaliyetlerini, en genelde "verili koşullarda silahlı mücadeleye başlama anının gelmediği belirlemesinden hareketle ... ideolojisinin propagandasını yapmayla sınırladı" (STMA, 2315) saptaması yapılabilir.

Sovyetik çizgide yer alan bir diğer örgüt ise esas olarak 1974 yılında bir kitle örgütü olarak kurulan Devrimci Demokratik Kültür Dernekleri (DDKD) adı ile tanınan DDKD/KİP olmuştur. 12 Mart'ta kapatılan DDKO'nun devamı niteliğindeki bu örgüt kısa süreli yaşamına rağmen, aralarında DDKD-KİP'in de bulunduğu bir dizi illegal Kürt oluşumuna kaynaklık etmiştir. Dr. Şivan'ın T-KDP'sinden bazı kadrolar ile DDKD'de yer alan aktivistler tarafından 20-25 Nisan 1975'de Van'da gerçekleştirilen bir kongre ile kurulan örgüt, önce Şivancılar/DDKD diye anılmış, daha sonra da 1977 yılında Kürdistan İşçi Partisi (KİP) adını almıştır (Ballı, 1991; Gündoğan, 2007). Ağırlıklı olarak "kasaba esnafı, zanaatkarlar, öğrenciler ve geleneksel yurtsever taban üzerinde" (Maraşlı, 2010) etkili olan bu örgüt, *Devrimci Demokratik Gençlik, Jîna Nû* ve *Tîrêj* gibi yasal dergiler yayımlamış, DDKAD adı ile kadın derneği kurmuştur. Çeşitli demokratik kitle örgütleri ile sendikalarda etkili olan DDKD/KİP, 1977 yerel seçimlerinde Diyarbakır'da PSKT'nin adayının karşısına kendi desteklediği bağımsız adayla çıkıp ciddi oy almasına rağmen kazanamadı. İç bölünmelerden kurtulamayan bu örgüt, Güney Kürdistan'da 1975'den sonra Barzaniler öncülüğündeki KDP ile Celal Talabani liderliğindeki YNK arasındaki çatışmada ikinciden yana tutum almış, özellikle 1978'de Hakkâri bölgesinde yaşanan silahlı çatışmada[34] YNK'den yana –en azından kimi önemli yönetici ve kadroları aracılığıyla– aktif rol oynamıştır. Bu olay ve sonrası örgüt içi ayrışma ve kopuşları daha da derinleştirmiştir.

DDKO (ve daha sonra DDKD) kökenli bir diğer örgüt/çevre de Rizgarî'dir. DDKO'nun (ve DDKD'nin) Ankara merkezli yönetici ve kadroları tarafından çıkarılan *Rizgarî* dergisi ile anılan bu çevre, faaliyetlerine 1974 sonunda kurulan Komal Yayınevi ile başlamıştır. Kürt tarihinin yanı sıra "Kürdistan sömürgedir" tezine ilişkin bir dizi önemli kitap yayınlayan Komal Yayınevi'nin yanı sıra, 1976 yılında yayınına başlayan *Rizgarî* dergisi de, diğer Kürt yayınları gibi bir dizi engelleme ile boğuşarak düzensiz de olsa 1979 yılına kadar dokuz sayı çıkabildi. Yayın faaliyetinin yanı sıra Rizgarî çevresi, Anti-sömürgeci Demokratik Kültür Dernekleri (ASDKD) ile faaliyette bulundu. 1978 yılında Hakkâri olayına yönelik tutum farklılaşmasının da tetiklediği, örgütlenme ve mücadele biçimleri konusundaki ayrılıklar, *Ala Rizgarî* adı altında ciddi bir kopuşa yol açtı. Sonuçta Rizgarî, Kürt Hareketi içinde, "teorik ve ideolojik mücadeledeki radikalizme rağmen bunu siyasal bir güç ve örgütsel formlara dönüş-türemeyişi" ile bilinen bir yapı olarak kaldı (Maraşlı, 2010).

Kürt hareketlerinin en gelenekseli ve sol dışında şekilleneni olan TKDP ise lideri Said Elçi'nin öldürülmesinin ardından 12 Mart sonrası ciddi bir liderlik krizi ile tekrar sahneye çıktı. 1973 ve 1975'te iki kongre yapan, üst üste genel sekreter değiştiren TKDP, bir parçası olarak hareket ettiği IKDP'nin bu dö-

---

[34] 1978 yılı Mayıs ayından itibaren yüzlerce YNK savaşçısından oluşan üç büyük grup, Hakkâri kırsal alanından Türkiye sınırına girerek Hakkâri-Şırnak arası bölgede üslenen KDP'lilerle çatıştı. Bölgedeki kimi aşiretlerin de desteğini alan KDP'liler tuzağa düşürdüğü bu gruplardaki savaşçı ve kadroların yüzlercesini öldürdü ve kalanları da esir aldı (Jongerden & Akkaya, 2013: 73).

nem yaşadığı gelişmelerin de yoğun etkisi ile diğer Kürt hareketleri ile benzer bir hatta buluşmasına yol açan bir sol/soysalist çizgiye kayma süreci geçirdi. 1977'den itibaren Kürdistan Ulusal Kurtuluşçuları (KUK) adıyla hareket edip örgüt yönetimini ele geçiren sol kanat kendisini TKDP/KUK olarak adlandırırken, geleneksel kanat eski ad TKDP ile faaliyetlerini sürdürünce fiilen ikiye bölünmüş bir yapı ortaya çıktı (Gündoğan, 2007: 33). 1979 yılından itibaren PKK ile yaşadıkları çatışmalarda karşılıklı kayıplar veren TKDP/KUK, diğer yandan pratikte sonuçsuz kalsa da, PSKT ve DDKD/KİP ile –Türkiye'deki Sovyetik partilerin kurduğu Ulusal Demokratik Cephe'ye benzer biçimde– Kürdistan'da UDG (Ulusal Demokratik Güç Birliği) oluşturdu. TKDP/KUK'un tarihsel bağlantılarından da kaynaklı olarak özellikle Irak Kürdistanı ile sınır olan Mardin, Şırnak gibi bölgelerde köylülük içinde belli bir tabanı vardı.

Kürt Hareketi içinde Maocu tek örgüt olan Kawa da, DDKD'nin Ankara ve İstanbul şubelerinde yer alan ve uluslararası sosyalist hareketteki bölünmede Çin ve Arna-vutluk'un tezlerini sahiplenen kadrolar tarafından 1976 sonbaharında kuruldu (Gündoğan, 2007: 20-21). Kawa adlı bir yayınevi kuran ve aynı adla yasal dergi çıkaran örgüt, dönemin Kürt hareketleri içinde en yoğun bölünme yaşayan yapı idi. Kuruluşundan bir yıl sonra, 1977 sonbaharında, Maocu Üç Dünya Teorisi'ne ilişkin tartışmalar temelinde ikiye bölünen Kawa, daha sonraki iki yıl içinde her iki kanadın da kendi içinde tekrar bölünmesine tanık oldu.[35] Bütün bu bölünmelerde Kawa'nın çıkış zemini olan Maoculuk eksenli tartışmalar (önce Sovyetler ile Çin, ardından da Çin ile Arnavutluk arasındaki ayrışma) önemli oranda belirleyici olmuştur. Kawa'ya ilişkin ya-

---

[35] Başta Kawacılar olmak üzere dönemin Kürt örgütlerinin doğuş ve bölünme sürecine ilişkin bkz. Gündoğan, 2007: 19-45.

pılan kimi saptamalar, aralarındaki ideolojik farklılığa rağmen PKK ile bazı benzer özelliklere sahip bir hareket olduğu yorumunu mümkün kılmaktadır. Örneğin kendisi de Kawa'nın yöneticilerinden olan C. Gündoğan, "PKK'nin daha radikal ve kararlı biçimde olmak üzere" her iki örgütün de "kurulu düzenle olan köprülerini atmada en ileri noktaya varan profesyonel kadrolar örgütü" olduğunu vurgulamaktadır (2007: 25).

Dönemin Kürt hareketleri arasında hem o dönem hem de daha sonraki sürece yansıması itibari ile etkisi en sınırlı olanı, Türk solundan örgütsel olarak organik anlamda kopuşa dayanarak kurulan *Têkoşîn* (Mücadele) örgütüdür. Türk solu içinde sömürgecilik tezini benimseyen tek temel örgüt olan *Kurtuluş*'tan kopan Têkoşîn, aynı adla dört sayı yayımlanan bir dergi çıkardı. Ağırlıklı olarak Dersim ve Antep yöresinde faaliyet yürüten bu örgütün, diğer örgütlere göre geç sayı-labilecek bir dönemde (1978 ortalarında) ortaya çıkması, etkinliğinin sınırlı kalmasının nedenlerinden biri olarak değerlendirilebilir.

Têkoşîn'in tersine, PKK[36] ise hem 1970'lerde diğer Kürt örgütlerinden ciddi farklılıkları ile birlikte belirli bir etkinliği olan, hem de 1980'lerden itibaren Kürt Hareketi içinde hegemonik güç haline gelen bir örgüttür. Têkoşîn ve PSK gibi Türk solu kökenli olan PKK'nin bir diğer özelliği ise başından beri lider eksenli örgüt olmasıdır:

> Siyaset sahnesine ilkin UKO (Ulusal Kurtuluş Ordusu) ve "Apocular" olarak giren bu grubun en önemli özelliği, kendi dışındaki örgütlenmelerden farklı olarak lideri Abdullah Öcalan'ın (Apo) karizmatik kişiliği çevresinde yoğunlaşarak gelişmesiydi (Maraşlı, 2010).

Diğer Kürt örgütleri ile aynı dönemde (1971-74) fikri temelleri Öcalan tarafından atılan PKK, bu süreci farklı olarak Türk

---

[36] PKK'nin 1972'den 1980'e kadarki oluşum ve gelişim sürecinin farklı boyutları için, bkz. Jongerden & Akkaya, 2013: 9-81.

sol hareketinin değişik kesimleri ile birlikte 12 Mart sonrası kurulan ilk öğrenci kuruluşlarından olan Ankara Demokratik Yüksek Öğretim Derneği (ADYÖD) çevresinde yaşamıştır. Bu temelde, 1974 sonuna kadar Türk sol hareketi ile fiziki bir ortaklık içinde olan PKK, ayrıca düşünsel olarak özellikle THKP-C'nin devrimci mücadelenin ancak siyasal bir partinin yol göstericiliğinde yürütülen silahlı mücadeleyle sağlanabileceği düşüncesinden etkilenmiştir. Bu temelde ağırlıklı olarak Ankara'da gerçekleştirilen grup oluşumundan sonra, 1975 yılından itibaren adım adım Kürdistan'a taşınan hareket, 1977 sonbaharına kadar bire bir ilişkiler temelinde örgütlenme ağını genişletmiştir. 1977 sonbaharından itibaren bir program taslağı çerçevesinde hareket eden grup, 26-27 Kasım 1978 tarihinde Diyarbakır'ın Lice ilçesi Fis köyünde yirmi iki delegenin katılımı ile yapılan kongrede partileşme kararı almıştır.

1978 yılından sonra PKK, parti inşası ve silahlı mücadelenin geliştirilmesine odaklanan bir döneme girdi. Parti inşası ile silahlı mücadele PKK'nin tarihinde iç içe geçmiştir. Kurucularından Haki Karer'in öldürüldüğü 1977 yılına kadar PKK silahlı mücadeleyi ideolojik anlamda savunmuş, ancak silahlı mücadelenin örgütlenmesinde ciddi bir girişimde bulunmamıştı. 1977'den sonra silahlı mücadelenin örgütlenmesi, öz savunma ve ayrıca "engellerin" aşılması bakımından önem kazandı. "Engeller" arasında, halk ve bölge üzerinde egemen yerel feodal aşiretler de bulunuyordu. Urfa ilinde 1978 yılında Hilvan'da, 1979 yılında da Siverek'te verilen mücadeleler bu bağlamda önemlidir. Özellikle Siverek'te Bucak aşiretine karşı verilen mücadele bir yandan PKK'nin kuruluşunun ilanı anlamını taşırken, diğer yandan da gerilla savaşına hazırlık dönemi olarak değerlendiriliyordu. Ancak gerilla savaşının örgütlenmesine yönelik asıl ciddi hazırlıklar Türkiye'deki askeri darbeden yaklaşık bir yıl önce, 1979'un sonlarından itibaren bir grup militanının (40-50 kişi kadar) Lübnan'daki Filistin kamplarında eğitim görmesi ile başladı. Bu eğitilmiş militanların Kürdistan bölgesinde silahlı mücadeleyi geliştirmek üzere Türkiye'ye gönderilmesi amacı –kısmi denemelere rağmen– 12 Eylül Darbesi nedeni ile o dönemde gerçekleştirilemedi.

PKK'nin o dönem itibari ile genel olarak dört noktada diğer Kürt parti ve gruplardan ayrıştığını belirtebiliriz. Birincisi, tarihsel kökeni TKDP veya DDKO gibi diğer Kürt örgütlerine dayanmamaktadır. Bu nedenle de örneğin TKDP/KUK, DDKD/KİP ve Rizgarî gibi Güney Kürdistan'daki olumsuz gelişmelerden etkilenmemiştir. İkincisi, Sovyet-Çin ayrışmasının dışında kalarak kendi ideolojik söylemini geliştirmeyi esas almış, enerjisini esas olarak örgütlenme ve pratik mücadeleye sevk etmiştir. Dolayısıyla 1970'lerde solcu par-tilerde bunca bölünmeye ve parçalanmaya yol açan, gerçek sosyalizmi kimin temsil ettiğine (Sovyetler Birliği, Çin, Arnavutluk, Küba vb.) ilişkin tartışmalardan uzak durabilmiştir. Üçüncüsü, diğer Kürt örgütlerinden farklı yaklaşımı ile silahlı mücadeleye çok daha erkenden hazırlık yapmış ve daha önemlisi de bunun örgütlenmesi ve pratiğine girişebilmiştir. Diğer Kürt örgütlerinin bir kısmının en erken 1979'dan, ağırlıklı olarak da 12 Eylül darbesinden sonra silahlı mücadele hazırlıklarına giriştiği göz önüne alınırsa, PKK'nin avantajlı konumu daha net anlaşılabilir. Dördüncüsü, PKK "profesyonel, kendini davaya adanmış militan kadrolara" dayanan illegal bir örgüt yapısı kurmayı başarabilmiş, 1980'lere kadar ciddi bir bölünme yaşamadan, hatta ciddi oranda yönetici kadrosunu koruyabilen bir çizgi tuttu-rabilmiştir. Bu temelde 12 Eylül öncesi ve sonrası devletin saldırılarından önemli oranda zarar görmesine rağmen, elinde 1980 sonrası silahlı mücadele atılımı yapmaya uygun, denenmiş bir kadro yapısı tutabilmiştir.

Sonuç itibarıyla, ikinci yarısından başlamak üzere 1970'lerin değişik aktörlerin kendini örgütlediği çoklu bir yapı temelinde ayrı bir Kürt politik alanının ortaya çıktığı dönem olduğunu belirtebiliriz. Yukarıda özetlemeye çalışılan örgüt-lerin ideolojik ve politik mücadeleleri esasında, bu alanın temelini veya Ercan'ın daha doğru ifadelendirmesiyle mobilizasyon ve kolektif eylem çerçevesini (*master frame*) sömürgecilik tezi oluşturuyordu (2013). Ayrıca bu tez, 1960'ların sonunda başlayan Türk solundan özerkleşme sürecinin de ayrı/bağımsız örgütsel yapıya kavuşma anlamında tamamlayıcısı oldu. Türk solunun ise bu süreçte, neredeyse bir bütün olarak Kürt sorununu ulusal sorun olarak tanımlama ve "Leninist Ulusların Kendi Kaderini Tayin Hakkı (UKKTH)" ilkesini –en azından teoride– kabul ettiğini vurgulamak gerekiyor (Yeğen, 2006: 174). Ancak bu, Türk solu ile tartışma hatta yer yer çatışmayı da kapsayan ideolojik-politik mücadelenin sona ermesi anlamına gelmedi. Hatta Kürt/Kür-distan sorununun o döneme kadar olmadığı yoğunlukta tartışma konusu olduğu söylenebilir. Şimdi bu çerçevede, 1970'ler boyunca, başta Türk ve Kürt solu arasında olmak üzere yasal yayın organları aracılığıyla bu temelde yürütülen tartışmalara bakalım.

Ayrı Örgütlenme ve Bitmeyen Tartışmalar

Bu dönemki Kürt/Kürdistan meselesi eksenli tartışmalar, birincisi ve en temeli Kürt ve Türk sol örgütleri arasında, ikinci ve üçüncüsü Kürt ve Türk örgütlerinin kendi içlerinde yürüttükleri olmak üzere üç düzlemde ele alınabilir. Yapılan bütün tartışmaları bir makale kapsamında ele almak mümkün olmadığından, gerek konular ve gerekse katılımcılar açısından dönemin siyasal atmosferini yansıtabilecek şekilde özetlemek gerekmektedir. Temel tartışma hususları Kürdistan'ın statüsü, buna bağlı olarak örgütlenme ve ittifaklar sorunu olarak ortaya çıkmaktadır. Örnekleri özellikle *Özgürlük Yolu* dergisi sayılarında bolca bulunabilecek dönemin Maoculuk gibi temel ideolojik sorunlarına veya seçimler, sendikal mücadele ve demokratik kitle mücadelesine ilişkin tartışmalar da dikkati çekmektedir. Türk ve Kürt örgütleri arasında yürütülen tartışmaları *Özgürlük Yolu* ve *Rizgarî* ile *Ürün* ve *Devrimci Yol* dergileri arasındaki tartışmalarda; Kürt örgütlerinin birbirleri ile tartışmalarını *Özgürlük Yolu* ve *Rizgarî* üzerinden, Türk solunun tartışmalarını ise *Kurtuluş Sosyalist Dergi* (KSD) ekseninde ele alacağım. Ayrıca o dönem kendisi yasal yayın çıkarmamış olan PKK'ye ilişkin olarak Kürt ve Türk sol örgütlerinin tartışması da *Jîna Nû* ve *KSD* üzerinden aktarılacak. Hem söz konusu tartışmaların niteliği hem de bu tartışmaları yürüten güçlerin temsiliyet kabiliyeti, o dönemin genel Türk ve Kürt sol siyasal atmosferini yeterli düzeyde yansıtmaktadır.

1975 yılından itibaren gerek yasal yayın, gerekse illegal örgütsel yapılar üzerinden politik alana çıkan Kürt örgütleri ile Türk solu arasındaki tartışmalar 1977 yılı ortalarında dönemin yasal dergilerine yansıyarak kamusal nitelik kazandı. Özellikle Kürt Hareketi açısından, bu sürecin, "Kürdistan sömürgedir" ve "ayrı örgütlenme" tezlerine dayanan temel ideolojik ve örgütsel formasyonun ortaya çıkıp politik etkinlik aşamasına geçişe denk düştüğü açıktır. Tartışmaları tetikleyen ise TKP'nin yasal yayını niteliğinde olan *Ürün* dergisinin 36. sayısında (Haziran 1977) yer alan bir yazı oldu. Bu yazıya karşı önce *Özgürlük Yolu*'nun 26. sayısı (Temmuz 1977a), daha sonra da *Rizgarî*'nin bu yazıya ayrılan özel eki (Ağustos 1977) ve KSD'nin 17. sayısında (Ekim 1977) cevaplar verildi. *Ürün*'de çıkan "Ulusal Baskı ve Ayrıcalık" başlıklı yazıya yönelik *Özgürlük Yolu* ve *Rizgarî*'nin eleştirilerinde oldukça fazla ortak husus göze çarpmaktadır. Her iki dergide de, *Ürün* 'ün ancak 36 sayı sonra ulusal sorunu hatırladığı ve Leninizm'in emperyalizm ve sömürgeciliğe ilişkin tespitlerini "kavramadığı" ya da "çarpıttığı" ileri sürülmektedir. *Ürün*'ün Kürdistan'ın sömürge olmadığına dair şu tespiti tartışmaların eksenini oluşturmuştur:

> Ayrılıkçı burjuvazi kitleleri çevresinde toplamak, değişik ulustan proleterlerin birliğini bozmak için sömürge tezini bir silah olarak kullanmaktadır. ... Sömürgecilik tezi burjuvazinin pazara egemen olma tezidir... Sömürge denince akla en başta ayrı bir ekonomik birim gelir. Bu her şeyden önce bir iç pazar gerektirir. Bugün böyle bir durum var mıdır? Eğer Bask ülkesi, Alsas-Loren sömürge ise bu tez de doğrudur! (...) İleri sürülen tezlerde hep Angola, Cezayir vb. örnekler yer almaktadır. Angola ile Portekiz arasında dünya kadar mesafe var. Cezayir ile Fransa ilişkisi de buna benzer (aktaran, *Özgürlük Yolu*: 26: 30).

Bu alıntı üzerine *Özgürlük Yolu* ve *Rizgarî, Ürün*'ün emperyalizm çağında, özellikle de Ekim Devrimi sonrasında, ulusal sorunun aldığı niteliği kavramadığına, sadece emper-yalizm öncesi burjuvazinin önderliğinde yürütülen müca-deleye saplanıp kaldığına vurgu yapıyorlar. "Günümüzde ulusal hareket burjuvazinin tekelinde değildir" diyen *Özgürlük Yolu,* şöyle devam etmektedir:

> İşçi sınıfı ve diğer emekçi halk kesimleri de kendi çıkarları açısından ulusal soruna sahip çıkmakta, onu yönlendirmektedirler. Ekim Devrimi'nden bu yana ulusal kurtuluş hareketleri emperyalizme ve sömürgeciliğe karşı verdikleri mücadele ile onu gerileterek uluslararası düzeyde işçi sınıfı hareketinin güçlü bir müttefiki olmuşlardır (*Özgürlük Yolu*: 26: 18).

"Ayrı ekonomik birim oluşturma", "iç pazar" hususlarında ise her iki dergi, emperyalist dönemde hiçbir ülkenin pazarının diğerlerinden soyutlanmış veya bağımsız olamayacağını vurgulayarak "hiçbir kapitalist ülke, sömürge ya da bağımlı olsun, bağımsız bir ekonomiye sahip değildir" (*Rizgarî*, 1977, Özel Sayı 2: 26) diye cevap vermekteler. *Ürün*'ü klasik ve emperyalist sömürgecilik arasındaki farkı bilmemekle eleştiren *Rizgarî,* "Günümüzde ulusal sorun sadece ulusal baskıdan kurtulma sorunu değildir. Aynı zamanda sömürgeler sorunu olarak, emperyalizmden, sömürgecilikten ve sömürüden kurtulma eylemidir" (1977: 11) tespitiyle genel çerçevedeki farklılıklarını vurgulamaktadır.

Özgürlük Yolu ve *Rizgarî* açısından, *Ürün*'ün Kürdistan'ın sömürge statüsünü kabul etmemesi esas olarak UKKTH ve örgütlenme konularındaki yaklaşımı ile daha vahim bir hal almaktadır. "UKKTH, ayrılma, bağımsız devlet kurma hakkı ve siyasal bağımsızlığa kavuşma demektir" diyen *Rizgarî* (14), "Ayrılma hakkının mutlak, ayrılmanın ise mutlak olmadığını, siyasi bağımsızlığın sadece bağımsız bir devletten geçmediğini" vurgulamaktadır (15). "Demokratik ve sosyalist federatif bir devlette de bu hak gerçekleştirilir" diyen *Rizgarî, Ürün*'ü ise dayatmacı bir yaklaşımla Kürt halkının elinden bu hakkı almak istemekle suçlamaktadır. *Ürün*'ün "örgütsel birlik" düşüncesi ise her iki Kürt örgüt tarafından da şiddetle reddedilmektedir. *Rizgarî,* bu reddini "Kürdistan'ın ayrı bir ülke ve uluslararası sömürge olması" hususlarına dayandırırken, *Özgürlük Yolu* ayrı örgütlenme hakkına vurgu yaparak bunun ortak mücadeleyi engellemeyeceğine dikkat çekmektedir.

Her iki derginin *Ürün*'e eleştirilerinde dikkat çeken bir diğer husus ise, *Rizgarî*'nin eleştirilerini sosyal-şovenizm başlığı altında toplaması, *Özgürlük Yolu*'nun ise böyle bir adlandırmaya gitmemesidir. Bunun da en temel nedeni olarak *Özgürlük Yolu* ve *Ürün*'ün sosyalist solun genel bölünmesinde aynı gruba (Sovyetik) dahil olması ileri sürülebilir. Daha sonraki sayılarında *Özgürlük Yolu, Ürün*'ün bu eleştirilere verdiği cevap üzerine tekrar bu konuyu ele alacaktır. "Ulusal Sorun ve TKP" başlıklı iki yazıda (29 ve 30. sayılar) esas olarak TKP'nin Cumhuriyet tarihi boyunca Kürt sorunu karşısında aldığı tavırlar eleştirildi. *Rizgarî* ise, Haziran 1978'de yayımlanan "*Kürt Halkının Anti-sömürgeci Mücadelesine Sosyal-şoven Taarruz Hareketi*" başlıklı altıncı sayısını Türk solunun diğer örgütlerinin eleştirisine ayırdı.

Yarı-Sömürgenin Sömürgesi

Bu açıdan öne çıkan bir diğer tartışma, Türk solunun o dönem en kitlesel örgütü olan Devrimci Yol (Dev-Yol) ile yürütüldü. İlk kez Mayıs 1977'de yayımlanan derginin adıyla anılan Devrimci Yol, Kürt sorununa ilişkin kayda değer dört makale yayınladı (Jongerden & Akkaya, 2013: 49-50). Bunlar *Türkiye'de Kürt Meselesi ve Devrimci Hareketin Görevleri I ve II* (*Devrimci Yol* 1977a ve *Devrimci Yol* 1977b) ve *"Sömürgecilik" Tartışmaları Üzerine I ve II* (*Devrimci Yol,* 1978a ve 1978b) olmak üzere iki çift metinden oluşmaktaydı. Dev-Yol bu metinlerde, Türk ve Kürt ulusları arasındaki ilişkiyi ezen ve ezilen terimleriyle tanımlamaktadır. Sömürgecilik tartışması ise temelde Kürdistan'ın bağımlı bir ülke olma statüsünden hareketle geliştirilmişti. Ancak sömürge olma durumu, bağımlı olma durumundan hareketle ileri sürülemezdi; bunun için ezen ülkenin durumunun analiz edilmesi gerekiyordu. Sömür-gecilik, emperyalizmin belirli bir tarihsel aşamasında ortaya çıkan bir olguydu ve Türkiye'nin kendisi (yarı) sömürge durumunda olduğundan aynı zamanda emperyalist bir ülke olamazdı:

> Marksist sömürgecilik teorisi, tarihsel olarak, iç dinamikleriyle gelişmiş bir kapitalizme sahip olmayan, emperyalizme bağımlı ve çarpık kapitalizme sahip olan bir ülkenin (örneğin Türkiye'nin!) "emperyalist dönemde sömürgeci ilişkiler kurmasını" mümkün olmadığını öğretir. Günümüzde sömürgecilik tartışması ancak emperyalizm tartışması çerçevesinde anlam taşır (*Devrimci Yol,* 1978a).

Dev-Yol'a göre sömürgecilik iki ülke arasındaki ilişkilerin özel bir biçimiydi ve Türkiye ile Kürdistan arasındaki ilişkiler buna uymuyordu. Kürdistan'ın sömürge olduğu görüşü Marksist kuram ile çelişiyordu. Ayrıca asıl siyasal mücadele kapitalizme ve emperyalizme karşı verileceğinden, Kürtlerin mücadelesi de kapitalizme karşı ortak (Türk-Kürt) mücadele bağlamına yerleşmeliydi:

> Objektif olarak, iç savaş koşullarını yaşayan Türkiye'de, ayırım ulus esasına göre değil sınıf esasına göredir: bir yanda oligarşi ve öte yanda geniş emekçi yığınları (*Dev-Yol* 1977b).
>
> Türk proletaryasının karşısında yer alan bir Türk burjuvazisi ve Kürt proletaryasının karşısında yer alan ayrı bir Kürt burjuvazisi şeklinde bir ayrım saçmadır. Türkiye proletaryasının karşısında bir Türkiye burjuvazisi vardır. Bu devlet sınırları içinde bütün ezilen sınıflar ulus ayırımı gözetmeksizin bu devletin sahibi olan egemen sınıflara karşı mücadele vermek durumundadır (*Dev-Yol* 1977a).

Dev-Yol'un bu görüşlerini eleştiren *Özgürlük Yolu* (s. 39-40, Ağustos-Eylül 1978; s. 42, Kasım 1978) ve *Rizgarî* (s. 6, Haziran 1978) tartışmalarını "yarı (yeni) sömürgenin sömürgesi olur" noktasında yürüttüler. Portekiz-Angola, Etiyopya-Eritre gibi benzer örneklerden yola çıkarak argümanlarını geliştiren *Özgürlük Yolu* ve *Rizgarî, Devrimci Yol* dergisinde dile getirilen "sömürge tespitinin ezen ülkenin durumu analiz edilmeden yapılıyor" eleştirisine karşı da Türkiye'nin ekonomik ve sosyal yapısının tartışılmasına geniş yer ayırıyorlardı. Kürt dergileri, Türkiye'nin "sömürge ve bağımlı ülkelerden farklı, orta derecede gelişmiş bir kapitalist ülke" olduğunu belirtiyorlardı. Bu açıdan da karşı karşıya olunan sürecin *Devrimci Yol*'un öne sürdüğü gibi emperyalizme karşı mücadeleyi temel alan sömürgesel devrim olmadığı görüşünü dile getiriyorlardı:

> Orta derecede gelişmiş bir kapitalist ülke olan Türkiye'de devrim sorunu, sömürge ülkelerden çok, ileri kapitalist ülkelere yaklaşıyor. (...) Kürt halkı açısından devrim, tarihsel olarak ulusal demokratik bir devrimdir: bir yanıyla emperyalizme ve sömürgeciliğe karşı, ulusal boyunduruğu kırmak için; diğer yanıyla feodal yapıyı kırmak için. İttifaklar farklıdır (*Özgürlük Yolu*, 1978b: 44 & 49).

Devrimci Yol'un "Türkiye'ye özgü milli demokratik devrim ideolojisinden kaynaklanan Marksizm dışı bir ideolojik yaklaşıma" sahip olduğu görüşünde olan *Rizgarî* de (1978: 20-24), bütün bu tartışmaların sonunda örgütlenme konusunda kilitlendiğini vurguluyor:

> *DY (Devrimci Yol) Bildirge'*de ortak örgütlenmeyi de, ayrı örgütlenmeyi de mutlaklaştırmaya karşıyız diyordu. Vardığı noktada ortak örgütlenmeyi mutlaklaştırmış, bunun gerekçesi olarak da ayrı örgütlenmenin a- Bundçuluk, Fra-kicilik olduğunu ve b- sömürge teorisinin ayrı örgütlenmenin kılıfı olduğunu belirtmiştir. (*Rizgarî* , 1978: 22).

Hâlbuki *Rizgarî* (ve diğer Kürt örgütleri açısından) durum nettir, çünkü "ayrı örgütlenme maddi bir olgudur" (23) ve bu eleştirilerin yer aldığı sayının başlığı da Kürt Hareketi açısından durumun nasıl kavranıldığının açık örneğidir: "Kürt Halkının Anti-Sömürgeci Mücadelesine Sosyal Şoven Taarruz Harekatı". Zaten bu sayıda *Devrimci Yol* dışında, *Aydınlık, Emeğin Birliği, Partinin Yolu* gibi değişik örgüt yayınlarında yer alan ulusal soruna ilişkin yazılar da eleştiri konusu yapılmıştır. Bütün bu yazıları "sosyal-şovenizmin göstergeleri" olarak niteleyen *Rizgarî,* yaşanan çatışmanın teorik değil ideolojik olduğu ve kökeninde de sömürge Kürdistan tespiti etrafında yaşanan gelişmeler olduğu görüşündedir:

> Kürdistan'da devrimciler, "Kürdistan sömürge midir, değil midir?" tartışmasını yapmıyorlar. (...) Devrimciler Kürdistan'da proletaryanın evrensel mücadelesinin bir parçası olan ulusal kurtuluş savaşlarının perspektifi içinde, Marksizmin genel ilkeleri ve temel teorik muhtevası çerçe-vesinde, Kürdistan'da siyasal, ideolojik, örgütsel mücade-lenin harcını karmaktadırlar (1978: 7).

Bunun karşısında "eleştiriciler" adını verdiği Türk solunun bu örgütlerinin konumu ise *Rizgarî* açısından nettir:

> Somut olarak bu saldırı bir noktada düğümlenmektedir: "eleştiriciler", Kürt ulusunun kendi kaderini tayin hakkını, bu ulusun elinden alarak, hareketimiz dedikleri ve nerede ay-

rıldıkları pek belli olmayan ve fakat gene de ayrı olan kendi tekkelerinin emrine sunmak! (14).

Ulusal soruna ilişkin Türk solu ile "taarruz ve savunma" niteliği kazanan tartışmalar, Kürt örgütleri arasında da ayrı bir düzlemde sürdü. Bunlardan en dikkat çekeni, *Özgürlük Yolu* ile *Rizgarî* arasında, 1977 seçimlerinde izlenmesi gereken politika üzerine başlayan tartışma oldu. *Özgürlük Yolu*'nun 26. sayısında yayımlanan "Seçimler Üzerine" başlıklı yazıda seçimlere yönelik tavrının eleştirilmesi üzerine, *Rizgarî* hemen aynı ay içinde "Özgürlük Yolu Oportünizmine İstediği Bir Cevap" başlığı ile özel ek yayınlayarak cevap verdi. Ağırlıklı olarak eleştiri yöntemi üzerinde durulan bu sayıda, *Rizgarî*, *Özgürlük Yolu*'nu "Türkiye'de icazetli solun kokuşmuş oportünizmini Kürdistan'a taşıma görevini gönüllü olarak üstlenen 'doğulu sosyalistler' ekolü" olarak tanımladı.

Bu özel sayıya karşı *Özgürlük Yolu* da iki sayıda "*Rizgarî* Dergisi'nin 'siyaseti' üzerine I-II" (Ağustos ve Eylül 1977) başlıklı yazılar yayınladı. *Özgürlük Yolu'nun* 1977 genel seçimlerinde CHP'nin desteklenmesi yönündeki görüşü ve buna karşı *Rizgarî*'nin eleştirileri esas olarak yayıncılık alanında en dikkati çeken iki Kürt örgütünün kimliklerine yönelik tartışmaya dönüştü. *Rizgarî*'yi "temel toplumsal sınıf güçlerini göz önüne almama, kavramama" ile suçlayan *Özgürlük Yolu*, bunun temelini ise "iktidarın –ve elbette devletin– sahibini asker-sivil zümre olarak gören MDD tezini savunma" olarak açıkladı. *Özgürlük Yolu*, eleştirilerini *Rizgarî*'nin "hem sömürgeciliğe hem de feodal yapıya karşı olması gereken ulusal demokratik devrimin yalnızca birinci yönünü gördüğünü, anti-feodal mücadelenin sözünü bile etmediği" noktasında derinleştirdi (1977c: 11). Buna bağlı olarak *Rizgarî*'nin Kürt hâkim sınıflarına karşı açık tavır almadığını belirten *Özgürlük Yolu*, bu tutumun Irak'taki Kürt ulusal hareketine yaklaşımda da tekrarlandığını vurguladı.

Rizgarî ise Kasım 1978'de "Sağ Oportünizm ve Özgürlük Yolu'nun Eleştirisi" başlığıyla yayımlanan sayısının tamamını bu eleştirileri cevaplamaya ayırdı. *Özgürlük Yolu*'nun anlayışını "ekâbir sosyalizm" olarak niteleyen dergi, eleştirilerini 1960'larda gelişen "Doğulu Sosyalistler Ekolü"ne kadar götürdü. Bu ekolun sağ oportünizmi temsil ettiğini belirten *Rizgarî, Özgürlük Yolu*'nu ise "metropol solunun temsilcisi" olarak eleştirmeye devam etti. *Rizgarî* ile *Özgürlük Yolu* arasındaki tartışmanın en dikkat çekici yönlerinden biri de, iki yayının Kürdistan'daki hâkim üretimi biçimi konusundaki görüşlerinin farklılığıdır. *Özgürlük Yolu* "feodal üretim biçimi hâkimdir" derken; *Rizgarî* "feodalite, üst-yapı kurumlarında etkinliğini sürdürdüğünü ama kapitalist-leşmenin hızla geliştiğini" belirtmektedir. *Rizgarî* "faşizmle mücadele, CHP'ye yaklaşım" gibi konular üzerine de *Özgürlük Yolu*'nu eleştirmiştir. Önceleri Kürt feodal sınıfları devrim önünde "hedef değil engel" olarak tanımlayan *Rizgarî,* bunun –*ÖzgürlükYolu*'nun eleştirilerinde olduğu gibi– anti-feodal ilkeden sapma olduğu eleştirileri üzerine özel bir sayı ile özeleştiri verip "feodal sınıf ve tabakaların hedef olduğu" tespitini yapmıştır (Maraşlı, 2010).

Ulusal sorun ve Kürt Hareketi eksenli tartışmaların üçüncü düzlemi ise Türk sol örgütlerinin kendi aralarında yürüttükleri tartışmalardır.[37] Bu konuyu ise, Türk solunda "Kürdistan sömürgedir" tezini savunan tek grup olan *Kurtuluş Sosyalist Dergi* ekseninde tartışacağız. Temmuz 1976 tarihli ikinci sayısından başlayarak Aralık 1979 tarihli otuz beşinci sayısına kadar *Kurtuluş* (2, 3, 6, 14, 17, 23, 24, 31 ve 35. sayılar), ulusal sorun ve Kürt Hareketi'ne ilişkin çeşitli yazılara yer verdi. İkinci sayıdaki "Türkiye'de Ulusal Sorun" başlıklı yazıdan başlayarak teorik düzeyde ulusal soruna ve bu çerçevede Kürdistan'ın

---

[37] Türkiye solunun Kürt sorununa yaklaşımı için, bkz. Yeğen, 2006: 145-196.

sömürge durumuna değinen *Kurtuluş*, daha sonraki sayılarında bir yandan bu teorik çabalarını "Türkiye yarı-sömürge bir ülkedir, Kürdistan da onun sömürgesi. Ve yarı-sömürge bir ülkenin sömürgesi olamaz diye bir zorunluluk da yoktur" (1976: 103) görüşü çerçevesinde netleştirirken, diğer yandan da çeşitli Türk sol örgütleri (1977: 17; 1978: 23 & 24) ve Kürt örgütleri ile de tartışmasını sürdürdü (1979: 31 & 35). Kürdistan'ın uluslararası sömürge olduğunu da vurgulayan ancak ortak örgütlenmeyi öngören dergi, bu statüden hareketle ayrı örgütlenmeyi savunmayı yanlış politika olarak nitelemektedir (1977, 14: 22). Birlikte örgütlenmeye elverişli temel oluşturan faktörler olarak, "coğrafi koşulların kopuk olmaması, iç sömürge[38] koşullarının yaşanması, tarihi beraberlik ve Türkiye ve Kürdistan'daki kurtuluş hareketlerinin ulaştığı düzey, kitleler arasındaki etkinlikleri, taşıdığı potansiyelleri" (1979a: 31: 90-98) sıralayan *Kurtuluş*'un, ayrı örgütlenmeye de kapıları tamamen kapatmaması dikkat çekiyor.

> Bugün objektif ve sübjektif birçok faktör bizi birlikte örgütlenmeye zorluyorsa da, faktörlerin bir kısmı da bizleri bu sorunda ortaya çıkabilecek muhtemel gelişmelere karşı uyarmaktadır. Kurtuluş'un bu sorunda birlikte örgütlenmeyi mutlaklaştırmaması ve ayrı örgütlenme üzerinde durmasının nedeni de, işte bu faktörlerdir (1979a: 98).

Kurtuluş bu faktörleri,

---

[38] Dönemin Kürt ve Türk örgütlerinin ulusal sorun tartışmasının genel teorik çerçevesi Lenin ve Stalin'in çalışmaları ile sınırlıdır. Bu açıdan, *Kurtuluş*'un, 1970'lerin ortasında Harold Wolpe ve Michael Hechter tarafından geliştirilmeye başlanan "iç sömürgecilik" kavramını, her ne kadar derinliğine olmasa da, kullanması ilginç. Daha önce Sait Kırmızıtoprak'ın çalışmalarında geçen "dahili milli çelişki" ise iç sömürgecilik literatüründen çok Türkiye solunun emperyalizm ile olan çelişkiyi baş çelişki görmesine yönelik eleştiriyi ifade eden bir kullanıma haiz.

> Kürdistan'ın dört parçaya bölünmüş olması ve bunların birbirlerini etkilemesi; Kürtlerin ulusal özelliklerinin, tarihinin –örneğin geçmiş Kürt direnişleri– getirdiği ayrı örgütlenme geleneği, birlikte örgütlenme aynı zamanda bir güven sorunu olduğundan, sömürgeci ülkelerdeki devrimci hareketlerin, bu konuda güven vermesi gereği

olarak sıralamaktadır (98-100).

Üç temel düzeyde ele aldığımız ulusal sorun ve Kürt Hareketi eksenli dönemin tartışmalarına bir ek olarak, daha sonraki sürecin hegemonik aktörü olacak PKK'ye yönelik az sayıdaki eleştiri yazısına da kısaca değinmekte fayda var. O dönem hiç yasal yayın çıkarmamış olan PKK'nin ilk illegal nitelikli broşürü ise 1978 tarihini taşıyor.[39] Yasal yayınlarının olmamasının yanı sıra kimi eleştirilerden anlaşıldığı kadarı ile diğer Kürt örgütleri tarafından belli bir küçümseme ile yaklaşılmasının, (örgüt bildirileri dışında) sınırlı sayıda yazıya konu edilmesi ile ilgisi olabilir. Bunlardan en kapsamlısı DDKD/KİP'in yayın organı niteliğindeki *Jîna Nû* dergisinin 1979 Aralık tarihli 2., 1980 Ocak-Şubat tarihli 3.-4. ve Nisan 1980 tarihli 5. sayısında yayımlanan "Sol Maceracılık Yenilgiye Götürür" başlıklı üç yazıda yer aldı. "Apoculuğun metropollerde Kürt gençlerinin örgütlendikleri ilk DDKD'lere bir tepki olarak geliştiğini" ileri süren *Jîna Nû* (1979: 59), bu hareketi bir tür Ludizm (makine kırıcılığı –b.n.) olarak tarif etmektedir:

---

[39] PKK'nin ulaşılabilen en eski yazılı metinleri 1978 tarihini taşıyor. O dönem bilinen adı ile "Kürdistan Devrimciler" imzasını taşıyan Mayıs 1978 tarihli *Proleter ve Enternasyonalist Devrimci Haki Karer Anısına* başlıklı broşür ile yine aynı yıl çıkarılan *Doğru Yolu Kavrayalım* ve *Urfa Yöresinde Devrimci Mücadele Yükseliyor* başlıklı iki broşürün en eski yazılı metinler olduğu tahmin ediliyor. Ardından 1978 yılındaki Kuruluş Kongresi'nde kabul edilen ancak 1979 yılında dağıtılan *Kürdistan Devriminin Yolu (Manifesto)* ile yayın organı *Serxwebûn*'un 1. Özel sayısı olarak çıkarılan *Haki Karer ve Halil Çavgun'un Anısı Ölümsüzdür* ve *Maraş Katliamı*'na ilişkin broşürler yayımlanmıştır.

> Apoculara göre günümüzde Kürdistan'da yaşanan süreç Kürt halkının yok oluş sürecidir. Onlara göre bu sürece müdahale etmek ve kapitalizmin Kürdistan'da gelişmesinin önüne geçebilmek için üretici güçleri tahrip etmek gerekir. Yani tarımda makineleşmeyi, traktörleşmeyi önlemek, fabrikaları, her türlü üretim araçlarının Kürdistan'a girişini engellemek, var olanları tahrip etmek, petrol kuyularını, rafinerileri havaya uçurmak gerekir (60).

"Apocuların sınıf temelinin küçük burjuva olduğu, silahlı mücadele ve şiddeti mutlaklaştırdıklarını" vurgulayan *Jîna Nû*, sonuç olarak bu hareketi "karşı devrimci" olarak nitelemektedir:

> O herhangi bir ajan bir provokatör örgütten çok daha farklıdır. Sol gösterip sağ vuran bir pozisyondadır. ... Günümüzde Apoculuğa karşı mücadele, sömürgeciliğe karşı mücadeleyle sıkı sıkıya bağlıdır (1980: 164).

Yayımlanan son sayısında (Aralık 1979b: 35) "KD ve Kürdistan Devrimcileri" başlıklı bir yazı ile PKK'yi değerlendiren *Kurtuluş* ise, *Jîna Nû*'nun tersine, bu grubu Apocular olarak değil bildirilerinde kullandıkları imza ile *Kürdistan Devrimcileri* (KD) olarak tanımlamanın doğru olacağını belirtmektedir. "Sömürgecilerin Apoculuğu büyük tehlike olarak sunmasının Kürt ulusal hareketini hedef alma" olduğunu kaydeden dergi, PKK'nin *Kuruluş Bildirisi* üzerinden görüşlerini eleştirmiştir. En temel eleştirileri, "Kürdistan'da köylülüğün rolünü azımsayarak aydın gençliğe büyük rol biçme, örgütlenme konusunun genel düzeyde ele alınması, kendi dışındaki tüm gruplara karşı çatışmacı yaklaşımı ve şiddet uygulaması" gibi hususlar üzerinde yoğunlaşmıştır.

Sonuç olarak ancak sınırlı bir kısmını yansıtabildiğimiz bu tartışmalardan da anlaşılacağı üzere, 1970'lerin özellikle ikinci yarısından itibaren, Türk ve Kürt sol örgütleri arasında ulusal sorun ve Kürt Hareketi eksenli yoğun bir tartışma-mücadele yaşanmıştır. "Kürdistan sömürgedir" tezi , "ayrı örgütlenme" ve bunlara bağlı olarak "ittifaklar sorunu" temelinde gelişen bu tartışmada, ayrıca Türkiye ve Kürdistan tarihine ilişkin ayrı okumalar da öne çıkmıştır. Tartışmaların zamanı ve genel niteliği göz önüne alınınca, iki rakip gücün (Türk ve Kürt solu) birbirlerine karşı ideolojik-politik mücadele yürüttükleri çok açıktır. Mesele Kürt sorunu konusunda doğru bakış açısına sahip olma, Kürdistan gerçekliğinin kabulü vhususlarını çoktan aşıp örgütler arası mücadeleye dönüşmüştür. Örneğin Kaypakkaya'nın takipçisi gruplarla yürütülen tartışmalarda bu husus net olarak görülmektedir. Kaypakkaya'nın Kürt sorununa yaklaşımının, Türk solundaki istisnai konumunun farkında olan Kürt solu, takipçisi grupları ise Kürt halkının kendi kaderini tayin hakkını elinden alarak dar örgütsel yapılarına hapsettiği eleştirisini Kaypakkaya'nın görüşleri üzerinden yapmaktadır (*Rizgarî*, 1978: 34-35). Ayrıca Kürt dergilerinin, yürütülen tartışmaları, Kürdistan'da ayrı örgütlenme ve mücadelenin yükselmesi karşısında Türk solunun sosyal-şovenizmle saldırıya geçmesi olarak yorum-laması da (*Rizgarî*, 1978: 47) karşı karşıya gelmenin kapsamı hakkında bilgi verebilir.

Tartışma sadece Kürt ve Türk örgütlerinin birbirlerine karşı cepheden tartışması şeklinde değil, daha karmaşık bir matrikste gelişmiştir. Örneğin *Devrimci Yol,* ulusal soruna ilişkin görüşlerini *Özgürlük Yolu*'nun yanı sıra *Kurtuluş*'un bu konudaki tezlerini eleştirerek yaparken; *Rizgarî, Devrimci Yol*'un bu yazılarının eleştirisine "niye *Özgürlük Yolu* hedef tahtası seçildi" konusu üzerinden kendisi ile *Özgürlük Yolu* arasındaki tartışmaya atıfla girişmiştir. Tartışmaların hepsinde ortak olan husus ise, dönemin sosyalizm jargonunun belir-lediği oldukça polemikçi bir dil ile yürütülmesidir. Yine bu jargona uygun şekilde, aşağı yukarı her tartışmada, en doğru (devrimci, proleter, bilimsel vs.) görüşün kendilerine ait olduğu, muarızlarının ise Marksizm-Leninizm'in esasını kavramadığı, dogmatik yaklaşımla alıntılar üzerinden görüş geliştirdiği ileri sürülmüştür.

Sonuç

Kürt meselesi, 1984'ten beri süren silahlı mücadele-çatışma sürecinin belirleyiciliği ile adım adım Türkiye gündeminin temel belirleyeni olurken, Kürt Hareketi'nin tarihi de daha çok bu süreçle, özellikle de Diyarbakır Cezaevi'ndeki uygulamalar örneğinde somutlaştırılan 1980 darbesinin baskıcı-inkarcı politikaları ve buna karşı direniş ile başlatılır oldu. Bu yaklaşım, genel olarak Kürt Hareketi'nin, özel olarak da Kürt Hareketi'nde 80'lerden itibaren tek hegemonik güç olan PKK'nin geçmişi açısından ciddi bir yanılgıya işaret etmektedir. 1970'lerin başında "Kürdistan sömürgedir" tezi ve bu temelde örgütlenme-mücadele etme ile başlayan süreç, esas itibari ile 80'ler boyunca aynı çizgide devam etmiştir. Kürt Hareketi'nin tarihinde programatik açıdan bir dönüm noktası saptamak gerekirse, bu ne 1980 askeri darbesi ne de 1984'de başlayan silahlı mücadele sürecidir. Bu yazının konusu olmamakla birlikte, böylesi bir dönüm noktası olarak ancak SSCB'nin çöküşü ardından 90'ların başı belirtilebilir. 1970'ler ve 80'ler, Kürt Hareketi'nin programatik yaklaşımı ve bu temeldeki mücadelesi açısından birbirinin devamı olan süreçler olarak anlaşılmalıdır.

Bu çerçevede Kürt Hareketi açısından 1970'leri üç ana dönem olarak ele alabiliriz: 1971-74 süreci, düşünsel hazırlık dönemi; 1975-77 sahneye çıkış ve 1978-80 radikalleşme dönemi. 12 Mart Darbesi ve ardından (1971-74) Kürt Hareketi'nin aktörleri iki temel hususta ("Kürdistan sömürgedir" tezinde ve buna dayanarak Türk solundan ayrı/bağımsız olarak örgütlenme gereğinde) netleşmişlerdir. Bütün Kürt örgütleri tarafından paylaşılan bu iki husus Türk sol hareketi ile temel ayrılık ekseni olurken, Kürt Hareketi'ni dönemin ulusal kurtuluş mücadeleleri retoriği ve pratiği ile de aynı hat üzerinde yakınlaştırmıştır. Bu düşünsel hazırlığa dayanarak 1975 yılı başından itibaren çoklu yapıya sahip bir Kürt Hareketi ortaya çıktı. Kürt örgütleri bu dönemde esas olarak örgütlenme ve yayın faaliyet üzerinde yoğunlaşırken, politik etkinlikleri arasında da köylere komando baskınları, sınır ticareti yapan köylülerin öldürülmesi gibi devlet baskılarına yönelik protesto ile Lice depremi nedeniyle yardım kampanyaları düzenleme vb. kitlesel kampanyalar ve Türkiye'de yükselen aşırı sağ ile yer yer silahlı çatışmaya dönüşen mücadele öne çıktı.[40] 1977 yılının sonlarına gelin-diğinde ise çeşitli dergi ve kitaplar aracılığıyla düşüncelerinin propagandasını yapan, Kürdistan'ın önemli il ve ilçelerinde belli bir kitle desteğine sahip bir Kürt örgütler yelpazesi vardı. Kamusal alanda bu mobilizasyonun en önemli göster-gelerinden biri, Aralık 1977 yerel seçimlerini Diyarbakır merkezinde ve ilçesi Lice'de bağımsız Kürt adayların kazanması oldu.

1978 yılından 12 Eylül Darbesi'ne kadarki süreçte ise bir yandan Kürt örgütlerinin mücadele biçimlerinin daha radikalleşmesine, diğer yandan ise darbenin ayak sesleri olarak yorumlanabilecek artan devlet baskısına paralel örgütsel krize girilmesine tanık olundu. Bu açıdan PKK'nin "devletin işbirlikçisi" olarak tanımladığı bazı aşiret ve feodal çevrelerle ve daha sonra da bazı Kürt örgütleri silahlı mücadeleye girişmesi, 1978 Aralık ayında gerçekleşen Maraş Katliamı ardından çoğunluğu Kürt nüfusun yoğunlukta olduğu 18 ilde sıkıyönetim ilan edilmesi, radikalleşmenin temel çerçevesini oluşturdu. İran'da

---

[40] MHP'nin öncülüğündeki aşırı sağ ile mücadelenin sembolik olarak en önemli örneklerinden biri Haziran 1975'de Alparslan Türkeş'in Diyarbakır'da yapacağı mitingin kitlesel olarak engellenmesi idi. İki kişinin öldüğü bu olaya ilişkin, bkz. *Özgürlük Yolu:* 3. Ağustos 1975: 83-86 ve Zana, 1991: 176-183.

yaşanan İslâm Devrimi ve Güney Kürdistan'da 1975'te yenilgiye uğrayan silahlı mücadelenin tekrar başlaması da Türkiye'deki Kürt örgütleri açısından yeni imkânlar ortaya çıkardı. Bu dönem Kürt Hareketi'nin Suriye-Lübnan üzerinden Filistin Hareketi ile ilişkilenmesi de giderek bölge çapında hareket imkânı anlamına geliyordu. Ancak bu kanalların çok daha etkin bir şekilde devreye girmesi asıl olarak 12 Eylül darbesi sonrası olacaktır. Kürt Hareketi bu süreçte de kitlesel gücünü gösterme çabalarını Ağrı ve Batman'da belediye başkanlıklarını bağımsız adaylarla kazanarak sürdürdü. Özellikle 1979'da Batman belediye başkanlığını PKK'nin desteklediği bağımsız aday Edip Solmaz'ın kazanması, yasal alana ilişkin çalışmalara (yasal dergi çıkarmak veya yasal dernek kurmak gibi) o zamana kadar en uzak duran Kürt örgütünün bile silahlı mücadele ile kitlesel mobilizasyonu beraber yürütme çabası açısından dikkat çekicidir.

Ancak 1979 yılının ortalarından itibaren sıkıyönetim uygulamasının da verdiği imkânlarla devletin Kürt örgütleri üzerindeki baskılarının her zamankinden daha fazla yoğun olduğu, örgütlerin de mücadelelerinde sıçrama yapma yerine giderek tıkanma ile karşılaştıkları açıktır. Sonuçta, 1978 yılından itibaren aşağı yukarı tüm örgütlerin bölünme yaşaması bunun en açık göstergesidir (Gündoğan, 2007: 33-36). Bu noktada tüm örgütler arasında, sadece PKK'nin –bir kısım Antep merkezli kadrosunun yeni kurulan *Têkoşîn* hareketine geçmesi dışında– örgütlü bir bölünme yaşama-ması, silahlı mücadeleye çok daha yoğun ve erken girişmesi, 1979 ortalarından itibaren bazı yöneticilerinin de aralarında bulunduğu kadro ve taraftarlarının tutuklanmasına rağmen başta lideri olmak üzere yönetim ve kadro yapısının bir kısmını Suriye ve Lübnan'a çıkarması, daha sonra darbe ile çok daha sertleşen koşullarda ayakta kalmasına imkân sağladı. PKK, bu şekilde 1980'lerde, ideolojik ve programatik temelleri 70'lerde atılan çerçevede, örgütlü silahlı mücadele geliştirebilen ve giderek de temel güç haline gelen tek Kürt örgütü olabildi.

Sonuçta, 1970'ler Kürt Hareketi açısından, bir yandan daha sonraki on yıllardaki tek örgüt hegemonyasındaki monolitik yapının tersine çok parçalılığa tekabül etmektedir, öte yandan da ideolojik ve programatik açıdan 1990'ların başına kadarki süreci belirleyen çizginin oluşum dönemidir. Bu açıdan bir bütün olarak 1970'ler "gerçek" anlamda Kürt Siyasal Hareketi'nin ortaya çıktığı dönem olarak anlaşılmalıdır. Özellikle 1978'e kadar ki çok parçalı yapı da bu bağlamda bir anomali veya fragmantasyon olarak nitelendirilmekten öte, "sosyalizm ve ulusal kurtuluş mücadeleleri" olarak adlandırılan dönemin genel ideolojik çizgisi ve politik kültürü ile açıklanabilir. 1978 sonrası bölünmeler ise bu fragmantasyon tanımına daha uygun düşmektedir. Ancak 20. yüzyılın başından bugüne kadar Kürt meselesinin ulaştığı mevcut durum da göz önüne alınırsa, 1970'lerin "gerçek" anlamda Kürt Siyasal Hareketi'nin ortaya çıktığı dönem olarak adlandırılması abartı sayılmaz.

Kaynakça

Ahmad, F. (1977). *Turkish Experiment in Democracy: 1950-1975*, Londra: C.Hurst & Co. (Publishers) Ltd.

Ahmad, F. (1993). *The Making of Modern Turkey*, Londra& New York: Routledge.

Aktürk, Ş. (2012). *Regimes of Ethnicity & Nationhood in Germany, Russia, & Turkey*, New York: Cambridge University Press.

Aladağ, C. (1981). *Milli Mesele ve Kürdistan'da Feodalite-Aşiret*, Frankfurt: Komkar, 2. Baskı (1. Baskı 1976).

Alış, A. (2009). The Process Of The Politicization Of The Kurdish Identity in Turkey: The Kurds & The Turkish Labor Party (1961-1971), Yayımlanmamış Yüksek Lisans Tezi. İstanbul: Boğaziçi Üniversi-tesi Atatürk İlkeleri ve İnkılâp Tarihi Enstitüsü.

Arik, S. A. (2011). *Dr.Şivan, Sait Elçi-Süleyman Muini ve Kürt Trajedisi (1960-75)*, İstanbul: Peri.

Aydoğmuş, S. (2005). Yakın Tarihimizde 'İki Sait Olayı', http: //www.rizgari.com/ ebook/s _aydogmus_Saitler_olayi.pdf (Erişim: 11 Nisan 2013).

Ballı, R. (1991). *Kürt Dosyası* (2 b.). İstanbul: Cem Yayınları.

Beşikçi, İ. (1992). *Doğu Mitinglerinin Analizi* (1967), Ankara: Yurt

Bîr (2007a) *Bîr: Kovara Lêgerîn û Lêkolîn*, 5.

Bîr (2007b) *Bîr: Kovara Lêgerîn û Lêkolîn*, 6.

Bozarslan H. (2003)." Some Remarks on Kurdish Histographical Discourse in Turkey (1919-1980)". Vali, A. (der.), *Essays on the Origins of Kurdish Nationalism* (14-39). Costa Mesa: Mazda Publishers Inc.

Bozarslan, H (2008). "Kürd Milliyetçiliği ve Kürd Hareketi (1898-2000)". Bora, T. (Der.), *Modern Türkiye'de Siyasi Düşünce: Milliyetçilik*. İstanbul: İletişim.

Bozarslan, H. (2007a). "Türkiye'de Kürt Sol Hareketi". Gültekingil, M. (Der.), *Modern Türkiye'de Siyasi Düşünce: Sol* (Cilt 8, 1169-1207). İstanbul: İletişim Yay.

Bozarslan, H. (2007b). İbrahim Kaypakkaya. Gültekingil,M. (der.), *Modern Türkiye'de Siyasi Düşünce: Sol* (Cilt 8, 517-523). İstanbul: İletişim Yay.

Bruinessen, M. V. (2002). *Kurdish Ethno-Nationalism versus Nation-building States*, İstanbul: The Isis Press.

Burkay, K. (1988). Kürt solu ve Ulusal Hareketi İçinde PSKT (Özgürlük Yolu). *Sosyalizm ve Toplumsal Mücadeleler Ansiklopedisi* . c.7. 2318-2319.

Burkay, K. (2001). *Anılar, Belgeler:* c.1, Stokholm: Roja Nû.

Burkay,K. (1986). *Kürdistan'ın Sömürgeleştirilmesi ve Kürt Ulusal Hareketleri*, Özgürlük Yolu Yayınları, 2. Baskı (1. Baskı 1978).

Büyükkaya, N. (2008). *Kalemimden Sayfalar*, İstanbul: Vate.

Çamlıbel, Y. (2007). *49'lar Davası: Bir Ülkenin İdamlık Kürtleri*, Ankara: Algı Yayınları.

Çayan, M. (2008). *Toplu Yazılar*. İstanbul: Su Yay.

Çolak, M. (1997). Yeni Türkiye Partisi 1961-1973. Yayımlanmamış, Doktora Tezi, İzmir: Dokuz Eylül Üniversitesi Atatürk İlkeleri ve Inkılap Tarihi Enstitüsü.

Devrimci Doğu Kültür Ocakları Dava Dosyası 1, (1975), Ankara: Komal.

Devrimci Yol (1977a). "Türkiye'de kürt meselesi ve devrimci hareketin görevleri I". http: //www.devrimciyol.org/devrimci%20yol/kitaplar/kitap2_a9.htm (Erişim: 25 Nisan 2013).

Devrimci Yol (1977b). "Türkiye'de kürt meselesi ve devrimci hareketin görevleri –II". http: //www.devrimciyol.org/devrimci%20yol/kitaplar/kitap2_a-10.htm (Erişim: 25 Nisan 2013).

Devrimci Yol (1978a). "Sömürgecilik' Tartışmaları Üzerine I". http: //www. devrimciyol.org/devrimci%20yol/kitaplar/kitap2_a19.htm (Erişim: 25 Nisan 2013)

Devrimci Yol (1978b). "Sömürgecilik' Tartışmaları Üzerine II". http: //www. devrimciyol. org/devrimci%20yol/kitaplar/kitap2_a20.htm (Erişim: 25 Nisan 2013)

Ekinci, T. Z (2012). *Lice'den Paris'e Anılarım*, İstanbul: İletişim.

Epözdemir, Ş. (2005). *Türkiye Kürdistan Demokrat Partisi: 1968/235 Antalya Davası Savunması*, İstanbul: Peri Yay.

Ercan, H. (2010). Dynamics of Mobilization & Radicalization of the Kurdish Movement in the 1970s in Turkey, Yayımlanmamış Yüksek Lisans Tezi, KoçÜniversitesi: İstanbul.

Ercan, H. (2013). "Sömürgecilik Tezi'nden Sömürgecilik Söylemine: Türkiye'de Kürt Hareketi ve Kolektif Eylem Çerçevesinin Dönüşümü", *Dipnot*. Sayı 10.

Gunes, C. (2012). *The Kurdish National Movement in Turkey: from Protest to Resistance*. Oxon: Routledge.

Gunter, M. (1989). "Political Instability in Turkey: During the 1970s". *Conflict Quartely*, 9: 1;63-77

Gülalp, H. (2009). "Kimlikler, Toplum ve İktidar". *İ.Ü. Siyasal Bilgiler Fakül-tesi Dergisi* (40), 133-143.

Gündoğan, A. Z. (2005). The Kurdish Political Mobilization in the 1960s: The Case of the "Eastern Meetings". Yayımlanmamış Yüksek Lisans Tezi . Ortadoğu Teknik Üniversitesi, Ankara: Türkiye.

Gündoğan, C. (2002). From Traditionalism to Modernism: The Trans-formation of the Kurdish Nationalist Movement in Turkey, In the Case of Democratic Party of Turkish Kurdistan. Yayımlanmamış Lisans Tezi. Stockholm: Stockholm Universitesi, Sosyal Antropoloji Bölümü.

Gündoğan, C. (2007). *Kawa Davası Savunması ve Kürtlerde Siyasi Savunma Geleneği*. İstanbul: Vate Yay.

Gündoğan, C. (2012). "Geleneğin Değersizleşmesi: Kürt Hareketi'nin 1970'lerde Gelenekselle İlişkisi Üzerine". Erşanlı, B., Özdoğan, G.G. ve Uçarlar, N. (der.), *Türkiye Siyasetinde Kürtler: Direniş, Hak Ara-yışı, Katılım* (93-150). İstanbul: İletişim Yay.

Hardt, M. & Negri, A. (2009). *Commonwealth*, Cambridge: Belknap Press of Harvard University Press.

Jîna Nû (1979 Aralık). "Sol Maceracılık Yenilgiye Götürür". 2: 55-75.

Jîna Nû (1980 Nisan). "Apoculuk gerçek hedefi karartır", 5: 154-164.

Jîna Nû (1980 Ocak-Şubat). "Sol Maceracılık Yenilgiye Götürür-2", 3-4: 32-62

Jongerden, J. ve Akkaya, A. H. (2013). *PKK Üzerine Yazılar*, İstanbul: Vate.

Karpat, K. H. (2004). *Studies on Turkish Politics & society: Selected Articles & Essay*. Leiden - Boston: Brill.

Kendal, N. (1993). "Kurdistan in Turkey". Chaliand, G. (der.), *A People Without a Country* (38-94). Londra: Zed Books Ltd.

Keyder, Ç. (1979). "The Political Economy of Turkish Democracy". *New Left Review* (115): 3-44.

Kurtuluş Sosyalist Dergi (1976). Türkiye'de Ulusal Sorun. 2: 24-62.

Kurtuluş Sosyalist Dergi (1979a Temmuz). Enternasyonalizm ve Örgütlenme Açısından Kürdistan'daki Mücadelenin Bazı Sorunları Üzerine s. 31: 85-107.

Kurtuluş Sosyalist Dergi (1979b Aralık). "KD ve Kürdistan Devrimcileri" 35: 128-151.

Kutlay, N. (1994), *49'lar Dosyası*. İstanbul: Fırat.

Landau, J. M. (1974). *Radical Politics in Turkey*. Leiden: Brill.

Maraşlı, R. (2010). "*Rizgarî*'nin Sosyalist Hareket ve Kürdistan Ulusal Kurtuluş Mücadelesindeki Yeri Üzerine Bir Deneme – 1". *Mesafe*, 68-93. Online http: //gelawej.net/pdf/*Rizgarî*nin-Sosyalist-Hareket-ve-Kurdistan-Ulusal-Demokratik-Mucadelesindeki-Yeri-1--Recep-Marasli.pdf (Erişim: 14 Mart 2013)

McDowall, D. (1997). *A Modern History of the Kurds*.Londra: I. B. Tauris.

Milliyet, 12 Nisan 1959: 2.

Milliyet, 25 Ekim 1960: 5.

Miroğlu, O. (2009). "Sait Kırmızıtoprak", Bora, T. ve Gültekingil, M. (der), *Modern Türkiye'de Siyasi Düşünce: Dönemler ve Zihniyetler* (Cilt 9: 585-605). İstanbul: İletişim.

Murat, H. (1977). *Türkiye Şartlarında Kürt Halkının Kurtuluş Mücadelesi*, Zurich: Ronahi Yayınları, 2. Baskı (1. baskı 1973).

Özgürlük Yolu (1977a Temmuz). "*Ürün*'ün Bir Yazısı Üzerine", C. Aladağ: 26: 11-34.

Özgürlük Yolu (1977b Ağustos). "*Rizgarî* Dergisinin 'Siyaset'i Üzerine". 27: 6-29.

Özgürlük Yolu (1977c Eylül). "*Rizgarî* Dergisinin 'Siyaset'i Üzerine -2". 28: 10-38.

Özgürlük Yolu (1978a, Ağustos-Eylül). "Devrimci Yol Dergisine Cevap/ 1". 39-40: 7-29.

Özgürlük Yolu (1978b, Kasım). "Devrimci Yol Dergisine Cevap/2". 42: 21-57.

PKK (1984). *Partiya Karkerên Kurdistan (PKK) Kuruluş Bildirisi*. Köln: Serxwebûn.

PSK (2004). *İlkeli, Kararlı, Direngen ve Onurlu Bir Mücadele: PSK 30 Yaşında*. Köln: PSK Yayınları.

Rizgarî (1976). "*Rizgarî* Neden Toplatıldı: Ezen Ulus Milliyetçiliğinin Irkçı Şoven Gerici Karakteri Üzerine–II". 2: 2-32.

Rizgarî (1977). "Ürün'ün Soyal-Şoven Milliyetçi İdeolojisinin Teşhiri Üzerine". Özel Sayı 2.

Rizgarî (1977, Ocak). "Demokratik Kitle Örgütleri Siyaseti". 3: 3-84.

Rizgarî (1978, Haziran). "Kürt Halkının Anti-Sömürgeci Mücadelesine Sosyal-Şoven Taarruz Hareketi". 6: 3-70.

Samim, A. (1981, March-April). "The Tragedy of Turkish Left". *New Left Review* , 60-85.

Sayarı, S. (2010). "Political Violence & Terrorism in Turkey, 1976-80: A Retrospective Analysis". *Terrorism & Political Violence*, 22 (2), 198-215.

Sayın, M. (1997). *Erkeği Öldürmek: Abdullah Öcalan Ne Diyor?*, Basel: Toprak Yay.

STMA. 1988 (*Sosyalizm ve Toplumsal Mücadeleler Ansiklopedisi*). Ertuğrul Kürkçü (ed)., c. 7. İstanbul: İletişim Yayınları.

THKO (1972). *Türkiye Devriminin Yolu* (yayın yeri belirtilmemiş). Bu kitap tam metin olarak şu derlemede yer almaktadır. *Türkiye Sosyalist Solu Kitabı 1: 20'lerden 70'lere Seçme Metinler*. Emirali Türkmen (haz.). Ankara: Dipnot Yayınları. 2015.

Watts, N. (2010). *Activists in Office: Kurdish politics & Protest in Turkey*. Seattle: University of Washington Press.

Watts, N. F. (2007). "Silence & Voice: Turkish Policies & Kurdish Resistance in the Mid-20th Century". Ahmed, M. M. ve Gunter, M. (der), *The Evolution of Kurdish Nationalism* (52-77). Costa Mesa, California: Mazda Publishers Inc.

Yeğen, M. (2006). *Müstakbel Türk'ten Sözde Vatandaşa: Cumhuriyet ve Kürtler*. İstanbul: İletişim Yay.

Yeleser, S. (2011). A Turning point in the formation of the Kurdish Left in Turkey: The Revolutionary Cultural Eastern Hearths (1969-1971), Yayımlanmamış Yüksek Lisans Tezi, Boğaziçi Üniversitesi: İstanbul.

Yıldız, K. (2009). "Kürt Ulusal Hareketinin Üç Tarz-ı Siyaseti: Kemaliz, İslâmcılık ve Sol". Bora.T. ve Gültekingil, M. (der), *Modern Türkiye'de Siyasi Düşünce: Dönemler ve Zihniyetler* (Cilt 9: 545-558). İstanbul: İleti-şim.

Yılmaz, N. (2008). *Yakın Tarihin Tanığıyım*. İstanbul: Veng Yay.

Zana, M. (1991). *Bekle Diyarbakır*. İstanbul: Doz Yay.

Zürcher, E. J. (2005). *Turkey: A Modern History*. Londra-New York: I. B.Tauris.

2
KÜRT HAREKETİ'NİN "FİLİSTİN DÜŞÜ"*

Ahmet Hamdi Akkaya

Giriş

1970'lerin başında Türk sol hareketine dâhil olan tanınmış Kürt yazar Faik Bulut kendi nesli için Filistin Hareketi'nin anlamını şu sözlerle ifade eder: "Her genç devrimci bunun hayalini kurmuştur. Bu Filistin Rüyasıdır" (Bulut, 1998: 7). Bu dönem, Türkiye'de solun moral kazanıyor olduğu ve Küba, Vietnam, Laos, Angola, Mozambik, Gine, Cezayir ve Filistin dâhil olmak üzere dünyanın diğer yerlerindeki devrimci mücadelelerden ilham aldığı bir dönemdir. Diğer yandan, Filistin sadece bir ilham kaynağı olmaktan fazlası olmuştur. 1960'ların sonunda, Filistin Hareketi ve Türkiye'deki yükselen sol radikal hareket arasındaki ilişki öyle bir yönde gelişmiştir ki Ürdün ve Lübnan'daki kamplar planlanan bir silahlı mücadele için eği-

---

* Bu makale daha önce, *Kurdish Studies* dergisinin 3. sayısında (2015: 47-63) yayımlanmıştır. Özgün makaledeki Türkçe ve Kürtçe çeviriler yazara aittir.

tim kampları haline gelmişlerdir. Daha sonra, Lübnan'daki kamplar 1970 ve 1980'lerdeki askeri darbelere karşı olan çeşitli Türk ve Kürt gruplar için sığınak sağlamışlardır. Bu anlamda, Filistin Hareketi ve Türk/Kürt hareketleri, üzerine yeterli çalışmaların yapılmadığı, neredeyse yirmi yıl boyunca kesintisiz süren bir tarihe sahip olmuşlardır.

Bu makalede, bu ilişkiyi asıl olarak *Kürdistan İşçi Partisi*'nin (*Partiya Karkerên Kurdistan*, PKK) 1980'lerde Filistin bağlantısını kullanarak kendisini yeniden bir parti ve temel Kürt gerilla kuvveti olarak örgütlemesine odaklanarak tartışacağım. Bunu yaparken ilk olarak Filistin Hareketi'nin farklı devrimci hareketler için neden ve nasıl bir sembol olduğunu ortaya koymak için genel bir resmini çizeceğim. Ardından da Filistin ve Türk/Kürt devrimci hareketleri arasındaki ilişkinin tarihinin izini süreceğim. Son olarak PKK'nin 1979-1982 arasında Filistin Hareketi'yle olan bağlantısına odaklanacak bu makale için kullanılan veriler, Filistin Hareketi hakkında görüşmeler ve literatür taramasının yanı sıra Filistin direnişine katılan Türk/-Kürt militanlarının anılarının ve PKK belgelerinin incelenmesi aracılığıyla elde edilmiştir. Bütün materyaller PKK tarihi üzerine yaptığım doktora araştırmasının parçasıdır.

İlham Verici Bir Model Olarak Filistin Direnişi

Filistin sorunu, I. Dünya Savaşı'ndan sonra bölgesel ve uluslararası bir sorun olarak öne çıktı. 1948'de İsrail Devleti'nin kurulmasıyla da, hızla Arap Devletleri ve İsrail arasında açık bir savaş haline büründü. O zamandan beri, Filistin Sorunu'nun sürekliliğini de gösterir şekilde bir Filistin Hareketi ortaya çıkmış ve farklı aşamalardan geçmiştir (Massad, 2005; Baumgarten 2005). 1960'ların ortalarına kadar, daha somut olarak

Haziran 1967 savaşına kadar, Arap Devletleri, esasen de Mısır, Ürdün ve Suriye, Filistin Davası'nın tüm sorunluluğunu üstlenmişlerdir. O zamanki başlıca Filistin örgütleri, 1950'lerin başında kurulan Milliyetçi Arap Hareketi (MAH) ve El-Fetih, bu devletlerin gölgesi altında hareket etmekteydiler. Benzer şekilde, ikisi de 1964'teki Arap Zirvesi'nde kurulan Filistin Kurtuluş Örgütü (FKÖ) ve onun askeri kanadı Filistin Kurtuluş Ordusu (FKO) da büyük ölçüde "Arap-İsrail mücadelesi üzerine bütün kararları alan komşu Arap Devletleri'nin (Arap Birliği)" (Abu Sharif, 2009: 3) kontrolü altındaydılar.

Bu durum, Arap milliyetçiliğinin güvenilirliğini sarsan 1967 Savaşı'ndaki Arap yenilgisinden sonra değişti. 1967 savaşı, Arap Devletleri ve İsrail arasındaki statükoyu olduğu kadar Arap Devletleri ve Filistin Hareketi arasındaki mevcut durumu da değiştirdi. Bir yandan "Nasır'ın Mısırı'nın ve Baas'ın Suriye'sinin küçük düşürücü yenilgisi Arap Devletleri arasındaki müdahaleciliğin inişe geçişinin müjdecisi oldu" (Sayigh, 2004: 143), ancak diğer taraftan, Filistin örgütlerinin silahlı mücadelesi, yenilgiye uğrayan Arap ülkelerinin İsrail ile sürdürdükleri olağan savaşa karşı tek alternatif olarak ortaya çıktı ve bu El-Fetih'in "küçük bir gizli örgütten Filistin siyasetindeki baskın güç" (Baumgarten, 2005) olmaya dönüşmesinin yolunu açtı.

Buna karşın, bu dönüşüm 1968'deki Karameh Savaşı'ndan önce tamama ermemişti, Sayigh'in açıkça belirttiği gibi

> Karameh muharebesi, Arapların gözünde bir gecede yankı uyandıran bir siyasi ve psikolojik zafer haline geldi... Yenilmez İsrail Savunma Gücü (IDF) imajı, anlamına uygun olarak Arapça "itibar" demek olan Karameh'de sarsıldı (2004: 179).

Bu anlamda, silahlı mücadelede gerilla hareketlerinin askeri gücünün önemli ölçüde büyümesi bakımından bir dönüm noktası haline geldi ve sonuç olarak, büyük çoğunluğu Ortadoğu'dan olmak üzere, dünyanın farklı yerlerinden devrimcilerin ilgisini çeken "Filistin direnişi" mitini yaratmış oldu. Filistin Hareketi de önce Ürdün'de, sonra Suriye'de öne çıkan bir konum elde etti ve son olarak da Güney Lübnan'a yayıldı. Ürdün ordusu ve Filistinli gerillalar arasında Eylül 1970'de başlayan kanlı çatışmalardan sonra, Ürdün, Temmuz 1971'de tüm gerilla varlığından arındırıldı (Cobban, 1992), ve Lübnan, İsrail'in 1982'de ülkeyi işgal edene kadar sürecek şekilde Filistin Hareketi'nin askeri-politik eylemlerinin yeni merkezi haline geldi. FKÖ'nün Lübnan dönemi, Filistin Hareketi'nin, bu makalenin kapsamı dışında olan politik ve askeri stratejisi açısından belirli bir anlam ifade etmekteydi (Sayigh, 1986). Diğer taraftan, bu makale kapsamında, bu dönemde Lübnan'da bulunan Filistin eğitim kamplarının Ortadoğu ve dünyadaki diğer radikal hareketler için elzem bir rol oynadığını söylemek gerekmektedir.

Filistin Hareketi'nin kendisi, esas olarak Çin, Sovyetler Birliği ve dünyadaki diğer sosyalist ülkelerle bağlantı anlamına gelen "uluslararası dayanışma"dan faydalanmıştı. Bu, sadece diplomatik bağlantılar değil, aynı zamanda "eğitim ve silahların elde edilmesinin" esas kanalıydı da. Ve Sayigh'in (2004) belirttiği gibi, bu, FKÖ'nün Filistin Davası'nda olduğu kadar bölgesel ölçekte de uluslararası olarak tanınan bir aktör olmasını sağladı:

> Askeri uzmanlığın sağlamlaştırılması ve silahların ve ekonomik kaynakların toplanması, buna karşılık olarak FKÖ'nün Üçüncü Dünya devletlerine yardım sunması, böylece de bunların Birleşmiş Milletler, Bağlantısızlar Hareketi, Afrika Birliği Örgütü ve diğer çok taraflı örgütler nezdinde FKÖ'nün diplomatik tasarılarını desteklemesine yol açmıştır. El-Fetih (Filistin Halk Kurtuluş Cephesi-FHKC ve Filistin Demokratik Halk Kurtuluş Cephesi-FDHKC'nin yanı sıra) de kendi gücü yettiği oranda devrimci hareketlere destek vermiştir, bu ça-

lışmaya Wazir'in yönettiği "kurtuluş hareketleri bürosu" doğrudan nezaret etmiştir. Bundan yararlananlar arasında birkaçının ismini vermek gerekirse, İran'daki Şah karşıtı gruplar (hem İslâmcı hem Marksist), Arjantinli Montoneros, Salvadorlu FMLN, Sri Lankalı Marksist Kaplanlar, Güney Tayland Müslümanları (Fataniler) ve Afrika Ulusal Kongresi sayılabilir (2004: 452-3).

Çeşitli Türk ve Kürt örgütleri de sonuç olarak Filistin Hareketi'yle fiili ve sembolik ilişkiler geliştirerek, bu faaliyetlerde yer almıştır. Sonraki sayfalarda bu ilişkinin tarihinin izini sürmeye çalışacağım.

Filistin Direnişi İçindeki Türkler ve Kürtler

Filistin silahlı mücadelesinin popülaritesi, 1968'deki Karameh Savaşı'ndan sonra öyle bir doruğa ulaştı ki:

> Arapça'da Fedayeen, yani fedailer olarak bilinen komandolara duyulan hayranlık, Filistin politik kültürünün simgesi olmuştu… Komandoların, İsrail'e karşı kazandıkları "zafer", aynı Vietnam ve Cezayir zaferleri gibi, gerilla hareketlerinin büyümesiyle düşlerin ulusal sınırlar ötesine göç etmesine katkıda bulundu (Nassar, 2004).

1970'lerin başında kendisi de Filistin Hareketi'ne katılan, Türkiye'nin tanınan gazeteci yazarı Cengiz Çandar'ın da açıkladığı üzere bu "Düşlerin Göçü" Türkiye'deki sol hareketin yükselmesinde etkili oldu:

> Türkiye'nin büyüyen solcu öğrenci hareketi için 1967 savaşının ardından ortaya çıkan Filistin Fedai hareketinin neoemperyal tahakküme karşı direniş modeli olarak özel bir çekiciliği vardı… "anti-emperyalist mücadele", Latin Amerika ya da Vietnam'daki gibi bir soyutlama olmaktan çok uzak şekilde, Türkiye'nin kendi arka bahçesinde oluyordu (2000: 69).

Filistin direnişine katılan başka bir kişi, daha önce de adı geçen Faik Bulut, bu durumu "her genç ve romantik devrimcinin hayalini kurduğu bir Filistin Rüyası" olarak betimlemekteydi (1998: 7).

1968'den itibaren birçok Türk ve Kürt aktivist silahlı mücadele için eğitim almak amacıyla Filistin gerilla kamplarına gitmeye başladı. Bu aktivistler üç grup altında sınıflandırılabilirler. İlk grup aktivist, çoğunlukla Ürdün'deki Filistin gerilla üslerine 1969-1971 arasında kısa bir süre eğitim için gittikten sonra Türkiye'ye döndüler. İkinci grup, 12 Mart 1971 askeri darbesinin ardından Lübnan'daki Filistin kamplarına gitmek üzere Türkiye'den ayrıldı. Üçüncü ve en büyük dalga, 1970'lerin sonunda, özellikle de 12 Eylül 1980 askeri darbesinin ardından gerçekleşti. İkinci ve üçüncü dalgalarda askeri darbeden kaçmak önemli bir itici güçtü. Bununla birlikte, bu gruplar arasında, daha sonra da tartışacağım üzere, askeri kapasitesini oluşturmanın yanı sıra kendisini tekrar örgütlemek açısından da bu olanağı en iyi kullanan grup PKK oldu. Şimdi bu üç dalgayı daha yakından inceleyeceğiz.

Türkiye'de son yıllarda Filistin direnişine katılan militanların anıları yayımlanmaya başladı.[1] Bu anılara dayanarak Türkiye'den Filistin'e ilk grubun[2] 1968'in ikinci yarısında gittiğini

---

[1] Başkalarının yanı sıra bu anılar için bkz Faik Bulut, *Filistin Rüyası: İsrail Zindanlarında 7 Yıl* (1998); A. A. Kadir Yaşargün, *Gaziantep'ten Filistin'e Bir Dostluk ve Mücadele Hikayesi: Filistin Fedaileri* (2005): Mehmet Tepebaşı, *Yaşanmamış Sayılan Anılar* (2010); Adil Okay, *12 Eylül ve Filistin Günlüğü* (2008); Hasan Mantıcı, *Filistin Güncesi: Türkiye Devrimcilerinin Enternasyonalist Mücadelesi* (2014).

[2] Filistin olarak bilinen bölge yerine aslında Ürdün ve Lübnan'daki Filistin kamplarına gittiklerini belirtmek gerekmektedir. Öte yandan, yazdıkları anılarda ve röportajlarda, Filistin kamplarında eğitim gören militanlar bunu "Filistin'e gitmek" olarak aktardıklarından makalede de bu terim kullanılmıştır.

söyleyebiliriz. Hepsi, 1961'de kurulan, ulusal mecliste temsil hakkı kazanan Türkiye'nin ilk yasal sosyalist partisi, Türkiye İşçi Partisi (TİP) üyeleri ya da sempatizanlarıydılar. İlk olarak 17 kişilik genç bir sempatizan grubu Antakya Reyhanlı'dan Türkiye-Suriye sınırını geçtiler. Üç ay boyunca El-Fetih'in kamplarında eğitim gördükten sonra Türkiye'ye geri döndüler. İçlerinden Semih Dinç, daha sonra geri dönüp Ürdün'de eğitim alarak 1975'e kadar Filistin Hareketi kademelerinde yer aldı. Dinç, Filistin kamplarına gidiş amaçlarını şu sözlerle belirtmekteydi:

> İlk olarak, enternasyonalizm adınaydı. Vietnam yakında olsaydı oraya da gitmiş olurduk. İkinci olarak, silahlı mücadele eğitimi almak için ve son olarak maceracı ya da romantik bir ruh adınaydı (*Atlas Tarih*, 2010).

Bu macera ruhu, romantizm ya da naiflik, ilk giden gruplar arasında oldukça belirgindi. Örneğin, 1 Ekim 1968'de, iki TİP sempatizanı A. Kadir Yaşargün ve Mustafa Çelik, Marksist-Leninist bir eğitim almak adına Sovyetler Birliği'ne gitme düşüncesiyle kendi başlarına sınırı geçtiler. Filistin Hareketi'nin bunun en iyi yolu olduğunu düşünmekteydiler. Filistin Hareketi'ne katıldılar ve İsrail'e karşı savaştılar; Mustafa Çelik çatışma sırasında öldü ve sonrasında Yaşargün, Türkiye'ye geri döndü (Yaşargün, 2005).

Türkiyeli devrimcilerinin Filistin yolculukları, 1969 ve 1970 yıllarında da onlarca genç militanın gruplar halinde Ürdün ve Lübnan'daki Filistin kamplarına gitmesiyle sürdü. Bu gruplar genellikle Ürdün'deki kamplara iki aylığına gitmekteydiler ve denilene göre, en az elli kişi beş farklı grup halinde Filistin kamplarına eğitim almak için gitmişti (Feyzioğlu, 2011). Bunların arasında gelecek iki sene içinde çeşitli radikal grupların liderleri haline gelecek olan Deniz Gezmiş, Hüseyin İnan ve Yusuf Küpeli gibi tanınmış genç liderler yer almaktaydı. Gezmiş ve İnan, Türkiye Halk Kurtuluş Ordusu'nun (THKO) ve

Küpeli ise Türkiye Halk Kurtuluş Partisi-Cephesi'nin (THKP-C) kurucuları oldular.

İkinci dalga Türk/Kürt militanları 1971'deki darbenin hemen ardından Filistin'e vardılar. Bu sefer, silahlı mücadele için eğitilmenin yanı sıra, cuntanın baskısından kaçmak, Filistin Hareketi'nin sığınak sağladığı Suriye ve Lübnan'a gitmenin temel sebebi haline geldi. Bu dönemde, Türkiye'de 1974 yılında genel af ilan edilene kadar, Suriye ve Lübnan'daki farklı Filistin kamplarında onlarca Türk ve Kürt militan bulunmaktaydı. Örneğin Çandar (2000) 1971 kışında ve 1972 baharında yirmi Türk militanın Lübnan, Aita al-Fukhar'da İsrail-Suriye sınırı yakınında beraber kaldıklarını hatırlatmaktadır (77). Bu dönemin en önemli olayı, 21 Şubat 1973'te İsrail komandoları Lübnan şehri Trablus'un kuzey ucundaki Nahr al-Barid kamp alanına baskın düzenlediklerinde gerçekleşmiştir. Yasadışı Maoist grup, Türkiye İhtilalci İşçi-Köylü Partisi'nin (TİİKP) sekiz üyesi bu saldırı sırasında öldürülmüş ve bunlardan biri, Faik Bulut, yaralı olarak ele geçirilmiştir. 1980'e kadar İsrail hapishanelerinde kalmıştır (Bulut, 1998).

"Filistin'e gidişin" üçüncü dalgası, 1980'lerin başında, Eylül 1980 askeri darbesinden hemen sonra gerçekleşmiştir. Bu dalga öncekilerden çok daha büyüktür. Bir dönem binden fazla Türk militanın kamplarda bulundukları öne sürülmektedir.[3]

---

[3] Filistin kamplarında kalanlar tarafından imzalanan bir dilekçede verilen sayı: http: //blog.milliyet.com.tr/68-li-ve-78-li-turkiyeli-devrimciler-olarak-/Blog/?BlogNo=248613 (son erişim tarihi 24 Aralık 2013). 1982'de İsrail'in Lübnan'ı işgali sırasında Beyrut'ta Türkiye'den 45 militan ve güneydeki bir Lübnan şehri olan Nebatiye cephesinin işgali sırasında 142 Türk militanı vardı. Bkz. (*Atlas Tarih*, "Filistin'de Türkiye Solu", 90). 1973'den beri Türkiye'den otuz yedi militan (Türk, Kürt, Arap kökenli) Filistin direnişi sırasında öldürüldü. Otuz altısının ismi için, bkz. http: //siyasihaber.org/yazilar/filistin-modern-dunyanin-ortak-ayibi-adil-okay (son erişim tarihi 21 Haziran 2014). Mayıs 1981'de Nebatiye'ye yapılan bir

Bu sayı, sadece PKK'nin bu dönemde Lübnan'da 300 savaşçısının olduğu düşünülürse, Türkiye'den Kürt örgütler de hesaba katıldığında kolayca iki katına çıkmaktadır.

Aslında, Türk ve Kürt devrimci örgütlerin yeniden sahneye çıktıkları 1975'ten sonraki dönem, bu üçüncü dalganın başlangıç zamanı olarak değerlendirilmelidir. Kürt gruplar bu dönemde Filistinli örgütlerle ilişkiler geliştirmişlerdir. 1971 darbesinden sonra, Necmettin Büyükkaya ve Kemal Burkay gibi bazı politik aktivistler Suriye ve Lübnan'a geçerek oradaki bazı Kürt liderleriyle bağlantıya geçmişlerdi.[4] Her iki Kürt aktivisti de oradan Avrupa'ya geçmişler; ancak ileride Devrimci Demokrat Kültür Dernekleri/Kürdistan İşçi Partisi'nin (DDKD/-KİP)[5] önde gelen liderlerinden biri olacak olan Büyükkaya, daha sonra Filistinli örgütlerle bağlantı kuracağı Suriye ve

---

İsrail hava saldırısında öldürülen PKK üyesi, Abdülkadir Çubukçu, bu listede yer almamaktadır.

[4] Salah Bedreddin, bu bağlantıların saplanmasında önemli bir rol oynamıştır. Bedreddin, 1969'den sonra Suriye'deki Kürdistan Demokrat Partisi'nin (*Partiya Demokrata Kurdî li Sûriyê, PDK*) lideri olmuştur. Burkay, Bedreddin ile 1972'de Lübnan'da tanışmış ve onun aracılığıyla Avrupa'ya gitmek üzere Lübnan'dan Suriye'ye seyahat etmesine yardımcı olan Filistin Demokratik Halk Kurtuluş Cephesi'yle bağlantıya geçmiştir. Bkz. Kemal Burkay, *Anılar Belgeler* (2001: 362). Büyükkaya ve yoldaşları, Bedreddin'le 14 Nisan 1974'te Beyrut'ta buluşmuşlar ve aynı zamanda onun aracılığıyla Kürdistan Yurtseverler Birliği'nin (YNK) lideri ve geleceğin Irak cumhurbaşkanı Celal Talabani ile tanışmışlardır.

[5] DDKD/KİP, 1975'ten sonra Türkiye'de kurulan başlıca Kürt gruplarından biriydi. Devrimci Demokrat Kültür Derneği (DDKD) adı altında bir örgütten çıkmış ve 1977'de Kürdistan İşçi Partisi (KİP) adını almıştır; ancak genellikle DDKD/KİP olarak bilinir. Genel olarak "esnaf, zanaatkârlar, öğrenciler ve geleneksel yurtseverler" tarafından desteklenen bu Sovyet yanlısı örgüt, yasal dergiler basmakta ve çeşitli demokratik kitle örgütü ve işçi sendikaları arasında faaliyet göstermekteydi. Bkz. Ahmet Hamdi Akkaya (2013).

Lübnan'a geri dönmüştü. Bu, Türkiye'deki Kürt örgütler ile Filistinli örgütler arasında kurulan ilk bağlantıdır ve şaşılmayacak şekilde bu bağlantı, 14 Mayıs 1975'te Beyrut'ta gerçekleşen toplantıda Salah Salah tarafından temsil edilen, George Habaş'ın kurduğu Filistin Halk Kurtuluş Cephesi (FHKC) ile gerçekleşmiştir.[6] Büyükkaya'nın günlüğünde (2008) Filistin Hareketi'nden istekleri şu şekilde sıralanmaktaydı:

> 1. Askeri eğitim. Yer ve barınma imkanları ile askeri hoca ve askeri malzeme (silah vs.). 2. Maddi Yardım. 3. Gidip gelmelere yardım. (Nüfus cüzdanı, Pasaport vs). 4. Yayın basımda yardım ve Kürt halk problemini tanıtmada propaganda 5. En önemli istek ise ilişkilerimizin devamı (228).

İkinci buluşma, iki hafta sonra, 26 Mayıs 1975'te kendisi de toplantıda bulunan Naif Havatme'nin kurduğu Filistin Demokratik Halk Kurtuluş Cephesi (FDHKC) ile gerçekleşti. Havatme, hareketleri arasındaki bağlayıcı üç noktayı ifade eder: Marksizm, anti-emperyalizm ve İslâm; ve özellikle silahlı mücadelenin halklarının özgürleşmesinin temel aracı olduğuna vurgu yapar. Büyükkaya güncesinde her ne kadar isteklerinin ne olduğunu belirtmemiş olsa da, Havatme bunların karşılanacağını ifade eder (236).

Bu buluşmalar ve Filistin Hareketi'yle sonraki bağlantılar temelinde, DDKD/KİP, üç farklı militan grubunu Lübnan'da silahlı eğitim almaya gönderdi. İlk ve ikinci gruplar, 1976 ve 1977 yılında FHKC'nin kamplarına gittiler. 1977'den sonra, DDKD, esas olarak Suriyeli Kürt lider Salah Bedreddin ve Iraklı Kürt lider Celal Talabani aracılığıyla El-Fetih ile olan ilişkisini geliştirdi. Daha sonra, aralarında 1990'larda tanınan bir Kürt politikacı haline gelen ve halen politik mücadeleye

---

[6] Salah Salah eskiden MAH kadrosunda yer almış, daha sonra FHKC'nin merkez komitesi ve politik bürosunun üyesi olmuştur. Bkz. *Armed Struggle and the Search* (Sayigh, 2004: 888).

devam eden Hatip Dicle'nin yanı sıra, Diyarbakır'daki evinin önünden kaçırılıp yargısız infazla Temmuz 1991'de öldürülen, önde gelen Kürt politikacı ve insan hakları aktivisti Vedat Aydın'ın (Oncu, 2013) da olduğu üçüncü ve belki de en büyük grup, 1979'un sonunda ve 1980 baharında Fatah kamplarına gitti. Hiçbir zaman silahlı mücadele başlatmadıysa da, DDKD'nin 1980 askeri darbesinin hemen ardından özellikle Kürdistan'ın Kozluk ve Sason bölgelerindeki dağlarda bazı silahlı militanları mevcuttu. Bununla birlikte, silahlı eylem olmadan geçen birkaç ayın ardından dağıldılar ve birçok militan Suriye ve Lübnan'a gitti. Militanların Avrupa'nın farklı ülkelerine dağıldıkları 1982'nin sonuna kadar, DDKD/KİP'in Suriye'deki evlerde ve Lübnan'daki El-Fetih kamplarında neredeyse iki yüz militanı vardı (V. Serin, kişisel görüşme, 9 Ocak 2014).

Türkiye'deki 1980 darbesinden sonra, Suriye ve Lübnan'da diğer Kürt gruplarından gelen militanlar vardıysa da, DDKD/KİP'in yanı sıra aynı isimli diğer bir Kürt örgütü, Kürdistan İşçi Partisi (*Partiya Karkerên Kurdistan*, PKK) bu bölgede en çok militana sahipti. PKK, küçük bir gizli örgüt olarak karizmatik lider Abdullah Öcalan'ın etrafında 1970'lerin ilk yarısında kurulmuştur. PKK'yi kuran çekirdek grup Ankara'daki bir öğrenci çevresinden oluşmuş ve sonra faaliyetlerini Türkiye'nin Kürdistan bölgesine genişletmişti. 1979'a gelince, kuruluş kongresini düzenlemiş, örgütsel yapısını geliştirmiş, kayda değer sayıda adanmış militanı bünyesine almış ve stratejik şiddet kullanımı nedeniyle de geniş çapta bilinir olmuştu (Jongerden & Akkaya, 2012).

PKK bu koşullar altında Filistin Hareketi'yle bağlantı kurdu. DDKD/KİP örneğinde olduğu gibi, PKK ve Filistin Hareketi arasındaki ilişkinin tarihi de askeri darbeye kadar geriye gider. 1979'un sonunda, PKK, askeri eğitim için Filistin Hareketi'yle bağlantıya geçti. Askeri darbenin ardından, insan gücünün çoğunu Lübnan'a geri çekmeye çalıştı. 1980-82 arasında neredeyse üç yüz PKK militanı Lübnan'daki faklı gerilla kamplarında eğitim gördü ve akabinde Haziran 1982'deki İsrail işgali sırasındaki silahlı direnişe dâhil oldular. Fakat daha da önemlisi, PKK bu fırsatı sadece askeri eğitim için değil, neredeyse başka hiçbir Türk ya da Kürt Hareketi'nin başaramadığı şekilde örgütsel toparlanma için de değerlendirdi.

PKK ve Filistin Hareketi

1979 yazında, Öcalan, partisinin yönetici üyelerinden birinin polis tarafından yakalanıp illegal örgüt yapısı hakkında önemli bilgileri ifşa etmesini takiben Türkiye'den Suriye'ye kaçmak zorunda kaldı. Öcalan'ın Suriye'ye çıkışı, partinin Nisan 1979'dan beri yurt dışında ilişkiler oluşturma çabalarına rağmen çok iyi organize edilmemişti. 27 Nisan 1979'da Merkez Yürütme Kurulu toplantısında hareketin uluslararası ilişkilerini geliştirmek adına Suriye'de bağlantılar aranması kararı alındı. Buna rağmen parti o zamana kadar ciddi bağlantılara sahip olamadı. Türkiye ve Suriye sınırındaki bir ilçe olan Suruç'tan yerel bir kadro, Ethem Akcan (kod adı Mehmet Sait), sınırın öteki tarafındaki Kobanî'de yakınlarını ziyaret etmişti:

> Ethem bizim akrabamızdı. Ben Suriye'deki Kürdistan Demokrat Partisi (Sol Kanat) üyesiydim ve Ethem'in de Kuzey Kürdistan'da ortaya çıkan yeni bir Kürt grupla ilişkili olduğunu biliyordum. Yine de çok detaylı bir bilgim yoktu. Ethem bizi birkaç kez ziyaret etti ve Suriye ve Lübnan'daki Filistin Hareketi'yle iletişime geçmeleri konusunda yardım edip edemeyeceğimizi sordu. Bütün bağlantı bizim akrabalık ilişkimize bağlıydı (Ö. Aluş, kişisel görüşme, 17 Aralık 2002, Kobanî).

Bu aile ilişkisine güvenerek, Öcalan, 4 Temmuz 1979'da o alanda iyi tanınan bir kaçakçı aracılığıyla sınırın öteki tarafına geçti. Bütün sınır geçişini organize eden Ethem Akcan da onunla birlikteydi. Kobanî'de kısa süre kaldıktan sonra, Öcalan, Halep'e oradan da Filistin Hareketi'yle bağlantıya geçmeye çalıştığı Şam'a hareket etti. Bütün bu seyahatlerde kullandığı tek ağ, rehberi Akcan'ın ailevi bağlantılarıydı. Kobanî, Halep ve Şam'daki aile üyeleri onları misafir ettiler ve bağlantıları yoluyla Öcalan'ı aracılıklarıyla Filistin örgütlerine ulaşmaya çalıştığı bazı Kürt siyasi şahsiyetlerle tanıştırdılar. İlk politik bağlantı, Kobanî'de bulunan Suriye Kürdistan Demokrat Sol Partisi (*Partiya Çepa Demokrata Kurdî li Suriyê,* PÇDKS)[7] üyesi, Türkiye'de eğitim görmüş bir eczacı olan Abdi Nasan ile gerçekleşti. Türkçe bildiği için Öcalan onunla kolayca ilişkiye girebildi:

> 1979'du. Ben PÇDKS üyesiydim ve yoldaş İsmet [Seyda] bizim genel sekreterimizdi. Beni aradı ve "Türkiye'den biri Kobanî'ye geldi ve oradaki arkadaşımız Abdi onların yeni bir partiden olduklarını söyledi. Kobanî'ye git ve ne istediklerini öğrenmeye çalış" dedi. Sonra ben oraya gittim ve partimizin üyesi olan Abdi ve Kuzey'den gelen bu kişiyle buluştum. "Biz bir parti kurduk ve kadrolarımızı Filistin kamplarına eğitime getirmek istiyoruz" dedi. Kim olduğunu bilmiyordum; ama konuşmasından hareketin birinci ya da ikinci adamı olduğu izlenimini edindim. Daha sonra genel sekreterimiz İsmet Seyda'yı bilgilendirdim ve Şam'da buluştular. Öcalan ve partisine Filistin Hareketi'yle iletişime geçmeleri

---

[7] PÇDKS, 1957'de kurulan Suriye'deki ana Kürt partisi Suriye Kürdistan Demokrat Partisi'nden (*Partiya Demokrata Kurdî li Suriyê,* PDKS) çıkmıştır. PDKS, 1965'te sağ ve sol kanatlara ayrıldı ve PÇDKS, aralarındaki sol kanattaki partilerden bir tanesiydi. 1975'te PDKS'nin sol kanadındaki parçalanmanın sonucu olarak kuruldu ve 1988'de Suriye Kürt Sol Partisi (*Partiya Çepa Kurdî li Suriyê,* PÇKS) adını aldı. Partinin genel başkanları İsmet Seyda (1975-1991), Yusuf Dibo (1991-1993) ve Hayreddin Murad idi (1994-2005). http: //kurdwatch.org/pdf/kurdwatch_parteien_en_2.pdf kaynağından alınmıştır (son erişim tarihi 24 Aralık 2013).

konusunda bu şekilde yardımcı olduk (A. Zahir, kişisel görüşme, 15 Nisan 2003).

Bu partinin Suriye'de kurulan Kürdistan Yurtseverler Birliği (*Yekîtiya Niştimanîya Kurdistan,* YNK) ile sıkı ilişkileri olduğu için YNK'nin de bu ilişkide rol oynadığı düşünülmektedir. Nitekim, YNK ve bazı Suriye Kürt örgütleriyle yakın bağları olan Türkiyeli önde gelen Kürt aktivist Necmettin Büyükkaya, bu ilişkiyi güncesine Ekim 1979'da şöyle geçirmiştir:

> Adil Murad [YNK'nin kurucularından biri] Beyrut'ta. O ve İsmet Seyda'nın partisinden [PÇDKS] bazı Lübnanlı Kürtler Apocuları Filistinlilere getirmeye yardım ediyorlar (2008: 456).

Öte yandan Suriye ve Irak Kürt örgütleriyle kurulan bu ilişkilerin çok derin ve iyi yapılanmış oldukları söylenemez. Örneğin PKK ile bağlayıcı hiçbir anlaşmaya dayalı olmamışlardır. Ve adı geçen bu Kürt örgütlerinin rolü kısıtlıdır. PKK'yi Filistinli örgütlerle tanıştırmaktan öteye geçmemiştir. Sonuçta Öcalan Filistin Hareketi'yle bağlantı kurmayı başarmıştır. İlk iletişime geçtiği örgüt Naif Havatme'nin önderliğindeki FDHKC olmuştur. FDHKC'nin halen yönetici üyelerinden biri olan Qais Abd al-Karim (kod adı Ebu Layla) Öcalan'ın bu örgütten konuştuğu ilk insandır. Ebu Layla, 1970'lerin ikinci yarısında, diğer Arap ülkelerine ek olarak Demokratik Cephe'nin Irak, Türkiye ve bir yere kadar İran'ı da kapsayan, Ortadoğu'nun farklı yerlerinde birçok solcu grupla çok sayıda bağlantıları olduğunu not etmiştir. Bu gruplar kendilerini Türk gerilla birimleri ya da Kürt ulusal kurtuluş hareketleri olarak örgütlemeye çalışmaktaydılar. Bununla birlikte, Öcalan'la görüşmelerini çok iyi hatırlamaktadır:

> Aslında çok uzun bir sohbetti ve gece geç saatlere kadar sürdü. Esas konu hiçbir partinin diğerlerinin iç işlerine karışmaması konusunda anlaşmaya varmamızdı. Diğer taraftan

onlar tamamen bizim silahlı kuvvetlerimizin disiplini altında olacak ve hiçbir istisna ya da ayrım olmaksızın silahlı kuvvetlerimizin yönetmeliğine uyacaklardı (A. Layla, görüşme, Aralık 2004, Ramallah).

Ebu Layla Öcalan'la ilk görüşmelerinde özel bir durumun olmadığını ve bu açıdan belirli bir anlaşmanın olmadığını belirtmektedir: PKK kadrolarını Lübnan ya da Lübnan-Suriye sınırına eğitim almaları için göndermiştir. Bu ilk görüşmelerde Öcalan, Ebu Layla üzerine iyi bir etki bırakmıştır:

> Kesinlikle çok ciddiydi. Bazen de ikna etmesi çok zor biriydi. Kendi fikirlerine çok bağlı, bazen inatçıydı; ama bu da prensiplerine sadık bir adam olduğu izlenimini verdi (A. Layla, kişisel görüşme, Aralık 2004, Ramallah).

Bu bağlantılar aracılığıyla Öcalan, bazı Kürtlerle görüşme imkânı bulduğu Lübnan'a ulaştı. Avukat Hassan İbrahim Muhaddem, Öcalan'la FDHKC'nin Beyrut ofisindeki ilk görüşmelerini hatırlamaktadır. O zamanlar onu Türkiye'de yeni kurulan bir Kürt partisinin temsilcisinin geleceği konusunda bilgilendiren Suriye Kürt partisi PÇDKS'nin üyesiydi:

> Partiden başka yoldaşlarla Demokratik Cephe'nin Beyrut'taki Dış İlişkiler Ofisi'ne gittik. Ofisin temsilcisi olan Ebu Şahab'ın odasında başka bir adam gördük. Sonradan onun Öcalan olduğunu öğrendik. Onunla konuştuk. Filistinlilerle beraber kalıyordu. Bir süre sonra onu kendi evime davet ettim ve benimle birlikte kaldı ve sonra Öcalan beni Türkiye'den Lübnan'a gelen kadrolarını getirmem için Kobanî'ye gönderdi (H. I. Mohammed, kişisel görüşme, 20 Kasım 2002, Beyrut).

FDHKC, PKK'nin kadrolarını eğitmeyi kabul etti. Öte yandan, PKK'nin kadrolarını Şam'a, sonra da Lübnan'a getirmeyi başarabileceklerinden emin değillerdi. Bu anlaşmanın ilerlemesi, PKK'nin becerilerine bağlıydı. FDHKC sadece Suriye ve Lübnan'da kullanmak üzere Filistin göçmen kimlikleri sağlama söz verdi. Başlarda kısıtlı sayıda kimlik kartı basıldı; beş ya da on. PKK kadrolarının fotoğrafları gönderildi ve kimlik kartları öyle çıkarıldı. Ömer Aluş, akrabası ve Öcalan'ın Suriye'deki sadık yardımcısı Ethem Akcan'ın FDHKC'nin Şam'daki ofisinden on PKK militanı için kimlik kartlarını alışını hatırlamaktadır (Ö. Aluş, kişisel görüşme, 17 Aralık, 2002, Kobanî). Akcan, bu militanları Kobanî'den Lübnan'a Şam üzerinden getirmiş ve aynı kartları başka bir grup militan için de fotoğraflarını değiştirerek kullanmıştır.

Suriye'ye Temmuz başındaki geçişinden sonra, Öcalan, Türkiye'deki örgütüyle yönetici kadrolara gönderdiği yazılı mesajlar aracılığıyla bağlantısını sürdürdü. Örgüt de onunla aynı şekilde iletişim kurdu. PKK arşivinde, Öcalan ile Türkiye'deki temsilciler, örneğin Cemil Bayık ve Duran Kalkan arasındaki mesajların kopyaları bulunmaktadır. Bununla birlikte o dönemin en önemli notu, Öcalan tarafından Merkez Komite'ye Ekim 1979 sonu gönderilmiştir:

> En acil görev olarak eğitim için 250 kişilik bir grup oluşturmalısınız. Resimleri çekilmeli ve bana gönderilmeli. Bu kişilerin arasında, 50 tanesi bağlı kadrolardan, 100 tanesi kadro olmaya aday sempatizanlardan ve 100 tanesi de askeri eylemler için adaylarda olmalı. Kadrolar arasında, en az 15 kişi ideolojik olarak gelişkin, tercihen ODTÜ'den, üniversite öğrencileri/mezunları olmalı.[8]

Bu, PKK'nin etkisi ilerleyen yıllarda somut olarak çok daha fazla hissedilecek Ortadoğu'daki ağı açısından yeni bir dönemi işaret etmekteydi. Ayrıca Filistin Hareketi'yle olan ilişkinin işlevsel olduğunu da göstermekteydi.

Öcalan Lübnan'a gönderilecek 250 militan istemiş olmasına rağmen, örgütü 1979'un sonunda eğitim için ancak 40-50 militan gönderebilmişti. Bu militanlar 1980 baharının sonuna ka-

---

[8] Bu not PKK'nin arşivinde "Merkez Komite" (MK) bölümünde yer almaktadır.

dar Lübnan'da iki grup halinde eğitildiler. On beş militandan oluşan ilk grup, FDHKC'nin Beyrut'un güneyindeki Na'ameh Kampı'nda eğitim gördüler. İkinci grup da, Beyrut'un güney banliyösündeki Burj el-Barajneh Kampı'nda eğitildi. Bu kamplardaki bir PKK militanının FDKHC kamplarındaki eğitiminden hatırladığı üzere farklı ülkelerden militanlar da vardı:

> FDKHC'nin 300'den fazla çadırı olan en büyük kampıydı. Yemen, İran ve Kongo'dan insanlar vardı. Bizim askeri eğitmenimiz FDHKC'den Ebu Celal idi, ancak onların öncü üyeleri de kamplara geliyorlardı (A. Yüksel, kişisel görüşme, 5 Aralık 2002, Şam).

Temel eğitimden sonra, bu militanlar Güney Lübnan'a, Sur, Nebatiye ve Sarba yakınlarına 5-6 kişilik küçük gruplar halinde keşif ve devriye faaliyetleri için gönderilmekteydiler. Doğu Lübnan'daki Bekaa Vadisi'nde Haloua köyündeki Helve kampında geniş çaplı askeri tatbikat ile de eğitim sonlandı.

PKK, başından beri, Ortadoğu'ya sadece bir askeri eğitim alanı olarak bakmadı. Lübnan'ın yanı sıra Suriye'deki Kürtleri örgütlemekten de faydalanmayı hedeflemekteydi. Bu nedenle Ortadoğu'daki ilk günlerinde PKK bu bölgedeki Kürtlere ulaşmanın yollarını aramayı denedi. 1980 baharında, genç ama gelecek vadeden Kürt şarkıcı Şivan Perwer ve kendisi de şarkıcı olan eşi Gulîstan Perwer'i bir konser için Lübnan'a davet etti. İkisi de hareketin sempatizanlarıydılar ve Öcalan ve sürgün koşulları altında hayatta kalmaya çalışan küçük bir grup militanla tanışmak üzere Beyrut'a gittiler:

> Mayıs 1980'den önce, bahardı. Öcalan ve Delil Doğan, Sefkan (Celal Ercan) gibi öncü kadrolardan bazılarıyla buluştuk. Türkiye'de süregiden bir mücadele vardı ve Lübnan'daki Kürtlerin konu hakkında hiçbir bilgisi yoktu. Arkadaşlarımız onlarla ilişki içine girmeye çalışıyorlardı. Beyrut'ta neredeyse iki bin kişinin katıldığı bir konser düzenledik. Sadece biz de-

ğil, Delil Doğan ve Sefkan [aynı zamanda şarkı söylemekle de ilgilenen, daha sonra ikisi de çatışmalarda ölen militanlar] da sahne aldılar (Gulîstan Perwer, görüşme, 21 Ocak 2003).

PKK'nin Lübnan ve Suriye'deki Kürtlere yönelik faaliyetleri ileriki yıllarda daha hızlı biçimde gelişti. 1980'lerin başında bu bölge askeri hazırlık için önemliydi. Ve 1980 baharında, eğitim alan militanlar Türkiye'nin Kürt bölgelerine silahlı mücadelenin hazırlanması amacıyla gönderildiler; ancak esas olarak birkaç ay sonra Türkiye'de gerçekleşen askeri darbe nedeniyle başarılı olamadılar. Bununla birlikte, Lübnan'daki Filistin Hareketi'yle olan ilişki, PKK için önemini yitirmedi. Tersine, Lübnan'daki Filistin kampları, Türk ve Kürt radikal hareketlerini hedef alan askeri darbenin şiddetinden kaçmanın temel alanları haline geldiler. Türk ve Kürt örgütleri arasında bu fırsattan en çok faydalanan PKK oldu. Türkiye'den, Suriye üzerinden Lübnan'a önemli sayıda militanı çekmeyi başardı. 1980 askeri darbesinden sonra 1982'nin sonuna kadar, neredeyse üç yüz PKK militanı bu kamplarda eğitildiler (Karayılan, 2011).

PKK kaynaklarına göre, bu eğitim esas olarak Havatme'nin FDKHC'si ve onun kadar olmasa da Habaş'ın FHKC'si tarafından verilmekteydi. Daha küçük gruplar da El-Fetih kamplarında ve Abu Nidal cephesinde eğitim aldılar. PKK tarafından 1982 sonunda yazılan imzasız yirmi bir sayfalık "Lübnan'daki Filistin Kampları Değerlendirmesi"[9] isimli belgede, İsrail'in Haziran 1982 Lübnan işgalinden hemen önce güney ve doğu Lübnan'daki Filistin kamplarında iki yüz otuz iki PKK militanı bulunduğu belirtilmekteydi. Bunların yüz ellisi FDHKC kamplarında, otuz beşi FHKC, yirmi biri El-Fetih ve yirmi altısı Abu Nidal kamplarındaydılar. Bu iki yüz otuz iki

---

[9] Bu belge PKK arşivinde "Merkez Komite" (MK) başlığı altında kayıtlıdır.

militandan onu Arnun Köyü'nün güney-güney doğusuna yaklaşık bir kilometre uzaklıktaki, Güney Lübnan'daki Nebatiye Valiliği sınırları içindeki bir haçlı kalesi olan Beaufort Kalesi'nde (*Shaqif Arnun* ya da *Qala'at al-Shaqif*) İsrail güçleri tarafından öldürüldü. On beşi ele geçirildi ve savaş tutsağı olarak esir alındılar (*Serxwebûn*, 1984: 6).[10]

Bu belgeden de anlaşıldığı üzere, PKK militanları genellikle 6-7 kişiden oluşan küçük gruplar halinde bu dört Filistin örgütü tarafından kontrol edilen farklı kamplarda kalmaktaydılar. Savaş sırasında kaldıkları toplam on iki kamp bulunmaktaydı. elli dört kişiden oluşan en büyük grup Helve Kampı'ndaydı. PKK, bu küçük gruplara bölünme konusunda tedirgindi:

> Filistinliler bir kampa daha çok arkadaş yerleştirmemize izin vermediler. Daha ziyade küçük gruplara ayırıyorlar ve bizim kendi yönetim mekanizmalarımız olmasını onaylamıyorlardı. Sorunlar buradan kaynaklandı. Özellikle ihtilaflı bir bölge olan Güney Lübnan'da çok sorunumuz vardı. Bu durumlarda FDHKC'den askeri ilişkilerden sorumlu ve bize çok yardımcı olan Ebu Memduh'la iletişime geçiyorduk (Duran Kalkan, kişisel görüşme, 31 Mayıs 2003, Irak Kürdistanı).

Ancak, Marcus'un (2007) kitabında belirttiği gibi,

> Filistin örgütleri militanların bu kamplardaki harcamalarını karşılamakla kalmıyor, diğer giderlerin karşılanmasına yardımcı olması için -kişi başı 15, 100 ve 300 dolar arasında değiştiği söylenen– aylık ödenekler de veriyordu (57).

PKK örneğinde, para tek tek militanlara değil doğrudan örgüte gidiyordu ve bu, örgütün temel ekonomik kaynaklarından biri haline geldi. Ve buna dayanarak 1972'den 1988'e FDHKC'nin askeri kanadının komutanı olan Memduh Nofal,

---

[10] Başka bir PKK militanı A. Kadir Çubukçu, Güney Lübnan'da 2 Mayıs 1981 tarihindeki bir İsrail bombardımanında öldürüldü.

büyük gruplar hakkındaki bu tartışmanın başka bir noktasına değinmektedir:

> Kamplarımıza büyük sayılarda insan getirmeye başladıklarını fark ettim ve bütün üyelerinizin uzun süre kamplarda kalmalarını kabul edemeyiz çünkü çok maliyetli oluyor, dedik (a.g.e).

PKK sadece Filistin örgütleri tarafından sağlanan eğitim olanaklarından yararlanmakla kalmadı, onların kaynaklarına dayanarak silahlanmaya da başladı. Lübnan'ın İsrail tarafından işgali sırasında Filistin örgütlerinin saflarındaki birçok kişi silahlarını bir kenara bırakmıştı:

> Eğitimler sırasında kullandığımız silahlar Filistinlilere aitti. Başta kendimize ait çok az sayıda silahımız vardı. Ama İsrail Lübnan'ı işgal ettiğinde bu durum değişti. Birçok insan kaçarlarken silahlarını bir yana bıraktılar ve biz bunları topladık. Bu dönemde köylüler de bize birçok silah sattılar. Bütün bu silahlar, asıl olarak neredeyse 400-500 tane AK-47 idi, Helve kampında depolandılar ve daha sonra bunları Türkiye'ye geçirmek üzere Suriye, Türkiye ve Irak sınırındaki Derik bölgesine getirdik. Suriye bunu yapmamıza izin verdi (S.Çelik, 18 Kasım 2013, Fransa).

Sonuç olarak, PKK militanlarının eğitim sırasındaki tavırları ve savaşa katılmaları, Ebu Leyla'nın belirttiği gibi, Filistin Hareketi'nde belirgin bir izlenim bıraktı:

> Onlarla, ne Türk grupları ne de diğer Kürt grupları arasında göze çarpan bir farklılık yoktu. Ancak yavaş yavaş onların diğerlerinden daha ciddi oldukları ortaya çıkmaya başladı. Daha kararlıydılar ve Kürt nüfus üzerinde daha çok etki sahibiydiler (E. Leyla, görüşme, Aralık 2004, Ramallah).

Filistin Hareketi PKK'nin savaşa katılmasına ve verdikleri kayıplara tanıklık etti ve böylelikle PKK'ye özel bir kamp alanı tahsis edildi. Helve olarak bilinen Lübnan ve Suriye sınırındaki Bekaa Vadisi'nde bulunan Haloua Köyüne yakın kamp, Eylül 1992'ye kadar olan on yıl süresince önemli bir rol oynadı. 1981 yazında PKK, Kürdistan'da yürütülecek bir gerilla savaşı kararının alındığı ilk konferansını bu kampta düzenledi. Bu karar, PKK'nin Ağustos 1982'de Suriye'deki Daraa'nın güneyinde Ürdün sınırındaki bir FDHKC'nin kampında gerçekleştirilen İkinci Kongre'den sonra uygulamaya konuldu. Bu kongreden sonra neredeyse bütün eğitimli militanlar üsler kurmak üzere Kuzey Irak'a gönderildiler. 15 Ağustos 1984'te PKK'nin gerilla birimleri Siirt ve Hakkâri illerindeki Eruh ve Şemdinli ilçelerine saldırdı. Bu büyük çaplı, cüretkar ve iyi koordine edilmiş operasyon, Türkiye'de uzun süreli halk savaşı dönemini başlattı.

Öte yandan, 1982'nin sonundan itibaren, PKK ile Filistin örgütleri arasındaki ilişki zayıflamaya başladı. 1982 ile 1985 yılları arasında PKK, Lübnan'da biri Helve Kampı ve diğeri de Bekaa Vadisi'nin kuzey ucunda Arsal Köyü'ne yakın bulunan Arsel olarak bilinen iki kamp kullanmaktaydı. 1985'ten sonra, Helve Kampı PKK'nin tek kampı haline geldi. Bu sırada, Filistinliler doğrudan Suriye'nin kontrolü altına geçen bu alanın kontrolünü kaybettiler ve PKK ile Filistin Hareketi arasındaki ilişki sonlandı. Buna karşın, Çelik'in belirttiği gibi; Lübnan'da kaldığı sürede kaydettiği üzere, "PKK kendini toparlayabilmişti":

> Filistin Hareketi'nin bize barınak sağladığı kamplarda kendimizi tekrar örgütlemenin yanı sıra Filistinlilerden başka şeyler de öğrendik; mesela şehitler için gösteriler düzenlemeyi, törenleri. Halk savaşı üzerine çok okuma yaptık, ayrıca silahlı eğitim aldık. Yani, Filistinlilere borçlu olduğumuz şeyler var (Çelik, kişisel görüşme, 18 Kasım 2013, Fransa).

Sonuç

Türk-Kürt militanlar ve Filistin Hareketi arasındaki ilişkinin 1960'lara dayanan uzun bir tarihi vardır. Başından beri Filistin Hareketi, Türkiye'deki silahlı mücadele için bir ilham kaynağı olmuştur ve daha sonra bu ilişki somut bir hal almıştır. Çeşitli Türk ve Kürt radikal grupları Ürdün ve Lübnan'daki Filistin kamplarında askeri eğitim almışlardır. 1971 ve 1980 askeri darbeleri sırasında Lübnan'daki Filistin kampları, çeşitli Türk ve Kürt grupları için sığınak olmuştur. Bununla birlikte, 1980 darbesinin ardından Lübnan'da binden fazla militanı olan bu gruplar arasında en çok PKK bu fırsattan faydalanmıştır. Bunun birkaç nedeni vardır.

İlk olarak, PKK, Türkiye'deki önemli sayıda militanını Suriye üzerinden Lübnan'a çekmeyi başarmıştır. İkinci olarak, Lübnan'da bulunan liderleri dâhil olmak üzere, oldukça merkezileşmiş yönetici yapısı sayesinde, PKK, örgütsel yapısını geri çekilme döneminde de aktif kılmış ve yetersiz yönlerine nispeten güvenli bir ortamda odaklanmıştır. Üçüncü olarak, PKK, silahlı mücadele bağlamında diğer Kürt ve Türk örgütlerinden daha deneyimli bir militan yapıya sahip olmuştur, böylece Filistin kamplarındaki gerilla eğitimine uyum sağlayabilmiştir.

Bu dönemin başka bir önemli sonucu, PKK'nin tarihinde ilk kez bölgesel ve uluslararası ilişkiler kurmuş olmasıdır. Filistin örgütleri aracılığıyla, PKK, Suriye gibi bölgesel güçlerle bağlantılar kurmuş ve Lübnan'daki elçilikleri aracılığıyla uluslararası güçlerle de ilişkiler geliştirmiştir. Gelecekte stratejik olarak önemli olduğu ortaya çıkacak olan Kürdistan'ın diğer bölgelerindeki Kürtlerle; özellikle Suriye ve Lübnan'daki Kürtlerle; ilişkileri de bu dönemde gelişmiştir.

Sonuç olarak, Filistin Hareketi'yle olan ilişkisi temelinde PKK, kendisini "savaş coğrafyasından" uzak bir mesafede yeniden bir parti olarak örgütlemiş ve Türkiye'nin Kürdistan bölgesinde planladığı hak savaşı için militanlarını eğitmiştir. Neredeyse Türkiye'deki tüm Türk ve Kürt radikal grupları paramparça eden askeri darbeye rağmen, PKK, tek başına kendisini korumayı ve aslında güçlendirmeyi başarmıştır. Bu başarıda Filistin Hareketi ile ilişki, Kürt Hareketi'nin kendi "Filistin Rüyası"nı gerçekleştirme girişimine olanak tanıyarak çok önemli bir rol oynamıştır.

♦ *Çeviri:* Ceren Akyos

Kaynakça

Abu Sharif, B. (2009). *Arafat & the Dream of Palestine: An Insider's Account*. New York: Palgrave Macmillan.

Atlas Tarih (2010). "Filistin'de Türk Solu", 2, 78-91.567

Baumgarten, H. (2005). "The Three Faces/Phases of Palestinian Nationalism, 1948-2005". *Journal of Palestine Studies*, 34(4): 25-48.

Bulut, F. (1998). *Filistin Rüyası: İsrail Zindanlarında 7 Yıl*. İstanbul: Berfin Yayınları.

Büyükkaya, N. (2008). *Kalemimden Sayfalar*. İstanbul: Vate Yayınları.

Cobban, H. (1992). *The Palestinian Liberation Organisation: People, Power & Politic*, Cambridge: Cambridge University Press.

Çandar, C. (2000). A Turk in the Palestinian Resistance. *Journal of Palestine Studies*, 30(1): 68-82.

Feyizoğlu, T. (2011). *Denizler ve Filistin*. İstanbul: Alfa Yayın.

Jongerden, J. & Akkaya. A. H. (2012). "The Kurdistan Workers Party & a New Left in Turkey: Analysis of the Revolutionary Movement in Turkey through the PKK's Me-morial Text on Haki Karer". *European Journal of Turkish Studies*, 14. http: //ejts.revues.org/index4613.html kaynağından alınmıştır (en son erişim 17 Şubat 2014).

Karayılan, M. (2011). *Bir Savaşın Anatomisi: Kürdistan'da Askeri Çizgi*. Neuss: Mezopotamya Yayınları.

Marcus, A. (2007). *Blood & Belief: The PKK & the Kurdish Fight for Independence*. New York: New York University Press.

Massad, J. (2005). "The Persistence of the Palestinian Question". *Cultural Critique*, 59: 1-23.

Nassar, J. (2004). *Globalization, Terrorism & Regional Conflicts: The Case of Palestine* (paper submitted to *Transnational Workshop Lecture*, Illinois, University of Illinois at Urbana-Campaign, September 17).

Oncu, M. Ş. (2013). *Dozek Dewranek Lehengek: Wedat Aydın*. İstanbul: Avesta Yayınları.

Sayigh, Y. (1986). "Palestinian Armed Struggle: Means & End". *Journal of Palestine Studies*, 16(1): 95-112.

Sayigh, Y. (2004). *Armed Struggle & the Search for State: The Palestinian National Movement 1949-1993*, Oxford: Clarendon Press.

Serxwebûn (1984 Haziran). Özel Sayı.

Yaşargün, A. (2005). *Gaziantep'ten Filistin'e Bir Dostluk ve Mücadele Hikayesi: Filistin Fedaileri*. İstanbul: Ozan Yayıncılık.

3

ULUSAL KURTULUŞ, AYAKLANMA VE SINIRLARIN ÖTESİ: 1970'LERDEN 1990'LARA KÜRT HAREKETİ'NİN DEĞİŞİM DİNAMİKLERİ*

Ahmet Hamdi Akkaya

Kürt meselesinin ve onunla bağlantılı olarak da Kürt Hareketi'nin yakın tarihi tartışılırken gerek akademik gerekse popüler yazında sık sık başvurulan dönemselleştirmeler genelde 1950'lerin sonu ile başlatılıp art arda gelen her on yıla farklı anlamlar yüklenerek devam ettirilir. Örneğin, 1959-1971 arası olarak ifade edilen 1960'lar "Kürd milliyetçiliğinden sosyal bir muhalefet olarak Kürd hareketine geçiş" dönemi, 1971-1984 arası olarak ifade edilen 1970'ler ise "Kürd hareketinin fragmantasyon" dönemi olarak nitelenmektedir (Bozarslan, 2008). Başka bir sınıflandırma ise 1960-80 arasını tek bir dönem

---

* Bu yazı daha önce *Toplum ve Kuram* dergisinin 9. sayısında (2014: 75-98) yayımlanmıştır.

olarak ele alırken kopuş momenti olarak nitelendirdiği 1989 sonrasında yeni bir dönem başladığına dikkat çekmektedir (Yeğen, 2006). "Modern siyasetin genel imgelemi ve uluslararası siyasetin başat koordinasyonlarında 89'la beraber yaşanan muazzam dönüşüm" olarak vurgulanan bir kopuş momentine dayanan bu dönemleştirmede, "belirgin bir siyasi iradenin Kürt meselesinin '89 sonrası girdiği halin gerçekleştirilmesine katkısı sanıldığı kadar önemli olmamıştır" denerek Kürt özneliğine neredeyse hiç yer verilmemektedir (Yeğen, 2006: 35).

Popüler yazında ise Kürt meselesinin/Kürt Hareketi'nin yakın tarihi, ağırlıklı olarak 1984'ten beri süregelen silahlı mücadele-çatışma sürecinin belirleyiciliği ile tartışılır, hatta çoğunlukla da 1980 Darbesi'nin Diyarbakır Cezaevi örneğinde somutlaşan baskıcı-inkârcı politikaları ve buna karşı direniş ile sınırlandırılır hale geldi. Bu okuma, Kürt Hareketi'nin tarihi açısından 1960'lardaki sosyal ve siyasal hareketlenmenin ürünü olarak 1970'lerde yaşanan örgütsel gelişim sürecini göz ardı etmekte veya en azından değişik grup/örgüt/parti olarak örgütlenen ve mücadele eden Kürt Hareketi'nin bu dönemde özne/aktör olarak oynadığı rolü görünmez kılmaktadır.

Bu makalede, Kürt Hareketi'ni söylem ve eyleminin muhtevası ile niteliğini, örgütlenme ve mücadele tarzını nasıl tanımladığı bakımlarından, yani kolektif eyleminin ana çerçevesi (*master frame*) üzerinden dönemselleştirmeyi esas alacağım. Bu temelde de Kürt Hareketi'nin yakın tarihini 1970'lerin ilk yarısından 1990'ların sonuna kadar bir dönem ve sonrasını da hala süren ayrı bir dönem olarak ele alacağım. Bu çerçevede Kürt meselesinin tanımlanma sürecinin de izini sürmeye çalışacağım. Kısacası, Kürt Hareketi'nin tarihinde programatik açıdan bir dönüm noktası saptamak gerekirse, bunun ne 1980 askeri darbesi ne de 1984'te başlayan silahlı mücadele süreci olduğunu, böylesi bir dönüm noktasının ancak 1990'ların sonundan itibaren ortaya çıktığını, bu açıdan da 1970'ler ve 80'lerin Kürt Hareketi'nin programatik yaklaşımı ve bu temeldeki mücadelesi açısından birbirinin devamı, 90'ların ise yeni arayışların belirdiği süreçler olarak anlaşılmaları gerektiğini ileri süreceğim.

Bu makale dört bölümden oluşmaktadır. Birinci bölümde, 1970'lerin, Kürt Hareketi'nin kolektif eyleminin ana çerçevesi olan ulusal kurtuluş mücadelesi perspektifi açısından ne anlama geldiğini tartışacağım. Bu perspektifin temel mücadele aracı olan silahlı mücadele çizgisinin hazırlık dönemini ikinci bölümde ele alacağım. 1982'den sonra gelişen gerilla savaşı ise üçüncü bölümün konusu olacaktır. Dördüncü ana bölüm ise özellikle 1990'ların ortasından itibaren silahlı mücadelenin tekrara düşerek tıkanması ile birlikte yeni bir stratejik yaklaşımın köşe taşları olacak farklı mücadele araç ve alanlarının gelişiminin tartışılmasına ayrılacaktır.

Kürt Hareketi'nin Doğuş Süreci Olarak 1970'ler

1970'ler her şeyden önce, Kürt Hareketi'nin "milli mesele olarak Kürt sorunu ve sömürge olarak Kürdistan" tezleri temelinde örgütsel yapıya kavuştuğu ve bu çerçevede kitlesel mobilizasyon süreci içinde belli bir siyasal-sosyal pratik geliştirdiği dönem olarak ele alınmalıdır. Bu anlamıyla 1970 sonrasındaki on iki yıl, Kürt kolektif eyleminin ana çerçevesinin (*master frame*) ortaya çıktığı dönem olarak kritik öneme sahiptir. Bu ana çerçevenin iki temel dayanağı ise, "Kürdistan sömürgedir" tezi ile buna bağlı olarak geliştirilen "ulusal kurtuluş mücadelesi" örgütleme fikri ve çabasıdır.[1] Bu açıdan da 1970'ler, "Kürdistan sömürgedir" tezi temelinde "Türk solun-

---

[1] "Sömürgecilik Tezi"nin Kürt Hareketi açısından oluşum ve evrim süreci için, bkz. (Ercan, 2013).

dan ayrı örgütlenme" kararı ile ortaya çıkan çok parçalı bir Kürt Hareketi'nin örgütlenme ve kolektif eylem geliştirme sürecidir (Akkaya, 2013). Sonuçta, Kürt ulusal kurtuluş söyleminin oluşum süreci (Gunes, 2012) veya 1984 sonrası gerilla savaşı ile devam eden Kürt Hareketi'ndeki radikalleşmenin asıl gerçekleştiği dönem (Ercan, 2010) olarak da nitelenebilecek 1970'lerde ortaya atılan bu ana çerçeve, 1990'ların sonuna kadar Kürt kolektif eyleminin de niteliğini ve anlamını belirledi.

Bu sürekliliğin yanı sıra genel örgütsel panorama açısından ise 1970'ler ile daha sonraki süreçler arasında ciddi bir farklılık gözlemlenmektedir. 1970'lerin ortasında çoklu bir örgütsel yapı olarak ortaya çıkan Kürt sol hareketi daha sonraki on yıllarda giderek tek aktörün hegemonyasındaki bir yapı niteliğine bürünmüştür.[2] PKK'nin 1980'lerin ortasında gerilla savaşını başlatması ile gelişen bu hâkimiyeti 1990'larda politik ve toplumsal düzlemde bir güç ifade eden neredeyse tek aktör halini alması ile sonuçlandı. Bu açıdan Kürt Hareketi'nin gerek örgütsel gerekse de ideolojik-politik ve programatik değişimini PKK'nin gelişim çizgisi üzerinden izlemek mümkün olacaktır. Bunu yaparken de, öncelikli olarak PKK'nin nasıl resmedildiğine dair bazı hususları vurgulamak şart. Her şeyden önce, PKK'yi kategoriler temelinde tanımlamanın fazla yol açıcı olmayacağını belirtmeliyim. Bu hususta "etnik hareket" veya "önce sosyalistken sonradan milliyetçi olan hareket" şeklindeki argümanlar, hem PKK'nin kendini ideolojik ve politik olarak tanımlamasıyla hem de yürüttüğü pratik mücadelenin kapsamıyla tam örtüşmemektedir. Bu açıdan önsel olarak tanımlanmış kategoriler üzerinden tartışmaktansa yürüttüğü

---

[2] 1970'lerdeki Kürt Hareketi'ni tartıştığım başka bir makalede de belirttiğim gibi (Akkaya, 2013), o dönem açısından, "Kürt Hareketi" ve "Kürt solu" terimlerini birbirlerinin yerine geçecek şekilde kullanıyorum. Sol terimi ise, sosyalist solu ifade etmek için kullanılmaktadır.

mücadelenin temel karakterleri ile öne çıkan süreçler itibari ile ele almak, hem analitik hem de içerik açısından çok daha işlevsel olacaktır.

Bu temelde PKK'yi; birincisi, ulusal kurtuluş hareketi olarak, ikincisi ayaklanma (*insurgency*) hareketi olarak ve son olarak da ulusötesi bir toplumsal hareket olarak iç içe geçmiş üç süreç veya katman üzerinden tartışmayı öneriyorum. Bu süreçler, PKK'nin gelişim çizgisinin değişik evrelerine damgalarını vurmaları itibari ile de dönemsel olarak ifade edilebilir. Şöyle ki, 1970'lerin ilk yarısındaki oluşum sürecinden 1984'de gerilla savaşına başlamasına kadarki döneme damgasını vuran ulusal kurtuluş hareketi olma özelliği iken, sonraki on yıl bir ayaklanma hareketi olmanın belirleyiciliği altında yaşanmıştır. 1990'lardan itibaren ise toplumsal hareket olma niteliği daha belirgin hale gelmeye başlamıştır. Ancak bu süreçler farklı dönemleri ifade etseler de, bugün PKK'yi analiz etmek için kullanılırken birbirlerini karşılıklı olarak dışlayan tarzda ele alınmamalıdır. Şöyle ki, özellikle 2000'lerden itibaren ulusötesi bir toplumsal hareket olma yönü çok daha öne çıkan PKK, hala ulusal kurtuluş hareketi ve ayaklanma olma niteliklerine sahiptir. PKK'nin böyle iç içe geçmiş üç katman veya süreç olarak tartışılması, "Kürt meselesinin her zaman başka sosyal sorunlarla eklemlenmiş olarak tezahür etmesi anlamında hiçbir zaman sadece kendi başına bir sorun veya 'saf etnik/ ulusal' sorun olmaması" (Yeğen, 2007: 120) hususu ile de yakından ilgilidir.

Bu çerçevede ele alınınca, 1970'ler, Kürt Hareketi'nin 1980'li ve 90'lı yıllar boyunca yürüttüğü mücadelenin genel çerçevesinin köşe taşlarının oluşum dönemi olarak nitelenebilir. Ulusal kurtuluş mücadelesi olarak özetlenebilecek bu genel programı yürütecek hareketin oluşumu açısından 1970'leri üç başlık altında ele alabiliriz: 1971-74 düşünsel/ideolojik hazırlık dönemi, 1975-77 sahneye çıkış ve 1978-80 radikalleşme dönemi. Sonuçta bu genel çerçeve içinde 1970'ler, PKK ve genelde dönemin diğer Kürt örgütleri açısından ulusal kurtuluşçu mücadelenin teorik ve pratik hazırlığının yapıldığı bir süreç olarak yaşandı. Bu hazırlık süreci, belli bir tarih okumasını da içeren genel bir ideolojik çerçeve oluşturma ile esas olarak da illegal nitelikte örgütlenme ve bu temelde kitlesel mobilizasyon da içeren politik-askeri bir eylemsellik süreci anlamına gelmektedir. İdeolojik çerçevenin ana hattını, Kürdistan'ın sömürge olduğu tespitinden hareketle anti-sömürgeci ve anti-feodal bir "Ulusal Demokratik Devrim" yürütme amacı belirliyordu. Bu devrim mücadelesi ile dönemin genel sosyalizm hattının ittifakı olarak ulusal kurtuluş mücadelelerinin bir parçası olma hedeflendi. 1975'den itibaren ortaya çıkan ve sayıları rahatlıkla bir düzineyi bulan Kürt örgüt/grupların hepsi de bu genel çerçeveyi programatik olarak paylaşıyordu. Aralarındaki farklılıklar en genelde, geleneksel Kürt milliyetçiliğinden veya Türkiye sosyalist hareketinden kaynaklı olmaları itibari ile kökenlerinden ve Sovyetik, Maoist veya bağımsız şeklinde özetlenebilecek dünya sosyalist hareketi içindeki bölünmeye ilişkin tavırlarından kaynaklanıyordu. Bir üçüncü farklılık zemini ise mücadele araç ve biçimlerine, özel olarak da silahlı mücadeleye yaklaşımdan kaynaklanmaktadır.

Oldukça yoğun polemiklere neden olan şiddete/silahlı mücadeleye yaklaşım hususunda, öncelikle Kürt örgütlerinin hiçbirinin teorik olarak silahlı mücadeleye kategorik bir karşıtlık göstermediğini vurgulamak gerekir.[3] Örneğin silahlı mücade-

---

[3] Silahlı mücadeleye yönelik kategorik bir reddin olmayışı, dönemin Kürt hareketlerinin temel referans sistemini oluşturan genel sosyalizm anlayışının ve özellikle de ulusal kurtuluş mücadelelerinin devrim yaklaşımı ile yakından ilintilidir. Ayrıca Cumhuriyet'in ilk on beş yılında yaşanan

leye en uzak olan ve esas olarak politik mücadeleyi temel aldığını belirten Türkiye Kürdistanı Sosyalist Partisi'nin (*Partîya Sosyalîsta Kurdistana Tirkiye,* PSKT) lideri Kemal Burkay, yaklaşımlarını şöyle özetlemektedir:

> PSKT silahlı mücadelenin ancak yığınsal eylemin belli bir aşamasında ve onun bir parçası olarak gündeme geleceği görüşündedir. Bu aynı zamanda bir dizi iç ve dış koşulun uygun düşmesine bağlıdır. Koşulların ne olup olmadığına bakmaksızın, her durum ve şartta silahlı mücadele öneren ve bunu temel alan görüşler yanlıştır (STMA, 1988a: 2319).

Görüldüğü gibi burada silahlı mücadeleyi kategorik olarak reddeden ilkesel bir tutum değil, koşullara bağlayan yaklaşım söz konusudur. Bu açıdan da dönemin Kürt Hareketi'nin çoğunluğunun tavrını yansıtıyor olarak değerlendirilebilir. Nitekim PKK dışındaki örgütlerin büyük kısmının silahlı mücadeleye yönelik tavrı, "önce ideolojik-siyasi bilinçlenme ve örgütlenme, sonra silahlı mücadele" şeklinde özetlenebilir. Bu hususta en farklı yaklaşıma sahip olan PKK ise "bekleme tavrı"[4] olarak gördüğü bu yaklaşımı şu şekilde eleştirmektedir:

> ... programlarının kuytu bir yerine "devrimimizin en ileri aşaması (fi tarihindeki aşaması deselerdi daha doğru olurdu) halk savaşı olacaktır" diye yazmakla halk savaşına gidilemez ve halk savaşçısı da olunamaz. Bir sömürge ülke devriminin "en ileri aşamasının" değil, başlangıçtan itibaren en temel mücadele biçiminin devrimci şiddet ve halk savaşı olduğu

---

isyan deneyimleri ile Güney Kürdistan'da 1961'dan itibaren süren mücadelenin etkileri de göz önüne alınmalıdır.

[4] Bu "bekleme tavrı" 12 Eylül Darbesi sonrası tartışmalarda da tekrar gündeme gelecektir. Gerilla mücadelesine hazırlık olarak bu süreci ele alan PKK, bazı örgütleri "askeri rejim bir ara rejimdir, kısa sürede demokrasiye dönülecektir usluca bunu beklemek gerekir" (PKK, 1983: 207) şeklinde tavır almakla eleştirmiş, bunu da yukarıda aktarılan silahlı mücadeleye yaklaşımlarıyla ilişkilendirmiştir.

kesin evrensel gerçeğini bir yana bırakarak burada onlara yine soralım: o zaman bu "en ileri aşamadaki halk savaşına" hangi temel mücadele biçimlerini uygulayarak, hangi pratik adımları atarak, hangi başka aşamalardan geçerek ve ne tür çalışmalar yaparak varacaksınız (PKK, 1983: 273)?

Öte yandan PKK'nin şiddete neredeyse Frantz Fanon'un Cezayir bağlamında ifade ettiğine yakın bir anlam yükleyen temel yaklaşımını 1978'de yazılan *Kuruluş Bildirisi*'nin şu cümlelerinde de görebiliriz:

PKK, Kürdistan halkı için siyasal, kültürel, sosyal alanda gelişmenin ancak savaş içinde mümkün olacağına inanır... [B]arışçıl bir ortam içinde her gün ulus olarak eriyip yok olmaktansa, savaşla ve savaş içinde dirilmeyi bir ilke olarak kabul eder. PKK halkımız için öngördüğü düzenin, ancak hayatın her alanında uzun vadeli, basit biçimlerden karmaşık biçimlere doğru verilecek bir savaştan sonra kurulabileceğine inanır. Ama bu, devrim süreci içinde mücadelenin yan ürünleri olarak ortaya çıkan reformlardan yararlanmamayı ve toptan reddetmeyi gerektirmez (1984: 58).

PKK'nin şiddete bu yaklaşımının, her zaman esinlendiğini vurguladığı Türk solunun radikal kanadının silahlı mücadeleye yüklediği anlama –özellikle de Mahir Çayan'ın "politikleşmiş askeri savaş stratejisi"ne–, benzer şekilde; bilinçlenme ve örgütlenmenin ancak silahlı mücadele aracılığıyla mümkün olacağı görüşüne dayandığı açıktır. Zaten PKK'nin, çeşitli polemiklere de neden olan Türk solu ile ilişkisinin temel mantığı da, reformist olarak değerlendirdiği Türk ve Kürt hareketlerinin tersine, esas olarak THKP-C, THKO ve TİKKO şahsında ifade edilen radikal kesimin devletle silahlı mücadeleye kalkışabilmesine büyük değer biçmesine dayanmaktadır:

PKK'nin çıkışında, Türkiye sosyalist hareketinin rolü yadsınamaz. Türkiye sosyalist hareketinin savaşa cesareti olmasaydı, PKK'nin tek başına devrimci savaşa cesaret edebileceğini iddia etmek ancak varsayım değeri taşır (Öcalan, 2012: 302).

PKK'nin o dönem itibari ile diğer Kürt parti ve gruplardan ayrıştığı en önemli noktalardan biri de silahlı mücadeleye bilinçlenme ve örgütlenmede anahtar rolü vermesinin yanı sıra bunun pratiğini geliştirmeye girişmesidir. Nitekim 1978'den itibaren yer yer silahlı mücadeleyi örgütlemeye girişmekten çekinmeyecektir. Üstelik de bu mücadelenin ilk hedefi, tüm Kürt örgütlerinin "Ulusal Demokratik Devrim"in önündeki engeller arasında sömürgeci devletten sonraki en önemli aktör saydıkları feodal kesimler olmuştur.[5] Bu çerçevede 1978'de Hilvan ve 1979'dan itibaren de Siverek'te yürütülen mücadele hem ileri sürülen devrim programı ile uyum içermiş, hem de temel taktik olarak silahlı mücadeleyi örgütleme ve geliştirme açısından önemli bir deneyim olmuştur. Ağırlıklı olarak devlet desteği ile yerelde –silahlı olarak da– örgütlenmiş feodal güçlere karşı girişilen bu mücadele, PKK tarafından daha sonraları "köylü savaş" tarzını aşamamakla eleştirilse de o dönem itibari ile gerilla mücadelesine giriş amaçlı olarak ele alınmıştır. Bu açıdan da dönemin ulusal kurtuluş mücadelelerinin temel taktiği ile uyumludur. Bir bütün olarak 1970-80 arası dönemin değerlendirmesini Öcalan (2012: 276), yıllar sonra şu şekilde yapacaktır:

> 1970-80 dönemini yeniden değerlendirdiğimizde, Kürt sorununun ilk defa dergi, gazete ve dernek konusu olmaktan çı-

[5] Kürt grupları içinde yalnızca Rizgarî bir süre feodal sınıfları devrimin "hedef"i değil de önündeki "engel"olarak tanımlamış ve bu yaklaşım diğer Kürt örgütleri tarafından "anti-feodal ilkeden sapma" olarak eleştirilmiştir. Sonuçta *Rizgarî* dergisi yazı kurulu, 1977 yılında "Hedef–Engel Üzerine: Özeleştiri" başlıklı bir özeleştiri metni yayınlayarak (1977 Ankara) işbirlikçi feodal sınıf ve tabakaların da 'hedef' olduğu tespitini yapmıştır (Maraşlı, 2010).

karılıp sınıf karakterli modern öncü bir parti örgütlenme-sine ve bu örgütlenmeyle iç içe gelişen eylemli yapıya kavuşturulduğunu rahatlıkla belirtebiliriz. Burada önemli olan, partinin güçlü örgüt ve eylem kapasitesi değildi. Çünkü bu nitelikte başka Kürt partileri de söz konusuydu. KDP ve TKSP türünden partiler çoktan vardı. *Yenilik örgütlenme ve eylemliliğin ilk defa iç içe gerçekleştirilmesinden ileri geliyordu.*[6] Kürdistan coğrafyası ve Kürt toplum gerçekliği açısından bu yeni bir isyan, hem de öncü partili, örgütlü bir isyan ve savaş anlamına geliyordu. Savaşın uzun vadeli, stratejik aşamalı karakteri en azından teoride kabul edilmişti. Dönemin hem uluslararası hem de ulusal gerçekliğine uygun başarılı stratejik ve taktik adımlar söz konusuydu.

Sonuç olarak, 1971'den itibaren düşünsel, 1975'den itibaren ise örgütsel olarak ortaya çıkan anti-sömürgeci Kürt Hareketi açısından 12 Eylül Darbesi ile son bulan 1970'ler, temel hedefi olan ulusal kurtuluş mücadelesi vermek açısından, "Ulusal Kurtuluş" söylemi etrafında örgütlenme, siyasal ve kısmen de askeri mücadele yürütme ve bu temelde kitlesel mobilizasyonu yaratma anlamında bir hazırlık dönemi olarak değerlendirilebilir. Bu çerçevede 12 Eylül 1980 Darbesi, örgütsel ve pratik faaliyetlerin yürütülmesi itibari ile çok ciddi bir engel teşkil etse de, Kürt Hareketi'nin programatik çerçevesi açısından bir değişiklik getirmemiştir. Hatta Cunta koşullarında mücadelede direngenlik gösteren PKK açısından 1980'ler ve 90'lar, ulusal kurtuluş programının hayata geçirilmesi çerçevesinde aktif pratik mücadele yürütme dönemi olmuştur. Bunu başaramayan diğer Kürt hareketleri ise zaman içinde etkisizleşerek 1970'lerdeki çoklu örgüt yapısının giderek PKK hegemonyasındaki tek örgütlü yapıya dönüşmesine de yol açmıştır.

---

[6] Vurgular yazara ait.

Silahlı Mücadeleye Hazırlık

Teorik çerçevesini, uzun süreli halk savaşı anlayışına dayanan ulusal kurtuluş mücadelesi perspektifi oluşturan bu mücadele, savunma-denge-stratejik saldırı aşamalarını içeren bir gerilla savaşının parti-cephe-ordu örgütlülüğüne dayanarak verilmesini öngörmektedir. Bu mücadele anlayışı 1978'deki Kuruluş Kongresi'nde ortaya konmuş, Hilvan-Siverek mücadeleleri de buna hazırlık olarak ele alınmıştır. Ancak gerilla savaşının örgütlenmesine yönelik asıl ciddi hazırlıklar Türkiye'deki askeri darbeden yaklaşık bir yıl önce, 1979'un sonlarından itibaren bir grup militanın (40-50 kişi) Lübnan'daki Filistin kamplarında eğitim görmesi ile başladı. Bu eğitilmiş militanların 1980 baharından itibaren Kürdistan'da silahlı mücadeleyi geliştirmek üzere Türkiye'ye gönderilmesi, birkaç ay sonra gerçekleşen 12 Eylül Darbesi nedeni ile istenen sonucu vermedi. Ancak Darbe'den sonra yakalanmayan militanların da geri çekilmesi ile Lübnan'daki üsler mücadelenin merkezi haline gelecektir. 1981 ve '82 yıllarında ağırlıklı olarak Filistin Demokratik Halk Kurtuluş Cephesi (FDHKC) ve kısmen de Filistin Halk Kurtuluş Cephesi'ne (FHKC) ait kamplarda üç yüze yakın PKK militanı eğitim gördü. Askeri eğitim Filistinlilerce verilirken, siyasal eğitimi kendileri yapan PKK'lilerin artık temel yoğunlaşmaları gerilla savaşı tarzında ulusal kurtuluş mücadelesinin nasıl verileceğine ilişkindi. 15-26 Temmuz 1981 tarihleri arasında yapılan I. Konferans ve 20-25 Ağustos 1982 tarihinde toplanan II. Kongre, bu hususların tartışılıp kararlaştırıldığı toplantılar oldu.

I. Konferans'a sunulan PKK Merkez Komitesi imzalı *Politik Rapor*'da, Darbe ile birlikte sömürgeciliğin dayattığı ağır savaş koşulları nedeniyle stratejik olarak milli karakteri önde, demokratik karakteri ikinci planda olan "Ulusal Demokratik

Devrim" sürecinde olunduğu, temel taktik olarak da "siyasi mücadeleyi sürekli geliştirecek bir silahlı mücadele çizgisi uygulamak gerektiği" belirtilmiştir (PKK, 1982: 147-161). Daha çok "silahlı propaganda faaliyeti" olarak nitelendirilebilecek bu çizginin zamanla gerilla örgütlülüğü ve savaşına dönüşeceğini vurgulayan Rapor, ancak böyle sonuç alınabileceğini belirtmektedir:

> Gerilla savaşı geliştirilmeden, Kürdistan koşullarında siyasi sonuçlar alınabileceğini, siyasi amaçlara ulaşılabileceğini sanmak gülünç olur. Gerilla, Kürdistan tarihinde, Kürdistan Ulusal Kurtuluş Mücadelesi'nde, diğer ülkelere kıyasla daha büyük ve önemli bir rol oynayacaktır. Sömürgeciliğin derinliğine ve genişliğine çok güçlü olması, gerilla savaşının, halk savaşının bu biçiminin Kürdistan'da uzun süre ve çok güçlü bir şekilde kullanılmasını zorunlu kılmaktadır (PKK, 1982: 162).

Bu çerçevede de Hilvan ve Siverek başta olmak üzere geçmiş silahlı mücadele pratiği bir hazırlık evresi olarak değerlendirilmektedir. 1981 yılında yaklaşık bir yıllık geri çekilme ve hazırlık sürecinin ardından yapılan bu değerlendirmeler, parti örgütlülüğü ve askeri örgütlenmenin iç içe geçmesi gerektiği vurgusuyla hazırlık faaliyetlerinin daha da derinleştirilmesini öngörmektedir.

Bu süreç içinde yazılan *Kürdistan'da Kişilik Sorunu: Parti Yaşamı ve Devrimci Militanın Özellikleri* ile *Kürdistan'da Zorun Rolü* (1983) adlı çalışmalarla silahlı mücadeleye ve onu yürütecek kadroya dair temel anlayış ortaya konmuştur. Özellikle de devrimci şiddete ilişkin PKK'nin görüşlerinin temelinin ortaya konduğu *Kürdistan'da Zorun Rolü*'nde izlenecek temel mücadele taktiği ve işlevi ayrıntılı ele alınmaktadır:

> Kürdistan ulusal kurtuluş devriminin temel mücadele biçimi silahlı mücadeledir. Şüphesiz çok çeşitli olan diğer mücadele biçimleri de önemlidir ve onlar da uygulanacaktır; ancak di-

ğer tüm mücadele biçimleri silahlı mücadeleyle bağ içinde, onun yarattığı temelde ve ona hizmet edecek bir biçimde kullanılacaktır. Devrimci ulusal kurtuluş siyasetinin pratiğe uygulanması ve kitlelere mal edilmesi halkın devrimci şiddeti temelinde olacaktır; bu siyasetin pratik bir olgu olarak gelişmesi halkın devrimci savaşı biçiminde somutlaşacaktır. Kürdistan'da silahlı mücadele olmadan ve böyle bir mücadeleye dayanmadan proletarya partisi varolamaz; silahlı mücadele yürütmeden Kürdistan proletaryası kendisi için bir sınıf haline gelemez (PKK, 1983: 286-7).

Yürütülecek silahlı mücadelenin uzun süreli halk savaşı çizgisine dayandığı belirtilen bu çalışmada, Kürdistan'da silahlı halk ayaklanması taktiğinin yanlış ve ayrıca da tehlikeli olduğuna özel vurgu yapılarak silahlı mücadele/askeri güç ile siyasal mücadele/parti arasındaki ilişki şu şekilde ortaya konmuştur:

> Parti önderliğinde gelişmeyen ya da partinin önderliğinin zayıf olduğu silahlı mücadeleler her zaman yozlaşmaya ve amacından sapmaya mahkûmdur. Bu konuda bizim ilkemiz şudur: Silaha Parti kumanda eder ve silahın Parti'ye kumanda etmesine asla izin verilmemelidir (PKK, 1983: 293).

Yürütülecek savaşın gelişimi ise uzun süreli halk savaşı genel stratejisi çerçevesinde savunma, denge ve saldırı aşamaları temelinde ele alınmaktadır. Bu aşamalara paralel olarak da gerilla savaşımının kendi içinde silahlı propagandadan başlayarak daha ileri boyutlara ulaşması öngörülmektedir:

> Kürdistan'da gerillanın başlangıç dönemi, silahlı propaganda dönemi olacaktır. Silahlı propagandayı gelişmiş gerilladan ayıran temel fark şudur: Gerilla savaşı siyasal etkiyi geliştirme yanında askeri olarak da düşman güçlerini adım adım imhayı amaçlar ve faaliyetini bu ikili görevi birlikte yürütmeye göre ayarlarken, silahlı propaganda temel olarak siyasal mücadeleyi geliştirmeyi hedefler ve düşmanın askeri güçlerini imha etme tali bir planda kalır (PKK, 1983: 302).

Silahlı propagandanın kitleleri harekete geçirme hedefine ulaşmasına paralel, mücadelenin de gelişmiş gerilla savaşı aşamasına geçmesi, stratejik savunmadan stratejik denge aşamasına geçiş olarak ifade edilmekte, başka faktörlere de bağlı olarak PKK için devrimin sonuçlanmasını mümkün kılacağına inanılmaktadır. Bu faktörlerin en belirleyicisi Türkiye'de devrimci bir gelişmenin yaşanıp yaşanmayacağı hususudur. Kürdistan'da denge aşamasına ulaşmış gerilla mücadelesi, Türkiye'de devrimci mücadele ile karşılanırsa başarının kesin olacağına inancı vurgulayan metin, aksi durumları tartışmayı da ihmal etmez:

> Türkiye'deki devrimci mücadele gelişemezse, Kürdistan'da gerilla ve hareketli savaşla sürdürülen denge aşaması daha da uzayacaktır. Bu uzama, sadece Kürdistan'daki gelişmelerden değil, daha çok Türkiye'deki devrimci mücadelenin durumundan kaynaklanacaktır (PKK, 1983: 305).

Bu durumda da gerilla mücadelesinin "Türk burjuva iktidarını siyasi yönden tecrit etme ve askeri yönden yıpratma faaliyetlerine" devam edeceği vurgulanarak bu şekilde stratejik saldırı aşamasına geçişin amaçlandığı belirtilmektedir. Silahlı mücadelenin gelişimine ilişkin 1982 yılında dile getirilen bu hususlar aslında PKK'nin daha sonraki 16-17 yıllık mücadelesinin de genel çerçevesini oluşturmuştur. Gerilla savaşı aracılığı ile sonuç almayı hedefleyen mücadelenin 90'ların başından itibaren kitlesel destek kazanması üzerine bölgesel ve uluslararası gelişmeleri değerlendirerek bir bakıma Türkiye'deki devrimci mücadelenin boşluğu giderilmek istenmişse de, 1990'ların ortasından itibaren kendini tekrarlayan bir süreç ile karşı karşıya kalındığını not düşmek gerekir. Makalenin ileriki bölümlerinde vurgulanacağı gibi, bu süreç aynı zamanda Kürt Hareketi'nin kolektif eyleminin ana çerçevesinin yeni bir içerik kazanmasına yönelik çabaların da parça parça ortaya konduğu bir süreç olacaktır.

Gerilla Savaşının Gelişimi

Sömürgecilik tezine dayalı "Halk Savaşı Stratejisi"nin hayata geçirilme süreci, 1982 Ağustos ayının sonunda toplanan PKK II. Kongresi'nin, Lübnan'da iki yıldır askeri-ideolojik eğitim gören yaklaşık üç yüz kişilik gerilla gücünün Kuzey Kürdistan'a aktarılması kararı ile başladı.[7] 1982 yılı Eylül ayında başlayan bu süreç, 1983 yılı başında bu gücün büyük kısmının Türkiye–Irak sınırının güneyine yerleşmesi ile tamamlandı. O yılın baharında, küçük grupların istihbarat-keşif amaçlı olarak Kuzey Kürdistan'a geçmesiyle başlayan pratik mücadele süreci ise 15 Ağustos 1984'te Eruh ve Şemdinli'ye yapılan baskınlarla sonuçlandı. Halk Savaşı Stratejisi'nin savunma aşaması gereğince öne konulan mücadele perspektifi silahlı propagandaya dayanmakta ve yapılan baskınlar da bunun başarılı başlangıç örnekleri olarak nitelendirilmektedir. Nitekim yapılan eylemler, sivil yönetime geçilmesine rağmen askeri darbenin baskılarının hala sürdüğü Türkiye'de sınırlı olsa da, esas olarak Botan bölgesi ve uluslararası alanda yankı buldu. Özellikle Botan bölgesinde, eylemlerin ardından gerillaya katılımlar olurken, Avrupa ve Rojava olarak adlandırılan Suriye Kürdistanı'nda da benzer bir gelişme yaşanmaya başladı. Ancak baskının şaşkınlığını üzerinden atan Türk devletinin 1985 yılında karşı atağı ile gerilla güçlerinin kayıplar vermesi silahlı propagandadan gerilla aşamasına geçişin planlandığı gibi rahat olmayacağını ortaya koydu. 1985 yılı sonundan itibaren PKK içinde, özellikle de Öcalan tarafından geliştirilen, savaşın yürü-

---

[7] Murat Karayılan "1983 yılına kadar Lübnan sahasına çekilip eğitilen güçlerimizin toplam sayısı 285'dir" demektedir (2011: 119). Bu durumda Güney ve Kuzey Kürdistan'a aktarılan sayının bundan daha az olması muhtemeldir. Sonuçta gerilla atılımının toplam iki yüz civarında silahlı militanla başlatıldığını söylemek mümkündür.

tülüşüne ilişkin yoğun eleştiriler durumun ciddiyetini göstermekteydi. Bu amaçla Ocak, Mart ve Kasım 1985 tarihlerinde "PKK Genel Sekreterliği" imzalı talimatlar yayımlanarak dile getirilen bu eleştiriler silahlı mücadele perspektifinin doğru uygulanmadığı vurgusu etrafında yoğunlaşmıştır. Silahlı propaganda sürecinde takılıp kalındığı, gerilla aşamasına geçilemediği ve bunun da Güney Kürdistan'daki üslenmeye taktikselliğin ötesinde anlam biçen komuta-yönetim anlayışından kaynaklandığına dair eleştiriler, PKK iç yapılanması ve Öcalan'ın liderlik konumu açısından da yeni bir sürece işaret ediyordu. Hem eleştirilerin sonuca ulaşması, hem de örgütsel yapıdaki bu dönüşümün hayata geçmesi açısından 25-30 Ekim 1986 tarihlerinde yapılan PKK III. Kongresi belirleyici olmuştur.

Aslında kuruluş sürecinin başından itibaren hâkim olan Öcalan'ın belirleyiciliği, bu kongre süreci ile birlikte çok daha mutlak bir nitelik kazanmıştır. Başlangıç dönemlerinde "eşitler arasında birincilik" diye özetlenebilecek Öcalan liderliği, bu tarihten sonra "Önderlik" diye adlandırılarak "kurumsal" düzeyde ifade edilmeye başlandı.[8] Daha ayrıntılı tartışılması gereken örgütsel yapıdaki değişim için bu makalenin sınırları

---

[8] PKK dokümanlarında Öcalan'dan kişi olarak değil de "kurum" olarak söz etme yaklaşımı 1985 Kasım talimatında en açık tarzda ifade edilmiştir: "Parti Sekreterliği en başta olmak üzere, tüm birimlere, kurumlar düzeyinde, Parti resmiyetine uygun olarak hitap edilmelidir. Biz artık bir Partiyiz, bu gerçek her düzeyde iyi sindirilmeli ve yansıtılmalıdır. Sekreterliğe hitaben gönderilen yazıların büyük çoğunluğu 'A. Arkadaşa' (Öcalan'ın uzun süre parti içinde kullandığı adlardan biri: Ali, bn.) diye başlıyor, ya da rapor niyetine de yazılsa bir mektup düzeyinde ele alınmış bulunuyor. (...) Evet, kısaca Parti Önderliği de dâhil olmak üzere, kurumlara hitap etme; içeriği, Parti çizgisine dayanarak belirleme ve kendi pratiğinin doğruluğunu ve yanlışlığını, yeterliliğini ve yetmezliğini, bunlara dayanarak ispatlamak gerekir" (Kasım 1985 Talimatı).

içinde kısaca, o tarihe kadar klasik Marksist-Leninist ilkelere dayalı ulusal kurtuluş hareketi formasyonu içinde olan örgütten, Öcalan'ın şahsında somutlaştırılan "Önderlik" figürü etrafında şekillenen daha kendine özgü (*sui generis*) bir örgüt yapısına geçildiği söylenebilir. Bunun yanı sıra, Kongre ile birlikte gerilla ordusunun kurulması, bunun için zorunlu askerlik yasası uygulaması ve sonuçta askeri mücadeleyi de silahlı propagandadan gerilla savaşı düzeyine çıkararak savunma aşamasından denge aşamasına geçmesi hedeflenmiştir. Bu temelde, pratik olarak 1987-1988 yıllarında gerilla atılımında ısrar eden bir süreç yaşanmış olsa da, hem sivillere yönelik birtakım eylemler hem de askerlik yasasının uygulanma biçimi, daha sonrası için örgütsel ve kamusal düzlemde ciddi sorunlara yol açacak durumlar yaşanmasıyla sonuçlandı.

Nitekim PKK'nin ideolojik yayın organı olan *Serxwebûn* erken sayılacak bir süre içinde askerlik yasası uygulamasından çıkarılacak dersler konulu bir yazıya yer verdi (1987: 20-23). Yazıda, geçmiş sürecin (1983-85) pratiğinin "savaşı geriye çekme" ile mâlul olduğuna dikkat çekilerek yeni süreçte silahlı propaganda taktiğinden gerilla taktiğine geçişin başarılı bir biçimde yapılması gerektiğine vurgu yapılmıştır. Bu açıdan askerlik yasası uygulamasının da "ses çıkarmak" (yankı uyandırmak) amaçlı propaganda meselesi biçiminde ele alınmaması gerektiği belirtilmiştir:

> ... "dağda, ovada önümüze gelen ve yaş haddi kanununa uygun olan herkesi saflarımıza katacağız... bu temelde askerlik yasasını uygulamış olacağız" türündeki bir mantık son derece sakattır, tekdüze, plan-programdan anlamayan, politikadan kaçan, kendiliğindeciliğe tapınan bir mantıktır (1987: 21).

Genel eleştiri ve uyarıların ardından yazıda, söz konusu yasanın nasıl uygulanması gerektiği konusunda ayrıntılı açıklamalara yer verilmektedir. Buna göre, "yoksul köylülüğe ağırlık verilmesi", "uygulamanın parti çalışmalarının belli bir gelişiminin olduğu alanlardan başlatılması", "ekonomik ve ailevi sorunları olan kesimlerin doğrudan dâhil edilmemesi", "katıldıktan sonra uyum sağlayamayanların geri gönderilerek milis olarak kalmaları" gibi bir dizi pratik öneri esas alınmalıdır. Ancak daha sonraki süreçte, özellikle de 1990'ların başına kadar yürütülen pratik uygulamada bu hususlarda ciddi sorunların yaşandığı, hatta yazıda söz konusu edilen uyarıların tam tersi uygulamaların yapıldığı da açıktır. Aynı şekilde şiddet kullanımının özellikle korucu ailelerine yönelik olmak üzere sivilleri kapsayacak tarzda uygulanması da oldukça zorlayıcı sonuçlar ortaya çıkaracaktı.

Bütün sorunlarına rağmen 1987-90 arası yürütülen gerilla mücadelesi, özellikle de Botan Bölgesi'ndeki kitlelerin mobilizasyonuna yol açan bir sonuç ortaya çıkardı. Aslında 1985 yılında ortaya konulan perspektiflerde de gerilla mücadelesi ile bağlantılı olarak buna benzer bir gelişme hedeflenmekteydi:

> Ulusal direniş mücadelemiz dönem dönem, parça parça, şehir şehir ve kırsal alanlarda sömürgeciliğin yarattığı dengesizlikler nedeniyle, kendine özgü gelişim yöntemleri bulmak zorundadır. Bir yandan kırda köylülüğün direnişi, çeşitli atılımlarla silahlı propaganda, gerilla ve giderek hareketli savaşa doğru dönüşürken, şehirlerde de propaganda faaliyetleri, gösteriler mitingler ve giderek ayaklanmalar baş gösterecek ve bunlar birden bire, her alanda koordineli bir biçimde değil, parça parça ve devrevi olarak gelişecektir. Bir bölgede gelişme, kırsal alanda hızlı olup şehirlerde yavaş olurken, bir başka bölgede şehirlerde hızlı, kırsal alanda yavaş olabilir (1985, Ağustos Talimatı).

Sonuçta kitlesel hareketlilik ilk olarak gerilla mücadelesinin yoğun geliştiği dağlık alanların hemen yanı başındaki ovaların görece orta gelişmişlikteki kasaba/şehirlerinde gelişti. Bu hususta Cizre, Nusaybin, Kızıltepe ilk göze çarpan yerlerdi. 1990 baharı ile birlikte gerilla cenazelerine kitlesel sahip çıkma şeklinde ortaya çıkan bu ilk hareketlenmelerin, yürütülen gerilla mücadelesi ve gerilla örgütlülüğü ile organik bağ veya etkilenim içinde olması şaşırtıcı değildir. Özellikle 1988 yılından itibaren PKK, "şehir çalışmaları" için Cizre'ye özel bir ağırlık verdi. Hem dağlık gerilla üslenme alanı (Cudi Dağı) hem de PKK'nin genel karargâhı niteliğindeki Suriye Kürdistanı ile bağlantısı nedeniyle özel bir konumu olan ilçeye küçük de olsa bir grup kadrosunu yerleştirerek askeri ve siyasi eylemlere girişti. 1989 yılı Ocak ayında ilçe merkezinde yapılan bir operasyon sonucu öldürülen Ezidi kadın gerilla Binevş Agal (Berivan) bu açıdan simgesel bir önem de kazanacaktır (*Serxwebûn;* 1989a: 6-7). 1988 yılından itibaren devlet güçlerinin Botan bölgesinde giriştikleri kitlesel tutuklamaları da bir açıdan halkta öfke birikmesi olarak okuyan Kürt Hareketi –Binevş Agal'ın ölümünün hemen ardından *Serxwebûn*'da yapılan bir değerlendirmede de vurgulandığı gibi– kitlesel bir hareketlenmenin yükseleceği saptaması yaptı. "Kürdistan'da 'İntifada'nın Ayak Sesleri ve Halk Komitelerinin Örgütlendirilmesi" başlıklı yazıda, gelişen eylemler ve artan devlet baskısının sonucu olarak "Kürdistan halkı ayaklanmanın eşiğine geldi ve Filistin intifadası bu kez de Kürdistan'da alev aldı" yorumu yapılmaktadır (1989b: 1). Mücadelenin Kürdistan kentlerine ulaştığı belirtilerek "halkın isyan duygularının kabardığı ve ayaklanmaya doğru hızla yol aldığı" dile getirilen yazıda, bunun için Halk Komiteleri'nin (*Koma Gel*) örgütlendirilmesi çağrısında bulunuluyor. Ancak 1989 yılında, yazıda belirtilen/umulan tarzda bir ayaklanma durumunun yaşandığı söylenemez. Yine de daha sonraki sürecin habercisi sayılabilecek kitlesel ölçekli iki hareketlenmeden söz etmek mümkündür. Birincisi, Türk devletinin Cudi ağırlıklı olmak üzere Botan bölgesinin dağlık alanları ve burada yaşayan köylülere yönelik artan baskısından kaynaklanan ciddi bir gerilim oluştu. Kitlesel gözaltılar ve işkencenin yanı sıra yayla yasağının da getirilmesi köylüleri harekete geçirdi. Temmuz 1989'da arka arkaya birkaç gün eylem yapan Botan köylülerinin 3 bin kişi ile Şırnak-Uludere yolunu kesmesi halk hareketlenmesinin ilk örneği oldu (*Cumhuriyet*, 1989: 8). İkinci önemli kitlesel eylem ise Silopi'de altı köylünün PKK'li diye öldürülmesi üzerine halkın kaymakamlık binasına yaptığı yürüyüş idi. "2 bin gösterici hükümet binasını taşladı, özel tim panzeri kente girdi" (*Milliyet*, 1989: 1) diye basında yer alan olay aslında bir yıl sonraki gelişmelerin açık habercisi idi. Nitekim Kurmanci *serhildan* (ayaklanma) kelimesinde anlamını bulan halk başkaldırıları, 1990 Mart ayında Mardin'in Savur ilçesi kırsalında öldürülen on üç PKK gerillasının cenazelerine sahip çıkmak isteyen halkın Nusaybin ve Cizre'de devlet güçleri ile karşı karşıya gelmesi ile başlayacak ve Kürdistan'a yayılarak sürecektir. Bu halk eylemlilikleri 1990'lı yıllarda Newroz ve 15 Ağustos başta olmak üzere kimi günleri de Kürt ve Türk siyasal gündeminin parçası haline getirecektir.

Tek tek kimi olayların alevlenmesi ve gelişimi spontane addedilebilse de, bu halk hareketinin 1988'den sonra gelişen gerilla mücadelesi ve artan devlet baskısının çerçevesini oluşturduğu kolektif eylemler oldukları açıktır. İkincisi, Cizre örneğinde çok açık olarak görüldüğü gibi, PKK 1988 yılından itibaren kırsal alanın ötesinde kasaba ve kent merkezlerinde örgütlenme ve eylem çalışmaları ile halk ayaklanması veya en azından hareketi yaratma çabası içindedir. Üçüncü olarak ise özellikle Botan Bölgesi'nde 1980'lerin sonunda yavaş yavaş başlayan devletin gerilla ile temas içinde olan mezra ve köyleri boşaltma operasyonları, bu sahadaki küçük ve orta ölçekli kasabaların siyasal atmosferini etkilemeye başlamıştır: "Şehirlerde serhildanları ilk geliştiren halk kesimleri genelde köyleri Türk devleti tarafından yakılan yurtsever kesimlerdir" (Karayılan, 2011: 181). Bu nedenlerle "Gerilla temelli Serhildan'lar" olarak adlandırılan (*Serxwebûn*, 2008: 162) bu kitle hareketliliği ulusal kurtuluş mücadelesinin gerilla dışında bir başka önemli gelişim kanalına daha sahip olduğu anlamına gelmektedir.

Bu kitle hareketliliğinin ortaya çıkışı, PKK öncülüğündeki mücadelenin yasal siyaset ve basın alanına açılım yaptığı bir sürece de denk düşmektedir. İlk olarak 1988 yılı Haziran ayında Mehmet Ali Birand ile yapılan ve yayını ikinci gün durdurulan röportaj, ardından 1989 yılı içinde Türkiye'deki değişik dergi ve gazetelere verilen röportajlar Öcalan'a ve PKK'ye ilk kez Türkiye kamuoyuna doğrudan seslenme imkânı vermiştir. Bu röportajlarda dile getirilen, Türkiye'den ayrılmadan da Kürt sorununa çözüm bulunabileceği şeklindeki görüşler, dönem itibari ile "Bağımsızlıkçı çizginin terkedilmesi mi, taktiksel bir hamle olarak mı okunmalı?" ikilemi içinde ele alınsa da, Kürt Hareketi'nin daha sonra izleyeceği hat açısından bir işaret fişeği olarak da değerlendirilebilir. Nitekim Öcalan'ın Birand ile röportajında dile getirdiği

> İlk defa konuşmamın nedeni, bir diyaloğun kurulmasını sağlama çabasıdır. Türkiye'den toprak koparmak değil, Kürtlerin eşit muamele görmesini sağlamak istiyorum... Belirli koşullar altında ateş kesmeye hazırız (*Milliyet*, 16 Haziran 1988: 1-13)

sözleri sonraki sürecin de habercisidir. 1989 Ocak tarihli örgüt içi değerlendirmesinde de Öcalan, "Bir ateşkes durumuna ulaşılmasının da ancak yıllar alacağını, amacının bir tartışma süreci başlatmak olduğunu" söyleyecektir. Öte yandan 1989 yılı ile birlikte Kürt Hareketi başta sınırlı düzeyde de olsa Türkiye'de yasal yayın faaliyetlerini geliştirmeye başlamıştır. Aynı süreçte dönemin Sosyal Demokrat Halkçı Parti'deki (SHP) bir grup Kürt milletvekilinin Paris'teki Kürt Konferansı'na katıldıkları için partiden ihraç edilmeleri ile başlayan arayışlar da Türkiye siyasal haritasındaki aynı paralelde değişikliklerin habercisidir.

Sonuç olarak, 1990 yılına gelindiğinde gerilla mücadelesi her ne kadar hedeflenen denge aşamasına geçemese de, gerilla güçlerinin Kürdistan'dan sökülemeyeceğinin kanıtlandığı; siyasal planda ise *serhildan* şeklinde gelişen kitle hareketliliğine dayanan yeni bir mücadele kanalının ortaya çıktığı söylenebilir. Ayrıca 1990'lar, uluslararası ve bölgesel düzlemde, Kürt Hareketi'nin bir yandan SSCB şahsında somutlanan reel sosyalist sistemin çözülüşünün dünya çapında yol açtığı sarsıntı, diğer yandan da Saddam Hüseyin'in Kuveyt'i işgali ile başlayan Ortadoğu çapındaki krizin doğurduğu fırsatlar ile karşı ile karşıya kaldığı dönem oldu. Sosyalist bloğun çözülüşü PKK açısından pratik olarak ciddi bir sarsıntıya yol açmadı. Hatta Öcalan 1990 yılı Ocak ayında yaptığı değerlendirmelerle, kendilerinin sosyalist düşünceden ayrılmayacaklarını, zaten ciddi bir katkı görmedikleri reel sosyalizmin çözülüşünün pratik olarak ise uluslararası ve bölgesel düzeyde yaşanan kilitlenmenin de ortadan kalkması ile yeni fırsatlar yaratacağını vurguladı (PKK, 1990). Daha sonraki süreçlerde ise PKK'nin reel sosyalizme yönelik eleştirisi 1995 yılında yapılan V. Kongre'de zirveye çıkarak özellikle "devletin fetişleştirilmesi" hususunda yoğunlaşarak sürdürüldü: "Devletleşerek sosyalizm amacına ulaşamaz. Devletleşmek sosyalizmin basit bir amacı olarak anlaşılırsa daha doğrudur" (Öcalan, 1995: 62) diye ifade edilen bu görüş, bir bakıma 2000'lerde izlenecek yolun da habercisidir. Ancak bu yaklaşım o dönem itibari ile henüz mantıki sonuçlarına götürülmemiş, daha çok geçmişin eleştirisi, o dönemki "ideolojik sapma"lara karşı da bir nevi garantör olarak ele alınmıştır. Nitekim Öcalan reel sosyalizmin çözülüşü karşısındaki duruşlarını "Biz ne eskisi kadar kurulan sosyalizmden sarhoştuk, ne de çözüldüğünde moralimiz düştü" (1995: 81) şeklinde ifade etmiştir. PKK'nin pratik olarak dünya sosyalist hareketi merkezlerinden göreceli mesafeli gelişmesi ve özellikle 1986'dan itibaren Öcalan şahsında somutlaşan daha "özgün" bir örgüt yapısına dönüşmesi de reel sosyalizmin çözülüşünden doğrudan etkilenmesini engelledi. Ancak –belki de tarihin bir ironisi olarak– SSCB'nin çözülüşünün ortaya çıkardığı yeni koşulların 1990'ların sonunda Öcalan'ın Suriye'yi terk etmesinde rol oynadığını da kaydetmek gerekiyor.

Irak'ın Kuveyt'i işgali ve ardından gelişen Körfez Savaşı'nın ise PKK açısından 1990'lar boyunca önemli fırsatlar yarattığı açıktır. 1991'den itibaren Zaxo'dan İran'a kadar uzanan Türkiye-Irak sınırının güneyinin, gerilla üslenmesinin belkemiği rolünü oynamasının yanı sıra, PKK'nin pan-Kürdist bir aktör haline gelmesinde de Irak'taki dengenin değişmesi belirleyici olmuştur. 26-31 Aralık 1990 tarihleri arasında Güney Kürdistan'ın Haftanîn alanında toplanan PKK IV. Kongresi bu sürecin başlangıcı sayılabilir. Öte yandan "Gerilla Kongresi" olarak adlandırılan bu kongre, denge aşamasına geçme hedefi ile kurtarılmış bölgeler yaratmayı öngörerek mevcut askeri çizgide ısrar etmenin ötesinde "Botan-Behdinan Savaş Hükümeti" kurma iddiası ile de ikili iktidar yaratma sürecine girildiğini duyurmuştur.

1991-93 süreci bu çerçevede gerilla güçlerinin hızla büyüdüğü, devlet güçleri ile çatışmaların hava kuvvetleri katılımını da içerecek çapa ulaştığı dönem oldu. Özellikle 1992 yılında *serhildan*ların Kuzey Kürdistan'ın hemen her tarafına yayılması ile denge aşamasına ulaşıldığı, hatta silahlı mücadelenin başlangıcında ısrarla kaçınılan ayaklanma taktiğinin artık gündemde olduğu saptaması yapıldı. Öcalan imzalı "Ayaklanma Taktiğimiz Üzerine Tezler ve Görevlerimiz" başlıklı bir yazıda

"Son birkaç yıl içinde gerçekleştirdiğimiz Serhildan'lar deneme niteliğinde olup halka belli bir cesaretin yanı sıra, bilinçlenme ve örgütlenme olanağı kazandırmıştır. Dolayısıyla günümüzde ayaklanmayı bir uygulama sorunu olarak gündemleştirmek gerçekçidir" denerek bu hususun saptama olmanın ötesinde pratik planlama dâhilinde olduğu vurgulanacaktır (*Serxwebûn*, 1992: 1). Ayaklanma üzerine on tezin dile getirildiği yazıda,

> Hedefler sorunu gerçekçi konulmalıdır. Bu aşamada tam bağımsız Kürdistan hedefi her ne kadar gerçekçi görünmese de, siyasal iktidara ağırlık koymamak, hatta geçici ve sınırlı bir iktidara ulaşmamak da kabul edemeyeceğimiz bir durumdur (1992: 18)

denerek ikili iktidar durumu hedeflenmiştir.

Türk devletinin 1992 yılının Ocak ayında İstanbul'da İçişleri Bakanı ve Jandarma Genel Komutanı tarafından basına bir brifing vererek duyurduğu "Terörle Mücadele Konsepti" de, "PKK'nin ayaklanma ve başkaldırı safhasında" olduğu tespitine dayanıyordu (*Cumhuriyet*, 22 Ocak 1992: 1, 6). Bu tespitten hareketle önerilen mücadele ise "topyekûn savaş" stratejisiydi. Bu savaşın ilk hedefi 1992 yılı Newroz'unda başta Cizre ve Şırnak olmak üzere birçok yerleşim yerindeki kutlamalara katılan halk olurken saldırıların zirvesini Ağustos ayında Şırnak merkezinin iki gün boyunca vurulması oluşturdu. PKK'nin silahlı mücadeleye başlama yıldönümü olan 15 Ağustos'un ardından gerillaların şehri bastıkları iddiası ile Türk ordu birlikleri ağır silahlar da kullanarak şehri rastgele taradılar.[9] PKK gerillalarının saldırısı haberinin asılsız olduğu, tamamen sivillerin ve yerleşim merkezinin hedef alındığı bu "devlet operas-

---

[9] Olaya ilişkin bir tanıklık: Ramazan Demir, "Çocukluk Anılarımda Şırnak Katliamı", *Bianet*, 19 Ağustos 2013, <http: //www.bianet.org/bianet /siyaset/ 149243-cocukluķ-anilarimda-sirnak-katliami>

yonu"nun benzeri bir yıl sonra da Diyarbakır'ın Lice ilçesinde tekrarlanacaktır.

Devletin 1992 yılında "topyekûn savaş" konsepti içinde ilk olarak "gerilla temelli serhildanlar"ın dayandığı kitle alanlarını hedefleyerek başlattığı saldırı atağı, 1993-94 yıllarında temel gerilla üslenme alanları ve gerilla güçlerine yönelerek şiddetle sürdü.[10] PKK komutanları bu karşı saldırı dalgasını, 1990'larda kendilerinin "alan kurtarma, giderek gerillanın denetim sahasını derinleştirerek hareketli savaş aşamasına geçme" olarak tanımladıkları taktik gelişmeyi sağlayamamalarına bağlamaktadırlar:

> Uzun süre değerlendirilmeyi bekleyen muazzam koşullar bizim tarafımızdan değerlendirilmeyince, doğan boşluktan yararlanan Türk devleti kendisini toparlamaya başladı (Karayılan, 2011: 203).

Bu temelde 1992 Ekim ayında Türk ordusunun KDP ve YNK ile birlikte Güney Kürdistan'daki PKK üs alanlarına saldırısıyla başlayan "Güney Savaşı", Türk ordusunun yeni konseptinin ilk adımı sayılabilir. 1993 yılından itibaren temelde "arazi hâkimiyeti taktiğine" dayanacak olan devletin saldırı konsepti böylece savaşın mekânını da Güney Kürdistan'ı içerecek tarzda genişletmiştir. 1990'lı yıllara aslında damgasını vuran gelişmelerden biri de bu olmaktadır.[11]

---

[10] Savaşın bu süreçteki gelişim için, bkz. (Jongerden & Akkaya, 2013: 83-107).

[11] Mekân perspektifi açısından PKK'nin tarihine bakarsak sürekli gelişen ve yayılan bir mücadele alanı söz konusudur. Bu mekânsal yayılım mücadelenin kapsam ve bileşenlerinin de genişlemesi anlamına gelmektedir. Ankara merkezli radikal üniversite öğrencilerinden oluşan küçük bir grup olarak 1973-75 sürecinde doğan hareket, 1976-78 sürecinde gençlik hareketi biçiminde Kürdistan'a yayılmıştır. Bu yayılmanın en dikkat çeken yönü, hareketin ilk olarak Antep-Urfa, Dersim-Elazığ ve Kars-Ağrı olmak

Güney Kürdistan, 1983 sonrası Türkiye-Irak sınırı boyunca gerilla mücadelesinin geri üs alanı olarak işlev görmüş, İran-Irak savaşının sona ermesi ile bu sahada hareket imkânı yer yer kısıtlanmışsa da, 1991'den itibaren yine büyük önem kazanmıştır. Hatta 1990'lar boyunca, özellikle de ikinci yarısından sonra, bu sahanın PKK'nin askeri mücadelesi açısından ayrıca stratejik bir anlam kazandığı söylenebilir. Nitekim 1992, 1995 ve 1997 yılları başta olmak üzere Türk ordusu ile en kapsamlı çatışmalar bu sahada yaşandı. Bu süreçte Türk ordusunun yanı sıra Güney Kürdistan'ın temel askeri-siyasi güçleri KDP ve YNK ile de çatışmalar yaşanması, bu sahanın sadece geri çekilme ve üslenme değil, temel mücadele alanı haline de geldiğini göstermektedir. Güney Kürdistan'dan PKK'ye katılımların da 1995'ten başlayarak ciddi bir biçimde arttığı, sadece 1997 yılı içinde 1500'ü bulduğu belirtilmektedir. İran Kür-

---

üzere üç merkez etrafında gelişmesidir. Bu bölgeler hem Türkiye-Kürdistan coğrafi ayrımı açısından, hem de Türk ve Kürt kimliklerinin ayrışması açısından sınır bölgesi niteliği taşımaktadırlar. 1978 sonrası ise hareket bu açılımı Diyarbakır-Batman ve Mardin hattını içerecek tarzda genişletmiştir. 1980'e kadar olan süreçte PKK'nin belki de en güçsüz olduğu bölge, 1983 yılından itibaren gerilla mücadelesinin başlaması ile temel bölge olacak olan Şırnak-Siirt-Hakkâri hattı, yani Botan bölgesidir. 1980'den sonra ise hareketin aktivite alanı Lübnan-Suriye sahasına doğru genişlemiştir. İlk başlarda geri çekilme ve üslenme alanı işlevi gören bu sahalar, aşamalı olarak kitle örgütlenmesinin gerçekleştirilmesi ile militan kazanma ve kadrolaşma sağlanan faaliyet alanları haline gelmiştir. Lübnan'daki küçük Kürt toplumu ve Kuzey Kürdistan'dan gelen göçmen işçiler arasında yürütülen çalışmalar, 1985 yılından itibaren Rojava olarak adlandırılan Suriye Kürdistanı'nda gelişen kitle örgütlenmesi ile niteliksel bir sıçrama göstermiştir. Nitekim 1990'ların sonunda gerilla güçlerinin üç veya dörtte birinin Suriye Kürdistanı'ndan katılımlardan oluştuğunu söylemek mümkündür. Aynı şekilde 1980 darbesinin ardından Avrupa'daki Kürt diasporası da temel örgütlenme alanlarından biri haline gelmiş, 1990'larla birlikte de kitlesellik kazanmıştır.

distan'ı ise bir geçiş ve geri cephe olma konumunu sürdürmüş olsa da ancak 1999 sonrasında görece daha geniş kesimlerin katılım sağladığı bir süreç yaşanmaya başladı. Şunu belirtmek gerekir ki, 1990'lar boyunca bu sahaların temel örgütlenme mantık ve biçimi, Kuzey Kürdistan eksenli gerilla mücadelesine geri cephe olma niteliğini aşmadı. 2000'li yıllarla birlikte Kürt Hareketi'nin yeni bir stratejik yönelime girmesiyle bu sahalar kendi içlerinde birer mücadele alanı olarak örgütlenmeye başladı. Pratik olarak bunun sonuçları bugün en açık tarzda Suriye Kürdistanı'nda görülmektedir. Sonuçta 20. yüzyılın son çeyreğinden bugüne gelindiğinde, Ankara merkezli küçük bir öğrenci grubundan Türkiye, Irak, İran ve Suriye denetimindeki Kürdistan parçalarında askeri ve siyasi olarak örgütlenmiş ve aynı zamanda geniş bir coğrafyaya yayılmış diaspora Kürtlerini de kitlesel örgütlülük ve mobilizasyon ağına kavuşturmuş bir harekete ulaşılmıştır.

Tıkanan Taktik ve Yenilenme Arayışları

Ancak bu hareketin 1970'lerin ortasında şekillenen ulusal kurtuluş programı çerçevesinde sürdürülen halk savaşı stratejisi, 1990'ların ortasında ulaşabildiği en üst düzeyde bir tıkanma yaşadı. 1992'den itibaren başlayıp şiddet ve kapsamı giderek büyüyen Türk ordusunun saldırıları karşısında 1994 sonu itibari ile denge düzeyini aşamayan halk savaşı stratejisi bu tarihten sonra kendini tekrar eden bir çizgi izledi. 8-22 Şubat 1995 tarihleri arasında gerçekleştirilen V. Kongre'ye Abdullah Öcalan tarafından sunulan politik raporda da böylesi bir tekrar sürecinin başlangıcında olunduğu ifade ediliyordu:

> Aslında 4. Kongre'nin amaçlayıp da gerçekleştiremediği parçalı bir iktidar olma amacını, bu kongrenin de amacı olarak açıkça ortaya koyacağız. 5. Kongre, kendini doğru yetki temellerinde partileştirmek, ordulaştırmakla kalmayacak, bir

parça halk iktidarına da ulaşacaktır. Kesin amacı budur (1995: 45).

1995'den sonra yürütülen askeri mücadele Kuzey Kürdistan'da o zamana kadar kazanılan alanların savunması niteliğinde geçerken, asıl stratejik başarıyı Güney Kürdistan'da iyice derinleşen üslenme ekseninde elde etmeyi amaçladı. 1998 sonuna gelindiğinde Suriye sınırından başlayıp İran sınırına kadar uzunluğu 200 kilometreyi aşan ve derinliği yer yer 40-50 kilometreyi bulan dağlık alan PKK kontrolü altındaydı. Türkiye-Irak sınırının güney hattının tümünü kapsayan bu alanın yanı sıra Güney Kürdistan'ın içine kadar uzanan Gare ve Qandil gibi iki önemli dağ silsilesini de elde tutan Kürt Hareketi, Türk ordusunun üç büyük operasyonuna (1992 Ekim, 1995 Mart ve 1997 Mayıs-Ekim) rağmen bu alanı korudu.[12] Kimisi 1974 Kıbrıs İşgali boyutunda olan bu savaşlardan 1992'dekinde Türk ordusu KDP ve YNK'nin, 1997'de de KDP'nin aktif katılımını sağlamıştı. 1995 Ağustos'unda ise PKK ve KDP arasında birkaç ayı bulan bir çatışma süreci yaşandı. Askeri olarak Türk ordusuna karşı Güney Kürdistan'da bir tür *Dien Bien Phu Zaferi*[13] kazanma hedefi söz konusu olsa da bunun siyasal olarak halk savaşı teorisinin aşamalar mantığı içinde nereye oturtulabileceği hususu net değildir. Güney'de kazanılacak bu tür bir başarıyla dengeden saldırı aşa-

---

[12] PKK'nin Güney Kürdistan'ın içlerine doğru yayılan önemli dağ silsilesi Gare'de üslenmesinin tarihi 1995 yılı başlarına; İran sınırı boyunca uzanan Qandil'deki üslenmesi ise 1997 yılı sonuna dayanmaktadır.

[13] 13 Mart-7 Mayıs 1954 tarihleri arasında *Vietnam Halk Kurtuluş Ordusu* birliklerinin Fransız ordusunun merkezi üssü niteliğindeki Dien Bien Phu Vadisi'ni kuşatarak kazandığı Vietnam Devrimi'nin kaderini belirleyen savaş. Fransa on altı bin askerinin savaş dışı kalmasının ardından Cenevre'de yapılan görüşmelerde Çinhindi'nden çekilmeyi kabul etmiş, Kuzey Vietnam'da da Vietnam Demokratik Cumhuriyeti'nin kurulması kararlaştırılmıştır (STMA, 1988b: 1207).

masına geçilmesi, bu çerçevede de şehirlerde ayaklanmalar yolu ile "sömürgeciliğin sökülmesi" gibi bir sonuca yol açması pek mümkün görülmemektedir. Hedeflenen, böylesi bir askeri başarı ile Türk devletini görüşme masasına oturtmak olarak özetlenebilir ki; bu da 1993 ateşkesi ile girişilen siyasal çözüm arama arayışının mantıki sonucu olarak ele alınmalıdır.

1993 yılında ilan edilen ilk ateşkes aslında o dönem açıkça ifade edilmese de, halk savaşı stratejisinden ayrışmayı simgeliyordu. 1988'de Birand'a verilen röportajda dile getirilen "ayrılık zorunlu değil, ateşkes ilan edebiliriz" şeklindeki genel saptamalar ilk kez somut olarak uygulamaya konuyordu. Bu da Halk Savaşı Stratejisi'nin "saldırı aşamasına geçirilerek sömürgeciliğin tasfiyesi" şeklindeki klasik okuması yerine, siyasal sürecin öne çıkarılması anlamına geliyordu. 1993'den, esas olarak da 1995'deki V. Kongre'den sonra yürütülen askeri çizginin siyasal hedefi aslında bu kapsamdaydı. Fakat bu, böylesi bir siyasal mücadele perspektifinin sadece askeri savaşın tehdit veya caydırıcılığı ile hayata geçirileceğinin hesaplandığı anlamına da gelmiyor.

Nitekim 1990'ların başında *serhildan*ların gelişmesine paralel olarak Kürt Hareketi'nin mücadele alanları ve araçları da çeşitlenmeye başladı. Bu çeşitlenme, mücadelenin kapsamının genişlemesinin yanı sıra 1970'lerin ortasından itibaren Kürt Hareketi'ne şekil veren ulusal kurtuluş mücadelesi paradigmasının yerini alacak yeni bir program hattının köşe taşlarının da oluşması anlamına geliyordu. Siyasal mücadele perspektifini temel alan bu program hattının ana ekseni Kürt Hareketi'nin mobilize ettiği kitlesel gücün siyasal örgütlenme ve basın-yayın araçları başta olmak üzere çeşitli kanallara kavuşturulmasıydı.

Kuzey Kürdistan, 1990 yılında kurulan *Halkın Emek Partisi* (HEP) ve ardılı partilerle yasal siyasal alan oluşumunun öncüsü olsa da, Kürt Hareketi'nin örgütlendiği diğer alanlarda da benzer bazı gelişmeler yaşanıyordu. Başta Avrupa'da olmak üzere Kürt diasporasının çeşitli kitle örgütlerine kavuşturulması, yaygın eylemlilikler içine girmesi bunların en başında geleniydi. Yine Suriye Kürdistanı'nda 1985'de başlayan kitle çalışması, geri cephe örgütlülüğü çerçevesinde yürütülse de giderek ortaya ciddi bir siyasi güç çıkardı. Nitekim Kürt Hareketi'nin ilk seçim deneyimi de yaygın kanının aksine Kuzey Kürdistan'da değil, burada yaşanacaktır. Demokratik niteliği oldukça zayıf olsa da Suriye'de düzenlenen 1990 seçimlerine bağımsız adaylar olarak katılan PKK taraftarı 6 kişi Kobanî, Efrîn ve Halep'ten milletvekili olarak seçildi.[14]

Türkiye'de ise ilk kez 1991 Ekim seçimlerinde SHP ile ittifak yapan HEP listesinden 18 kişi vekil olarak seçilmeyi başardı. 1999'a kadar savaşın gölgesinde ve devlet zorunun hedefi olarak yürütülen yasal parti çalışmaları, çeşitli kitle örgütleri ve basın-yayın organları ile de desteklenerek bir Kürt yasal siyaset alanı oluşumunun önünü açtı. Bu alanın PKK ile ilişkisi gerek yasal sorunlar gerekse alanın özgünlüğü gereğince bileşenlerinin çeşitliliği açısından sürekli tartışma konusu olsa da, genel yönelimi ve bileşimi itibariyle Kürt Hareketi'nin organik bir parçası olduğu da açıktır. Nitekim HEP ve devamcısı olarak Anayasa Mahkemesi'nce kapatılan tüm partilere yönelik en temel suçlama PKK ile bağlantı içinde olma iddiasıdır.

Diasporada ise birçok yasal kitle örgütünün yanı sıra 1995 yılında Sürgünde Kürdistan Parlamentosu (*Parlemena Kurdistanê ya li Derveyî Welêt*, PKDW), 1999 yılında da Kürdistan

---

[14] "Bu milletvekillerinden Osman Silêman, 2007 Kasım ayında PYD üyesi iken Türk ordusunun Güney Kürdistan'a saldırılarını protesto amaçlı gösteri düzenlediği iddiasıyla tutuklanacak, 18 Şubat 2008'de serbest bırakılmasından birkaç gün sonra yaşamını yitirecektir" (Jongerden & Akkaya, 2013b: 174).

Ulusal Meclisi (*Kongreya Neteweyî ya Kurdistanê*, KNK) gibi oluşumlarla temsil düzeyi yaratılmak istendi. 1990'ların ortasında devreye giren araçların belki de en etkilisi ilk Kürt uydu televizyonu olan MED-TV oldu.[15] Kürt Hareketi'nin kitlelere ulaşımının en güçlü aracı haline gelen TV yayıncılığı, bir yandan ulus-devletlerin sınırları ile çizilen mutlak egemenliklerine karşı Kürtlerin –Hassanpour'un ifadesiyle– "göklerde egemenlik kurma başarısı"nı gösterdi (1998: 53). Diğer yandan da Türk devletinin MED-TV ve daha sonraki uydu kanallarını kapattırmak amaçlı uluslararası diplomatik ve ekonomik baskılarına karşı yeni bir mücadele zemini oluşturdu.

Sonuç itibariyle, 1990'ların başlarından itibaren devreye giren bütün bu siyasal örgütlenmeler ve basın-yayın organları siyasal mücadele eksenli bir programın köşe taşlarını oluştururken, Kürt Hareketi'nin kitle bağlarını da canlı tutmayı başardı. Bu ise 1995'den itibaren kendini tekrarlayan askeri mücadele çizgisine büyük bir soluk alma imkânı kazandırdı. Ancak bu süreç itibari ile söz konusu araçların ve genel olarak da siyasal mücadele çizgisinin 1970'lerde ortaya konan ulusal kurtuluş mücadelesi perspektifi dışında olduğunu söylemek mümkün değildir. Askeri mücadelenin Güney Kürdistan'daki gerilla üs alanlarında yoğunlaşması ve ateşkesler süreci, bu perspektifin dışına çıkıldığını gösterse de, bütünlüklü yeni bir yaklaşımın ortaya çıkarılmamış olması bu yeni araçların da eski paradigmanın içinde faaliyet göstermesi sonucunu doğurdu. Bu nedenlerle Kürt Hareketi'nin 1995'den sonraki as-

---

[15] İngiliz *Bağımsız Televizyon Komisyonu* (*Independent Television Commission*, ITC) kurumundan alınan lisans ile 1994 yılı sonunda kurulan Med-TV, 30 Mart 1995 tarihinde başladığı deneme yayını ile dünyanın ilk Kürt uydu kanalı oldu. Mayıs 1995'den sonra düzenli yayına başlayan kanal, ITC'nin 22 Mart 1999'da lisansını iptal etmesiyle kapandı. Ancak aynı çizgideki TV yayınları bugüne kadar farklı kanallarla sürmektedir.

keri ve siyasi çizgisi bir yandan mevcut paradigma içindeki tıkanmanın tekrarı olurken, diğer yandan da yenisinin nüvelerinin ortaya çıkması şeklinde gelişti.

1970'lerin ortasında "Ulusal Kurtuluş Hareketi" olarak doğan, 1980'li ve 90'lı yıllarda ayaklanma (*insurgency*) hareketi karakteriyle güç kazanan PKK, 1990'ların sonundan itibaren ise ulusötesi bir toplumsal hareket muhtevası kazanmaya başladı. Ancak eyleminin ve kitlesel mobilizasyonunun karakterini veren 1970'lerde ortaya konan ulusal kurtuluş mücadelesi perspektifi idi. Bu anlamda yeni bir stratejik açılımın yapılması PKK lideri Öcalan'ın uluslararası bir plan dâhilinde 15 Şubat 1999'da Kenya'nın başkenti Nairobi'den kaçırılıp Türkiye'ye teslim edilmesi gibi Kürt Hareketi'ni ve Kürtleri şok eden, Türk devleti açısından da "gerçek olamayacak kadar iyi" bir olay sonrası yaşanan süreç içinde gerçekleşti. İçeride ve dışarıda PKK'nin sonu olarak yorumlanan bu kaçırılma olayı, bugün Kürt Hareketi açısından yeni bir stratejik hattın oluşumun başlangıç dönemi haline gelmiştir. Hâlbuki ilk dönemlerde yapılan en iyimser yorumlar, Kürt Hareketi'ni de, liderlerinin yakalanmasından sonra rotasını şaşıran bir örgüt olan Peru'daki *Aydınlık Yol*'un kaderinin beklediği yönündeydi (Hoffman ve Cragin, 2002). Bütün bu beklentilere karşı, PKK'nin bir tür "ölümcül sıçrayış" (*salto mortale*) gerçekleştirerek -bu makalenin kapsamı dışında kalan- bir dizi dönüşümle kendini yeniden kurduğu, Kürt Hareketi'nin kolektif eylemini de yeni bir ana çerçeveye (*master frame*) kavuşturduğu söylenebilir.

Bugün ulusötesi bir toplumsal hareket olarak PKK'nin, ulusal kurtuluş ve ayaklanma (şiddet) perspektiflerini de yeniden tanımladığı ve bu temelde güçlü bir Kürt kamusallığı içinde Kürt kimliğine ilişkin talepleri siyasi olarak canlı tutmayı başarabildiği açıktır:

Bu esasında PKK'nin ilgi ve eylem yelpazesini genişletmesi için imkânlar yaratan ve bu yolla bir Kürt kamusallığı için daha fazla alan açan yeni ideolojik ve siyasi yaklaşımların değerlendirilmesi vasıtasıyla gerçekleşmiştir. Çatışma yoluyla devlet gücünün ele geçirilmesinden ziyade toplumun tüm yönleri ile dönüştürülmesinin amaçlanması sayesinde, PKK'nin faaliyetleri bugün daha geniş bir hareket alanına izin vermektedir. Belki de PKK'nin mücadele kapasitesi ve neredeyse mucizevi dönüşü, kuruluş dönemi ilkesinde yazılıdır, "*Berxwedan Jiyan ê*" (Direnmek Yaşamaktır) (Jongerden & Akkaya, 2013a: 136).

Sonuç

Türkiye Kürdistanı'nda 1970'lerin ortasında doğan yakın dönemin Kürt Hareketi, o tarihten bugüne iki temel programatik hat üzerinde gelişmiştir. Bunlar "Kürdistan sömürgedir" tezi ile buna bağlı olarak geliştirilen "ulusal kurtuluş mücadelesi" perspektifine dayalı ulusal kurtuluşçu yaklaşımdır. 1980'lere kadar çoklu bir örgüt yapısı tarafından temsil edilen bu yaklaşım, PKK'nin tek hegemonik güç haline geldiği 1980'lerde başlayan gerilla mücadelesi dönemiyle "Halk Savaşı Stratejisi" çerçevesinde hayata geçirilmiştir. 1990'ların başında gelişiminin zirvesine ulaşan bu çizgi, daha sonra kendini tekrar eden bir pratik sonucu tıkanma ile karşı karşıya kalsa da, 2000'lerden itibaren yerini yeni bir programatik hata tahvil etmiştir.

Bu makalede Kürt Hareketi'nin ana çerçevesinin bu gelişimini, diğer aktörlerle etkileşimini dışarıda bırakarak Kürt özneliği üzerinden değerlendirmeye çalıştım. Fakat bu, diğer aktörler, özellikle de bölgesel ve uluslararası dinamikler ile Kürt Hareketi'nin mücadelesi arasında ilişki olmadığı anlamına gelmemektedir. Ancak bu makalede, bir özne olarak Kürt Hareketi'nin çevresel faktörlerle etkileşime girmeye imkân veren ideolojik yaklaşım ile politik ve askeri mevzilenmeye sahip olmasına vurgu esas alındı. Kürt Hareketi'nin hem bölgesel hem de uluslararası düzlemde etkin bir aktör olması nedeniyle bu ilişkilenmenin bundan sonraki süreçte çok daha etkili olması muhtemeldir. Nitekim Suriye Kürdistanı'nda yaşanan gelişmelerin veya Türkiye ile Irak Kürdistanı arasında gelişen ekonomik-siyasi ilişkilerin, Türk devleti ile PKK arasındaki "görüşme süreci"nde ne kadar etkili olduğu gibi hususlar artık neredeyse her güncel politik analizin parçası haline gelmiştir. Burada önemli olan Kürt özneliğinin artık bu tür "dışsal" gelişmelerin pasif bir alıcısı değil, belirleyici aktörü olduğu hususu ve bu etkileşimleri kolektif eyleminin yeni ana çerçevesi içinde nasıl okuyacağı ve değerlendireceğidir.

Makalenin başında belirttiğim üzere, Kürt Hareketi'nin çok katmanlı/düzeyli yapısı, bu ana çerçeve üzerinden "ulusal sorun", "ulusal kurtuluş", "şiddet" gibi temel bileşenlerini yeni bir okumaya tabi tutmasına imkân sağlamaktadır. Bu ise Kürt Hareketi'nin, dışarıdan bakışla çelişir gibi gözüken farklı araç ve mücadele biçimlerini birbirleri ile bağlantılı tarzda ele alıp kullanabilmesine imkân vermektedir. Silahlı mücadele ile parlamenter mekanizmalar da dâhil yasal siyaset alanını bir arada kullanabilmesi bunun en açık örneklerinden biridir. Bundan sonra da, çok daha farklı araçları, üstelik de çok daha çeşitlenmiş alanlar üzerinde bir arada kullanabilmesi şaşırtıcı olmayacaktır. Esas olan bunları birbiri ile ilişkilendiren, mobilizasyon ve kolektif eylem içinde anlamlı kılmasını sağlayan bir ana çerçeveye sahip olmasıdır ki; bunun başarılı uygulanması şiddet, siyaset ve devlet başta olmak üzere siyaset teorisinin temel kavramlarına yüklenen anlamları derinleştirmeyi de mümkün kılabilecektir.

Kaynakça

Akkaya, A. H. (2013). "Kürt Hareketi'nin Örgütlenme Süreci Olarak 1970'ler". *Toplum ve Bilim*, 127: 88–120.

Bozarslan, H. (2008). "Kürd Milliyetçiliği ve Kürd Hareketi (1898-2000)". Bora, T. (Der.), *Modern Türkiye'de Siyasi Düşünce: Milliyetçilik* (841-870). İstanbul: İletişim.

Cumhuriyet. "Siirt ve Hakkâri'de Köylüye Yayla Yasağı" (1989, 18 Temmuz).

Cumhuriyet. "Teröre Mobil Ekipler" (1992, 22 Ocak).

Ercan, H. (2010). Dynamics of Mobilization & Radicalization of the Kurdish Movement in the 1970s in Turkey, Yayımlanmamış Yüksek Lisans Tezi, Koç Üniversitesi. İstanbul.

Ercan, H. (2013). "Sömürgecilik Tezi'nden Sömürgecilik Söylemine: Türkiye'de Kürt Hareketi ve Kolektif Eylem Çerçevesinin Dönüşümü". *Dipnot* Sayı 10.

Gunes, C. (2012). *The Kurdish National Movement in Turkey: from Protest to Resistance*. Oxon: Routledge.

Hassanpour, A. (1998). "Satellite footprints as national borders: Med-TV & the extraterritoriality of state sovereignty". *Journal of Muslim Minority Affairs*, 18: 1: 53-72

Hoffman, B. & Cragin, K. (2002) *Four Lessons from Five Countrie Rand Review*. Available online at < http: //www.rand.org/pubs/ periodi-cals /rand-review/issues/rr-08-02/fourlessons.html> (Erişim: 5 Eylül 2013).

Jongerden, J. ve Akkaya, A. H. (2013a). *PKK Üzerine Yazılar*. İstanbul: Vate.

Jongerden, J. ve Akkaya, A. H. (2013b). "Democratic Confederalism as a Kurdish Spring: the PKK & the quest for radical democracy." *The Kurdish Spring: Geopolitical Changes & the Kurds* içinde, Ed. Ahmet, M. & Prof. Michael Gunter. Costa Mesa : Mazda Publishers: 163-185.

Karayılan, M. (2011). *Bir Savaşın Anatomisi: Kürdistan'da Askeri Çizgi*. Mezopotamya Yayınları. (Baskı yeri belirtilmemiş).

Maraşlı, R. (2010). "*Rizgarî*'nin Sosyalist Hareket ve Kürdistan Ulusal Kurtuluş Mücadelesindeki Yeri Üzerine Bir Deneme – 1". *Mesafe*, 68-93. Online http: //gelawej.net/pdf/Rizgarînin-Sosyalist-Hareket-ve-Kurdistan-Ulusal-Demokratik-Mucadelesindeki-Yeri-1--Recep-Marasli.pdf (Erişim: 14 Mart 2013).

Milliyet. "Silopi'de Olay" (1989, 20 Eylül).

Milliyet. "Yol Kavşağı" (1988, 16 Haziran).

Öcalan, A. (1995). *PKK 5.Kongresi'ne Sunulan Politik Rapor*, Weşanen Serxwebûn: 73.

Öcalan, A. (2012). *Kürt Sorunu ve Demokratik Ulus Çözümü: Kültürel soykırım kıskacında Kürtleri savunmak (Demokratik Uygarlık Manifestosu 5. Kitap)*. Mezopotamya Yayınları: Neuss.

PKK, (1982). *Politik Rapor-Konferans Belgeleri- 1*. Weşanen Serxwebûn: 1/Konferans Belgeleri: 1. Birinci Baskı: Şubat-1982

PKK, (1984). *Partiya Karkerên Kurdistan (PKK) Kuruluş Bildirisi* (3 b.). Köln: Serxwebûn.

PKK, (1985). *PKK Genel Sekreterliği 1985 Talimatları* (Baskı Tarihi ve yeri yok).

PKK, (1990). *PKK Genel Sekreterliği 1990 Talimatları* (Baskı Tarihi ve yeri yok).

PKK, 1983. *Kürdistan'da Zorun Rolü: Ulusal Kurtuluş Savaşı-Ulusal Kurtuluş Siyaseti*. Weşanên Serxwebûn: 8. Birinci Baskı: Ocak 1983.

Serxwebûn, (1987). "Askerlik Yasasının Uygulanmasından Çıkarılması Gereken Bazı Dersler": 70: 20-23.

Serxwebûn, (1989a). "89 Atılımının İlk Ölümsüz Kahramanı Binevş Agal (Berivan) Yoldaş Kalbimizde Sürekli Yaşayacaktır": 87: 6-7.

Serxwebûn, (1989b). "Kürdistan'da 'İntifada'nın Ayak Sesleri ve Halk Komitelerinin Örgütlendirilmesi": 69: 1, 3-5.

Serxwebûn, (1992). "Ayaklanma Taktiği Üzerine Tezler ve Görevlerimiz ": 122: 14-19.

Serxwebûn, (2008). "30. Yılda PKK: Ateşten Bir Tarih" (Abdullah Öcalan, Duran Kalkan, Murat Karayılan, Mustafa Karasu, Ali Haydar Kaytan ve Cemil Bayık'ın kaleminden). Özel Sayı: 33.

STMA (*Sosyalizm ve Toplumsal Mücadeleler Ansiklopedisi*) (1988a). Ertuğrul Kürkçü (ed.), c. 7. İstanbul: İletişim Yayınları.

STMA (*Sosyalizm ve Toplumsal Mücadeleler Ansiklopedisi*) (1988b). Ertuğrul Kürkçü (ed.), c. 4. İstanbul: İletişim Yayınları.

Yeğen, M. (2006). *Müstakbel Türk'ten Sözde Vatandaşa: Cumhuriyet ve Kürtler*. İstanbul: İletişim Yay.

Yeğen, M. (2007). "Turkish Nationalism & the Kurdish question". *Ethnic & Racial Studies*, 30: 1: 119–151.

* *

2. Bölüm

YENİ PARADİGMA ARAYIŞINDA PKK

* *

4
DEMOKRASİYİ RADİKALLEŞTİRMEK: GÜÇ, SİYASET, HALK VE PKK*

Joost Jongerden

Giriş

PKK'nin (*Partiya Karkerên Kurdistan,* Kürdistan İşçi Partisi), 1978 yılında deklere ettiği kuruluş programında ifade ettiği "Kürdistan" adlı bağımsız, tek bir (birleşik) devlet kurma hedefi zamanla değişime uğradı (1978). Bu anlamda PKK'nin ulus-devleti özgürlüğe giden yolda bir engel olarak gördüğünü ve stratejik amacının devletin değil de, özerkliğin ve birlikte yaşamanın yeni bir yolunun temeli olarak, birbirleriyle bağlantılı konsey ağlarının kurulmasının olduğunu açıkladığı 2005 yılı öne çıkmakta (PKK, 2005: 175). Suriye'de PKK'nin kardeş partisi, Demokratik Birlik Partisi'nin (*Partiya Yekîtiya Demoqratîk,* PYD) eş başkanı Salih Müslim'in açıkça işaret ettiği üzere bu bağlamda, sınırlar çizmek ve onlar için ölmek XIX. ve XX. yüzyılların Avrupası'nın hastalığıdır. Dahası, birbirleriyle bağlantı-

---

* Bu makale daha önce *Türkiye Politika ve Araştırma Merkezi* (Research Turkey) Cilt IV, Sayı 3, ss. 61-77) içinde ve internet sitelerinde (http: // researchturkey.org/?p=8401&lang=tr) yayımlanmıştır.

lı konseyler modeli geleceğin yönetim modelidir (Müslim, 19 Eylül 2014).

Bu makalenin amacı, PKK'nin yeni bir siyasi mimari tahayyülündeki "demokratik özerklik" ve "demokratik konfederalizm" kavramlarına bakarak PKK'nin 2000'li yıllarda gelişen siyaset anlayışını tartışmak ve açıklamaktır. Demokratik özerklik ve demokratik konfederalizm kavramları, bu kavramların tarihsel ve karşılaştırmalı bir perspektifle ele alındığı ve daha geniş siyasi ve sosyal bilim tartışmalarında uygun bir bağlama yerleştirildiği bir izlekte tartışılacaktır. Bu makale, demokratik özerkliği ve demokratik konfederalizmi, fikir ve katılımın bir arada mümkün olduğu bir edim olarak anlamlandırırken, PKK'yi[1] anlama çabasındaki eserlere katkı sunmayı amaçlamakta. Bu doğrultuda, demokratik özerklik ve demokratik konfederalizm olguları Kürt Hareketi özelinde tartışılarak, bu kavramların demokrasiyi radikalleştirme potansiyelleri gösterilecektir. Tartışmanın merkezinde, bu kavramların politik teori bağlamında taşıdıkları anlam ve modern demokrasinin temel çelişkilerine temas konusunda sahip oldukları potansiyeldir. Veriler birincil kaynak çalışmalarından ve mülakatlardan elde edilmiştir.

Radikal Demokrasi

Yaygın olarak bir gerilla/silahlı örgüt olarak tasvir edilen PKK, yasal olarak siyaset yapma olanakları tıkandığı için şiddet kullanmaya itilmiş bir siyasi örgüttür (Bozarslan, 2004: 23; Jongerden ve Akkaya 2011: 168-9). Halihazırda PKK militanları da, hareketi bugün dahi askeri veya isyancı bir hareket olarak ad-

---

[1] Bkz. (Akkaya & Jongerden, 2011; 2012), (Grojean, 2014), (Gunes, 2012), (Gunes & Zeydanlioglu, 2013), (Imset, 1992), (Jongerden & Akkaya, 2011; 2012; 2013a; 2013b) ve (Marcus, 2007).

landırmamaktadır. Bir PKK militanının yakın zamanda aktardığı üzere:

> Her bir Kürt hareketi isyan hareketi olmuştur. Ben PKK için isyan hareketi demiyorum. Çünkü bir isyan hareketi değildir. Ama PKK'den öncekiler birer isyan hareketidirler. Yani, süreç, amaç ve kapsadıkları alan itibari ile isyan hareketidirler. Ama PKK bunu asan bir durumdur. O yüzden PKK'ye isyan hareketi dememek lazım. PKK siyasal bir örgütlenme hareketidir. Bir özgürlük hareketidir. İsyan demek PKK'yi daraltır (PKK militanı ile röportaj, E. D., 6 Ağustos 2014).

PKK, 1978 yılında siyasi parti olarak kurulduğu zaman, klasik bir komünist partisi tarzında örgütlenmeye sahipti. PKK belgelerinde, hareketin kurulduğu günden itibaren süregelen iki siyasi hedefi ayırt edebilir. İlki, özerklik hakkının aşamalı olarak elde edilmesi, ikincisi ise solun örgütsel ve ideolojik olarak yeniden-kurulması idi (Jongerden & Akkaya, 2012: 10). PKK'nin ideolojik ve politik olan önüne koyduğu "radikal demokrasi", 2000'lerde demokratik cumhuriyet, demokratik özerklik ve demokratik konfederalizm şeklinde üç ayaklı bir proje şeklinde doğmuştur. Her bir ayak, Kürt siyasi taleplerinin (tekrar) tanımlandığı "stratejik düzenek" (*strategic dispositif*) şeklinde tasarlanmıştır (Akkaya ve Jongerden, 2012: 22).

Demokratik cumhuriyet ile, demokrasinin milliyetçilikten, halkın (*demos*) etnik kimlikten (*ethnos*) ayrılması hedeflenmişti. Somut olarak bu, vatandaşlığın etnik köken bağlamında değil, toplumsal cumhuriyet ve sivil haklar bağlamında tanımlandığı veya kavrandığı yeni bir anayasa önerisiyle sonuçlanmıştır. Demokratik cumhuriyet planı devletin niteliğini hedef alırken, demokratik özerklik ve demokratik konfederalizm, insan-odaklı ve özgürleştirici, birleştirme siyaseti doğrultusunda devlet odaklı siyasete alternatif geliştirmeyi amaçladı. Bu birleştirme siyaseti, insan, iktidar ve siyaset arasındaki ayrımı yeniden düşünme ve bu kopuklukları irdeleme teşebbüsüne dayanmaktadır.

Demokratik özerklik kavramı, bağımsız bir devletin bünyesindeki kurumlar arasında egemenlik paylaşımına dayanan bir model ya da (sınırlı) devlet görev ve sorumluluklarının kurumlara transferine dayanan bir model (Reyes ve Kaufman, 2011) değildir. Halkın devletle ilişkisi yerine özerk yönetim esası özelinde, insanların siyasi yaklaşımlarının yeniden şekillendirilmesine dayanmaktadır (Duran Kalkan, kişisel görüşme, 28 Ekim 2014). PKK, özerklik ve demokratik özerklik arasında ince bir ayrıma gider. PKK'nin üst düzey yetkilisi Cemil Bayık'ın "çoğu kişi özerkliği, demokratik özerklikle karıştırır" sözleri bu görüşü destekler. Dahası, "aslında, ikisi arasında hiçbir ilişki yoktur" (kişisel görüşme, 30 Ekim2014). Devam eden Bayık, özerkliğin ulus-devleti esas almasına rağmen, demokratik özerkliğin demokratik-konfederalizmi hedef aldığını da eklemektedir.

Demokratik konfederalizm, öz-yönetim için aşağıdan yukarı yapılandırılmış sistem temelli bir toplumsal örgüt amaçlamaktadır. Türkiye'de köy, mahalle, ilçe, kent ve bölge seviyelerince örgütlenen "Kuzey Kürdistan" böylesi bir örnektir (Jongerden & Akkaya, 2013). Bayık, "demokratik konfederalizmin temel prensibi, toplulukların özerkliğidir", diye devam eder. Diğer bir deyişle, demokratik konfederalizm, karar verme ve yönetme yeteneğini ile ilişkili olup; demokratik özerklik, siyasi, ekonomik ve kültürel kurumlar üzerinde kontrole sahip olma (veya bunu yeniden kazanma) yeteneği ve kapasitesi ile ilgilidir de denilebilir. Amaç bir devlet inşa etmek değil, demokratik bir toplum geliştirmektir. "50 yıl önce, 100 yıl önce, devlet küçüktü ve toplum büyüktü, ama bugün devlet her şey ve toplum ise hiçbir şey" (Duran Kalkan ile kişisel görüşme, 28 Ekim 2014). Demokratik özerklik ve demokratik konfederalizm, bu durumu tersine çevirmeyi, insanların kendi kendilerini yönetme kapasitelerini geliştirmeyi ve böylece demokrasiyi radikalleştirmeyi amaçlamaktadır.

Demokratik Özerklik ve Demokratik Konfederalizmin Dünü ve Bugünü

Murray Bookchin'in çalışmalarını takiben, Kürtler arasında demokratik özerklik ve demokratik konfederalizm ile ilgili tartışmayı başlatan kişi, tutuklu Abdullah Öcalan oldu (Biehl, 2012: 10; Öcalan, 2008). Bookchin, iki farklı siyaset ve hükümet anlayışına sebebiyet veren, iki siyasi fikiri temsil eden Helen modeli ve Roma modeli arasında ayrım gözetmektedir. Bookchin savunduğu Helen modeli, siyasetin katılımcı-demokratik yapısını temsil ederken, reddettiği Roma modeli merkeziyetçi ve devletçi formu temsil etmektedir (White, 2008: 159). Helen modeli etkin yurttaşlık temelli olup (Bookchin, 1991: 11), devletçi, merkeziyetçi formda vatandaş güruhu karşımıza çıkmaktadır (1897 Kropotkin). Bookchin, XVIII. yüzyılın Amerikan ve Fransız anayasacılarını işaret ederek, modern toplumda egemen form haline gelenin Roma modeli olduğunu savunur. Helen (Eski Yunan) modeli, 1871 Paris Komünü'nde, 1917'deki Rusya Devrimi'nin baharında ortaya çıkan ilk konseylerde (*soviets*) ve 1936-39 arası dönemde İspanyol Devrimi'nde, karşıt ve yeraltı bir akım şeklinde ortaya çıkmıştır.

PKK'nin demokratik konfederalizm ve demokratik özerklik projeleri, zengin bir siyaset yapma ve düşünme geleneğinden beslenmektedir. Murray Bookchin, özerklik ve konfederalizmi, Paris Komünü (1871), 1917 Devrimi sırasında Rusya'da ortaya çıkan ve sonra bastırılan ilk konseyler (*soviets*) ve 1936-39 İspanyol Devrimi gerçekliğinde, Roma geleneğinin karşısında, Helen geleneği içinde konumlandırır.Darrow Schecter (1994:

74-102), Rosa Luxemburg, Antonio Gramsci'ye ve özellikle Anton Pannekoek'e, Michael Hardt, aynı zamanda Antonio Negri'ye atıfta bulunarak, komünist hareket içinde konsey akımını tartışır (Hardt & Negri, 2004); aynı zamanda Hannah Arendt de, konsey hareketini Amerikan Devrimi'ni ve "vatandaşların kamusal alana erişim hakkı" düşüncesini doğuran akımlar ile ilişkilendirir (Arendt, 1990 (1963): 127).

Arendt'e göre, konseyler devrimin kayıp hazineleridir; "devrimin kendi seyrinde oluşturulan ve düzenlenen, özgürlük için yeni bir kamusal alan ile tamamen yeni bir hükümet şekli"ni temsil etmektedir (Arendt, 1990 [1963]: 249). Tarihsel olarak, bu meclisler Amerika, Fransa, Rusya ve İspanya'daki devrimlerde kurulmuştur. Bugün, Türkiye Kürdistanı'nda Demokratik Toplum Kongresi (DTK) ve Rojava'da Demokratik Toplum Hareketi (*Tevgera Civaka Demokratîk*, TEV-DEM) tarafından koordine edilen komisyonlar, Kürdistan Topluluklar Birliği (*Koma Civakên Kürdistan*, KCK) çatısı altında, konsey fikrinin Kürdistan'da yeniden canlandırılmasıdır.

PKK'nin radikal demokrasi fikri tarihsel bir perspektifle ele alınabileceği gibi, aynı zamanda başka bir yerde vuku bulan günümüz toplumsal hareketleri ya da projeleri ile karşılaştırmalı olarak da ele alınabilir. EZLN (*Ejército Zapatista de Liberacion Nacional*, Zapatista Ulusal Kurtuluş Ordusu) ile karşılaştırılan PKK'ye (Gambetti, 2009; Küçüközer, 2010) dair en güncel odak, hareketin siyasal projesidir. Kürdistan'da geliştirilen demokratik özerklik ve demokratik konfederalizm, açıkça, Zapatista'nın Chiapas'ta kurduğu (Güney Meksika) (Stahler-Sholk 2000) özerk belediyelere; özerkliğin uygulanması ise kendini örgütleyen ve yöneten yapılar ve yetkelerinin aşağıdan yukarı gelişimine benzer. Bugünkü PKK gibi, EZLN de (devletin kontrolü anlamında) iktidarı ele geçirmek için değil, ama özerkliğin ortaya çıkabilmesi için uygulamalar ağı oluşturarak, devletin egemenlik gücüne yönelik alternatifler geliştirme amacındadır. PKK gibi, Zapatista da özerkliği, sadece idari kurumlarla sınırlamaktan kaçınır. Daha ziyade, güvenilir ve değiştirilebilir delegeleri ile müzakere alanlarına sahip ve "herkesin hakimiyetinin devamlılığına dair imkanlar doğuran" meclisler üzerinden kavramsallaştırmaya yönelir (Reyes ve Kaufman, 2011: 516).

İnsanların, insanlarla ve devletle aralarındaki ilişkileri dönüştüren (öncelikle Brezilya'daki) Topraksız Köylüler Hareketi (*Movimento dos Trabal hadores Rurais Sem Terra*, MST) ile de sosyo-politik mücadelesi ve etkin yurttaşlık düşüncesinin gelişmesi bağlamında benzerlikler taşımaktadır (Wittman, 2009). Daha genel bir ifadeyle, spontane toplanma eylemlerinin (örneğin, 2013 yılında İstanbul'da) oluşumu şeklinde vuku bulmuş ve daha önceden var olan direkt demokrasi platformlarının (örneğin, İngiltere'de Halk Meclisi Hareketi) profilini yükselten çevreci ve globalleşme karşıtı aktivizmden (özellikle Seattle'daki 1999 yılında olan G8 karşıtı gösteriler ve ayaklanmalar ile) Occupy hareketine dönüşen sokak protestolarının ve işgallerinin son ayaklarını bu özelde değerlendirebiliriz.

Güç, Halk ve Siyaset

PKK'nin radikal demokrasi projesi ve meclis demokrasisi ya da öz-yönetim (demokratik konfederalizm) fikri ve özerklik gelişimi potansiyel olarak üç ayrılığa odaklanır: egemen gücün halktan ayrılması, halkın birbirlerinden ayrılması ve nihayet güç-siyaset ayrılığı.

Egemen Gücün Halktan Ayrılması

XVIII. yüzyılın erken modern dönem anlayışı içerisinde, demokrasi herkes tarafından herkesin yönetilmesi olarak düşünüldü, ancak, "yargı dahilinde, halkın çoğunluğu tarafından görevden alınabilen ve sorumlu tutulabilen görevliler tarafından yürütülen devlet" şeklinde kurumsallaştırılan demokrasi fikri bu anlayıştan çok uzaktır (Hardt & Negri, 2004). Arendt (1990 [1963]: 268-9) "temsili hükümetin aslında oligarşik hükümete dönüşmüş (...) ama azınlığın çıkarları için azınlığın tahakkümü gibi klasik anlamda değil; bugün demokrasi dediğimiz azınlığın –en azından varsayıldığı şekliyle– çoğunluğun çıkarlarına hizmet ettiği bir hükümet biçimi" olarak ele alınması gerektiğini savunur. Böylece çıkarlar üzerine kurulu bir heyeti ifade eden temsil sisteminin olduğu bir yerde, en çok vatandaşlar "temsil edilmeyi" umabilirler.

Aslında, Hardt ve Negri'ye (2004: 247) göre, temsilin "aynı anda bağlayan ve ayıran" ikili bir doğası vardır. Temsil sadece temsil edilen ve temsil eden arasındaki bağı ifade etmez, aynı zamanda yönetileni yönetenden de ayırır: "bizim gücümüz bir grup yönetene transfer edildiğinde, biz artık yönetemeyiz, güçten ve iktidardan ayrılırız" (Hardt & Negri, 2004: 244). İnsanların egemen güçten ayrılması devlet-oluşumunun temelini oluşturur. Hardt ve Negri, demokratikleşmeyi, "temsil edilenler ve temsil edenler arasındaki ayrımı daraltan her bir adım" olarak tanımlamaktadır. Diğer bir deyişle, "devletin güç tekelini etkisizleştirmek" için, demokrasinin "temelden inşa etmek zorunda olunması" (Hardt & Negri, 2004: 249, 251) fikrindedirler.

Arendt'e göre, bu "açık tartışma ve kamusal müzakere süreci içerisindeki" insanların proaktif olarak ve sürece öncülük ederek düşüncelerin şekillendirilmesi anlamına da gelebilir çünkü biz "eylemi hükümetin imtiyazına bıraktığımız zaman kısmen destekleriz" ve bu yeterli olmayabilir (Arendt , 1990 [1963]: 268-9, 271). Bu tam da PYD eş başkanı, Salih Müslim'in eleştirdiği ilişkidir. Müslim, geçtiğimiz yıllarda Ortadoğu'da devlet ve insanlar arasındaki ilişkinin, insanların devletin nesneleri olarak konumlandırıldığı aktif devlet anlayışı temelinde şekillendiğini tespit etmektedir. Oysa ki, demokratik özerklik ve demokratik konfederalizm modeli, insanların karar vermek ve hareket etmek için kendi kapasiteleri olan özneler olarak kabulünü gerektirir ve halk tarafından ve halk için problemlerin tartışıldığı ve çözüm üretildiği aktif vatandaşlık temelinde şekillenir (Salih Müslim, 19 Eylül 2014). Benzer bir şekilde, Cemil Bayık (kişisel görüşme, 30 Ekim 2014) ve Duran Kalkan (kişisel görüşme, 30 Ekim 2014) da paradigma değişiminin, diğerlerinin yanı sıra, devlet-inşasından toplum-inşasına ve buna ilişkili bir biçimde gücün iktidardan toplumsal öz-yönetim kapasitelerinin geliştirilmesine doğru geçişinden söz etmektedir.

Halkın Birbirinden Ayrılması

Temsil sadece halkı iktidardan ayırmaz, aynı zamanda siyaseti kamusal olandan özel olana yöneltir. Oy sandığı özel tercih yetkisini temsil eder, çünkü insanların bireysel kapasitelerine sunulmuş oy verme hakkına dayanır. Bu, Arendt'in iddia ettiği gibi (1990 [1963]: 277), bireysel bir alım-satım ilişkisine dönüştürülür. Öte yandan siyasi konular üzerindeki bakış açılarının çoğunluğunun şekillendirilebildiği siyasi eylem diğerleri önünde ayakta durmak ve düşünceler hasıl etmektir (Sitton, 1987). Oy sandığı kamusal ve siyasal olan için bir yüzleşme yeri sağlamaz (Merrifield, 2011), yalnızca özel eylemlerin ve tercihlerin ifade şeklinin bir tanesidir (verilen bir dizi alternatif arasından seçilmesidir).

Arendt'e göre, siyasi eylemler bireysel seçme hakkına indirgenemez çünkü bu aynı zamanda diğer insanlarla olan kamu sözleşmesidir ve kendisinin söz ettiği gibi (Arendt, 1958: 57), başkaları tarafından görülmüş ve duyulmuş olmanın önemi de zaten herkesin farklı bir bakış açısından görmesi ve duymasından kaynaklanmaktadır. Arendt için, özgürlük vatandaş gibi hareket etme özgürlüğüdür ve bunun anlamı, katılmak, duyulmak, tartışmak, görüş alışverişinde bulunmak ve karar vermektir. Bu yüzden, özgürlük, insanlara özel yetkileri içinde güç vermekle alakalı değil, kamu alanının kurularak vatandaşlık yetkilerinin güçlendirilmesiyle ilgilidir. Böylece Arendt (1990 [1963]: 253) meclis demokrasisini, insanların tarihsel olarak hep birlikte düşünceleri şekillendirmek ve karar almak için yarattığı kamusal alanlar ve devrimci geleneğin hazinesi olarak konumlandırır. Nitekim, KCK tarafından (KCD ve Tev-Dem yoluyla) başlatılan model de bir çeşit meclis demokrasisi sistemidir.

Güç ve Siyaset Ayrılığı

Demokratik özerklik ve demokratik konfederalizm, Bauman'ın (2007: 1-2) modern toplumun güç-siyaset ayrılığı olarak adlandırdığı probleme işaret etmektedir. Bir şeyleri yapma yeteneği olarak tanımlanan güç ve aynı zamanda, yönünü ve hareket amacını seçme yeteneği olarak tanımlanan siyasetin birliği uzunca bir süre ulus devletlerin hizmetinde oldu. Ancak günümüzde bu ikisinin ayrılığı aşikar bir hal almış durumda. Ulusal ve resmi siyaset, değişen ekonomi politiğe -özellikle sermayenin küreselleşmesi ve önceleri devletlerin sahip olduğu işlevlerin neoliberal politikalar sonucunda daralmasına- bağlı olarak, resmi bir "–aslında yapabilecek gibi bile değilken– yapılması gerekenin kararını uzatmalı olarak verme" siyasetine dönüştü (Roos, 2012). Bir şeyleri yapma kabiliyeti olmaksızın siyaset, bir çağrıdan fazlası olamaz. Bunun yanı sıra, karar verme yeteneği olmaksızın (egemen olmayan) güçten söz edemeyiz. Demokratik konfederalizmin karar verme kapasitesiyle ilgili olduğu yerde, PKK'nin demokratik özerklik projesi bir kontrol etme yetkesi olarak anlaşılabilir. Bu, PKK'nin demokratik özerklik ve demokratik konfederalizm ikiz projelerinin, gücü ve siyaseti, ulus-devlet siyasetinin homojenleştiriciliğinin aksine, öz-yönetim modeline dayanan meclisler aracılığıyla, tekrar birleştirme vaadine dayandırdığı anlamına gelir.

Geri Çekilme ve Hedefe Kitlenmenin Ötesinde Radikal Siyaset

Demokratik konfederalizm ve demokratik özerklik fikirleri; güç, insanlar ve siyaset arasında ayrılığın üzerine gitme potansiyeline sahiptir. Fakat aynı zamanda radikal siyaset kavramını değiştirebilir de. Radikal siyaset genellikle geri çekilme ve katılım arasında bir ikilem bağlamında tartışılmıştır: kurulu siyasi yapı ve kurumlara alternatifler geliştirmek için geri çekilme ya da değişiklik yapmak için kurulu yapılar ve kurumlarla bağlantı kurma. Radikal demokrasi fikri üzerinde yaptığı çalışmalar içinde, Chantal Mouffe (2013), ayrılım (*exodus*) ve katılım (*engagement*) kavramları arasında bir karşıtlık oluşturur. Burada ayrılım, devleti reddetmeye ve devletten ayrılmaya dayanan bir siyasi eylemi belirtmektedir. Asıl amaç, devlet dışı kamu sınıfının ve öz-temsilin, parlamento dışı demokrasi ile organize edilmiş konseyler etrafında radikal yeni bir tür demokrasi aracılığıyla gelişimidir. Devletin günlük yaşamdaki anlamını boşa çıkarma amacındaki ayrılım, bir olumsuzlama anlamına gelmektedir. Mouffe (2013), radikal siyasetin kurumlarını var olan söylemler ve uygulamalardan ayırmak için, ayrılımın karşısına etkileşimi gerekli gören katılım siyasetini koyar.

Hardt ve Negri'nin stratejisi olan ilk seçenek, ayrılım, "Biz partilerle, sendikalarla ve var olan kurumlarla ilgili bir şey yapmak istemiyoruz, çünkü onlar dönüştürülemez; biz yeni hayat formlarını bir araya koymalı ve organize etmeliyiz; biz demokrasiyi görünümde ve fiilen tecrübe etmeliyiz", diyen bir protesto stratejisine sahiptir.[2]

---

[2] "A Vibrant Democracy Needs Agonistic Confrontation"–An Interview with Chantal Mouffe [Erişim tarihi 6 Mart 2015], http: //www.citsee.eu/interview/vibrant-democracy-needs-agonistic-confrontation-interview-chantal-mouffe

Bu radikal solun konumudur. Mouffe'un (2013) da bağlı kaldığı ikinci seçenek, mevcut kurumlarla bağlantı içine girerek ve farklılıkların kabul edildiği ve olumlu bir biçimde ele alındığı agonizm yoluyla bir şey yaratmak ve farklı olanın mağlup edildiği uzlaşmazlıkların sahasından siyaseti dönüştürmektir. Bu ise reformist solun konumudur. PKK, demokratik özerklik ve demokratik konfederalizm projesinde geri çekilme ya da katılım arasında bir seçim yapmaktan ziyade, varolan kurumlarla hedefe kitlenerek (belediyeler), kendi alternatiflerini bizzat yaratmakta (meclisler).

Bu ikili pozisyon başka bir deyişle kendi alternatiflerini geliştirirken aynı zamanda mevcut kurumlarla etkileşim içine girmek suretiyle, Henri Lefebvre'in (2003) *transdüksiyon* tanımına yakınsamaktadır. Lefebvre için transdüksiyon, kişinin çağdaş toplumun mevcut sınırlarını kabul etmeksizin, anın gerçekleri temelinde fiili eylemlere bağlanışı şeklinde tarif edilebilir. Amaç, var olan çabalara ve kurumlara bağlanmak ya da mevcut düzenin ötesine geçmek değil, var olan çabalara bağlanmak ve aynı zamanda mevcut düzenin ötesine geçmektir. "Biz asla gerçeğin sınırları içerisinde kalmamalıyız" (Lefebvre, 2003). Ya da "her zaman gerçek olmayana, henüz gerçekleştirilmemiş olana doğru ilerlemeliyiz" (Purcell, 2013: 320). Bu, kendini var olanla sınırlandırmayan bir gerçek ile radikal etkileşimi temsil etmektedir.

Alternatiflerin geliştirilmesi bizi bir kez daha Cemil Bayık tarafından belirtilen, özerklik ve demokratik özerlik arasındaki farka yönlendiriyor. Belirtildiği üzere özerklik, (sınırlı) devlet fonksiyonlarının ve sorumluluklarının, devletin kurumlarına transferidir. Demokratik özerklik ise, siyasi ve aynı zamanda ekonomik ve kültürel alanlarda insanların doğrudan katılım ile ve birbiri ile işbirliği yaparak, yaşamaları için gerekli ve arzu edilen koşulları ürettiği ve yeniden ürettiği eylemler bütünüdür. Birlikte yaşamak için gerekli ve arzu edilen koşulların yeniden üretilmesi fikri, otonomcu Marksist literatürde "kendini değerli kılma" olarak adlandırılmaktadır.

Kendini değerli kılma kavramı Toni Negri'nin *Marx Beyond Marx* (*Marx'ın Ötesinde Marx*, 1991) okumasında geliştirilmiştir. Negri önceliği sermayeye değil emeğe veren Marx'ı anlamak için bir alternatif sunmuştur. Bu perspektifin tersine çevrilmesi –tipik otonomcu Marksist yaklaşımı– siyasi tartışma ve analizlerin merkezine "özerklik pratiği" ve "öz-aktivite" fikrini getirerek, çeşitli pozitif ve sosyal anlamda yapıcı öz edime olan direncin ötesine geçen çabalara dikkat çeken yararlı bir kavramsal çerçeve sunmakta (Cleaver, 1993). Filozof ve pedagog Ivan Illich, benzer bir düşüncede, özerk kapasitelerin gelişimi yoluyla, devletten ve çalışanlarından hayatı geri talep etme ihtiyacına dikkat çekmektedir.

Illich (1977), modern toplumun gelişiminin, özerk asgari geçim edimleri temelinde şekillenen bir çatışma ile bütünlük kazandığını iddia etmektedir. Bu aşamada, asgari geçim aktivitelerinin insan yaşamının ekonomik organizasyonu ile kısıtlı olmadığını; aynı zamanda Marksist düşüncenin ana fikri olarak, insan hayatının diğer alanlarda da devam etmesi için gerekli aktiviteleri içerdiğini belirtmeliyiz. Örnek olarak, Illich'in dikkat çektiği sağlık, eğitim alanları ve Arendt (1990 [1963]) tarafından tartışılan siyasi alan. Modern kurumların olumsuz uygulamaları, bireylerin kendi kendine yardım edebilme kapasitelerini ve kabiliyetlerini bastırmakta ve bireylerin üretim aktivitelerini devlet çalışanlarının buyruğuyla sınırlamaktadır. Demokratik özerklik, işin değer üretimi alanından, yaşamın devlet çalışanlarından özgürleştirilmesiyle ve öz yönetim kapasitelerinin gelişimiyle ilişkilidir (Gibson-Graham vd., 2013). Otonomcu İtalyan Marksistlerin kendi kendini değerli kılma fikri gibi, Illich'in özerk kapasiteleri geliştirme fikri ve PKK tarafından geliştirilen demokratik özerklik projesi de, direnişten ziyade alternatif inşa projesi olarak ele alınmalıdır. Cemil Bayık'ın röportajın sonunda belirttiği gibi, "devrimci hareket inşa etmek demektir, yıkmak demek değildir" (kişisel görüşme, 30 Ekim 2014). PKK'nin bugünkü pozisyonu özelinde, yeni bir toplumun düzenlenmesi, var olan düzenin ötesinde, yeni devlet ve yönetim formları geliştirilmesine bağlıdır. Böylelikle asli amaç, düzenin tahribinden ona alternatifler inşa ederek bağıntısız kılınmasına dönüşür.

Sonuç

Bu makalede PKK'nin radikal demokrasi anlayışı iki anahtar kavram özelinde incelenmiştir: demokratik özerklik ve demokratik konfederalizm. Tartışma kapsamında söz konusu terimlerin PKK tarafından nasıl tanımlandığıyla yetinilmemiş, aynı zamanda kavramların tarihsel ve karşılaştırmalı bir bakış açısı ile sunulması amaçlanmıştır. Bu amaçla, tarihsel olarak, demokratik özerklik ve demokratik konfederalizm düşüncesi ve uygulamalarının, Helen modeline –diğer bir deyişle siyasi tarihteki karşıt akıma– nasıl bağlandığına odaklanılmıştır. Aktif vatandaşlık temelinde, siyasetin katılımcı demokratik formunu simgelemekte olan bir modelden söz etmekteyiz. Meselenin güncelliği ise, Meksika'daki EZLN ve Brezilya'daki MST hareketleri ile PKK'nin demokratik özerklik ve demokratik konfederalizm ile ilgili düşünce ve uygulamalarındaki benzerliklerine dikkat çekerek geliştirilmiştir. Karşılaştırmalı yaklaşım, kavramların farklı mekanlarda uygulanışına dair deney ve deneyimleri vurgulamayı mümkün kılmıştır.

Demokratik özerklik ve demokratik konfederalizm kavramlarının, temsili demokrasinin ana problemlerini (bireyleri güçten ayırma, bireyi bir diğer bireyden ayırma ve güç ile siyaseti ayırma) işaret edip bu problemleri yıpratma potansiyeli aşikar.

Bu potansiyeli, Antonio Negri, Michael Hardt, Hannah Arendt ve Zygmunt Bauman'ın tartışmaları aracılığıyla sorunsallaştırdım. Böylelikle, demokratik özerklik ve demokratik konfederalizm kavramları üzerine düşünmenin ve çalışmanın, beraberinde ilerleyici siyaset üzerinde yeniden düşünmeyi getirdiğine işaret etmeye çalıştım. Ancak, geri çekilme ve katılım arasında bir seçim yapmaktan fazlasından, bir transdüksiyon tercihinden söz etmekteyiz. Diğer bir deyişle hala fiili olarak gerçekleştirilmemiş olana doğru ilerlerken var olan uğraşlara bağlanılması seçimi önümüzde durmakta.

Bu makale kapsamında PKK'nin demokratik özerklik ve demokratik konfederalizm ile ilgili projesinin tarihsel ve güncel boyutları, bireylerin yeniden bağlanması, güç ve siyaset birliği ve transdüksiyon meselelerine dair genel bir çerçeve sunulmaya çalışılmıştır. Ancak kavramları ilişkin konuların detaylı bir biçimde ele alınmasının bu çalışmanın sınırlarını aştığı açıktır. Bu anlamda teorik ve ampirik araştırma taslağı olarak değerlendirilebilecek bu tartışmanın sunduğu en açık veri, demokratik özerklik ve demokratik konfederalizm kavramlarının, çağdaş siyasetimizdeki temel kusurları işaret etme ve demokrasi düşüncesini radikalleştirme potansiyelleridir.

Kaynakça

Akkaya, Ahmet Hamdi & Joost Jongerden. 2011. "The PKK in the 2000s: Continuity Through Breaks" *Nationalisms & Politics in Turkey: Political Islam, Kemalism & the Kurdish Issue* içinde, ed. Marlies Casier & Joost Jongerden. Londra: Routledge.

Akkaya, Ahmet Hamdi & Joost Jongerden. 2012. "Reassembling the Political: The PKK & the project of Radical Democracy". *European Journal of Turkish Studies* (12).

Arendt, Hannah. 1958. *The Human Condition.* Chicago: The University of Chicago Press.

Arendt, Hannah. 1990 (1963). *On Revolution.* London: Penguin Press.

Bauman, Zygmunt. 2007. *Liquid TimeLiving in an Age of Uncertainty.* Cambridge: Polity Press.

Biehl, Janet. 2012. "Bookchin, Öcalan, & the Dialectics of Democracy". *Challenging Capitalist Modernity: Alternative Concepts & the Kurdish Quest* içinde, 3-5 Şubat 2012. Hamburg.

Bookchin, Murray. 1991. "Libertarian Municipalism: an overview". *Green Perspectives.*

Bozarslan, Hamit. 2004. *Violence in the Middle East, from Political Struggle To Self-Sacrifice*. Princeton: Markus Wiener Publishers.

Cleaver, Harry. 1993. "Kropotkin, Self-Valorisation, & the Crisis of Marxism". *Anarchist Studies* içinde, ed. Thomas V. Cahill. Lancaster: Lancaster University.

Gambetti, Zeynep. 2009. "Politics of place/space: The spatial dynamics of the Kurdish & Zapatista movements". *New Perspectives on Turkey* (41): 43-87.

Gibson-Graham, J.K., Jenny Cameron & Stephen Healy. 2013. *Take back the Economy: An ethical guide for transforming communities.* Minneapolis: University of Minnesota Press.

Grojean, Olivier. 2014. "The Production of the New Man within the PKK". *European Journal of Turkish Studies.*

Gunes, Cengiz & Welat Zeydanlioglu. 2013. *The Kurdish Question in Turkey: New Perspectives on Violence, Representation & Reconciliation*. Londra: Routledge.

Gunes, Cengiz. 2012. *The Kurdish national movement in Turkey: From Protest To Resistance*. Londra: Routledge.

Hardt, Michael & Tony Negri. 2004. *Multitude*. New York: Penguin Press.

Illich, Ivan. 1977. *Disabling professions*. Londra: Boyars.

Imset, Ismet. 1992. *The PKK: A Report on Separatist Violence in Turkey (1973-1992).* Ankara: Turkish Daily News.

Jongerden, Joost & Ahmet Hamdi Akkaya. 2011. "Born from the Left: the Making of the PKK". *Nationalisms & Politics in Turkey: Political Islam, Kemalism & the Kurdish Issue* içinde, edMarlies Casier & Joost Jongerden. Londra: Routledge.

Jongerden, Joost & Ahmet Hamdi Akkaya. 2012. "The Kurdistan Workers Party & a New Left in Turkey: Analysis of the revolutionary movement in Turkey through the PKK's Memorial Text on Haki Karer". *European Journal of Turkish Studies* (14).

Jongerden, Joost & Ahmet Hamdi Akkaya. 2013a. "Democratic Confederalism as a Kurdish Spring: the PKK & the Quest for Radical Democracy". *The Kurdish Spring: Geopolitical Changes & the Kurds* içinde, ed. Mohammed Ahmet & Michael Gunter. Costa Mesa: Mazda Publishers.

Jongerden, Joost & Ahmet Hamdi Akkaya. 2013b. *PKK Üzerine Yazılar*. Istanbul: Vate Yayinları.

Kropotkin, Peter. 1897. *The State: It's Historical Role.*

Kucukozer, Mehmet. 2010. *Peasant rebellions in the age of globalization: The EZLN in Mexico & the PKK in Turkey*. New York: City University of New York.

Lefebvre, Henri. 2003. *The urban Revolution*. Minneapolis: University of Minnesota Press.

Marcus, Aliza. 2007. *Blood & Belief: the PKK & the Kurdish Fight for Independence* . New York & Londra: New York University Press.

Mouffe, Chantal. 2013. *Hegemony, Radical Democracy, & the Political*. Ed. James Martin, Londra: Routledge, 2013.

Negri, Antonio. 1991. *Marx beyond Marx, Lessons on the Grundrisse*. New York: Bergen & Garvey.

Öçalan, Abdullah. 2008. "Prison Notes". Haziran 18, 2008.

PKK. 1978. *Kürdistan Devriminin Yolu.*

PKK. 2005. *Partiya Karkerên Kurdistan PKK Yeniden İnşa Kongre Belgeleri*. İstanbul: Çetin Yayınları.

Purcell, Mark. 2013. "The right to The City: The Struggle for Democracy in The Urban Public Realm". *Policy & Politics* 43(3): 311-327.

Reyes, Alvaro & Mara Kaufman. 2011a. "Sovereignty, Indigeneity, Territory: Zapatista Autonomy & the New Practices of Decolonization." *The South Atlantic Quarterly*, 110(2): 505-525.

Roos, Jerome. 2012. "Beyond the Vote: the Crisis of Representative Democracy." *Roar Magazine*, 14-09-2012.

Schecter, Darrow. 1994. *Radical Theories: Paths Beyond Marxism & Social-Democracy*. Manchester: Manchester University Press.

Sitton, John F. 1987. "Hannah Arendt's Argument for Council Democracy". *Polity XX(1)*: 80-100.

Stahler-Sholk, Richard. 2000. A world in which many worlds fit: Zapatista responses to globalization: 384. Panel'de sunulmuş bildiri, "Globalization in the New Millennium? Perspectives from/for Latin America", *Latin American Studies Association (LASA), XXII International Congress.*

Tronti, Mario. 1980. *The Strategy of Refusal*. Semiotexte.

White, Damian. 2008. *Bookchin: A Critical Appraisal*. Londra: Pluto Press.

Wittman, Hannah. 2009. "Reframing agrarian citizenship: Land, Life & Power in Brazil." *Journal of Rural Studies (25)*: 120-130.

5

PKK, RADİKAL DEMOKRASİ VE ULUS-DEVLETİN ÖTESİNDE KENDİ KADERİNİ TAYİN HAKKI

Joost Jongerden

Hiç bir şey bağımsızlık ve özgürlükten daha kıymetli değildir.

Mazlum Doğan

Serxwebûn, 5 Mayıs 1982

Bağımsız bir devlet fikrini çoktan çöp sepetine attık.

Hatip Dicle

Cumhuriyet, 1 Şubat 2014

Giriş

Standart modernist görüş, medeni toplumların bir devlete sahip oldukları ve ilkel toplumların olmadıkları ikiliği üzerine bina edilmiştir. Medeni toplumların bir devlete sahip oldukları fikri modern düşünüşteki önemli bir iddiayı, yani, devletin modernleşme yolundaki her bir toplumun kaderi olduğu iddiasını da barındırır. Bu düşünüş, bir devlete sahip olmayan toplumların tamamlanmamış olduklarını iddia etmektedir. Antropolog Pierre Clastres'ye göre bu tez "medeniyet durumunu keyfi biçimde Devlet'in medeniyetine bağlayan, bu ikinci durumu zorunlu netice olarak tüm toplumlara mal eden bir doktrini" öne sürmektedir (Clastres, 1989: 190). Devletin kader haline geldiği bu fikirle ilintili olarak Kürtlerden "devletsiz bir ulus" olarak bahsetmek, olağan bir durum haline gelmiştir. Çok sayıda çalışma bu önermeyi ya da bu temanın varyasyonlarını temel alırken, baskı ve adaletsizliğin altını çizerek temel Kürt probleminin devletin eksikliği olageldiğini ve bu sebeple politik eylemin nihai temelinin bir Kürt ulus devletinin kurulması olduğunu öne sürer. 1960'lar ve 70'lerde ortaya çıkan Kürt politik hareketlerinin çoğu, mücadelelerini bağımsız bir devletin kurulmasıyla doruğa ulaşan bir sömürgecilik karşıtlığı üzerinden şekillendirmişlerdir. 1978 tarihli kuruluş programında, Kürdistan İşçi Partisi (*Partiya Karkerên Kurdistan,* PKK) de benzer şekilde, "Kürdistan" adı altında, bağımsız, tek (birleşik) bir devletin kurulması amacını belirtmiştir (PKK 1978a). Ancak, zaman içerisinde bu değişmiştir. 2005'te PKK ulus devleti özgürlük yolunda bir engel olarak değerlendirdiğini ve stratejik amacının bir devlet kurmak değil, özerkliğin temeli olması beklenen ve beraber yaşamın aracı olarak birbirine bağlı olacak konseyler ağı kurmak olduğunu beyan etmiştir. PKK'nin Suriye'deki kardeş partisi, Demokratik Birlik Partisi'nin (*Partiya Yekîtiya Demokratîk,* PYD) eş başkanı Salih Müslim'in iddia ettiği gibi, sınırlar çizmek ve bu sınırlar için ölmek XIX. ve XX. yüzyıllardan kalma bir Avrupa hastalığıdır. Müslim, birbirleriyle bağlantılı konseylerin gelecek için bir model olduğunu ifade etmiştir (Salih Müslim, 18 Eylül 2014).

Bu makalenin amacı, PKK'nin devletin ve ulus-devlet biçiminin eleştirisi üzerinden nasıl yeni bir özerklik anlayışı geliştirdiğini tartışmaya açmak ve açıklamaktır. Burada, PKK'nin "demokratik özerklik" ve "demokratik konfederalizm" pratikleri üzerine inşa edilmiş yeni politik yapı imgelemi ve bu pratiklerin odağında yer alan aktif yurttaşlık fikri ana hatlarıyla ortaya koyulacaktır. Ayrıca, demokratik özerklik ve konfederalizmin, yeni bir politik söylemin yapıtaşları; üyelerini ve takipçilerini ulus devletin ötesinde bir yaşam ve edim konusunda bilgilendiren bir üstdilin (Thrift, 2005: 24) kavramları olduğu ileri sürülecektir. Bu makale, özerklik ve toplumsal ilişkilere dair fikirlerin PKK tarafından nasıl uygulamaya konduğuna ya da bugüne kadar hayata geçmemiş olan konulara değil, teorik çıkarımlara odaklanmaktadır.

Bu makale kapsamında öncelikle PKK denildiğinde ne anlaşılması gerektiği konusu netleştirildikten sonra, ulus devletin toplumsal eylemlerin ve pratiklerin odağı ve kaderi olduğu varsayımı ele alınacaktır. Sonrasında, demokratik özerklik ve demokratik konfederalizm kavramları tartışılacaktır. Öncelikle bu kavramların nasıl uzun bir politik düşünce geleneğiyle bütünleşmiş ve zengin bir uygulama tarihiyle bağlantılı olduğu ortaya konulacaktır. Daha sonra, PKK'nin kuruluş dönemindeki politik bakış açısının bağımsız bir devlet fikri etrafında şekillenişi ve 2000'lerde özerklik hakkı fikri ile devlet merkezli bir yaklaşımdan halk –ve ilişkisellik– merkezli yaklaşıma geçiş ele alınacaktır.

PKK

Bu makale, PKK tarafından geliştirilen ve örgütü şekillendiren politik imgelem ve yapıyla ilgili olduğundan, öncelikli soru, PKK'nin nasıl anlaşılması gerektiğidir. Sıklıkla ayrılıkçı bir hareket olarak konumlandırılan PKK, ABD'nin ve AB'nin terörist örgüt listelerine alındığından beri resmi düzlemde terörist bir örgüt olarak tanımlanmakta. Bununla birlikte daha önce (Jongerden & Akkaya, 2011) tartıştığımız üzere PKK, Ortadoğu'nun en önemli seküler örgütlerinden birisi olmasının yanı sıra, etnik ya da milliyetçi söylemlerle şekillendirilmemiş ve belirlenmemiş bir özgürlük hareketidir. Aslında, partinin kuruluş süreci (1973-78) Türkiye devrimci solundan etkilenmiştir; PKK'nin kurucuları devrimci Türk soluyla ilişki içinde olmakla kalmayıp, söylemleri de bu geniş cephenin etkisi altında kalmıştır (Jongerden & Akkaya, 2011). Militanlar kendilerini, Kürdistan bölgesine odaklanan ve devrimci solu bir araya getirmeyi amaç edinen, devrim gerçekleştirme davasına adanmış Marksistler olarak nitelendirmişlerdir (Jongerden & Akkaya, 2011). Bugün, PKK kendini fiilen post-Marksist "radikal demokrasi" söylemi içinde ifade etmektedir (bkz. Karasu, 2009).

Yaygın biçimde gerilla/silahlı bir örgüt olarak betimlenen PKK'yi askeri terimler (ya da benzerleri) ile karakterize etmek yanlış olur. Geçmişten bugüne PKK, (legal) siyasal alanlarda temsili mümkün kılacak alternatif koşulların mahrumiyetinde şiddete yönelmiş politik bir örgüt olagelmiştir (Bozarslan, 2004: 23; Jongerden & Akkaya, 2011: 168-9). PKK'nin belgelerine bakıldığında, kuruluşundan itibaren hareketin içindeki iki politik amaç arasındaki fark gözlemlenebilir. İlki, özerklik hakkının ilerici bir şekilde hayata konmasıyken, ikincisi, birleşme ile ya da örgütsel ve ideolojik bağlamda öngörülen biçimde solun yeniden inşasıdır (Jongerden & Akkaya, 2012: 10). Ayrıca PKK içinde bugün etkin olan militanlardan birisinin de yakın zamanda ifade ettiği üzere, PKK militanları hareketi askeri ya da isyancı bir hareket olarak nitelendirmemektedirler:

> Her bir Kürt hareketi isyan hareketi olmuştur. Ben PKK için isyan hareketi demiyorum. Çünkü bir isyan hareketi değildir. Ama PKK'den öncekiler birer isyan hareketidirler. Yani, süreç, amaç ve kapsadıkları alan itibari ile isyan hareketidirler. Ama PKK bunu asan bir durumdur. O yüzden PKK'ye isyan hareketi dememek lazım. PKK siyasal bir örgütlenme hareke-

tidir. Bir özgürlük hareketidir. İsyan demek PKK'yi daraltır (PKK militanıyla kişisel görüşme, E. D., 8 Haziran 2014).

Partiya Karkerên Kurdistan 1978'de politik bir parti olarak kurulduğunda, parti genel sekreterinin önde giden resmi görevli kabul edildiği ve yürütme kurulunun doğrudan harekâtlardan sorumlu olduğu klasik komünist parti örgüt yapısına sahipti. En yüksek yönetici kurum Merkez Komite'ydi ve Parti Kongresi de partinin en tepedeki karar alıcı organıydı. Bununla birlikte, yıllar içinde, PKK şekil değiştirdi ve kendi içinde çeşitlendi (Akkaya & Jongerden, 2011; 2012). Bu açıdan PKK, bugün aslında bir parti kompleksidir. İçinde PKK, kadın örgütlülüğü temelli bir eş parti,[1] Irak ve İran'daki kardeş örgütlerin yanı sıra Suriye'deki PYD[2] ve bu partilere bağlı gerilla kuvvetleri yer almaktadır.[3] Bu partiler kümesinin yanı sıra, PKK, politik uygulamaların bütünleşmesini ve koordinasyonunu kolaylaştıran kurumları da hayata geçirmiştir. Bunlardan en önemlisi bugün, esasen bir köy, şehir ve bölgesel kon-

---

[1] PKK içindeki kadın örgütlenmeleri uzun bir geçmişe sahiptir. İlk Kadın Gerillalar Birliği 1995'te kurulmuş, 1999'da bunu ilk kadın partisi takip etmiştir. Kadın partisinin adı bir kaç kez değişimiş —şu anda Kürdistan Özgür Kadın Partisi (*Partiya Azadiya Jina Kurdistan*, PAJK) olarak faaliyette bulunmaktadır. PAJK, cephe örgütü olan *Yüce Kadınlar Topluluğu* (*Koma Jinên Bilind*, KJB) ve kadın gerilla örgütü olan *Özgür Kadın Birliği* (YJA-STAR) ile birlikte, otonom olarak örgütlenmiş kadın grupları için ideolojik bir merkez teşkil etmektedir.

[2] Irak'ta *Kürdistan* Demokratik Çözüm Partisi (*Partiya Çareseriya Demokratîka Kurdistan*, PÇDK), 2002'de kuruldu; İran'da Kürdistan Özgür Yaşam Partisi (*Partiya Jiyana Azada Kurdistan*, PJAK) Nisan 2003'te kuruldu; Suriye PYD 2004'te kuruldu.

[3] Gerilla örgütleri temelde üç grup halindedir: Parti hareketinin askeri örgütlenmesini oluşturan Halk Savunma Güçleri (*Hêzên Parastina Gel*, HPG), PJAK'ın politik hedefleriyle parelel hareket eden *Doğu Kürdistan Kuvveti* (*Hêzî Rojhelatî Kurdistan*, HRK); ve YJA-Star.

seyler ağı olan ve meclisinin *Kürdistan Halk Kongresi* (KONGRA-GEL)[4] (Jongerden & Akkaya, 2013a: 165–167) olarak adlandırıldığı, Kürdistan Topluluklar Birliği'dir (*Koma Civakên Kurdistan,* KCK).[5] Kısacası, PKK bugün kendisini farklı alanlarda kurumsallaştırmış ve radikal demokratik bir söylemle ifade eden bir harekettir.

Metodolojik Milliyetçilik

Sömürge karşıtı politik hareketlerin milliyetçilik ve mücadelelerinin ulus devlet kurma çabası çerçevesi içine oturtulmasının yanı sıra, ulusun ve devletlerin, (neredeyse) doğal mevcudiyetler ya da yazılı kaderler olarak, kendinden menkul farz edilmesi siyaset bilimi ve sosyal bilimlerde çok önemli bir problemi işaret etmektedir: Metodolojik milliyetçilik. Dünyayı algılamanın özgül bir biçimi olarak metodolojik milliyetçilik (Berndt, 2003), ulus devletin toplumun doğal sosyal ve politik biçimi olduğu (Wimmer ve Schiller, 2002: 301) varsayımıdır. Bu durum şu yaklaşımlar şeklinde tezahür edebilir: 1) Olumlu ya da açık bir şekilde ulus devletleri analizin temel birimi olarak onaylamak, 2) Bu prensibi açık bir şekilde ya da istemsiz bir farkındalığa dair bir belirti olmaksızın izlemek, ya da 3) Modern dünyada milliyetçi doktrini önemsememek ya da görmezden gelmek (Wimmer ve Schiller, 2002: 327). Sosyal bilimlerin epistemolojisi, iddia edildiği üzere, ulus devlet deneyimiyle ilişkilidir ve bununla şekillenmiştir –sadece akademi

---

[4] *Kongra-Gel,* PKK'nin çok bileşenli yapısı içinde, bir ölçüde 2000 yılında feshedilen ERNK'nın işlevlerini üstlenen halk cephesidir. Adından hareketle, yasama organı olarak görülebilir.

[5] KCK demokratik konfederalizm fikrini ve Öcalan'ın Ortadoğu'daki sorunlara çözüm modeli olarak gördüğü, ulus devlete alternatif bir toplumsal örgütlenme anlayışını içermektedir.

için değil, aynı zamanda genel anlamıyla toplumsal ve politik imgelem için de. Wimmer ve Schiller (2002: 302) bu varsayıma dair, analitik kapasiteleri hapsetmesi ve sınırlandırması anlamında, "demir kafes" göndermesinde bulunmaktadır. Nimni ve meslektaşları, ulus devletlerin olduğu bir dünya bağlamında politika algısından, entelektüel bir kısıtlama ve yeni bir "politik yapıyı" doğuralabilecek uygulamalar ve fikirler karşısında güçlü bir bariyer olarak işleyen hegemonik bir fikir birliği olarak söz ederler (Nimni, 2013: 2, 6).

Ulus devletin benimsenmesi düşünsel disiplinlerde farklı biçimler almıştır. Wimmer ve Schiller (2002: 304-5) sosyal bilimlerde metodolojik milliyetçiliğin üç değişkeni temelinde bir ayrıma gider. İlk olarak, iddia edildiği üzere teorik sosyal bilimler, Bourdieu'den Habermas'a ve Luhman'a, ulus devletler tarafından bölünmüş bir dünyanın doğallığı ve öyle olduğu varsayılan hali tarafından ele geçirilmiş ve sistematik bir körlüğü (yeniden) üretmişlerdir (Wimmer ve Schiller, 2002: 304). İkinci olarak, daha deneysel yönelimli sosyal bilimler, ulus devlet söylemini, bağlılıklarını ve gündemlerini sorunsallaştırmadan kanıksamışlardır. Modernite, bağımsız bir birim olarak ulus devletin temelleri üzerine inşa edilmiştir ve sosyal bilimler de bu bakışı sorgusuz sualsiz benimsemiştir (Beck ve Beck-Gernsheim, 2009: 34). Wimmer ve Schiller'e göre (2002: 304-5) II. Dünya Savaşı sonrası sömürgesizleştirme döneminden bu yana, ulus devlet inşası görevi "modernleşmenin diğer görevlerinin, model olarak Batı ulus devlet inşası görüşünü yansıtan, aşikar bir doğal sonucu" olarak görülmekteydi. İkilinin gönderme yaptıkları Lerner ve Rostow gibi modernite teorisyenlerine göre, ulus inşası ve devlet oluşumu aynı anda doğmuşlardı: Bu kombinasyon toplumu düzenleyebilmenin akla gelen tek yolu haline gelmiştir. Ulus devlet inşa etme fikri, sömürgecilik-karşıtı düşünür Franz Fanon'un (1963: 206-48) çalışmalarında belirgin bir şekilde resmedilmektedir. Modern tarih bu nedenle ulus devletlerin tarihi olarak yazılmıştır (Wimmer ve Schiller, 2002: 305).[6]

Üçüncü ve son olarak, sosyal bilimlerin bölgeselleşmesi ve analitik odağının ulus devletin sınırlarına indirgenmesi, bu sınırların sosyal dünyanın belirli bir parçasını, "içeri" ve "dışarı" fikirlerinden yeniden üretilmiş, ayrık bir oluşum olarak kesip ayırdığı anlamına gelmiş oldu. Anthony Smith, metodolojik milliyetçiliği, sosyal bilimler içinde temel toplumsal verilerin her zaman "ulus devletler" denilen oluşumlarla ilgili olarak toplandıkları ve değerlendirildikleri bir yaklaşım olarak tanımlamaktadır (Smith, 1983). Benzer şekilde, antropolojide metodolojik milliyetçilik, ulus devlet fikrinin toplumsal dünyayı sınırlarla ve kültürel olarak belirlenmiş birimlere bölünmüş olarak ele alan yaklaşımın yansıtılması aracılılığıyla yeniden üretilmiştir (Wimmer ve Schiller, 2002: 305). Burada, gelişimsel evrimin zaferi ve bunun sonucunda (ilkesiz) yayılmacılığın toplumsal değişimin analizindeki düşüşü, XX. yüzyılda geçerli olmak üzere, tekil halkları münferit oluşumlar (özellikle İngiliz sosyal antropoloji geleneğinde) olarak derinlemesine inceleme eğilimine yol açtı.

Kürt meselesinin analizi de aynı sınırlamalar ve metodolojik milliyetçiliğin çarpıtmasından muzdarip hale gelmiştir. Ulus devleti araştırmanın doğal çerçevesi olarak ele alan yöntem, Kürtlerin yaşadıkları devletleri çerçeve olarak konumlandırırken, bu konudaki birçok çalışmanın biçimlendirilişini de belirlemektedir. Öncelikle, örneğin Türkiye'de Kürt meselesini incelerken belirtilmesi gereken birçok etmen olsa da, bu durum izahtan vareste olarak değerlendirilemez. Ayrıca, aynı şe-

[6] Elbette Eric Wolf ve Immanuel Wallerstein gibi istisnalar da bulunmaktadır. Bkz. (Wimmer ve Glick Schiller, 2002).

kilde, ulusal bağımsızlığın politik eylemin doğal ve nihai hedefi olduğu da varsayılamaz. Demokratik konfederalizm ve demokratik özerklik konuları kilit projeler olmak üzere, radikal demokrasi fikrinin tartışmaya açılması ve de bununla alakalı olarak özerklik hakkı fikrinin yeniden şekillenmesi sonucunda, Kürt meselesini devlet merkezli bir söylem içerisinde kavramsallaştırılmasının doğallığını bozmak adına aşağıdaki tartışmalara başvurulmuştur.

Özerklik ve Ulus-Devlet

PKK'nin 1973-78 dönemi politik görüşü iki temel motif etrafında şekillenmişti: 1) Kürt toplumunu sömürge ilişkilerini ortadan kaldırarak dönüştürmek, 2) Kürdistan'ı birleştirmek ve bağımsız bir devlet kurmak. O zamanlar, kuzey Kürdistan'daki (Türkiye'nin güneydoğusu) ekonomi tarıma dayalıydı; endüstriyel bölgeler –Batman (petrol) ve Antep'te (gıda, tekstil ve mobilya)– bulunsa da çiftçilik daha ağır basmaktaydı. Sömürü ilişkileri temelde iş bölümü ve tarım işçileri, topraksız çiftçiler ve toprak sahipleri arasındaki ayrım temelli bir hiyerarşiyle tanımlanıyordu. Büyük toprak sahipleri, aynı zamanda aşiret lideri ve dini liderler de olabiliyorlardı, devletle sıkı ilişkiler içindeydiler. Ve dahası, çiftçi ve köylüleri tebaaları gibi görmekteydiler. Temelde, toplumsal güç ilişkileri feodal bir karaktere sahipti. PKK, sömürü ilişkilerinin sonlandırılmasının iş bölümünün ve hiyerarşinin toprak reformu ve bir yeniden bölüşüm savunmaktaydı bağlı olduğuna inanmaktaydı. Partinin programı olan *Kürdistan Devriminin Yolu*'nda, böyle bir toplumsal dönüşüm, devlet inşası sürecine, "bağımsız, birleşik ve demokratik Kürdistan'ın" (PKK, 1978: 127) kurulmasına bağlı görülüyordu. Uzun'un (2014: 13) da dediği gibi:

1978'de PKK Türk solunun katledilen devrimcilerinin bayrağını devralan bir hareket olarak kuruldu. Marksist-Leninist teori ve uzun süreli bir "halk savaşı" stratejisi üzerine temellenerek "bağımsız Kürdistan"ı elde etmeyi hedefledi.

Bağımsız bir devletin kurulmasından sonra toplumsal bir değişim süreci başlatılabilecekti (Jongerden & Akkaya, 2011, 2012). Bağımsızlık arayışı özerklik meselesine, fiilen Lenin (1914) tarafından özellikle öne sürüldüğü üzere, Marksist-Leninist bir yaklaşım üzerine temellenmişti:

> Sonuç olarak, eğer ulusların kendi kaderini tayininin anlamını, yasal tanımlarla oynayarak ya da soyut tanımlamalar "icat ederek" değil de ulusal hareketlerin tarihi ve ekonomik koşullarını inceleyerek kavrayabilmek istiyorsak, kaçınılmaz olarak ulusların özerkliğinin bu ulusların yabancı ulusal zümrelerden politik olarak ayrılmaları ve bağımsız bir ulus devletin kurulması demek olduğu sonucuna varmak durumundayız.

Kürdistan örneğinde ise, mesele sadece bir bölünme meselesi değil aynı zamanda sömürgecilik (Beşikçi, 2004) ve birleşme (Ghassemlou, 1965: 247) meselesi olarak değerlendirilmekteydi. Bu ayrıca, 1978'de PKK'yi kuran militanlar tarafından kullanılan adıyla, *Kürdistan Devrimcileri*'nin bağımsız ve *birleşik* Kürdistan üzerine tartışmalarının nedeniydi de. Bu meselenin Abdurrahman Kasımlo'nun Çekoslovakya Bilim Akademisi tarafından 1965'ta yayımlanan *Kurdistan & the Kurds* (*Kürdistan ve Kürtler*) kitabında ele aldığı biçimi, Marksist-Leninist yaklaşımdan etkilenen Kürt siyasal partilerinin Kürdistan'ın durumuna ve 1960'lardan itibaren en temel hedef olan bağımsızlık mücadelelerine bakışlarının tipik bir örneğini sergilemekteydi.

Marksist-Leninist yaklaşımın her ulusun kendi kaderini tayin hakkını teslim etmektedir ve onlar için bu hakkın somut bir içeriği vardır. Lenin, reformistlerle ve Marksist görüşten ayrılanlarla girdiği tartışmada şunu açıkça yerine koymuştur:

> ... Marksistleri izledikleri program içinde ulusların kendi kaderini tayini politik kendi kaderini tayinden, politik bağımsızlıktan ve bir ulusal devletin kurulmasından başka bir anlam taşıyamaz. (...) [Lenin] bu hakkı yadsıyan, ya da bunu bütünden kopuş dışında değerlendiren herkesi kınamıştır.

"Hakim bir ulusun üyesi olan bir sosyalist" diye yazar Lenin,

> ve bu nedenle ezilen ulusların savaş sırasında değil barış sırasında ayrılma haklarını ileriye taşımayan biri, ne sosyalisttir ne de enternasyonalisttir, bir şovenisttir (Ghassemlou, 1965: 246).

Kendi kaderini tayin hakkı, Kürdistan'ın çeşitli sömürgeci devletlerden ayrılması ve bu parçaların tek bir devlet altında birleşmesi anlamında hem bir ayrılık hem de birleşme meselesi olarak ele alınmıştır (Ghassemlou, 1965: 247). Öte yandan, Ortadoğu'daki diğer halklarla birleşme, "kardeşliğin" sömürgeci bir ilişki içinde ortaya çıkamaması nedeniyle, ayrılmaya bağlı olarak değerlendirilmiştir. Devlet kurulması biçiminde bir kendi kaderini tayin, PKK'nin 1978 manifestosunda da ifade ettiği gibi, ezilen ulusların dünya çapındaki özgürlük mücadelesinin bir parçası olarak görülmüştür:

> Bağımsız devlet, günün şartlarında tek doğru, doğru olduğu için de devrimci bir tez olup, diğer tezler ve çözüm yolları devlet sınırlarına dokunmadığı için reformist, reformist olduğu için de gerici tezlerdir. Siyasi, ekonomik ve diğer alanlarda bağımsız bir ülke yaratmayı amaçlayan Kürdistan Kurtuluş Hareketi, başta komşu halklar olmak üzere, bölge ve dünya halklarıyla ilişkilerinde, dünya proletarya devriminin çıkarlarını esas olarak alır. Bu çıkarlar neyi gerektiriyorsa o doğrultuda bir davranış içine girer (PKK, 1978: 128).

Özetlemek gerekirse, kendi kaderini tayin hakkı genellikle ayrı bir devlet kurulması çerçevesinde kavramsallaştırılmıştır. Böyle bir kendi kaderini tayin düşüncesi, her ne kadar bunun izleri açığa çıkmış olduğu üzere sosyalizmin eleştirisine ("fiilen var olan sosyalizm") ve 1980'lerdeki ulusal kurtuluş mücadelelerinin karakterlerine[7] kadar sürülebilinirse de, 2000'lerde mercek altına alınmıştır. Abdullah Öcalan'ın mahkemede yaptığı savunmada söylediği gibi (2012b: 89) "Reel sosyalizmin etkisi altındaki PKK, uzun bir süredir ulus devletçi paradigmayı aşmayı başaramamıştır."

Öcalan, ulus devlet oluşumunu, partinin tarihini değerlendirdiği, kendi kaderini tayin düşüncesini ABD ve Sovyetler Birliği arasındaki güç mücadelesi bağlamında ulus devlet inşası olarak konumlandırdığı *Demokratik Uygarlık Manifestosu* savunmalarında, PKK özelinde tarihselleştirmiş ve sorunsallaştırmıştır:

> PKK'nin oluşumundaki temel sorun ulus-devletçi ideoloji konusunda muğlâk kalmasıdır. Özellikle J. Stalin'in ulusal

---

[7] Duran Kalkan bir röportajda 1970'lerdeki kuruluş sürecinde, PKK kendini ulusal özgürlük mücadelesi ve o günün sosyalizmi içinde konumlandırdığını; ama bu hareketlerin söz verdiklerini gerçekleştirmedeki başarısızlıklarının eleştirel bir inceleme gerektirdiğini söylemiştir: "PKK bütün ulusal özgürlük hareketlerini incelemiştir. Bu hareketler çok büyük muharebeler, milyonlarca şehit vermiş ve savaşlarını kazanmışlardır, ancak çok ufak bir kazanım elde etmişlerdir. (…) Hedeflerini gerçekleştirememişlerdir. (…) Bu yeni bir incelemeyi gerektirmiştir. Bu bir paradigma değişiminin ortaya çıkması için elzemdir" (Duran Kalkan, kişisel görüşme, 20 Ekim 2014). Cemil Bayık bu yeni paradigmanın kökenlerinin izlerini PKK'nin merkez komitesinin 1984'teki bir görüşmesine dayandırır. Bu görüşmede Öcalan "gerçek anlamıyla yaşayan sosyalizm" olarak tanımlanan şeyin aslında sosyalizmle çok da ilgisi olmadığını öne sürmüştür. Bu, başka şeylerin yanı sıra, devletin eleştirisi üzerine temellenmiştir. Sosyalizm devletin tasfiyesini ve yerine, her bir bireyin özgür gelişiminin herkesin özgür gelişiminin koşulu olduğu, bir özgür yurttaşlar birliğinin konulmasının sözünü verirken, kendisini sosyalist ilan eden ülkelerin devletleri sadece daha da güç kazanmışlardır. "[PKK'nin savunduğu] Yeni değerler dizisi durup dururken ortaya çıkmayıp bu eleştiriden tekâmül etmiştir" (Cemil Bayık, kişisel görüşme, 30 Ekim 2014).

sorun konusundaki tezleri bu konuda etkileyici olmuştur. Stalin ulusal sorunu temelde devlet kurma sorunu olarak ele alır. Bu yaklaşımı bütün sosyalist sistemi ve ulusal kurtuluş hareketlerini etkilemiştir. Lenin'in de kabul ettiği bu hakkın ulusların kendi kaderini tayin hakkı olarak devlet kurmaya indirgenmesi, tüm komünist ve sosyalist partilerin ideolojik muğlaklığa düşmelerinin temel nedeni olmuştur. PKK'nin çıkışındaki temel ideası olan Kürt sorununu çözmede esas aldığı model, Stalin'in ortaya koyduğu ve Lenin'in de onayladığı devlet kurma modeliydi. O dönemde (1950-1970'ler) zirve yapan ulusal kurtuluş hareketlerinin çoğunun ayrı devletle sonuçlanması bu modeli neredeyse biricik kılıyordu. Ayrı devlet sosyalist amentünün kutsal ilkesi haline gelmişti. Sosyalist olmak ezilen ve sömürge uluslar ve halkların devlet kurma hakkından yana olmakla eşanlamlıydı. Aksini düşünmek sosyalist olmaktan çıkmak demekti. Aslında ulusların kendi kaderini tayin hakkı ilkesi ilkin ABD Başkanı Wilson'un Birinci Dünya Savaşı sonrasında ortaya attığı ve ABD'nin hegemonik çıkışıyla yakından bağ-lantılı olan bir ilkeydi. Lenin, Wilson'dan geri kalmamak ve ezilen uluslarla sömürge halkların desteğini Sovyetler Birliği'nden yana çekmek için aynı ilkeyi daha da radikalleştirerek bağımsız devlet kurmaya indirgemişti. İki sistem arasında bu yönde bir yarış başlamıştı. Bunun en bariz örneği Anadolu'da yeni başlayan ulusal direnişin her iki güç tarafından desteklenmeye çalışılmasıydı. Daha sonra bu yaklaşım iki sistem arasında tırmandırılarak devam etti (Öcalan, 2012a: 271-2).

1980'lerden 2000'lere geliştirilen paradigma doğrultusunda Öcalan, kendi kaderini tayin ile ulus devlet kuruluşu arasındaki ilişkiyi doğal ya da kendinden menkul olarak değil, tarihsel şartlar sonucu –süper güçler arasındaki rekabet ortamında ortaya çıkan– mümkün olmuş bir durum olarak ele almıştır. Ulus devlete belirli bir tarihsel inşa olarak bakmakla kalmaz, dahası, bunun sorunlu olduğunu düşünür. Kendisinin iddia ettiği üzere, ulus devlet, nüfusun zihnine önceden tasarlanmış bir kültürü sokmaya çalışan, yurttaş üretiminin merkezidir (Öcalan, 2010: 196). Sonuç olarak, ulus devletin mantığı merkezi bir asimilasyon makinesinin mantığına benzer: Çoklu kültürleri tek bir kültüre, çoklu dilleri tek bir dile dönüştürmeyi hedefler.

Bu "homo nationalis"in (Balibar, 2002: 93) üretimi, ulus devletin doruk noktası haline geldiği faşizm ile beraber, insanları ve sınırları gözetim altına alır (Öcalan, 2010: 195). Öcalan ulus devletin tebaasını sömürgeci durumdan özgürleştirmediğini, aksine onu hükmü altına aldığı sonucuna varır:

> Kapitalizm sanıldığı gibi ekonomik gelişmenin değil inkârının sistemik halidir. Ulus-devlet ise yine çokça yansıtıldığı gibi demokrasinin, özgürlüğün, insan haklarının temel formu değil, bu değerlerin inkârının sistemidir (Öcalan, 2010: 193).

Ulus devletin bu eleştirisi, PKK'yi politikayı yeniden düşünmeye sevk etmiştir. 2005 Newroz kutlamalarında PKK yeni modelini açıkladığı bir beyanda bulunmuştur. Bu beyanda, XX. yüzyılın başında kendi kaderini tayin hakkının devlet kurma hakkı olarak yorumlanmasına rağmen, PKK'nin, alternatif bir politika fikri geliştirerek, demokratikleşmenin ulus devlet modelinin küreselleşmesiyle sağlanamayacağını iddia ettiği öne sürülmüştür (Uzun, 2014: 22).

Kendi Kaderini Tayin ve Demokratik Konfederalizm/Özerklik

PKK 2000'lerde, her biri Kürt siyasi taleplerinin halk odaklı ve özgürleştirici bağlayıcılık politikaları yönünde yeniden tanımlandığı ve düzenlendiği "stratejik düzenek" olarak işlenmesi için tasarlanmış üç iç içe geçmiş proje –demokratik cumhuriyet, demokratik özerklik ve demokratik konfederalizm– ile geliştirilmiş bir "radikal demokrasi" fikri üzerine inşa edilen, yeni bir ideolojik ve politik bakış açısı geliştirdi (Akkaya ve Jongerden, 2012: 22). Demokratik cumhuriyet projesi, demokrasinin milliyetçilikten, halkın etnisiteden ayrılmasını hedeflemektedir. Somut olarak, bu, vatandaşlığın etnik terimlerle değil yurttaşlık üzerinden, cumhuriyet ve sivil haklar bağlamında tanımlandığı ve tasarlandığı yeni bir anayasa önerisiyle sonuçlandı. Demokratik cumhuriyet fikri, ulus ile devleti birbirinden ayırmaya ek olarak, hiyerarşik yapılı ve merkezi bir devlet fikrinin ötesine geçmeyi hedefledi. Öte yandan demokratik cumhuriyet fikri hâlâ bir devlet etrafında şekillenmekteydi. Demokratik özerklik ve demokratik konfederalizm fikirleri ve projeleri için ise aynı durum söz konusu değildir.

BDP milletvekili Sebahat Tuncel'e göre, "demokratik özerklik" bir duruma, kendi kaderini tayin durumuna atıfta bulunmaktadır.[8] Bu, doğrudan insanların kendi hayatları üzerinde karar alabilme ve geleceklerini tayin edebilme ehliyetlerini ifade etmektedir. Demokratik konfederalizm öz yönetim adına aşağıdan yukarı köy, mahalle, ilçe, kent ve "Kuzey Kürdistan" olarak anılan bölge seviyelerinde bir örgütlenmeyle nitelenmektedir (Jongerden & Akkaya, 2013a). Diyarbakır'da yaşayan bir parti yöneticisine göre demokratik konfederalizm paradigmatik olarak:

> Merkeziyetçiliği ve devleti reddederken, halkın öz örgütlenmesini ve kendi gündelik işlerinin sorumluluğunu üstlenmesini öne çıkarmaktadır. Bu durumda demokratik konfederalizm devlet iktidarının ele geçirilmesine yönelmemekte, devlete odaklanmamakta, öz örgütlenmeler yoluyla alternatif iktidar biçimleri yaratılmasına yoğunlaşmaktadır (Kişisel görüşme, 10 Temmuz 2011).

Demokratik Toplum Kongresi'nin (DTK), Türkiye'deki demokratik özerklik ve demokratik konfederalizm projelerini

---

[8] Kişisel yazışma, 12 Kasım 2011.

koordine eden yürütücü üyelerinden biri, demokratik konfederalizm ve demokratik özerkliğe fiilen var olan sosyalizmin çöken sistemine bir alternatif olarak atıfta bulunmaktadır. Bu projelerden, köy seviyesinden başlayıp büyüyerek örgütlenmiş konseyler aracılığıyla demokratik bir ulus kuran "toplumsal bir model" olarak söz etmektedir (Kişisel görüşme, 12 Temmuz 2011).

Hapisteki PKK lideri Abdullah Öcalan, Murray Bookchin'in çalışmalarının izinde, Kürtler arasında demokratik özerklik ve demokratik konfederalizm tartışmasını başlatan kişi olmuştur (Biehl, 2012: 10; Öcalan, 2008). Bookchin, iki farklı politika kavramsallaştırmasına ve hükümet anlayışına yol açan, iki farklı siyasi düşünce geleneğini Helen modeli ve Roma modeli olarak işaret eder. Bookchin'in de taraftarı olduğu Helen modeli, katılımcı bir politik modeli ve Roma modeli ise reddettiği merkeziyetçi ve devletçi modeli temsil eder (White, 2008: 159). Helen modeli etkin yurttaşlığa dayainırken, devletçi merkeziyetçi Roma model tebaa (Kropotkin, 1987) ile ilişkilidir (Bookchin, 1991: 11). Beri yandan Bookchin, XVIII. yüzyıl Amerikası'nda ve Fransası'ndaki meşrutiyetçileri işaret ederek, modern toplumda Roma modelinin baskın olduğunu; Atina modelinin, 1871 Paris Komünü'nde, 1917 Devrimi'nin baharında Rusya'da ortaya çıkan ilk konseylerde (Sovyetler) ve 1936-39 İspanya Devrimi'nde ifadesini bularak bir karşı ya da yer altı akımı olarak ortaya çıktığını iddia eder. Bookchin gibi Öcalan da devlet idaresinin politikayla karıştırılmaması gerektiğini öne sürer; devlet idaresi, Bookchin'in (2014) öne sürdüğü gibi, politik alanı yıpratmış ve yurttaşlığın yozlaşmasıyla sonuçlanmıştır.

Bookchin insanların etkin yurttaşlar olarak konumlandığı politik imgelemi, "ulus devlete alternatif" olarak değerlendirilen, "toplulukların kendi aralarında kentlerdeki yurttaşların oluşturduğu meclisler tarafından yetkilendirilen ve yetkileri geri alınabilir temsilciler aracılığıyla birbirlerine bağlanmaları" olarak tanımlanan, konfederalizm fikri bağlamında yansıtmıştır (Bookchin, 1991: 7). Başka bir yerde, Bookchin, konfederalizmi "üyelerinin çeşitli köyler, şehirler ve hatta büyük şehirlerin mahallelerinde halkın içinde yüz yüze demokratik birlikler içinden seçildikleri bir idari meclisler ağı" olarak tanımlar (Bookchin, 1990: 11). Bookchin'e göre konfederalizmin gelişimi, "yerel çiftlikler, fabrikalar ve diğer işletmeler yerel belediyelere devredildiklerinde" ya da "bir topluluk (...) diğer topluluklarla bağlantı şekilde kendi ekonomik kaynaklarını yönetmeye başladığı anda" (Bookchin, 1990: 11), bir özerklik projesine bağlı olarak nihayete erer. Bu modele göre, ekonomi konfederal konseylerin vesayetine bırakılmıştır, yani böylelikle "ne kamulaştırılmış ne de özelleşmiştir, ancak müşterektir" (Bookchin, 1990: 10). Bu haliyle konfederalizm ve özerklik, Bookchin'in "toplumun radikal biçimde yeniden düzenlenmesi" (1990: 4) fikrinin temel kavramlarını oluştururlar. Konfederalizm ve özerklik projelerinde araçlar (yerelleşmiş küçük ölçekli öz yönetim ve kendi kendine örgütlenme modellerinin oluşturduğu bir ağ olarak tanımlanan) ve hedefler (topluluk kontrolündeki ekonomiler olarak tanımlanan) aynı noktada birleşirler. Bu şekilde birleştiklerinde, ulus devletin politikalarına karşı ya da onun ötesine geçen alternatifler olabilirler. Sonuç olarak, bu paradigma değişikliğinin altında yatan ilkenin yeni bir politik yapının gelişimi, devletin eleştirisi üzerine inşa edilmiş ve halkın kendi kendini yönetebilme becerileri üzerinde temellenen bir praksisle bağını kuracak olan bir yapı olduğunu söyleyebiliriz.

Tartışma

Bu makalede PKK'nin özyönetim hakkı üzerine değişen algısı incelenmiştir. Özyönetim bir devletin kurulması olarak değil, insanların kendi kararlarını alabilmesi; kendi sosyal, ekonomik, politik ve kültürel ilişkilerinin örgütlenmesi ve düzenlenmesinde sorumluluk alabilmesi (demokratik özerklik) ve yönetimi için tabandan bir konsey demokrasisi (demokratik konfederalizm) olarak kavramsallaştırılmıştır. Bu bağlamda tartışma, PKK örneği özelinde ve aynı zamanda daha geniş bir analiz çerçevesinde altı noktada özetlenecek ve incelenecektir.

İlk olarak, PKK özgürlük arayışını devlet inşası üzerinden tanımlamamaktadır. Bu durum ulus devletin bir kader olduğu fikriyle, yani politik eylemin teleolojik amacı ve son noktası olduğu fikriyle, radikal bir ayrımı işaret eder. Yeni politik söylemi içinde PKK, hayata geçebilmesi adına siyasi bir gereklilik olarak güçlü bir merkezi devlete ihtiyaç duyan, mekânsal olarak düzenlenmiş homojen bir nüfus olarak tanımlanan ulus devlet kavramını reddeder. Bu nedenle ulus devletlerin inşası özgürleştirici değil baskıcı olarak değerlendirilir. Bu analiz, PKK'yi, ulus devleti ya da siyasi eyleminin gerekli amacı olarak bu formda ısrar fikrini reddetmeye yönlendiren şeydir.

İkinci olarak ve ilkiyle ilgili biçimde, bu değişen algı, siyasi gerçekliği devletçi gerçeklikten ayırabileceğimiz ve böylelikle devletçi olmayan bir siyaseti geliştirebileceğimiz fikrine dayanmaktadır. İddia edildiği üzere, devlet fikri halkın politik gerçeklikten ayrılması üzerine kuruludur ve böylelikle halk karar alma süreçlerinden ayrı tutulur. Diğer yandan, eğer halk karar alma gücünü ele alırsa devletçi olmayan bir hükümet biçimi geliştirebilir. PKK liderleri Cemil Bayık (kişisel görüşme, 30 Ekim 2014) ve Duran Kalkan (kişisel görüşme, 30 Ekim 2014) devlet inşasından toplum inşasına evrilen ve bununla bağlantılı olarak, gücü ele geçirmekten (bir devlet ya da hakim güç konusunda olduğu gibi *iktidarı*) toplumsal öz yönetim kapasitelerini geliştirmeye yönelen bir paradigmayı kapsayan bir durumdan söz ederler. Bu amaca hizmet etmek için kurulan konseyler, merkezi devletin "alt" kademeleri olarak görülmemektedir. Aksine, müzakere ve karar almanın asli mekânları olarak tahayyül edilmişlerdir. Bir anlamda, Arendt'in halkın yurttaşlık kapasitesiyle güçlendirilmesi olarak bahsettiği şey (1990 [1963]: 253) hakkında konuşuyoruz.

Üçüncü olarak, karar alma yetkisinin yerel konseylere devredilmesi, içe dönük ya da bölgesel militan tikelciliği engellemektedir. Konfederalizm kavramı köylerin, mahallelerin, şehirlerin ve bölgesel konseylerin aralarında bir bağ olması anlayışını harekete geçirmektedir. Bu, yerlerin ve orada yaşayan insanların ferdi ve ayrık mevcudiyetler olarak değil birbiriyle ilgili ve birbirine bağlı düşünüldüğü bir kavramsallaştırma biçimidir. Böylelikle, Massey'nin (2004: 17) "bağlı olduğumuz daha geniş ilişkilere karşı bir sorumluluk" olarak bahsettiği, diğerleriyle karşılıklı olarak nasıl ilişkilenmekte olduğumuz konusunu ön plana çıkarmaktadır. Bunun pratikteki anlamı, tabii ki, zaman içinde görülecektir. Devletin yerini konfederal bir sistemin alması, açıkça beden politikalarının esas niteliğinin derinlemesine değişimini yansıtmaktadır. Lakin bu değişim harekete geçirilmiştir. Demokratik özerklik ve demokratik konfederalizm projesinde sorumluluk ve karşılıklı bağlılığa yapılan vurgu kapsayıcı coğrafyalar yaratma potansiyeli taşımaktadır; demokratik konfederalizm insanların kendi sorunları üzerinde söz sahibi olma haklarının yanı sıra farklı coğrafyalardaki diğer insanlarla nasıl ilişkilendiklerine de görünürlük kazandırmaktadır.

Dördüncü olarak, PKK'nin yeni paradigması devlet inşası üzerine kurulmamıştır ve sınırların yeniden çizilmesiyle ilgilenmez. Öcalan (2014) "var olan sınırları sorgulama ihtiyacı duymadan Kürdistan'ın bütün bölgelerinde konfederatif yapılar kurmak mümkündür" demektedir. Demokratik konfederalizm projesi yeni sınırların çizilmesini ve yeni politik mevcudiyetlerin kurulmasını hedeflemese de, bu, var olan sınırların hayatın gerçeklikleri olarak kabul edildikleri anlamına gelmemektedir. "Devletin bir anda ortadan kalkmasını istemek gerçekçi değildir" der ve şöyle devam eder Öcalan, "Öte yandan, her şeyi olduğu gibi kabul etmek zorunda değiliz". Diğer bir üst düzey PKK lideri, Mustafa Karasu, sınırları referans noktası olarak almayan bir mücadelenin nasıl bu sınırların aşılmasını beraberinde getireceğine açıklık kavuşturur:

> Burjuva düşüncesinde kendi kaderini tayin hakkı bir devlet kurma şeklinde formüle edilir. Ancak kendi kaderini tayin hakkına ilişkin sosyalist anlayış bu değildir. Biz, demokratik konfederalizmin kendi kaderini tayin hakkını yaşama geçirmenin mümkün olan en iyi yolu olduğu düşüncesindeyiz (...) Demokratik-konfederalizm ana çerçeve olarak devleti almadığından sınırların değişmesini de öngörmez. Tersine, devletçi olmayan bir şekilde düşünmenin ve yapmanın bir yoludur. Demokratik konfederalizmde referans çerçevesi, öz örgütlenme temelinde bir halk demokrasisi sistemi geliştirilmesidir. Böylece halk da kendi kurumlarını, konseylerini geliştirecektir. Eğer halk aşağıdan yukarıya örgütlenirse, aralarında konseyler olarak ilişkiler kurarsa, demokratik konfederalizm sınırları önemsiz kılar (Karasu 2009: 217-219, 208-210).

Kürdistan'ın her yerinde ve hatta Ortadoğu'da konfederalizmin inşası bu haliyle sınırları sorgulamaz, ancak konfederal yapıların gelişimiyle birlikte bu sınırlar da anlamsızlaşır. Sınırlar, mücadelenin merkezi olarak alınmadıkları müddetçe konunun dışında kalmaktadırlar.

Beşinci olarak, yeni bir paradigmanın ortaya çıkması, PKK'yi bir siyasi parti olarak da etkilemiştir. Bu makalenin başında, PKK'nin kurulduğu zaman klasik bir komünist parti örgütlenme yapısına sahip olduğunu ancak zamanla bir parti kompleksi, çok sayıda partinin ve örgütün bir araya getirdiği bir oluşuma evrildiğini ortaya koymuştuk. Bu örgütsel dönüşüm PKK'nin değişen hedefiyle ilgilidir. Devlet iktidarını ele geçirmek ya da devletin yerini almak isteyen bir partiyle özyönetimin kurulabilmesine olanak veren bir uygulamalar ağını yaratmayı hedefleyen bir parti, farklı örgütsel talepler gerektirmektedir.

Sosyal bilimlerdeki metodolojik milliyetçilik konusuyla alakalı olarak gündelik yaşamın giderek kozmopolit bir hale geldiği (Beck, 2007) ve küreselleşmenin bir referans çerçevesi olarak alınması gerektiği (Beck ve Beck-Gernsheim, 2009: 25) yaygın biçimde öne sürülmektedir. Günümüz küresel karşılıklı bağlılık durumlarının, metodolojik milliyetçiliğin kısıtlayıcı bakış açısından kendimizi kurtarmamız gerektiğinin anlaşılması öne sürülmektedir. Diğer taraftan, böylesi bir özgürleşme -geçmişteki sınırların olumsuz biçimde tanımlanmış bir reddi, dünün yapılarının oluşturduğu kalıpların kırılmasının onaylanması- daimi bir devinim okyanusunda anlamlı bir hedefe yönelmeden rüzgara kapılmış gidiyor olduğumuz şeklinde anlaşılabilir. Metodolojik milliyetçiliğe karşı böylesi bir alternatif, "Bir tarafta metodolojik milliyetçilik, diğer tarafta küresel akışlar ve 'mekânsız kozmo-politanizm', iki ateş arasında manevraya yapmaya çalışma[nın]" (Pries, 2005: 185) da olduğu gibi, metodolojik yersizlik olarak eleştirilmiştir. Bu noktada, altıncı ve son olarak, tartışılan radikal demokrasi projesi, ulus devletin ötesinde düşünebilmek için, ucu bucağı görülemeyen böylesi bir küreselleşme tasavvurunun yerine birbirlerine bağlı bir politik ağa yönelmektedir. Söz konusu politik ağ, yerele dayandırılmış, ve dahası, insanların ve toplulukların eylemlerine yerleşmiştir. Bu anlamda oldukça kökleşmiştir. Ancak aynı zamanda insanları daha geniş (en nihayetinde sınırsız, küresel) coğrafi alanlarla bağlama konusunda devingendir. Diğer bir deyişle, metodolojik milliyetçiliğin ötesinde düşünebilmek, küresele açılmayan soyut süreçleri gerektirmez; gündelik hayata dayandırılmış küresel politikalar olarak düşünülebilir.

Sonuçlar

PKK'nin radikal demokrasi projesinin ve kendi kaderini tayin hakkı anlayışının gözden geçirildiği bu analiz, bize üç şeyi göstermektedir. Öncelikle, kurtuluş hareketlerinde işleyen örtük ve açık metodolojik milliyetçiliğin farkına varmamız ve onu sorgulamamız, devlet yönelimli hedeflere karşı alternatifler üzerine düşünmemize olanak tanır. Yani, radikal demokrasi projesi özelinde ulus devleti değil öz yönetimi referans alan bir düşünme biçimine sevk eder. İkinci olarak, ulus devletin ötesinde düşünmenin tek yolu sınırları belli olmayan küresel süreçler dâhilinde düşünmek değildir. Konsey demokrasisi örneği, durmaksızın genişleyen politikaların yerel inşası, yani yerleşik bir küresellik üzerinden düşünebilme olasılığını sorunsallaştırır. Son olarak, politikanın yeniden düşünülmesi, PKK'nin kendi kaderini tayin hakkından vazgeçtiği anlamına gelmez. Bilakis, kendi kaderini tayin hakkının, konsey demokrasisi ve öz yönetim bağlamında yeniden tanımlanmasını gerektirir. Bu da, aktif yurttaşlığın radikal demokratik halidir. Hatip Dicle'nin makalenin başında yer verdiğimiz sözlerine geri dönecek olursak: Bu sözlerle ima edilen, PKK'nin devlet fikrini, bağımsızlık ve özgürlük vaadini daha güçlü bir biçimde dillendirmek adına çöpe attığıdır.

♦ *Çeviri:* Ceren Aksoy

Bu makale Ahmet Hamdi Akkaya ile beraber ortaya konulan bir dizi çalışmaya dayanmaktadır: (Akkaya, Ahmet Hamdi ve Joost Jongerden. 2011. "The PKK in the 2000s: Continuity Through Breaks." Marlies Casier ve Joost Jongerden (ed.). *Nationalisms and Politics in Turkey: Political Islam, Kemalism and the Kurdish Issue,* Londra: Routledge; Akkaya, Ahmet Hamdi ve Joost Jongerden. 2012. "Reassembling the Political: The PKK and the Project of Radical Democracy." *European Journal of Turkish Studies* (12); Akkaya, Ahmet Hamdi ve Joost Jongerden. 2013. "Confederalism and autonomy in Turkey: The Kurdistan Workers' Party and the Reinvention of Democracy." Cengiz Gunes ve Welat Zeydanlioğlu (ed.). *The Kurdish Question in Turkey: New Perspectives on Violence, Representation and Reconciliation.* Londra: Routledge; Jongerden, Joost ve Ahmet Hamdi Akkaya. 2012. "The Kurdistan Workers Party and a New Left in Turkey: Analysis of the Revolutionary Movement in Turkey Through the PKK's Memorial Text on Haki Karer." *European Journal of Turkish Studies* (14): 2012; Jongerden, Joost ve Ahmet Hamdi Akkaya. 2013a. "Democratic Confederalism as a Kurdish Spring: the PKK and the Quest for Radical Democracy." Mohammed Ahmet ve Michael Gunter (ed.) *The Kurdish Spring: Geopolitical Changes and the Kurds.* Costa Mesa: Mazda Publishers; Jongerden, Joost ve Ahmet Hamdi Akkaya. 2013b. *PKK Üzerine Yazılar.* İstanbul: Vate Yayınları.); ayrıca Casier, Marlies ve Joost Jongerden. 2011. *Nationalisms and Politics in Turkey: Political Islam, Kemalism and the Kurdish Issue.* Londra: Routledge.)

Kaynakça

Akkaya, A. H., Jongerden, J. (2011) "The PKK in the 2000s: Continuity Through Breaks". *Nationalisms & Politics in Turkey: Political Islam, Kemalism & the Kurdish Issue,* Marlies Casier ve Joost Jongerden (ed.) Londra: Routledge.

Akkaya, A. H., & Jongerden, J. (2012) "Reassembling the Political: The PKK and the project of Radical Democracy." *European Journal of Turkish Studies* (12).

Akkaya, A. H., & Jongerden, J. (2013) "Confederalism & autonomy in Turkey: The Kurdistan Workers' Party & the Reinvention of Democracy." *The Kurdish Question in Turkey: New Perspectives on Violence, Representation & Reconciliation,* Cengiz Gunes ve Welat Zeydanlioglu (ed.). Londra: Routlede.

Balibar, E. (2002) *The Nation Form.* Londra: Verso.

Beck, U. (2007. "The Cosmopolitan Condition: Why Methodological Nationalism Fails." *Theory, Culture & Society* 24 (7-8): 286-290.

Beck, U., Beck-Gernsheim, E. (2009) "Global Generations & the Trap of Methodological Nationalism For a Cosmopolitan Turn in the Sociology of Youth & Generation." *European Sociological Review* 25(1): 25-36.

Berndt, C. (2003). "Territorialized Key Words & Methodological Nationalism: Cultural Constructions of Institutional Change in Germany." *European Urban & Regional Studies 10(4)*: 283-295.

Besikci, I. (2004) *International Colony Kurdistan:* Taderon Press.

Biehl, J. (2012). "Bookchin, Öcalan, & the Dialectics of Democracy." *Challenging Capitalist Modernity: Alternative Concepts & the Kurdish Quest*, 3-5 Şubat 2012. Hamburg.

Bookchin, M. (1990). "The meaning of confederalism." *Green Perspectives* (20).

Bookchin, M. (1991). "Libertarian Municipalism: an overview." *Green Perspectives* (Ekim 1991).

Bookchin, M. (2015). *The Next Revolution: Popular Assemblies & the Promise of Direct Democracy*. Londra: Verso.

Casier, M., Jongerden. (2011). "Nationalisms & Politics in Turkey: political Islam, Kemalism & the Kurdish Issue." Londra: Routledge.

Clastres, P. (1989). *Society Against the State, Essays in Political Anthropology*. New York: Zone Books.

Fanon, F. (1963). *The Wretched of the Earth*. New York: Grove Press

Ghassemlou, A. R. (1965). *Kurdistan & the Kurd*. Prag: Czechoslovak Academy of Sciences.

Jongerden, J. (2015). *Radicalising Democracy: Power, Politics, People & the PKK*. İstanbul: Research Turkey.

Jongerden, J, Akkaya, & A. H. (2011). "Born from the left: the making of the PKK." *Nationalisms & Politics in Turkey: political Islam, Kemalism & the Kurdish Issue* içinde, ed. Marlies Casier ve Joost Jongerden. Londra: Routledge.

Jongerden, J., & Akkaya, A. H. (2012) "The Kurdistan Workers Party & a New Left in Turkey: Analysis of the revolutionary movement in Turkey through the PKK's memorial text on Haki Karer." *European Journal of Turkish Studies* (14): 2012.

Jongerden, J., & Akkaya, A. H. (2013a.) "Democratic Confederalism as a Kurdish Spring: the PKK & the quest for radical democracy." *The Kurdish Spring: Geopolitical Changes & the Kurds* içinde, ed. Mohammed Ahmet ve Michael Gunter. Costa Mesa: Mazda Publishers.

Jongerden, J., & Akkaya, A. H. (2013b) *PKK Üzerine Yazılar*. Istanbul: Vate Yayınları.

Karasu, M. (2009). *Radikal Demokrasi*. Neus: Wesanen Mezopotamya.

Kropotkin, P. (1897). *The State: It's Historical Role.*

Massey, D. (2004). "Geographies of Responsibility." *Geogr. Ann.* 86(1): 5-18.

Nimni, E. (2013). "The Conceptual Challenge of Non-Territorial Autonomy" *The Challenge of Non-Territorial Autonomy*. Ephraim Nimni, Alexander Osipov ve David Smith (ed.). Oxford: Peter Lang.

Nimni, E, Osipov, A. & Smith, D. J. (2013). *The Challenge of Non-Territorial Autonomy: Theory & Practice*. New York: Peter Lang

Öcalan, A. (2008). "Prison Notes June 18, 2008."

Öcalan, A. (2010). *Demokratik Uygarlık Manifestosu: Ortadoğu'da uygarlık Krizi Ve Demokratik Uygarlık Çözümü*. Neuss: Mezopotamya Yayınları.

Öcalan, A. (2012a). *Demokratik Uygarlık Manifestosu: Kültürel Soykırım Kıskacında Kürtleri Savunmak*. Neuss: Mezopotamya Yayınları.

Öcalan, A. (2012b). *Prison Writings III: The Road Map to Negotiation,* Cologna: International Initiative Freedom for Öcalan–Peace in Kurdistan.

PKK. (1978). *Kürdistan Devriminin Yolu*.

Pries, Lr. (2005). "Configurations of Geographic & Societal Spaces: A Sociological Proposal Between 'Methodological Nationalism' & The 'Spaces of Flows'." *Global Networks 5(2)*: 167-190.

Smith, A. (1983). "Nationalism & Classical Social Theory." *The British Journal of Sociology* 34(1): 1983.

Thrift, N. (2005). *Knowing Capitalism*. Londra: Sage.

Uzun, A. (2014). *Living Freedom: The evolution of the Kurdish Conflict in Turkey & the Efforts to Resolve İt*. Berlin: Berghof Foundation.

White, D. (2008). *Bookchin: A Critical Appraisal*. Londra: Pluto Press.

Wimmer, A., Schiller, N. G. (2002). "Methodological Nationalism & Beyond: Nation-State Building, Migration & The Social Sciences." *Global Networks* 2(4).

6

İSYANDAN İNŞAYA KÜRT KADIN HAREKETİ'NİN UYANIŞI: DİLAN MALATYALI İLE RÖPORTAJ*

Joost Jongerden

JJ: *Tarihsel olarak Kadın Hareketi'nin gelişiminden söz edebilir misiniz?*

DM: Öncelikle, alanımıza hoşgeldiniz demek istiyorum. Böylesi çalışmalar çok kıymetli. *Kürt Özgür Kadın Hareketi dediğimizde* hayli uzun bir tarihsel arka plandan söz ettiğimizi belirterek başlamak istiyorum. Kürt Özgür Kadın Hareketi'nin diğer kadın hareketlerinden farklılaştığı temel konulardan birisi bizzat Önderlik'in yaratıcısı olduğu bir hareket oluşudur. Bir başka deyişle, çoğunlukla kadın boyutu ile öne çıkan bir "liderlik" kurumundan mahrum bir kadın hareketinden söz etmekteyiz. Önderlik'in kadın sorununa dair çözümlemelerinin tarihinin 1987'ye kadar dayandığını biliyoruz. Bilindiği üzere PKK'nin

---

* Kürdistan Kadınlar Topluluğu (*Komalên Jinên Kurdistan*, KJK) Yürütme Konseyi üyesi Dilan Malatyalı ile 29 Ekim 2014 tarihinde Joost Jongerden tarafından yapılan görüşme kaydının deşifresi Beri Bihar'a, metnin redaksiyonu ve düzenlenmesi ise Bahar Şimşek'e aittir.

kuruluş yıllarından itibaren kadınlar aktif rol üstlenmiştir. Ancak PKK'ye katılımlar daha çok ulusal dava temelinde olmuştur. Bir başka deyişle, ulusal bir sorun olarak Kürt sorunu ve Kürt ulusunun kendi kaderini tayin hakkı temelinde, bağımsız bir Kürdistan için harekete katılımlar gerçekleşmiştir. Bu nokta, katılımların cins mücadelesi ya da kadın sorunu temelinde olmadığının anlaşılması açısından önem arz ediyor. Hareketin kurucu kadrolarından olan Sara (Sakine Cansız) ile Fatma (Kesire Yıldırım), ilk kadın katılımcılardandır. Kadın arkadaşların katılımı yoğunlaştıkça, "Kadının da özgürlük sorunu olduğu" gerçeğinin Önderlik tarafından tespit edilişiyle birlikte Kürt Kadın Hareketi'nin perspektifi ortaya çıkmaya başlamıştır. Dahası, kuruluş döneminde kadınlar arası ilişkilere, örgütlenme tarzına dair bir özgünlükten söz etmek hayli güç. Önderlik'in de teşvikiyle, küçük grupların ilk tartışmalarının cins bilinci bağlamında şekillendiğini, kadının ataerkil düzendeki "köle" konumu, aile temelli sorunlar, ezilme biçimleri (emek, beden ve zihniyet bağlamında) gibi konuların tartışıldığını görüyoruz.

PKK'nin ilk kongresine katılan iki kadın olduğu biliniyor: Sara arkadaş ve Fatma. Kadın arkadaşların katılımlarının artmasına bağlı olarak kadın sorunlarına dair çözümlemeler gündeme gelmesi ise PKK'nin III. Kongresi'nde mümkün olmuştur. Bu süreç, kadın örgütlenmesinin kendi özgün biçimini gerektirdiği sonucuna bağlı olarak 1987'de Kürdistan Yurtsever Kadınlar Birliği (*Yekîtiya Jinên Welatparezên Kurdistan,* YJWK) adlı örgütün kurulması ile sonuçlanıyor. Türkiye'nin dönemsel koşulları ve dağda sürdürülen yoğunluklu savaş göz önünde bulundurulduğunda söz konusu örgütün Avrupa'da (Almanya) kurulması kaçınılmazdı. Avrupa'nın yurtsever potansiyelinin de mümkün kıldığı bu örgütlenme doğrudan toplum örgütlenmesi şeklinde konumlandırılabilir. Örgütlenmede yer alan kadın gerillaların dağ ile doğrudan ilişkisi olmadığını bilhassa belirtmek istiyorum. Partileşme sürecine kadar bu şekilde sürdürülen çalışmalar, kadın arkadaşların sayısının artmasına bağlı olarak sorunsalların yeniden inşa edilmesi kapsamında sürdürüldü. Ordulaşma sürecinin başlarında kadınların kendi timleri ve bölüklerinin oluşmaya başladığına bizzat tanıklık ettim. *Serhildan*ların yoğunlaştığı 1990 süreci ile birlikte kadınların katılımı artmış, çeşitlenen sorunların çözümü daha acil bir hal almıştır. Devletçi, iktidarcı bir paradigmanın benimsendiği söz konusu dönemde, feodal yaklaşımlar, erkek egemen gerici yaklaşımlar ve cinsiyetçi yaklaşımların tartışıldığını görüyoruz.

JJ: *Peki ordulaşma nasıl bir tarihsel bağlamda ortaya çıkıyor?*

DM: Bu noktada şunu belirtmekte fayda var: PKK'lileşmek, partilileşmek, yalnızca katılım göstermek ve silah kullanmak ile tanımlı olmamıştır. Zihniyet değişimi, ideolojik olarak kendini geliştirme ve militan ölçülerini kazanma gerekliliğinin boy gösterdiği bir gelişim sürecinden söz etmekteyiz. Türkiye Kürdistanı tarihinde özel bir anlamı olan 90'lı yıllar, beri yandan da özgün bir kadın hareketinin yokluğu sebebiyle her bir PKK'li erkeğin kendisine göre biçimlendirdiği kadın gerçekliğini deneyimlediği bir dönem olmuştur. Savaş ortamında, dağda şiddet ve çatışma ortamında boy gösteren feodal yaklaşımların kadın yaşamı üzerindeki yükü arttırmasına bağlı olarak, kadınlar arası bölünmeye bir yenisi daha eklenmiştir. Bu aşamada kritik kırılma, Önderlik'in kadın arkadaşlarla sürdürdüğü tartışmalar sonucunda özgün bir örgütlülüğün gerekliliği konusunun olgunlaşması şeklinde tespit edilebilir. Nihayetinde, Avrupa'daki örgütlenmenin dağdaki kadın gerillaların yaşamı üzerindeki etkisi kısıtlıydı. Bu tarihsellik içerisinde Bêrîtan'ın (Gülnaz Karataş) eylemi bir dönüm noktası olmuştur. Önderlik'in "Bêrîtan arkadaşın eylemi içimizde bir direniş çizgisi yarattığı" yönündeki tespiti beraberinde ordulaşma tartışmasını getirmiştir. Bêrîtan'ın gücünün hareket içerisinde yarattığı direniş kültürü, kadının özgün örgütlenmesi ile biçimlenen bir ordunun potansiyelini ortaya çıkarmış ve 1993 yılında kadın ordusu kurulmuştur. Ancak 1993 ordulaşmasına gelene kadar büyük bedeller verildiğini, feodaliteye karşı mücadelelerin sürdürüldüğünü hatırlamak gerekiyor. Söz konusu dönemde erkek militanların büyük bir kısmı, hâlihazırda bir ordu varken ayrı bir ordunun gerekliliğine ikna olmuş değillerdi. Önderlik'in yanıtı netti: "Eğer bir yerde eşitlik varsa orada ordulara gerek yoktur, adaletin olduğu yerde ordular zaten olmaz. Demek ki şu an bulunduğumuz ortamda eşitlik yok".

Kadın ordulaşmasının özgün yanlarından birisi de şüphesiz "dış düşman" söylemiyle sınırlandırılamayacak gerçekliğidir. Sosyal ve ideolojik anlamlarda dönüşüm amaçları olan bir sürecin ürünü olarak ele alınacak olursa, PKK'li kadınların ilk radikal kopuşunun ordulaşma ile başladığı söylenebilir. Burada bir "kopuş hareketi"nden söz etmeyi mümkün kılan iki etmenden bahsetmek istiyorum. Öncelikle, kuruluş yıllarından beri erkek denetiminde, erkeğin kölesi olan kadının artık özgün bir örgütlülüğe gitmesi ve kendi başına ordulaşmaya gitmesi anlamında bir kopuştan söz etmekteyiz. Ordulaşma kadın hareketi açısından çok radikal bir adım olmuştur. Dahası, ordulaşma ile gücünü gören kadınların bir anlamda kendi gerçekliklerinin ve kapasitelerinin farkına vardığı söylenebilir. Aynı zamanda incelikleri gerektiren zihinsel bir sanat olarak tarih boyunca karşımıza çıkan savaş stratejileri konusunda kadının yetkinliğinin pek çok örneği bugün artık herkes tarafından bilinmekte: Bêrîtan, Zîlan ve en son Kobanî'de Arîn Mîrxan. Kadınların kendilerini daha iyi tanımalarının, güçlerini görmelerinin sonucunda kadın, PKK içinde sosyal anlamda bir değişim dönüşümün faili olmuştur.

Ordulaşma sadece gerilla hareketindeki kadın için bir örgütlenme alanı açmıştır. Bir başka deyişle kadınlar, diğer anlamlarda parçalı bir gerçekliğe sahipti. Toplumdaki kadın ile gerilladaki kadının konumları arasındaki ayrılık uzunca bir süre geçerliliğini korumuştur. Nihayet bugün artık Kürt Özgür Kadın Hareketi'nden bir bütün olarak söz edebiliyoruz. Öz savunma gücü, ideolojik güç, toplumsal alan gibi alanların birbirinden kopuk olduğu süreçlerden bugüne taşınan bir hareketten söz ediyoruz. Bu süreç içerisinde belli başlı kırılmalara göz atmak gerekirse öncelikli durak '95 süreci olacaktır. Kadın Hareketi'nin kendisini bir çatı örgütlenmesine kavuşturması gerekliliği kaçınılmaz bir hal aldığı 1995 senesinde Kürt Ulusal Kadın Kongresi toplanmıştır. (1993 yılında Zelê Kampı'nda sosyal reform çerçevesinde toplanan kadın kongresine Ferhat [Osman Öcalan] da katılmıştır. Yalnızca sosyal reform çerçevesinde gelişen bu kongrenin militan çalışmalar bağlamında bir öncülüğü olmamıştır. Önderlik tarafından reddedilen bu kongre ardından ilk defa 1995'te toplanmıştır.) Bu kongreye katılan yaklaşık 300 kadın delegenin arasında ben de vardım. Hiçbir erkek gerillanın katılmadığı bu kongreye Önderlik politik bir rapor göndermiş ve böylelikle perspektifin, genel çerçevenin nasıl olacağına dair tartışmaları başlatmıştı. Önderlik'in "Yanlış da olsa kararları sizin vermeniz gerekiyor" dediği bu kongre, Kürt Kadın Hareketi'nin bugününü mümkün kılan tarihsel anlamda öncü bir kongreydi. Daha ziyade siyasal süreç tartışmaların damgasını vurduğu '95 Kongresi'nin temel soruları, kadının siyasete bakışı, değerlendirme biçimi, dünyayı anlama biçimi odağında şekillenmişti. Şüphesiz, toplumsal sorunlar, aile ve ailevi sorunlar gibi konuların da gündeme geldiği bir ilk kongre idi. O dönemki paradigmaya özgü ideolojik tartışmalar da yapılmıştır. Artık Kürdistan Özgür Kadın Birliği (*Yekîtiya Azadiya Jinên Kurdistan,* YAJK) adını kullanmaya başlayan Kürt Kadın Hareketi, ordu, militanlaşma ve bütün kadın çalışmalarını bu isim altında biraraya getirmiştir. Hiçbir erkek gerillanın, kadın hakkında karar veremediği bu yeni düzlemde kadınlar kendi kararlarını vermeye ve uygulamaya başlamıştır.

1998 surecine değin Kongre'nin onay merciisi Önderlik olarak tayin edilmiştir ancak burada yönlendirme ya da görev dağılımını yapma anlamında bir onaylamadan söz edilmediğinin belirtilmesi gerekiyor. Kadınların kendi denetimlerinden çıkmasını kabul etmeyen erkek gerillalarla mücadelede Önderlik önemli bir yerde durmaktaydı. Bu anlamda bir diğer kırılma tarihi olarak "Kadın Kurtuluş İdeolojisi"nin ilan edildiği 1998 yılını işaret etmek istiyorum. Hâlihazırda PKK'nin ideolojisi varken neden bir kadın kurtuluş ideolojisine ihtiyaç duyulduğu sorusu, zaten bir ordu varken bir diğerine neden ihtiyaç duyulduğu sorusuyla benzer dinamikleri olan bir itiraz şeklinde ortaya çıkmıştır. Eleştirilerin odağı, "iki ideoloji, iki ordu" şeklinde tayin edilebilir. Kadın ordulaşmasının alternatif ordulaşma, kadın kurtuluş ideolojisinin alternatif bir ideoloji olduğu doğruydu ancak bu bağlamda ele alınması gereken bir diğer konu da içerikti.

JJ: *Söz ettiğiniz tepkilere rağmen Kürt Kadın Hareketi'nin başarılı olmasını mümkün kılan şey neydi?*

DM: "Kadın Kurtuluş İdeolojisi" ile hedeflenen esas olarak PKK içerisinde bir açılımı mümkün kılmaktı. Marksist-Leninist bir hareket olarak çıkılan yolculukta bir tıkanma yaşandığı aşikâr bir hal almıştı. 1990'ların başında yaşanan reel sosyalizm çöküşü bunalımınının PKK içerisinde görünürlük kazanmaya başladığı dönem 2003-2004 yıllarıdır. Sosyal bir ideoloji olmakla birlikte her iki cinsin özgürlüğünü esas alan '98 Kadın Kurtuluş İdeolojisi, erken dönem sosyalizm tartışmalarından farklılaşarak, militarizme karşı konumlanan bir kadın kurtuluş ideolojisidir. Bunun yanı sıra, PKK'nin esasında yer alan demokratik komünal farklılıkların eşitliğini ölçüt almaktadır. Kadın Hareketi'ni PKK için bir nefes borusu kılan bu ideoloji sayesinde tekrara düşüldüğü gerçeğinin yol açtığı tıkanma aşılmıştır.

1998 Kongresi ile ortaya çıkan bir diğer durum ise, gerek niceliksel gerekse niteliksel olarak "birlik" olmanın ötesine geçen kadın hareketinin partileşmesi gerekliliği olmuştur. Kürdistan İşçi Kadınlar Partisi (*Partiya Jinên Karkerên Kurdistan*, PJKK) adı ile gündeme gelen partileşme süreci, bir kez daha PKK içerisindeki belli grupların tepkisini çekti. Şüphesiz partileşme süreci, sosyalist hareketler tarihinin partileşmeye yüklediği anlamlardan bağımsız olmamıştır. Bilhassa PKK'nin VI. Kongresi sürecinde aktif rol alan tasviyeci erkek grupların hedefinde partileşme süreci yer almıştır. Dönemin tartışmalarının ruhuna uygun biçimde iktidar sahibi olmak anlamında özgürlük alanı olarak konumlandırılan PJKK, kadın egemenliğinin erkek egemenliğine karşı bir mücadele odağı olarak anlaşılması bağlamında tepki çekmiştir. Bilhassa '99 İmralı sürecinin başlamasıyla beraber, kadınların Önderlik'in "himayesinden" mahrum kalmaları sebebiyle hakları konusunda ısrarcı olamayacağını düşünen söz konusu gruplar kısa sürede yanıldıklarını anladılar. Kadın Hareketi'nin kararlarının kendi onaylarına sunulmasını bekleyen gruplar, beklemedikleri bir tepkiyle karşılaştılar: İsyan.

JJ: *Bu isyandan söz edebilir misiniz? Ne zaman ve ne şekilde ortaya çıktı?*

DM: PKK'nin VII. Kongresi'nin yapıldığı 2000 senesinde yönetici kadroların gündeme getirdiği Önderlik'in vekâletinin Konsey'e verilmesi önerisi isyanın kaynağı olarak değerlendirilebilir. Ekseriyetle Önderlik'in etkisiz hale getirilmesini talep eden tasfiyeci bir grubun talebinin dillendirilişi olarak ortaya atılan bu öneriye yanıt net oldu: "Önderlik'in vekâletini asla ve asla konsey alamaz. Bunu alması demek Önderlik'in orada ruhani bir lider olması anlamına gelir". '99 süreci ardından karşılaşılan bu duruma kadınların yanıtı eylemlik olmuştur: PKK'li kadınların hepsinin, istisnasız, saçlarını kestiği bir eylem ortaya çıkmıştır. Kadınların hiçbir dayatmayı kabul etmeyeceğini gösteren bu sembolik eylem amacına ulaşmış, büyük bir isyanın emaresi olarak okunmuş ve sonuç olarak kadın hareketinin özerkliği tanınmıştır.

JJ: *Biraz daha detaylandırabilir misiniz? Herhangi bir tepkiyle karşılaştı mı eyleminiz?*

DM: Bu eylem, daha önce belirttiğim "dış düşman" odaklı örgütlenmenin dışına çıkılması açısından önem taşıyor. Kürt Kadın Hareketi'nin başlıca mücadele mevsizi şüphesiz erkek egemen düşüncenin egemen olduğu her yer olmuştur, bizzat "içerisi" de dâhil olmak suretiyle. Bu aşamada vurgulanması gereken diğer konulardan birisi de, Kadın Hareketi'nin ve eylemliliğinin yapılardaki erkek gerilllarca desteklendiği ancak yönetimde yer alan kimi kesimlerce tasfiye edilmeye çalışıldığıdır. Aynı mevzide savaş yürütülen, birlikte engeller kat edilen erkeklerin ve entelektüel erkek gerillaların desteklediği yapılanmanın karşısında durmaya çalışan esas odak geri komuta yapısı düzleminde ortaya çıkmıştır. 90'lar boyunca kendisini hissettiren bu huzursuzluk, iktidarcı erkek egemen bir yapı olarak adlandırılabilir.

Nihayet III. Kongre'nin ardından, Kadın Hareketi, Özgür Kadınlar Partisi (*Partiya Jinên Azad*, PJA) adını almıştır. Kürdistan kelimesinden feragatin temel motivasyonu kadın hareketi olarak "evrenselleşme" iddiası olmuştur. Ancak beri yandan Kadın Hareketi'nin Kürdistani özelliğinin ihmali ortaya çıkmıştır. Büyük hedeflere, ütopyalara ve hatta bütün kadınları özgürleştirme iddiasına rağmen Kürdistan vurgusundan vazgeçilmemesi konusunda Önderlik'in eleştirisi tam olarak bu ihmali işaret etmiştir. Bunun sonucunda IV. Kongre ardından Kürdistan Özgür Kadınlar Partisi (*Partiya Azadiya Jinên Kurdis-*

tan, PAJK) adını benimseyen Kadın Hareketi, stratejik bir değişime yönelmiştir. PKK'nin paradigmasına uygun biçimde, kadın sorunun da yalnızca proleterya ekseninde anlaşılamayacağı ve bu eksende mücadelenin sınırlı kalacağı konusunda uzlaşma böylelikle sağlanmıştır. Demokratik ekolojik özgürlükçü bir kadın paradigması esas alınmıştır. Bu paradigma değişimine paralel biçimde, partileşmenin hareket olarak taşınan potansiyelin gerisine düşmesine bağlı olarak yeniden bir adlandırılmaya gidilmiş ve 2005 yılında Yüksek Kadın Topluluğu (*Koma Jinên Bilind,* KJB) adı benimsenmiştir. Söz konusu yeni adlandırmayla Kadın Hareketi'nin dört bileşeni netleşmiştir: Özgür Kadın Birliği (*Yekîtiyên Jinên Azad-Star,* YJA-Star, militan kadro), Kürdistanlı Kadın Özgürlük Partisi (*Partiya Azadiya Jina Kurdis-tan,* PAJK, ideolojik çalışmaları yürüten parti), Genç Kadınlar Topluluğu (*Komela Jinên Ciwan,* KJC) ve Özgür Kadın Birliği (*Yekîtiya Jinên Azad,* YJA). Toplumsal alanda kadın çalışmaları da bu dört yapıyı kapsayacak şekilde sürdürülmektedir. 2005-2013 yılları arasında çalışmalarını sürdüren KJB, "kongre içinde kongre" olmanın kısıtlılıklarının görülmesiyle yeniden yapılanmaya gitmiştir. Önderlik'in önerisiyle iki paralel sistemin temsilcileri olan Kürdistan Topluluklar Birliği (*Koma Civakên Kurdistan,* KCK) ve Kürdistan Kadınlar Birliği (*Komalên Jinên Kurdistan,* KJK) adını alan yapılar, dokuz alanda tanımlı çalışmalar kapsamında yapılandırılmıştır: Kültür, sosyal alan, siyasal alan, diplomasi alanı, hukuk, öz savunma, gençlik, kadın ve ekonomi. Nihai hedefin demokratik ulusu yaratmak olduğu siyasal bağlamda, KCK ve KJK'nin eş örgütler olarak kavranması gerekir. Ancak KJK'nin örgütsel yapılanması ile KCK'nin arasındaki farklar konusunda altı çizilmesi gereken noktalardan söz etmek gerekiyor. KCK eş başkanı Besê Hozat, KJK içerisindeki 45 kişilik yönetimce belirlenen 7 kişilik koordinasyonun üyelerinden birisidir. Bir başka deyişle, KJK'nin liderlik ile kurduğu ilişkinin KCK'den farklı olduğu görülmelidir. Hiyerarşik yapılanmaların karşısında duran Kadın Hareketi bir zamanlar olduğu gibi iktidarlaşmak arzusunda değil, aksine komünal demokratik bir mekanizma yaratma gayesindedir. Liderliğin karşısına dönüşümlü süreçleri koyan KJK, aşağıdan örgütlenme modelini benimsemiştir.

Bu noktada karşımıza çıkan temel mesele şüphesiz ki söz konusu ideolojinin kentlere taşınmasıdır. Yukarıda bahsi geçen süreçlerin pek çok ayağı olmasına rağmen, tam anlamıyla toplumsal bir değişimin öncüsü olmasının önünde pek çok engel var. Dağlarda güçlenen ideolojinin ve paradigmanın toplumsal karşılığı başlıca sorun olarak önümüzde durmakta. Başlarken de söylediğimiz gibi PKK'ye katılım göstermenin PKK'li olmak anlamına gelmeyişi gibi, belli başlı metinlerin okunmasının da bunların özümsenmesi anlamına gelmediği unutulmamalıdır. Dağdaki kadrolar ile toplum arasındaki kopukluğun deneyimlendiği yer Rojava olmuştur. Söylem ve pratik arasındaki çelişkileri göstermesi anlamında bir ayna işlevi gören Rojava, neye ihtiyaç duyulduğu üzerinde düşünmeyi teşvik etmiştir. Örneğin, Kamelya adını verdiğimiz tartışma mekânını göz önünde bulunduracak olursak, akademiye dair merkeziyetçi anlayışının karşısında durmamız gerekiyor. Bürokrasi, bina ve statü odaklı iktidarcı akademilerin karşısına, sokaklar ve bahçeler ile çıkmak sivil, özerk ve çoğulcu bir akademinin koşuludur. Kentsel yaşam içerisinde tartışmaların yaygınlaştırılmasını ve ideolojilerin toplumsallaşmasını sağlaması muhtemel bu yaklaşım, kenti dönüştürecek başlıca mevzi olabilir.

Örnekleri biraz daha somutlaştıracak olursa, özeleştiri geleneğinden beslenmek kaydıyla, HDP'li belediyelere baktığımızda AKP'li belediyecilik anlayışının karşısına bir alternatif koyulduğundan söz edemiyoruz. İktidar odaklı olmayan, özgür bir belediyeciliğin hayli uzağındaki söz konusu belediyeler, iktidar odaklı devletçi yaklaşıma tutulmuş gibidirler. Eş başkanlık uygulaması ile ilgili karşılaşılan sorunlar da benzer örnekleri çoğaltabileceğimizi göstermekte. Hâlihazırda fiiliyatta olan eşbaşkanlık sistemlerinde erkeklerin sözünün esas alındığı sıkça ifade edilmekte. Toplumun değil kendi kişisel hırslarının hizmetinde bir belediyecilik pratiğinin ortaya çıkmasındaki sorumluluğumuzdan kaçmadığımızı vurgulamak isterim. Dağda yapılan tartışmanın halka indirilmesinin muhatabı olan bizlerin, topluma ve kente aktarım konusunda sorunları tespit etmesi elzemdir. Nihayetinde, dağlarda girişilen mücadelenin metropollerden çok daha kolay olduğunun teslim edilmesi gerekiyor. Askeri gücün sonluluğu ve sınırlılığı göz önünde bulundurulduğunda, cesur adımlarla kentsel mücadelenin yürütülmesi aciliyet kazanmaktadır. Kalıcı olan askeri otorite değil demokratik otoritedir. Ve bir diğer önemli husus da, ideolojinin toplumsallaşması konusunda sorumluluğun kadrolarda olduğu gerçeğidir. Zira halk buna hazırdır.

JJ: *Bu konuyu biraz daha açabilir misiniz?*

DM: Bugün, bütün dünyanın gözünü diktiği Kobanî Direnişi ile PKK'nin daha iyi tanındığı ve meşruiyet kazandığı açıktır ancak teknolojik üstünlük, kimyasal silahlar göz önünde bulundurulduğunda askeri üstünlüğe güvenmenin PKK paradigması açısından sınırlı bir kavrayış olduğunu belirtmeliyiz. Kalıcı bir etki bırakmak için odaklanılması gereken başlıca konu inşadır, toplumun inşası. PKK'nin ve Kürt Kadın Hareketi'nin misyonu, özgür ve demokratik bir yaşamı, ahlaki ve politik bir toplum temelinde inşa etmektir. Zira, demokratik siyaset kanallarını açma yönünde misyonunu tamamlayan silahın araçsal rolü kısıtlıdır. Nihai amaç, demokratik ulusun inşasıdır.

JJ: *Tam da bu noktada, demokratik özerkliğin Kadın Hareketi açısından kavranışından söz edebilir misiniz?*

DM: Bugün Rojava'da hayata geçirilen demokratik özerklik, kadın merkezli bir yönetimi esas almaktadır. Avrupa menşeili "Kanton" kelimesiyle adlandırılan Efrîn, Kobanî ve Qamişlo'nun yönetiminde benimsenen demokratik özerklik, dünyada farklı örneklerde gördüğümüz üzere anayasal güvence ve tanınma ile hayata geçirilen bir yönetim biçimidir. Aşağıdan örgütlenme temelinde kadın örgütlenmesinin başlıca mevzileri kadın komünleri ve meclisleridir. Geçmişte tartışma odakları savaş ve devrimci mücadele iken, bugün "Çözüm Süreci" kapsamında devrimciliğin inşa ekseninde ele alındığını görüyoruz. Devrimi bir yaşam tarzı olarak ele aldığımız bu bağlamda, inşanın odağı toplumun yeniden yapılandırılmasıdır. Dikkat ederseniz, yeniden yapılandırma ve inşa etme pozitif eylemlerdir. Bir başka deyişle savaşa ve şiddete dayanan negatif eylemlerden farklılaşmaktadır. Kadın doğasına uygun bir biçimde pozitif eylemliliği esas alıyoruz. Savaş ve şiddet eksenli "negatif eylemler"in karşısında konumlandırılan "pozitif eylemler" demokratik özerkliğin, komün, kooperatif ve meclis temelinde örgütlenmesini gerektirmektedir. Bu aşamada, ekonominin kadın emeğinin sömürüsünün başlıca mevzilerden birisi olduğu göz önünde bulundurularak komünal ekonominin örgütlenmesine ayrıca önem atfedildiğini belirtmekte fayda var. Endüstriyalizme kurban edilen ekonominin doğa ve ekoloji temelli bir tarım anlayışı ile canlandırılmaya çalışıldığı günümüz dünyasında, inşanın başlıca odaklarının doğa ve ekonomi olması kaçınılmazdır. Tüm bunları kentlerin dışında dağda mücadele yürüten bir insanın söylemesi ikna edici olmayabilir ancak bugün artık Rojava gerçekliğinin ikna edemeyeceği kimse olduğunu düşünmüyorum.

Rojava Devrimi'nin gösterdiği bir diğer şey de şüphesiz öz savunmasız bir inşa sürecinin mümkün olmadığıdır. Bu anlamda, yoğun ve şiddetli savaşların hüküm sürdüğü bir Ortadoğu'da silahsızlanma söz konusu olamaz. PKK ve YPJ'nin uluslararası meşruiyetinin kaynağında bu gerçekliğe mukabil bir direnişin faili olması yatmaktadır. Çeşitli ulusların oluşturduğu bir güç olmasına rağmen bu boyutuyla tartışılmayan IŞİD, XXI. yüzyıl Kürt katliamlarının muhtemel aktörü olması için tasarlanmıştır. Ancak karşılarına çıkan kadınlar, tarihlerini unutmamışlardır. Dahası, bu kadınlardır ki PKK'de değişimin özneleri olmuşlardır. Erkek egemen savaşçı yaklaşımın kadın perspektifli kavranışı özsavunma şeklinde mücadeleye katılmaktadır. İnşanın pozitif eylemliliğini esas alan bir Kadın Hareketi'nden beklenene uygun bir kavrayış ancak bu şekilde formüle edilecektir. Dünyanın "terör örgütü" olarak adlandırdığı PKK çizgisinin taşıyıcısı olan kadınlar insanlık için, özgürlük için savaşan öznelerdir. Sanıldığı gibi savaş koşullarında "erkekleşmiş" kadınlar değil, özlerine dönen kadınlar. Bu anlamda kendisini öncelikle insan olarak gören ve buna mukabil gücünü gören kadınlardan söz ediyoruz. Savaş diyalektiğinin yeniden formüle edildiği bu düzlemde, en büyük düşmanı ise bizzat kendisidir.

JJ: *Söz ettiğiniz "erkekleşmiş kadın" anlayışının temelinde neyi görüyorsunuz?*

DM: Kürt Kadın Hareketi ile ilgili en çok merak edilen konulardan birisi de, sıklıkla dile getirildiği üzere "sevgi" kavrayışıdır. Kadın erkek ilişkisi özelinde merak konusu olan bu olguya yaklaşımımızı anlamanın en doğru yolu, olguyu cinsler arası bir fenomen olarak ele alan yaklaşımdan uzaklaşmaktır. Sevgi kişiler ve kişiler ile şeyler arasında ortaya çıkabilecek bir olgu olarak ele alınmalıdır. Öyle ki, yoldaşlık, vatan, kendi, doğa gibi kişiler ve şeyler ile kurulan ilişkilerde karşımıza çıkar. Tüm bu sevme biçimlerine içkin kavrayış ise, sürekli dönüşüm ve harekettir. Kişisel duyguların evrensel bir sevgiye dönüştüğü bu kavrayış, sistem içi cinsler arası yaklaşımın çok ötesindedir. Bu bağlamda "erkekleşmiş kadınlar" değil, özüne dönmüş, ikinci cins olmayan, eşitlikçi, demokrat, özgürlükçü kadınlarız. Kendine güvenen ve yeteneklerinin farkında olan bir kadın gerilla için sevgisinin en büyük göstergesi, yoldaşını canı pahasına korumaktır. Sistem içi ilişkilerde sıklıkla söylenen "Senin için ölürüm" sözü bizim gerçekliğimizdir. Kadın düşünüşünün inceliklerinde kendisine alan açan bu hareketlilik, en şiddetli zamanlarda dahi gülümsemeyi mümkün kılan şeydir. Şehirlerden gelen insanların anlamakta zorlandığı şey belki tam olarak budur. Dağlarda, doğayla içiçe yaşamın kazandığı anlam, sürekli oluş halinde ve hareketlidir. Sevginin tüm biçimlerini kapsar. PKK tüm bunları mümkün kılan siyasal yapılanmadır bir anlamda.

Kürt Kadın Hareketi'nin tarihi boyunca karşımıza çıktığı üzere, arzu edilen dünya kadınlarının özgürlüğü gibi evrensel bir ütopya üzerine bina edilmiştir. Kürt sorunu çözüldüğünde dahi devam edecek olan kadın mücadelesini mümkün kılacak şey, dünyanın bütün kadınlarının özgürlüğüdür zira. Çokça söylediği üzere, XXI. yüzyıl kadın devrimlerinin yüzyılı olacaktır. Kobanî'de bütün dünyayı kendisine hayran bırakan silahlı direniş, bu mücadelenin yalnızca bir veçhesini teşkil etmekte. Herkesin kendi alanında sorumlu olduğu bir özgürlük mücadelesi örgütlemek varılması kaçınılmaz nokta olarak önümüzde durmakta.

Her şeyi özetleyen dört kelime: *An azadî, an azadî!*

7

PKK'NİN EKONOMİ POLİTİĞİ*

Güllistan Yarkın

Yirminci yüzyılda dünyanın geç endüstrileşmiş birçok çevre bölgesinde, kır ve kent merkezli birçok toplumsal ayaklanma meydana geldi. Özellikle 1970'lere kadar, ağırlıklı olarak sömürgeciliği parçalamayı ve uzun vadede sosyalist bir toplum inşa etmeyi hedefleyen sosyalist "ulusal kurtuluş" hareketleri, kırsal ve kentsel ayaklanmaları örgütleyerek yönettiler. Bu hareketler hem kentlerde hem de kırlarda farklı sınıflar arasında ittifaklar kurdular (Walton, 1984; Goodwin, 2001). Ulusal kurtuluş hareketlerinin önemli bir kısmı öncelikle gerilla savaşıyla devlet iktidarını elde etmeyi ve sonrasında sosyal, politik ve ekonomik değişimi gerçekleştirmeyi amaçlayan iki adımlı bir stratejiyi izlediler (Arrighi *et al.*, 1986; Derlugain, 1998). Yirminci yüzyılda; Çin, Küba, Meksika, Vietnam, Cezayir ve Angola

---

* Bu makale, *Kurdish Studies* dergisinin 3. cildinin 1. sayısında yayımlanan "The Ideological Transformation of the Pkk Regarding the Political Economy of the Kurdish Region in Turkey" makalesinin Türkçeye çevrilmiş ve yazar tarafından yeniden gözden geçirilmiş versiyonudur. Cengiz Güneş, Joost Jongerden, Welat Zeydanlıoğlu ve Naomi Houghton'a bu makalenin taslağı üzerine yaptıkları yorumlar için müteşekkirim.

gibi ülkelerde ulusal kurtuluş hareketleri, devlet iktidarını ele geçirerek bu bölgelerdeki politik rejimleri ve ekonomik ilişkileri dönüştürdüler (Goodwin, 2001; Walton, 1984; Berns-tein, 2006). Bunlar dışında Kolombiya, Kenya ve Filipinler gibi ülkelerdeki bazı ulusal kurtuluş hareketleri devlet iktidarını elde edemeseler bile bu ülkelerin politik rejimlerini derinden etkilediler (Walton, 1984). Çin, Sovyetler Birliği, Vietnam, Küba, Cezayir, Mozambik ve Nikaragua'daki ulusal kurtuluş hareketleri ve sosyalist hareketler, devlet iktidarını elde ettikten sonra farklı yollarla tarımın kolektivizasyonunu başlattılar. Bu ülkelerde kırsal sınıflar ve tarımsal gıda üretimi, şehirlerdeki sanayileşmenin hizmetine sunuldu (Bernstein, 2006: 7-8) ve ulusal kalkınma projeleri uygulandı. Bu politikalar devam ederken, sosyalizmi bertaraf etmek amacıyla ABD liderliğindeki kapitalist blok da Dünya Bankası ve diğer kurumlar aracılığıyla sosyalist bloğa dâhil olmayan Türkiye, Arjantin, Güney Kore gibi çevre ülkelerde bazı ekonomik kalkınma projelerini uygulamaya koydu (Woods, 2006; Bello, 2009; McMichael, 2007). Hem sosyalist hem de kapitalist blok tarafından uygulanan bütün bu sanayi politikaları, sosyalist deneyimin talihsiz gidişatını ve dolayısıyla sosyalist ulusal kurtuluş hareketlerinin devrimci hedeflerini derinden etkiledi. Dünya sisteminin sınırlamaları (Wallerstein, 1986; 160-16; Arrighi et al, 1986: 58-59) ve diğer içsel dinamikler ile ilişkili olarak, politik bir blok olarak sosyalist sistem yirminci yüzyılın sonunda çöktü ve gene aynı dönemde bir ideoloji olarak sosyalizm dünyanın önemli bir kısmında popülerliğini yitirdi. Bu gelişmelere paralel olarak dünyanın genelinde neo-liberal kapitalist politikaların başlamasıyla birlikte, kırsal ve kentsel sınıflar arasındaki sınıf ittifakları ile erken endüstrileşen merkez ve çevre ülkelerdeki emek hareketleri zayıfladı (Kalouche ve Mielants, 2008: 135-136).

Reel sosyalizmin çöküşü ve dünyanın birçok yerinde neoliberal politikaların uygulanmaya başlanmasının ardından emek örgütleri şehirlerde güç kaybederken, birçok çevre bölgenin kırsal alanlarında otonomcu hareketler ile yerli ve kırsal hareketleri kapsayan farklı bir sistem karşıtı hareketler dalgası ortaya çıktı. Bu yeni toplumsal hareketler, aynı dönemde ağırlıklı olarak ücret ve çalışma koşullarına odaklanan sendikalardan daha güçlü dayanışma örgütleri meydana getirdiler (Petras, 2005; Moyo ve Yeros, 2005b). Bu tarz sistem karşıtı hareketler, çevre bölgelerde ortaya çıkan yirminci yüzyıldaki kırsal hareketlerin ikinci dalgasını oluşturur. İkinci dalga hareketler, ulusal kurtuluşçu gerilla hareketleri gibi gerilla savaşı stratejisi ve ulusal ideoloji yoluyla devlet iktidarını elde etmeyi hedeflememektedir. Bu hareketlerin çoğu, yerli halkların ve diğer azınlıkların anayasal kültürel haklarına odaklanıyorlar ve kırsal komünlerin, otonomların kurulması ve toprak işgalleri yoluyla kentli yoksulların ve topraksız köylülerin toprağa erişimini sağlamayı amaçlamaktadır. Bununla birlikte bugün, gerilla savaşı stratejilerini kullanan ulusal kurtuluş hareketleri, Kolombiya, Hindistan ve Türkiye gibi, dünyanın çevre bölgelerinde hâlâ varlıklarını sürdürmektedir. Ancak, önceki dönemlerle karşılaştırıldığında, gerilla savaşı artık çevre bölgelerdeki sosyal/politik hareketler tarafından kullanılan yaygın bir mücadele stratejisi değildir.

Bu tarihsel konjonktür ve eğilimler çerçevesinde değerlendirildiğinde, 1978'de kurulan ve Türkiye, Suriye, İran ve Irak Kürdistan'ında faaliyet gösteren Kürt ulusal/gerilla hareketi Kürdistan İşçi Partisi (*Partiya Karkarên Kurdistan*, PKK), bu iki dalga hareketin bütünleşmiş versiyonunu oluşturur. 2000'li yıllara kadar, PKK, ideolojik ve pratik olarak ilk dalga hareketlerin birden fazla özelliğini bünyesinde barındırıyordu ve 2000'lerden beri, her ne kadar gerilla kuvvetlerini dağıtmadısa da, bazı hedefleri ve ideolojisi ikinci dalga hareketlerinkilere benzemeye başladı. PKK 1978'deki kuruluşundan bu yana binlerce Kürt köylüsünü, ortakçıyı, topraksız köylüyü, emekçi sınıfları, öğrencileri ve kentlerde yaşayan yoksul Kürdü siyasal olarak harekete geçirdi. Başlangıçtaki amacı ulus devletlerin Kürt bölgelerindeki kontrolünü yıkmak ve gerilla savaşı yoluyla bağımsız ve birleşik sosyalist Kürdistan'ı kurabilmek için Kürt köylüler ve işçiler arasında bir sınıf ittifakı oluşturmaktı. 2005 yılına gelindiğinde ise PKK temel amacını, Kürt bölgelerinde özerk radikal demokrasiyi ve anti-kapitalist, sanayileşme karşıtı, cinsiyetçilik karşıtı ve ekolojist "demokratik modern-iteyi" içine alan, "Ekolojik Demokratik Konfederalist Toplumun" kurulması olarak yeniden tanımladı. Hem kentlerde hem de kırsal alanlarda yaşayan işsizler ve topraksızlar tarafında kurulacak olan ekolojist kırsal komünler yeni paradigmanın temel ekonomik birimleri olarak tanımlandı. Buna ek olarak, anayasal sivil hakları kazanmak, demokratik özerkliği oluşturmak, Kürt bölgelerindeki bütün devletlerin desantralizasyonunu gerçekleştirmek PKK'nin diğer temel hedefleri hâline geldi (PKK, 1978; Öcalan, 2010; PKK, 2005). Böylelikle, yukarıda belirtilen dünyadaki iki sistem karşıtı hareket dalgası arasındaki değişim, PKK'nin değişen pratiklerine, stratejilerine ve ideolojisine de yansıdı.

Yukarıda sözü geçen konularla ve varsayımlarla ilişkili olarak bu makale şu soruları ele alacak: PKK'nin Kürt bölgesinin ekonomi politiği hakkındaki ideolojisi ne yönde değişti? PKK'nin Türkiye'deki Kürt bölgesinin ekonomi politiğine ilişkin izlediği ideolojik yoldaki kırılmalar ve süreklilikler nelerdir? Bu makalenin esas amacı PKK'nin kırsal sınıflar, sanayileşme, gelişmecilik, gıda egemenliği konusundaki değişen algısını ve bu dönüşümün nedenini açığa çıkarmaktır. Bu amaç doğrultusunda, makale boyunca ağırlıklı olarak PKK belgeleri,

PKK lideri Abdullah Öcalan'ın Avrupa İnsan Hakları Mahkemesi'ne sunulan savunma metinleri ve avukatlarıyla hapishanede yaptığı görüşmelerin notları kullanılacaktır. Bu makale Kürt hareketi ve çevre bölgelerdeki sistem karşıtı hareketler üzerine yazılan literatürlere gönderme yapacaktır. İlk olarak, Türkiye'deki Kürt bölgesinin ekonomi politiğinin tarihsel izleği çizilecektir. Sonra PKK içindeki Marksist-Leninist yaklaşımın yükselişi ve düşüşü tartışılacaktır. Üçüncü bölümde, Abdullah Öcalan'ın "demokratik modernite" projesi değerlendirilecektir. Son olarak, Kürt bölgesinin kırsal alanlarında antikapitalist bir ekonomi kurma çabalarına değinilecektir.

1980 Öncesinde Türkiye'deki Kürt Bölgesinin Ekonomi Politiği

Askeri hâkimiyet, Kürtlerin etnik ve politik bir topluluk oluşlarının inkârı, asimilasyon, zorunlu iskân, Kürtlerin kendi kaderlerini tayin haklarının ortadan kaldırılması, merkezileşme ve sömürge idaresinin kurulması, Türk devletinin Kürt bölgesini kontrol etmek için kullandığı temel politikalardır. Türk devleti, Kürt bölgesini bir sömürge olarak yönetmiştir (Beşikçi, 1990; Bozarslan, 2004). Türkiye Cumhuriyeti kurulduğunda, Kürt bölgesinde kapitalist toplumsal ilişkiler neredeyse yoktu ve feodal toplumsal ilişkiler yaygındı. Pazar için üretim oldukça kısıtlıydı. Kürtlerin çoğu farklı aşiretlerin üyeleri olarak kırsal alanlarda, aşiret lideri, şeyh (dini lider), topraksız köylü, ortakçı, yoksul ve orta köylüler (*middle peasants*) olarak yaşamaktaydılar (Beşikçi, 1970; Sönmez 1992). Kürt bölgesindeki toprak, eşitsiz olarak dağılmıştı (van Bruinessen, 2003). 1950'lerde Kürt toprak ağalarının birçoğu; traktör tedariki, tarım kredileri, gübre, daha iyi kalitede tohum ve elektrik altyapısı, yol inşaatı, hatta bazen camilerin inşaatı gibi devlet tarafından sağlanan imtiyazlar yoluyla ve patronaj mekanizmalarıyla Türkiye ekonomisiyle bütünleşmeye başladılar. Ayrıca, 1950'lerde birçok toprak ağası Kürt, kimliklerini inkâr pahasına Türk parlamentosunda vekil oldular ve bu toprak ağalarına hizmet eden birçok Kürt köylüsü ve ortakçı genel seçimlerde onlara oy verdi. Toprak ağaları, köylüler ve ortakçılarla olan ilişkilerini hâkim düzene entegre olabilmek için kullandılar (McDowall, 2007: 399-401).

1950'ler Kürt toprak ağaları ve diğer kırsal sınıflar arasındaki karşılıklı ilişki ve bağımlılığın bozulmaya başladığı tarihlerdi. Kapitalist yayılma, tarımın makineleşmesi ve köylüler ve ortakçıların toprak ağaları tarafından yerinden edilmeleri bu bozulmanın esas sebepleridir. 1950'lerde Kürt bölgesine ABD tarafından Marshall yardımlarıyla sağlanan traktörler, birçok köylü ve ortakçının yerinden edilmesi ve mülksüzleşmesiyle sonuçlandı (McDowall, 2007: 401). Bu gelişmelerin sonucunda, yüzlerce Kürt, topraklarını terk etti ve mevsimlik işçi, sokak satıcısı, inşaat işçisi, fabrika işçisi ve yedek sanayi ordusunun parçası hâline geldikleri (Sönmez, 1992, 166; van Bruinessen, 2003: 32) Türkiye'nin batısındaki başka bölgelere göç ettiler (McDowall, 2007: 152 403). Bununla birlikte, bu göç, Kürtlerin çoğunun bu dönemde kentlileşmeleriyle sonuçlanmadı. Yerlerinden edilen köylüler her ne kadar başka yerlere göç ettilerse de, birçok toprak ağası, yoksul köylü, orta köylü ve ortakçı 1990'lara kadar Kürt bölgesinde kalmaya devam etti.

Sömürgeci tahakküm ve Kürtlerin Türk ulusal rejimiyle tam olarak bütünleşememeleri nedeniyle Kürtlerin politik talepleri hiçbir zaman ortadan kalkmadı; ancak Kürt ayaklanmalarının liderlerinin sınıfsal özellikleri derinden değişti. Kürt toprak ağaları Türk ulusal rejimiyle bütünleşirken ve ulusal taleplerinden vazgeçerlerken, Kürt Siyasal Hareketi, Türkiye'deki solun 1960'lardaki yükselişine paralel olarak, çoğunlukla Kürt öğrenci ve aydınlar arasında ortaya çıktı. 1970'lerde Kürt politik aktörleri, Marksist-Leninist söylemi kullanarak Türkiye'deki Kürtlerin durumu hakkında sömürgecilik ve ulusların kendi kaderlerini tayin etme hakkı tezlerini geliştirmeye başladılar. Bu tez, Kürt partilerinin hak talep etme araçları üzerinde çok etkili oldu. Türk sömürgeciliğini dağıtmak ve Kürtlerin kendi kaderlerini tayin edebilmelerini hayata geçirebilmek, Türkiye Kürdistan Sosyalist Partisi (TSKP), Rizgarî, Kawa, Türkiye Kürdistan Demokrat Partisi (TKDP) ve Kürdistan İşçi Partisi (PKK) de dâhil olmak üzere Kürt hareketlerinin yeni amaçları hâline geldi (Ercan, 2010).

PKK ise 27 Kasım 1978'de, yoksul bir Kürt köylü ailesinin oğlu olan Abdullah Öcalan ve gene Öcalan gibi ailelerinin büyük bir kısmı köylü olan üniversiteli arkadaşları tarafından Türkiye'de kuruldu. PKK'nin kurucularının çoğu Türk sosyalist partilerinin eski üyeleriydiler. 15 Ağustos 1984'te, PKK Siirt'teki Türk devletinin askeri karakoluna yönelik ilk büyük silahlı saldırısını gerçekleştirdi (Karayılan, 2014). Bu tarihi saldırı, Türk devleti ve PKK arasında 30 senedir uzayıp gitmekte olan, neredeyse 40.000 kişinin hayatını kaybettiği bir savaşı başlattı. Türk devleti ve PKK yetkilileri arasındaki Oslo Barış Müzakereleri Ekim 2008'de gizlice başladı ve 2011'e kadar sürdü. Müzakereler 2013'te hem Türk devleti hem de PKK'nin artık barış ve uzlaşma zamanının geldiğini ilan etmeleriyle yeniden başladı (*Akşam*, 2013; Casier vd., 2013).

Marksist-Leninist Yaklaşımın PKK'deki Yükselişi ve Düşüşü

PKK kurulduğunda kendisini; Abdullah Öcalan'ın parti genel sekreteri olduğu, gerilla ordusunun operasyonlarının yürütme kurulu tarafından yönetildiği klasik bir komünist parti örgüt yapısına sahip (Jongerden ve Akkaya, 2013: 165), Marksist-Leninist bir ulusal kurtuluş hareketi olarak tanımladı (Manafy, 2005: 108). 1980'lerin ortalarından itibaren Öcalan'ın PKK içindeki yetkisi arttı ve PKK, Öcalan'ın varlığını ve önderliğini idealleştiren ve yücelten bir hareket hâline geldi (Akkaya ve Jongerden, 2011: 151).

Kürt işçileri, köylüleri ve öğrencileri Türk sömürgeciliği ve baskıcı Kürt toprak sahiplerine karşı harekete geçirmek amacıyla PKK; anti feodal, anti-kapitalist, Marksist-Leninist ulusal kurtuluşçu söylemi kullandı ve ağırlıklı olarak yoksul Kürtleri harekete geçirdi (Çelik 2000: 53; van Bruinessen, 2002). 1992'de Öcalan en çok köylülerin mücadeleyi desteklediklerini belirtti (White, 2000: 156). 2008'de bir Türk gazeteciyle yaptığı röportaj sırasında, Türk Genel Kurmay Başkanı İlker Başbuğ, PKK'yi bir "köylü hareketi" olarak tanımladı (Çandar, 2012: 40). Her ne kadar PKK, işçiler, aydınlar ve öğrenciler gibi nüfusun farklı kesimlerini mobilize ettiyse de, Başbuğ'un da kabul ettiği üzere PKK'nin gerilla kuvvetleri özellikle 1980'ler ve 1990'larda ağırlıklı olarak Kürt köylülerden oluştu.

1980'ler ve 1990'larda PKK'ye katılanların sınıfsal kompozisyonu dünyadaki yirminci yüzyıl ulusal kurtuluş hareketlerinin sınıfsal kompozisyonuna oldukça benziyordu. Yirminci yüzyılda eski sömürge bölgelerinde yüzden fazla yeni ulus devlet kuruldu. Bu süreç özellikle İkinci Dünya Savaşı'ndan sonra hızlandı ve 1960'larda Afrika'daki sömürgelerin egemen devletler olmalarıyla doruğa ulaştı (Strang, 1991: 10). Doğu Asya, Latin Amerika ve Afrika'daki kırsal ve küçük yerleşim yerlerinin nüfuslarının yüzdesi 1960'da %70'ler civarındaydı (Birleşmiş Milletler, 1969: 25). Bu bölgelerde ulusal kurtuluş hareketlerinin birçoğu politik parti-gerilla ordusu biçiminde örgütlendiler ve çoğunlukla kırsal sınıfları sömürgecilik karşıtı ulusal kurtuluşçu ideolojiye sahip silahlı gerillalar hâline getirerek mobilize ettiler (Walton, 1984; Wolf 1969; Goodwin, 2001). Öte yandan her ne kadar ulusal kurtuluşçu gerilla orduları ağırlıklı olarak kırsal sınıflardan oluşsa da; Çin, Cezayir, Vietnam, Küba ve diğer birçok ülkedeki sömürgecilik karşıtı devrimleri, kırsal ve kentsel nüfuslar arasındaki etkileşimler ve ittifaklar mümkün kıldı (Walton, 1984: 15).

1978 yılında kurulan PKK, dünyadaki sistem karşıtı hareketler, ulusal kurtuluşçu gerilla hareketleri ve aynı dönemde var olan sosyalist devletler tarafından temsil edilen tarihsel bütünün bir parçasını oluşturuyordu. 1978'de kurulduğunda, diğer ulusal kurtuluşçu gerilla hareketlerinin ideolojilerine benzer bir şekilde, PKK, kendisini iki aşamalı bir strateji aracılığıyla sınıfsız bir toplum yaratmayı hedefleyen sosyalist bir hareket olarak tanımladı. Amacı öncelikle yeni bir devlet gücü oluşturmak ve sonrasında sınıfsız bir toplum yaratmaktı. Buna göre PKK:

> Bağımsız ve Birleşik bir Kürdistan'da Demokratik bir Halk Diktatörlüğü kurmak ve nihai olarak sınıfsız toplumu gerçekleştirmek amacındadır. PKK'nin önderlik ettiği Kürdistan Ulusal Kurtuluş Mücadelesi, sosyalist ülkeler, ulusal kurtuluş hareketleri ve işçi sınıfı hareketlerinin temel gücünü oluşturdukları dünya sosyalist devriminin ayrılmaz bir parçasıdır (PKK, 1978).

Yazılarının birinde Öcalan, Stalin ve Lenin'in ulusal sorun hakkındaki fikirlerinin PKK'nin ideolojisini etkilediğini belirtti. 1970'lerde PKK'nin kurucu kadrosu, dünya halklarının o dönemdeki mücadelelerini, özellikle de Vietnam ve Afrika deneyimlerini araştırdılar. Bu araştırmaların sonucunda, Kürdistan bir sömürge olduğu için PKK'nin başka birçok farklı yerde başarıya ulaşan ulusal kurtuluş savaşı modelini izlemesi gerektiği sonucunu çıkardılar (Öcalan, 2013: 222-248). Bu araştırmalar Öcalan'ın 2000'lere kadar yazdığı kitaplarına yansıdı. 2000'lere kadar geçen dönemde Öcalan'ın gönderme yaptığı önde gelen teorisyenler ve politik aktörler şunlardı: Karl Marx, Friedrich

Engels, Viladimir İlyiç Lenin, Josef Stalin, Mao Zedung, Georgi Dimitrov, Vo Nguyen Giap ve Che Guevera. Bu okumalara ve analizlerine bağlı olarak, hem PKK'nin *Kuruluş Manifesto-su*'nda hem de Öcalan'ın *Kürdistan Devriminin Yolu* başlıklı kitabında Türkiye'deki Kürt bölgesindeki dolaşım, dağıtım, tüketim ve üretim süreçleri; diyalektik materyalizm, emek, proletarya, burjuvazi, küçük burjuvazi gibi Marksist kavramlar çerçevesinde incelendi. Sınıf siyasetinin kavramlarını ve emperyalizm karşıtı söylemi kullanarak, PKK dünyadaki sosyalist ulusal kurtuluş hareketlerinin politik dilini Kürt bölgesi ve halkları bağlamında yeniden üretti. Proletarya "en devrimci sınıf" ve Kürdistan devriminin öncüsü olarak tanımlandı ve yoksul köylüler proletaryanın müttefikleri olarak algılandılar. PKK'nin rolü; işçiler, köylüler, aydınlar ve gençlik arasında bir dayanışma bloğu yaratmaktı (*Serxwebûn*, 1981: 9).

PKK'nin ilk manifestosu Kürt feodal toprak sahiplerini "işbirlikçi" sınıf olarak nitelendirerek Türk sömürgeciler ve Amerikan emperyalistleriyle işbirliği yaptıkları iddiasıyla sert biçimde eleştirdi. Bu değerlendirmeye göre Türk kapitalizmi geniş bir pazar yaratmış ve Kürt feodal işbirlikçi sınıfı Kürt sermayesinin büyümesini engelleyerek kendisine bağımlı kılmıştı. Toprağı işlemek için makinelerin devreye sokulması, feodal sömürü ve kapitalist sömürü birleşmiş ve bu birleşme; mülksüzleşme, yoksulluk ve Kürt köylülerinin yarı proletaryalaşmalarına sebebiyet vermişti (PKK, 1978). Ayrıca, devlete ait bütün şirketler, örneğin Sümerbank, Etibank, Türk Elektrik Kurumu, TEKEL, Toprak Mahsulleri Ofisi ve devlete ait bütün bankalar "sömürgeci devlet işletmeleri" olarak nitelendirildi. Kürt proletaryasının da Kürt kapitalizmi şartlarında ve Kürt burjuvazisiyle çelişki içinde değil, sömürgeci Türk devlet kapitalizmi şartlarında ilk defa bu devlet işletmelerinde ortaya çıktığı öne sürüldü (Öcalan, 1978).

Ulusal kurtuluş hareketlerinin ideolojilerine benzer şekilde, "temel çelişki", "milli çelişki" olarak tanımlandı. PKK'nin devriminin işçiler ve köylüler arasındaki ittifak yoluyla bütün ulusal ve sınıfsal baskılarla savaşacağı ifade edildi (Öcalan, 1978; PKK 1978). Bu hedeflere ulaşabilmek amacıyla, PKK kapitalist blok, sosyalist blok ve Türkiye'nin büyük ekonomik ve sosyal krizlerle yüzleştiği bir dönemde, 1984 yılından başlayarak Türkiye'de sayısız silahlı eylem düzenledi. PKK 1980'lerde Türkiye'nin Kürt bölgesinde güç kazanırken, kendilerini komünist ya da sosyalist olarak adlandıran devletlerin yönettikleri ülkelerde işçi sınıfının siyasileşmesi, kentsel ve kırsal sınıflar arasındaki ittifaklar ve bu sınıfların devrimci bilinci, geriliyordu (Wallerstein, 1986: 160-161; Borras vd, 2008). Sosyalist bloğun çöküşü, devlet iktidarını elde eden sosyalist partilerin kapitalizmi ortadan kaldırmak ve komünizmi inşa etmeyi hedefleyen devrimin ikinci aşamasını başaramadıklarını açığa çıkardı (Wallerstein, 2002: 33). 1990'larda, geç sanayileşen çevre ülkelerin çoğu küresel piyasa ekonomisine dâhil oldular ve neo-liberal politikaları uygulamaya koydular. Neo-liberal dönemde dünyanın farklı yerlerinde yeni hareketler ortaya çıkarken PKK, diğer ulusal kurtuluş hareketlerinin tersine yukarıda dile getirilen iki aşamalı stratejinin ilk adımını, yani devlet iktidarını ele geçirmeyi gerçekleştirememişti.

Devlet merkezli sosyalist rejimlerin yıkılışından sonra, PKK'nin ideolojisi 1990'larda değişmeye başladı ve bu dönüşüm 2000'lerde belirgin hâle geldi. 1993'te Öcalan, amaçlarının Türkiye'den ayrılmak olmadığını ve PKK'nin Türk devletiyle Kürt halkının demokratik sivil hakları konusunda politik müzakere talep ettiğini beyan etti (Akkaya ve Jongerden, 2011; Öcalan, 1998). Yeni bir ulus devlet kurmaktan vazgeçilmesi ve Marksist-Leninist ulusal kurtuluşçu ideolojiden uzaklaşma aynı zamanda gerçekleşti. PKK'nin 1995'teki beşinci kongresinde, işçiler ve köylüler arasındaki ittifakı temsil eden parti bayrağındaki orak çekiç, bir meşale amblemiyle değiştirildi. Bu kongreden sonra hazırlanan yeni programda, Sovyetler Birliği dogmatik, vulgar, materyalist, şovenist ve aşırı merkeziyetçi olmakla eleştirildi (PKK, 1995).

Farklı bakış açılarına sahip çeşitli araştırmalar PKK'nin Kürt bölgesinin politik geleceği konusundaki söyleminde yaşanan dönüşümü açıklamak için bir takım dinamiklerin altını çizdiler. Bazı çalışmalar iç dinamiklere odaklanırken, diğerleri dışsal süreçlerin önemine gönderme yaptılar. Bu dönüşümü inceleyen akademisyenler şu faktörlerin PKK'nin politik hedeflerinin değişiminde önemli olduklarını vurguladılar: PKK'nin iç savaşta yaşadığı güç kaybı, kırsal alanlardaki köylü desteğinin azalması (McDowall, 2007; Güneş, 2012), Abdullah Öcalan'ın 1999'da yakalanması ve uluslararası siyasi konjonktürün dönüşümü (Manafy, 2005; Özcan, 313 2006; Gunes, 2012), SSCB'nin yıkılması (Özcan, 2006; Gunes, 2012) ve başbakan Turgut Özal'ın "Kürt realitesini" tanıdığı 1990'lardaki yaklaşımı (White, 2000), PKK'nin askeri kayıpları ve Türk toplumu içinde yükselen milliyetçilik nedeniyle çıkabilecek bir iç savaş olasılığı gibi iç siyasi dinamikler (Gunes, 2012). Sözü geçen bütün bu gelişmeler PKK'nin siyasi hedeflerinin dönüşümünü derinden etkiledi.

Öcalan'ın "Demokratik Modernite" Projesi

PKK'nin ideolojik değişimi Abdullah Öcalan'ın ABD, İsrail ve Türk ajanları tarafından 1999'da yakalanması ve sonrasında Türkiye'deki İmralı Adası'nda hapsedilmesinden sonra hız kazandı (Romanı, 2006: 179). Abdullah Öcalan'ın yakalanmasından sonra PKK "...sadece 'klasik Kürt ulusalcı çizgisini' değil, aynı zamanda 'benzer bir yönelimin solcu yorumunu' da reddederek, radikal demokrasiye doğru belirgin bir dönüş yaptı" (Akkaya ve Jongerden, 2014: 186). Arrighi, Hopkins ve Wallerstein'e göre devletin iç işlerine karışan dış güçlerin de facto yetkisi veya devletlerarası mülkiyet hakkı gibi egemen devletleri sınırlandıran bazı kısıtlamalar bulunmaktadır. Bu nedenle, devrimci bir parti yönetime geldiği anda, parti yöneticileri devlet aygıtı onlara politik bir güç sağlamış olsa bile, bu gücün kapsamının elde etmeyi umduklarından daha sınırlı olduğunu çabucak fark ederler. Her parti devlet egemenliğinin sınırlarının farkına varır (Wallerstein, 1986: 160-161). Diğer ulusal kurtuluş hareketleri ve egemen devletlere benzer biçimde, PKK mücadelesi sırasında gücüne gölge düşüren dünyadaki sistemik sınırlamalarla karşılaşmıştır. Örneğin, Öcalan "Bilimsel sosyalizmde bunalımın Sovyetler Birliği'ndeki iç çözülüşle kendini açığa vurması ve 1998 Büyük Gladio Komplosu'nun" PKK'yi kökten bir dönüşüme zorladığını öne sürmüştür (Öcalan, 2013: 307). 1990'larda, sosyalist ulus devletlerin ortaya çıkabilmesine olanak sağlayan politik fırsatlar Ortadoğu'da olduğu gibi tüm dünyada da ortadan kalktı. 1999'da Abdullah Öcalan uluslararası ajanlar tarafından yakalanıp Türk devletine teslim edildiğinde, kendisini hâlâ bir terör örgütü olarak tanımlayan kapitalist dünya içinde bağımsız bir ulus devlet kurmanın imkânsızlığı PKK için aşikâr hâle geldi. Ancak diğer yandan, Türk yasal politik alanı 2000'lerde kısmen ve yavaş yavaş PKK'ye dolaylı yollarla da olsa açılmıştı. Bu politik sınırlamalar ve olanaklar farklı ideolojiler, projeler ve örgütsel mekanizmaların yaratılması için yeni bir olanak yarattı.

PKK üzerinde etki gösteren dünyadaki sistemik ve içsel kısıtlamalara ek olarak, Öcalan'ın Türk devleti tarafından hapsedilmiş olmasına rağmen, hareket üzerindeki mutlak gücü ve hapisteyken okuduğu kitaplardan edindiği ideolojik çıkarsamalar PKK'nin Kürt bölgesinin ekonomi politiğine ilişkin ideolojisinin dönüşümü üzerinde önemli bir rol oynadı. Öcalan İmralı Cezaevi'nde 2000'li yıllarda PKK için yeni projeler ve hedefler belirlerken; Murray Bookchin, Immanuel Wallerstein, Fernand Braudel, Andre Gunder Frank, Michel Foucault, Theodor W. Adorno ve Friedrich Nietzche'nin eserlerinden yararlandı ve bu çalışmalara gönderme yaptı. Bu kitaplar Öcalan'a dünyanın farklı yerlerinde ortaya çıkan mücadeleler, başkalarının reel sosyalist dünya sonrası perspektifleri ve kapitalist olmayan /komünal bir dünyanın kurulması üzerine bakış açıları hakkında bilgi ve fikir kazandırdı. Bu yazarların çıkarımlarına paralel olarak Öcalan'ın Türk mahkemelerine ve Avrupa İnsan Hakları Mahkemesi'ne sunulan savunma metinleri ulus devletlere, kapitalist modernite, sanayileşme ve pozitivizme yönelen eleştirileri içerdi. Bu yazarlar arasında özellikle Murray Bookchin'in Öcalan'ın dünyayı algılama biçimi ve yeni projeleri üzerinde derin etkisi oldu. Murray Bookchin'in "ekolojik toplum" ve "konfederalizm" kategorilerini PKK'nin şehirler ve köylerde belediyeler ve meclisler olarak örgütlenen toplumsal birimlerin kurulmasını içeren yeni projeleriyle birleştirdi (Öcalan, 2009b; Öcalan, 2011). Dolayısıyla, Kürt hareketinin Kürt bölgesinin ekonomi politiğine dair hedefleri, bir yandan PKK üzerinde etkili olan ulusal ölçekteki ve dünyadaki sistemik sınırlamalar, öte yandan Abdullah Öcalan ve PKK'nin bu sınırlamalara ayak uyduran stratejik cevapları tarafından şekillendi.

2005 yılında PKK, *Yeniden İnşa* adı verilen dokuzuncu kongresi düzenledi. Bu kongrede Abdullah Öcalan'ın Avrupa İnsan Hakları Mahkemesi'ne ve Türk mahkemelerine sunduğu savunmalarında dile getirdiği yeni projelere dayanan kararlar alındı. "Cinsiyet özgürlükçü demokratik ekolojik toplum" olarak tanımlanan yeni paradigma gündeme getirildi. PKK'nin yeni amacı ulus devlet iktidarı yaratmayı hedeflemeyen demokratik örgütlenmeler kurmak, feodal kalıntıları ortadan kaldırmak, "Kürt ulusunun birliğini ve öz demokratik yönetimini" gerçekleştirerek, "kadın özgürlüğü ve ekolojiye dayalı bir demokrasi" ve demokratik konfederalizmi geliştirmek olarak belirlendi. Yeni manifesto PKK'nin devlet iktidarını ele geçirmeyi amaçlayan önceki hedefini eleştirdi ve bu hedefin ötesine geçilmesi gerektiğini savundu. Dolayısıyla, PKK 2005 yılından itibaren Kürt meselesine devlet sistemini reddeden ve gücünü "komünal değerlerden" alan demokratik konfederalizme dayalı bir çözüm öne sürmeye başladı. Bugün geçerliliğini koruyan bu çözümün esas hedefleri ise köylerde, fabrikalarda ve mahallelerde komünlerin kurulmasıdır:

> Demokratik Konfederalizm demokratik devrimini yapmış Kürt halkının özgürlük ve demokrasi düzenidir. Halkın gücünü her türlü özgürlüğünü kazanacak düzeyde ortaya çıkarmasının düzenidir. En fazla da halkımızın tarihsel yaşamında bulunan komünal demokratik değerlerin çağdaş biçimde yeniden yaratılmasının düzenidir. Böyle bir toplumsal düzeni bugünden kurmak için halkımız, köylerde, mahallelerde, fabrikalarda komünlerini oluşturarak, özgür-demokratik yaşamını kurmalıdır (PKK, 2005).

Demokratik konfederalizm, komünler ve meclisler kurarak, Kürdistan'da devletlerin tahakkümünü azaltacak ve devletleri demokrasiye daha duyarlı hâle getirecektir (PKK, 2005). Bu yeni hedeflere dair Jongerden ve Akkaya, PKK'nin birleşik bir Kürdistan kurma amacından vazgeçmediğini iddia ettiler. Onlara göre PKK şu anda devlet kurma hedefi yerine, toplum kurma yöntemini izlemektedir (Akkaya ve Jongerden, 2011: 144-156).

Öcalan'a göre dünyada sosyalist deneyimlerin başarısız olmasının nedeni kapitalist moderniteye alternatif olabilecek farklı bir modernite bakışı yaratamamış olmalarıdır (Öcalan, 2009a: 151-152). Bugün "başka bir dünya mümkündür" sloganını atanların yapması gereken en önemli şey, "hangi modernite?" sorusuna cevap vermektir. Öcalan'a göre "demokratik modernite" modelindeki temel amaç, kapitalizmdeki gibi kâr olamaz. Ekolojik yıkımın kaynağı olan ve endüstriyalizme dayanan kalkınma anlayışına, burjuva sınıfının devlet modeli olarak tanımladığı ulus-devlete ve devlet kapitalizmine demokratik modernitede yer olamaz (Öcalan, 2009a). 2011'de Öcalan, yaygın işsizliğin ve en fazla kârı elde etme hedefinin ortadan kaldırılmasının esas amaçlar olması gerektiğini öne sürerek, demokratik modernite projesini daha da açık hâle getirdi. Ayrıca, kâr elde etmeyi hedeflemek yerine toplumun ihtiyaçlarını karşılamaya hizmet eden ekolojik komünler ve toplumsal birimlerin kurulması gerektiğini belirtti (Öcalan, 2011).

> Ekonomik sistem olarak kapitalizmi kabul edemeyiz. Belki kapitalizmi tam olarak ortadan kaldıramayız ama önemli oranda kapitalist ekonomik sistemi değiştirebilir, onu aşındırabilir, kendi ekonomik sistemimizi kurabiliriz (Öcalan, 2010; Bianet 2010).

Gıda Egemenliğini Hedefleyen Ekolojist Kırsal Komünler

Öcalan yeni projenin temel ekonomik birimi olarak ekolojist kırsal komünleri önermektedir. Örneğin, "bireysel sisteme" alternatif olarak "ekolojik-ekonomik" bir toplum olmayı, kapitalizmi ve ulus devleti ortadan kaldırmayı hedefleyen ve ekolojik farkındalık yaratma amacı taşıyan, "Dicle Fırat Tarım-Su Enerji" komününün kurulmasını önerir. Yeni bir tarım toplumu, ortak değerleri ve hedefi "gıda egemenliği" olan ekolojik komünler aracılığıyla yeniden yaratılacaktır. Ayrıca, şehirlerdeki aşırı nüfus azaltılacak ve şehirler bu ekolojik komünlerin ve köy-kent yerleşimlerinin kurulmasıyla yeniden yaratılacaktır (Öcalan, 2010). Bu görüşe göre, büyük şehirlerdeki işsizlik kapitalizme içkin bir durumdur ve bu sorun şehirlerdeki proletaryalaşmayla çözülemez, daha çok kırsal alanlardaki ekolojist gıda üretimiyle çözülebilir.

Yukarıda özetlenen ekolojist proje, gıda egemenliğini gerçekleştirmeyi hedefleyen ve ulus devlet iktidarını elde etmeye çalışmadan kapitalist üretim ilişkileri ve özel mülkiyete karşı çıkan, yeni anti-kapitalist kırsal hareketlerin, özellikle Meksika'daki Zapatistalar (EZLN), Brezilya'daki Topraksız Köylüler Hareketi (MST) ve Latin Amerika ve Güney Asya'daki *Via Campesina*'nın, politik eylemleri ve ideolojileriyle paralellik gösterir (Vergara Camus, 2009; Moyo ve Yeros, 2005b).Yazının giriş kısmında da belirtildiği üzere, dünyanın çevre bölgelerinde ortaya çıkan ikinci dalga hareketlerinin, toprak dağıtımı (toprak işgalleri, MST), ulusal demokratik değişim (Kolombiya'daki FARC), anayasal değişiklik (Zapatistalar), bölgesel özerklik (Zapatistalar) ve gıda egemenliği (*Via Campesina*) gibi hedefleri vardır. Yerli halkların hakları, insan hakları, toprak hakları, gıda hakları ve bölgesel özerklik bu hareketlerin politik taleplerinin ve hedeflerinin bazılarını oluşturur (Moyo ve Yeros, 2005: 6). Toprak işgalleri, politik kampanyalar, sokak gösterileri ve sosyal forumlar bu hareketlerin öne çıkan politik araçları ve stratejileri arasında yer almaktadır. Çevre bölgelerin kırsal alanlarında ortaya çıkan toplumsal hareketler üzerine çalışan akademisyenlerin çoğu kırsal ve kentsel sınıfların ayaklanmalarını ya kentlerdeki işsizlikle (Moyo ve Yeros, 2005b; Bernstein 2006; Chauveau ve Richards, 2008) ya da 1980'lerden sonra çevre bölgelerde ortaya çıkan neo-liberal politikalar ve piyasalaşmayla (Vergara-Camus; 2009; Pimple ve Sethi, 2005; Edelman, 2005; Borras, 2008; Walker, 2008) ilişkilendirdiler.

Bu hareketler arasında özellikle *Via Campesina,* kalkınma söylemini ve bununla bağlantılı politikaları yoksulluğun çözümünden çok nedeni olarak değerlendirerek klasik tarım sorununun varsayımlarını temelden dönüştürmüştür (McMichael, 2008: 208). Kalkınma söylemi yerine, bu hareketler "kırsal-kültürel ekolojiyi" yücelterek politik dayanışma kültürüne vurgu yapmışlardır (McMichael, 2007: 28). McMichael yeni köylü hareketlerinin tarım sorununu yeniden formüle ederek ve bugünün "gelişme gereksinimlerine" ilişkilendirerek, neoliberal projeyi ve köylülüğü küçük gören kalkınma anlatısını eleştirerek önceki hareketlerin politikalarını aştıklarını öne sürmüştür (McMichael 2008: 207). Benzer biçimde, PKK'nin yeni yaklaşımı kapitalizmi ve proletaryalaşmayı komünizmden önce deneyimlenmesi gereken süreçler olarak ele almamaktadır. McMichael'ın, *Via Campesina*'yı değerlendirirken belirttiği gibi, bu bakış açısı kapitalizmin sosyalizmden önce deneyimlenmesi gerektiğini iddia eden egemen bakıştan ontolojik bir kopuşu simgelemektedir. *Via Campesina*'ya benzer şekilde, PKK de proleterleşmeyi deneyimlenmesi gerekli bir süreç olarak algılayan ortodoks Marksist ideolojinin pozitivist ve kalkınmacı önermelerinden vazgeçmiştir. Ayrıca tıpkı EZLN, MST ve *Via Campesina* gibi, PKK de yeni bir ulus devlet yaratmayı hedeflememektedir.

Öcalan ve PKK'nin söylemlerinde değişen diğer bir tema kırsal bölgelerde ortaya çıkması beklenen demokratik modernite projesinin özneleri hakkındadır. 1970'lerin sonlarından 2000'lere kadar, PKK sosyalist bir Kürt ulus devlet iktidarının işçiler ve köylüler tarafından kurulacağını öngörüyordu. Bugün, açık olarak ifade edilmese de, PKK'nin yeni projesinin özneleri köylüler, işsizler ve hem kentlerde hem kırlarda yaşayan topraksız halklardır. Türk Genel Kurmay Başkanı, İlker Başbuğ, çoğunluğu zorla mülksüzleştirilen köylülerin çocukları olan binlerce göçmen Kürdün 2000'lerde PKK'ye katıldığını ifade etmiştir (Çandar, 2012: 43). Bu, günümüz dünyasının birçok bölgesinde marjinalize edilmiş ve suçlulaştırılmış kentli işsizlerin, güvencesiz işçilerin, köylüler ve topraksızların başını çektiği kırsal hareketlerin sınıfsal kompozisyonuna tamamen paraleldir.

PKK'nin pozitivist gelişme yanlısı ortodoks Marksist yaklaşımdan vazgeçişi PKK'nin Marx'ın metodolojisini ve epistemolojisini tamamen terk ettiği anlamına gelmemektedir. Karl Marx'a göre fikirler ve teorik kategoriler "tarihsel içerikten muaf, amaç ve yönden yoksun analitik aygıtlar değil", daha ziyade betimlemeyi hedefledikleri tarihsel sosyal ilişkilerle sıkı sıkıya bağlantılı "tarihsel ve geçici ürünlerdir". Marx kategorileri, sosyal gerçeklikle arasında bağlantı kurulması gereken ilişkilerin tarih dışı soyutlamaları olarak tasavvur eder. Sosyal ilişkileri betimlemeye çalışan kavramlar tarihsel sosyal ilişkilerden bağımsız "şeyler" olarak algılanmamalı ve nesneleştirilmemelidirler (Sayer, 1987: 126-143).

> [Marx] ekonomik ve sosyo-tarihsel araştırmasının tüm kategorilerini spesifik bir biçiminde ve modern burjuva toplumda ortaya çıktıkları spesifik bağlantılarıyla ele alır. Onlara ebedi ve ezeli kavramlar olarak davranmaz (Korsch, 1963: 30).

Dolayısıyla, kavramların tarihsel spesifikliği Marx'ın metodolojisinde öne çıkan bir öğe olarak açığa çıkmaktadır. Bu açıdan PKK; devlet, modernite, devrim, gelişme, konfederalizm vb. gibi kavramları şeyleştirmeyerek-nesneleştirmeyerek Marx'ın metodolojisine bağlı kalır. Öcalan ve PKK bütün kategorileri devamlı olarak yapı bozumuna uğratarak ve yeniden inşa ederek bu kavramlar ile sürekli dönüşen modern toplumsal, ekonomik ve siyasi ilişkiler arasında kapitalizm karşıtı bir perspektiften bakarak bağ kurarlar.

Baskıcı Koşullar Altında Anti-Kapitalist Bir Ekonomi Kurma Çabaları

Türkiye'deki Kürt bölgesindeki savaşın etkileri çok yıkıcı olmuştur. Araştırma şirketi KONDA tarafından 2010'da yürütülen bir çalışmada Kürt ailelerin üyelerinin beşte birinin savaş sırasında ya öldükleri ya da yaralandıkları ortaya çıkmıştır (KONDA, 2011: 96). Çok sayıda Kürt köylüsü 1990'larda batı Türkiye ve Kürt bölgesindeki şehirlerin yoksul bölgelerine göç etti ve marjinalize edilmiş ve suçlulaştırılmış kentli yoksulların parçası hâline geldiler. GÖÇ-DER'e (Göç Edenler Sosyal Yardımlaşma ve Kültür Derneği) göre savaş sırasında 3 milyon civarında Kürt yerinden edildi (Ayata ve Yükseker, 2005: 15; Bozarslan, 2001). Birçok Türk şehrinde Kürt göçmenler şehir hayatına ayak uydurmakta zorluk yaşadı ve değişen ölçülerde ayrımcılığa ve ırkçı şiddete maruz kaldılar (Kosukoğlu, 2011: Gönen, 2011). 1990'larda çatışma dönemi sırasında Kürt bölgesinde, yasadışı uyuşturucu ve silah ticareti katlandı; tarımsal üretim ve besi hayvancılığı ciddi şekilde zayıfladı; topraksız ve yerlerinden edilmiş köylüler arasında işsizlik ve yoksulluk şiddetli biçimde arttı. KONDA'nın araştırması Kürtlerin %29'unun yoksulluk sınırında, %23'ününse açlık sınırı altında yaşadıklarını ortaya koymaktadır (KONDA, 2011: 96).

Bugün, PKK ve Türk devleti arasındaki müzakereler hâlâ devam ediyor. Öcalan'ın mahkûmiyeti sürüyor ve Türk askerleri ve Kürt gerillaları arasında her ne kadar çatışma olmasa da, birçok PKK gerillası hâlâ Kürt bölgesindeki dağlarda ve de gerilla ordusunun liderleri İran-Irak sınırı yakınındaki Irak Kürt bölgesinde bulunan Kandil dağlarında varlıklarını korumaktalar. Bununla beraber, süregelen barış müzakerelerine rağmen, Kürt bölgesinde var olan askeri karakollara ek olarak, Türk devleti 2010 yılında Kürt bölgesinde 402 yüksek güvenlikli askeri karakolun inşasına başladı (*Today's Zaman*, 2013).

Ayrıca, çoğu Kürt bölgesinde olmak üzere Türkiye'de gömülü 1 milyon mayın bulunmakta (*Vatan*, 2013). 46.113 köy korucusu hâlâ Türk devleti tarafından istihdam ediliyor (*Milliyet*, 2014). Bunun yanı sıra, PKK gerillalarının kırsal alanlardaki fiziksel hareketlerini bertaraf etmek adına devlet Kürt bölgesinde ondan fazla "güvenlik barajının" inşaatını başlattı (İHD, 2013). 2009-2011 arasında, 3.895 Kürt hareketi aktivisti Türk devleti tarafından tutuklandı (*Bianet*, 2011; Bayir, 2013). Türkiye Adalet Bakanlığı'nın ilan ettiği üzere, 2014 yılı Temmuz ayında 4.912 PKK ve KCK tutuklusu Türk hapishanelerinde mahkûm edildi (*Yüksekova Haber*, 2014). Bunlara ek olarak, Türk devletinin yerlerinden edilen köylülerin hareketliliği üzerinde uyguladığı yasal sınırlamalar köylülerin Kürt bölgesindeki kırsal bölgelere geri dönme isteklerini etkilemeye devam ediyor.

Bu baskıcı koşullar altında Türkiye'nin Kürt bölgesinde uygulanan sadece iki önemli komünal proje bulunmaktadır. Bir tanesi 2000'lerin ortalarında kurulan, 24 Kürt köyünden oluşan (*Yeni Özgür Politika*, 2013) ve meclislerinde hem kadın hem erkek köylülerin bulunduğu Gever komünüdür. Bu komünün üyeleri sorunlarını çözmek üzere Türk devletinin mahkemelerini ya da diğer kurumlarını kullanmadılar. Yerel kaynaklara göre komün üyeleri günlük problemleri çözmek ve Türk devletinin müdahalesi olmadan sosyal hayatlarını iyileştirebilmek için özel hukuk, eğitim, kültür ve finans komiteleri kurdular. Çok eşlilik, kadına karşı aile içi şiddet ve avlanmak bu komün içinde yasaklandı (*Yüksekova Haberi* 2010). Üyeler beraberce mera ve su konularını çözdüler. Ayrıca kolektif bir besi hayvanı yetiştirme çiftliği ve ihtiyacı olanlar için ev inşa ettiler (Yeğin, 2011a). Kürt hareketinin yeni paradigması ve Gever Komünü arasındaki ilişkiye dair, 2013'de, komün üyelerinden biri şunu dile getirmiştir:

Komünler, Önderlik paradigmalarından vazgeçilmez yaşam şekillerinden olup, bundan sonraki süreçte, halkımıza bunu anlatmak, Kürdistan'da bunu yaygınlaştırmak, birlik ve beraberliği sağlamak için mücadele edeceğiz(*Yeni Özgür Politika*, 2013).

Gever komününün yanı sıra, Kürt bölgesinde hayata geçirilen başka bir kayda değer proje Viranşehir ilçesindeki *Ax û Av*'dır (Toprak ve Su Kolektifi). Bu proje sadece Kürt Hareketi tarafından değil aynı zamanda Latin Amerika'da birçok farklı hareketin içinde yer almış Türk bir aktivist, Metin Yeğin'in idaresinde gerçekleştirildi. Yeğin, Brezilya'daki MST de dâhil olmak üzere toplumsal hareketler üzerine filmler ve kitaplar yayınlamıştır. Yeğin'in idaresi altında, Kürt aktivistler ve bazıları sezonluk tarım işçisi olan topraksız Kürt köylüleri Viranşehir'de kerpiç evler inşa ettiler ve Barış ve Demokrasi Partisi'nin (BDP) yönetimindeki belediyenin sağladığı arazide kolektif tarımsal üretim birimleri kurdular (Yeğin, 2011b). Bu kolektifin üyelerinin neredeyse hepsi Türk ordusu tarafından zorla yerlerinden edilen Kürt köylüleridir. Kolektif içinde yaklaşık 50 kişilik 7 hane bu kerpiçten evlerde yaşayıp organik biber, organik şelengo (bir çeşit salatalık), organik karpuz, nar ve diğer organik besinler üretiyorlar (M. Yeğin, kişisel görüşme, 2013).

Bu iki deneyim her ne kadar ekolojist ve komünalist projeleri temsil etseler de, Türkiye'deki Kürt bölgesinin diğer yerlerine henüz yayılmadılar. Bazı kısıtlamalar komünalist deneylerin Türkiye sınırlarında yayılmalarını engellemektedir. Mayınların, güvenlik barajlarının, köy korucularının, PKK ve Türkiye arasındaki sonlandırılmamış savaş-barış sürecinin varlığı ve de binlerce Kürt aktivistin hapse atılması Kürt hareketinin cinsiyetçilik karşıtı, sanayileşme karşıtı, anti-kapitalist, komünist ve ekolojik demokratik modernite kurma pratiklerini olumsuz yönde etkilemektedir. Bunun yanı sıra, Abdullah

Öcalan'ın ve PKK'nin metinleri demokratik modernitenin pratikte kurulması sırasında kullanılacak stratejileri ve araçları ayrıntılı şekilde anlatmamaktadır. Örneğin bu metinler PKK'nin ekolojik komünleri nasıl oluşturacağını ve bu komünlerin kimin arazisi üzerinde olacağını açıklamamaktadır. Ayrıca, Öcalan ve PKK kadrolarıyla olan dayanışmaya rağmen, yasal Kürt partileri, özellikle de vekiller ve bazı belediye başkanları, Kürt bölgesinde Türk sermayesinin ve Türk devletinin yatırımlarının artması gibi liberal ve sanayileşmeye yönelik politik çözümlerin gerçekleşmesi için istekli görünmektedir. Bu yasal partilerin resmi dokümanları ve uygulamaları, kırsal ekolojik komünlerin yaratılmasının öncelikleri olmadığını göstermektedir (HDP, 2014; BDP, 2011; DPT, 596 2007; *Para ve Borsa*, 2010; Baydemir, 2011). Bununla birlikte Rojava olarak adlandırılan Suriye sınırı içindeki Kürt bölgesinde Abdullah Öcalan'ın demokratik konfederalizm-demokratik modernite projelerinden doğan ekonomik, sosyal ve politik faaliyetler ve gelişmeler daha ilerici örnekleri oluşturuyorlar. Türkiye'deki Kürt bölgesi ile karşılaştırıldığında, farklı politik koşulların varlığı ve Suriye devletinin bölgede zayıflaması nedeniyle Rojava'da alternatif ve anti-kapitalist bir sistem yaratılması için daha sistematik ve örgütlü bir mücadele sürdürülüyor.

Sonuç

Neredeyse 30 yıldır bir gerilla savaşı sürdüren PKK, 20. yüzyılın başlarında ortaya çıkan çok sayıda ulusal kurtuluş hareketine benzer şekilde başlangıçta bir parti ve gerilla ordusu olarak örgütlendi ve farklı sınıflardan birçok Kürdü Marksist-Leninist ulusal kurtuluş sömürgecilik karşıtı ideoloji çerçevesinde silahlı gerillalara çevirerek harekete geçirdi. Bu makale PKK'nin Türkiye'deki Kürt bölgesinin ekonomi politiği konusunda hedeflerinin, bir yandan PKK üzerinde etkili olan dünyadaki sistemik ve içsel kısıtlamalar, diğer yandan da PKK'nin bu kısıtlamalara verdiği cevaplar tarafından şekillendiğini öne sürdü. PKK'nin 1978'den beri ideolojik olarak geçirdiği en büyük değişim sınıfsız bir toplum inşa etme hedefiyle kentsel ve kırsal sınıflar arasında bir sınıf ittifakı kurulması aracılığıyla yeni bir ulus devlet inşası hedefinden vazgeçmesidir. 2000'lere kadar, Kürt bölgesindeki üretim, dağıtım, değişim ve tüketim ilişkileri klasik Marksizmin proletarya, burjuva ve emek gibi kavramlarıyla analiz edildi.

2000'lerin başlarından itibaren, PKK'nin Kürt bölgesinin ekonomi politiğine dair ideolojisi esaslı bir biçimde değişti. İmralı adasındaki mahkûmiyeti süresince, hareketin lideri Abdullah Öcalan, Kürt bölgesinin en önemli ekonomik problemlerini işsizlik, özel mülkiyet, maximum kâr hedefi ve tekelleşme olarak belirledi ve bunların ancak sosyalizmin inşasıyla çözülebileceğini iddia etti; ancak bugün kapitalizmi tamamen ortadan kaldırmanın neredeyse imkânsız olduğunu da dile getirdi. Kapitalizm ve sanayileşme tarafından meydana getirilen yıkımla mücadele etmek için, Öcalan anti-kapitalist, sanayileşme karşıtı, kadın özgürlükçü ve ekolojist "demokratik konfederalizmin" kentsel ve kırsal alanlarda yerel kent konseyleri, halk meclisleri, belediye idareleri ve komünlerin kurulmasıyla oluşturulması gerektiğini öne sürdü. Demokratik konfederalizmin ekonomik formu gıda egemenliğine dayanan ekolojist-kırsal komünlerin temel ekonomik birimler olduğu demokratik modernite olarak tanımlandı. Özel mülkiyetin, tekelleşmenin, endüstriyelleşmenin, ulus devlet iktidarının eleştirisi ve ekolojist komünlerin kurulması önerisi PKK'nin Kürt bölgesinin ekonomi politiği hakkındaki ideolojisinin sadece anti-kapitalist değil aynı zamanda komünist olduğunu da gösterir. Bununla birlikte, bugün, tarihsel ve diyalektik yaklaşımına rağmen, PKK yeniden yapılandırılmış hedeflerini henüz Kürt bölgesinde gerçekleştiremedi. Türkiye'nin Kürt bölgesinde ekolojist kırsal komünlerin yayılması, gıda egemenliğinin sağlanması ve ekolojik köy-kent yerleşimlerinin kurulması PKK üzerinde etkili olan dünya sistemik ve içsel kısıtlamalarla, PKK ve Türk devleti arasındaki barış-çatışma sürecinin gidişatıyla, PKK kadrolarının politik eylemleriyle ve Kürt bölgesindeki Türk askeri-sömürgeci rejimin dönüşümüyle derinden bağlantılıdır.

♦ *Çeviri*: Ceren Akyos

Kaynakça

Akkaya, A. H. ve Jongerden, J. (2011). "The PKK in the 2000s: Continuity Through Breaks?". M. Casier ve J. Jongerden (ed.), (2011). *Nationalism and Politics in Turkey: Political Islam, Kemalism and the Kurdish Isssue*, (143-162). NewYork: Routledge.

Akkaya, A. H. ve Jongerden, J. (2014). "Confederalism and Autonomy in Turkey: The Kurdistan Workers' Party and the Reinvention of Democracy". C. Gunes & W. Zeydanlıoğlu (ed.), *The Kurdish Question in Turkey New Perspectives on Violence, Representation, and Reconciliation (186-204)*. Londra: Routledge.

Akşam. (2013, 24 Nisan). "PKK İlk Kez Açıkladı. Oslo'da Neler Oldu?". Alınan yer http: //www.aksam. com.tr /siyaset/pkk-ilk-kez-acikla diosloda -neler-oldu/haber-199057 (son erişim tarihi 19 Şubat, 2014)

Alakom, R. (2011). *Xoybûn Örgütü ve Ağrı Ayaklanması*. İstanbul: Avesta Yayınları.

Arrighi, G., Hopkins, T.K. ve Wallerstein, I. (1986). *Antisystemic Movements*. New York: Verso.

Ayata, B. ve Yükseker, D. (2005). "A Belated Awakening: National and International 664 Responses to the Internal Displacement of Kurds in Turkey". *New Perspectives on Turkey*, (32), 5-42.

Baydemir, O. (2011, 30 Mart). Diyarbakır Büyükşehir Belediyesi. Alınan yer http: //www.diyarbakir.bel.tr/ NewsDetail.aspx?ID =4567&natid=0(son erişim tarihi 9 April, 2012).

Bayir, D. (2013). "Turkey the Kurds and the Legal Contours of the Right to Self-Determination". *Kurdish Studies*, 1(1), 5-27.

BDP. (2011). *Parti Programı*. Alınan yer http: //www.bdp.org.tr/hakkimizda/program.html (son erişim tarihi 10 May, 2012).

Bello, W. (2009, 13 Haziran). "Robert McNamara's Second Vietnam. Foreign Policy in Focus". Alınan yer http: //www.fpif.org/articles/robert_mcnamaras_second_vietnam (son erişim tarihi 10 June, 2012).

Bernstein, H. (2006). From Transition to Globalization: Agrarian Questions of Capital and Labour. A Paper for Presentation to the Workshop on The Peasantry and the Development of Capitalism in Comparative Perspective',as part of the International Conference on Land, Property, Social Justice and Development.

Beşikçi, İ. (1970). *Doğu Anadolunun Düzeni*. Ankara: E Yayınları.

Beşikçi, İ. (1990). *Devletlerarası Sömürge Kürdistan*. İstanbul: Alan Yayıncılık.

Bianet, (2011, 6 Ekim). "30 Ayda KCK'den 7748 Gözaltı 3895 Tutuklama". Alınan yer http: //www.bianet.org/bianet/siyaset/133216-30-ayda-kckden-7748-gozalti-3895-tutuklama (son erişim tarihi 24 Mart, 2012).

Borras Jr, S.M., Edelman, M. ve Kay, C. (2008). "Transnational Agrarian Movements: Origins and Politics, Campaigns and Impact". *Journal of Agrarian Change*, Nisan ve Temmuz, 8(2), 169–204.

Bozarslan, H. (2001). "Human Rights and the Kurdish Issue in Turkey: 1984-1999". *Human Rights Review*, Ekim-Aralık 2001, 3(1), 45-54.

Bozarslan, H. (2004). *Türkiye'nin Modern Tarihi*. İstanbul: Avesta Yayınları.

Bozarslan, H. (2005). "Türkiye'de (1919-1980) Yazılı Kürt Tarih Söylemi Üzerine Bazı Hususlar". A. Vali (ed.), *Kürt Milliyetçiliğinin Kökenleri* (35–62), İstanbul: Avesta Yayınları.

Casier, M., Jongerden, J. ve Walker, N. (2013). "Turkey's Kurdish Movement and AKP's Kurdish Opening: Kurdish Spring or Fall?". M.M. Ahmed ve M.M. Gunter (ed.),*The Kurdish Spring: Geopolitical Changes and the Kurds(135–162)*.California: Mazda Publishers.

Chauveau, J.P. ve Richards, P.(2008). "West African Insurgencies in Agrarian Perspective: Cote d'Ivoire and Sierra Leone Compared". *Journal of Agrarian Change*, 8(4), 515–552.

Çandar, C. (2012). *Mezopotamya Ekspresi Bir Tarih Yolculuğu*. İstanbul: İletişim Yayınları.

Çelik, S. (2000). "Ağrı Dağını Taşımak Kürt Halk Direnişi: Siyasi, Askeri, Ekonomik ve Toplumsal Sonuçları". İtalya: Zambon Verlag.

Derlugian, M.G. (1998). "The Social Cohesion of the States". T.K. Hopkins ve I. Wallerstein (ed.), *The Age of Transition Trajectory of the World System 1945-2025(148-177)*. Londra: Zed Books.

DTP (2007). "Siyasi Tutum Belgesi". Alınan yer http: //www.hurriyet.com.tr /gundem /7661752_p.asp(son erişim tarihi 24 Mart, 2012).

Edelman, M., (2005). "Bringing the Moral Economy Back in to the Study 21st Century Transnational Peasant Movements". *American Anthro-pologist*, 107(3), 331–345.

Ercan, H. (2010). Dynamics of Mobilization and Radicalization of the Kurdish Movement in the 1970s (Yayımlanmamış Master Tezi). Koç Üniversity, İstanbul.

Goodwin, J. (2001). *No Other Way Out: States and Revolutionary Movements , 1945-1991*. New York: Cambridge University Press.

Goodwin, J. (2001). *No Other WayOut: States and Revolutionary Movements, 1945-1991*. New York: Cambridge University Press.

Gönen, Z. (2011). Neo-liberal Politics of Crime: The İzmir Public Order Police and Criminalization of the Urban Poor in Turkey since the Late 1990s. (Yayımlanmamış doktora tezi). Binghamton University, New York.

Gunes, C. (2012). *The Kurdish National Movement in Turkey from Protest to Resistance*. Londra ve New York: Routledge.

HDP (2014). *Parti Programı*. Alınan yer http: //www.hdp.org.tr/parti/parti-programi/8 (son erişim tarihi 10 April, 2015).

İHD (2013). *Barış Sürecinde Çekilmeyi İzleme Komisyon Raporu*. Alınan yer http: //www.ihd.org.tr/insan-haklaridernegi-baris-surecinde-cekil-meyi-izleme-komisyonu-raporu/ (son erişim tarihi 10 April 2015).

Jongerden, J. ve Akkaya, A. H. (2013). "Democratic Confederalism as a Kurdish Spring: The PKK and a Quest for Radical Democracy". M.M. Ahmed & M.M. Gunter (ed.), *The Kurdish Spring: Geopolitical Changes and the Kurds (163–185)*. Cali-fornia: Mazda Publishers.

Jwaideh, W. (1999). *Kürt Milliyetçiliğinin Tarihi Kökenleri ve Gelişimi*. İstanbul: İletişim Yayınları.

Kalekol (2013). "Süreç Kalekol Yapımını Hızlandırdı". Alınan yer http: //www. kalekol.com/surec-kalekol-yapimini-hizlandirdi/ (son erişim tarihi 24 January, 2014).

Kalouche, F. ve Mielants, E. (2008). "Transformations of the World-System and An-tisystemic Movements: 1968-2005". W.G. Martin (ed.), *Making Waves: Worldwide Social Movements, 1750-2005 (128-167)*. Boulder: Paradigm Publishers.

Karayılan, M. (2014). *Bir Savaşın Anatomisi Kürdistan'da Askeri Çizgi*. Diyarbakır: Aram Yayıncılık.

KONDA (2011). *Kürt Meselesinde Algı ve Beklentiler*. İstanbul: İletişim Yayınları.

Korsch, K. (1963). *Karl Marx*. New York: Sentry Press.

Kosukoğlu, N. (2011). Criminalizing the Dangerous Others in İstanbul: The Middle Class and the Fear of Crime in the 2000s. (Yayımlanmamış Master Tezi). Boğaziçi University, İstanbul.

Manafy, A. (2005). *The Kurdish Political Struggle in Iraq, Iran and Turkey: A Critical Analysis*. Lanham: University Press of America.

McDowall, D. (2007). *A Modern History of the Kurds*. Londra: I.B. Tauris.

McMichael, P. (2007). "Reframing Development: Global Peasant Movements and the New Agrarian Question". *Revista NERA*, 10(10), 57-71.

McMichael, P. (2008). "Peasants Make Their Own History, But Not Just as They Please". *Journal of Agrarian Change*, 8(2-3), 205-228.

Milliyet (2013, 24 April). "Türkiye'de Kaç Korucu Var?" Alınan yer http: //www. milliyet.com.tr/turkiye-de-kac-korucu-var /gundem/gündemdetay/24.04.2013/1697756/default.htm (son erişim tarihi 10 April 2015).

Moyo, S. ve Yeros, P. (2005b). "Resurgence of Rural Movements Under Neoliberalism". S. Moyo ve P. Yeros, (ed.), *Reclaiming the Land: The Resurgence of Rural Movements in Africa, Asia and Latin America* (8-66). New York: Zed Books.

Moyo, S. ve Yeros, P. (ed.), (2005a). *Reclaiming the Land: The Resurgence of Rural Movements in Africa, Asia and Latin America*. New York: Zed Books.

Öcalan, A. (1978). *Kürdistan Devriminin Yolu*. Köln: Weşanên Serxwebûn

Öcalan, A. (1998). *Sosyalizmde Israr İnsan Olmakta Isrardır*. Weşanên Serxwebûn 87.

Öcalan, A. (2009a). *Özgürlük Sosyolojisi*. Abdullah Öcalan Sosyal Bilimler Akademisi Yayınları.

Öcalan, A. (2009b). *Kapitalist Modernitenin Aşılma Sorunları ve Demokratikleşme, 1. Kitap: Uygarlık, Maskeli Tanrılar ve Ortuk Krallar Cağı*. Alınan yer: http: //m.friendfeed-media.com/2ca1f47de2b27620a9b27 bb30416c5c861612095 (son erişim tarihi 24 December, 2013).

Öcalan, A. (2010). *Ortadoğu'da Uygarlık Krizi ve Demokratik Uygarlık Çözümü*. Mezopotamya Yayınları.

Öcalan, A. (2011). *Türkiye'de Demokratikleşme Sorunları, Kürdistan'da Çözüm Modelleri (Yol Haritası)*. Azadi Matbaası: Abdullah Öcalan Sosyal Bilimler Akademisi Yayınları.

Öcalan, A. (2013). *Demokratik Uygarlık Manifestosu V. Kitap Kürt Sorunu ve Demokratik Ulus Çözümü Kültürel Soykırım Kıskacındaki Kürtleri Savunmak*. Azadi Matbaası: Abdullah Öcalan Sosyal Bilimler Akademisi Yayınları.

Özcan, A.K. (2006). *Turkey's Kurds: A Theoretical Analysis of the PKK and Abdullah Öcalan*. New York: Routledge.

Para ve Borsa. (2010, 28 Ekim). TÜSİAD, Diyarbakır'a Gidecek, BDP "Yatırıma Gelin" Çağrısı Yapacak. Alınan yer http: //www. paraborsa.net/i/ tusiad-diyarbakira-gidecek-bdp-yatirima-gelin-cagrisi-yapacak/ (son erişim tarihi 10 June, 2011).

Petras, J. (2005). "The Centrality of Peasant Movements in Latin America: Achievements and Limitations. Synthesis/Regeneration, Fall, 38". Alınan yer http: //www.greens.org/s-r/38/38-10.html (son erişim tarihi 27 April 2015).

Pimple, M. ve Sethi, M. (2005). "Occupations of Land in India: Experiences and Challenges". S. Moyo ve P. Yeros. (ed.), *Reclaiming the Land: The Resurgence of Rural Movements in Africa, Asia and Latin America* (235–256). New York: Zed Books.

PKK. (1978). "PKK Kuruluş Bildirisi". Alınan yer http: //www.serxwebun.org/ index.php?sys=naverok&id=45 (son erişim tarihi 10 June, 2011)

PKK. (1995). *1995 Program ve Tüzüğü*. Köln: Weşanên Serxwebûn.

PKK. (2005). "Yeniden İnşa Bildirgesi". Alınan yer http: //archive.today/zFTt4 (son erişim tarihi 10 August, 2012).

Romano, D. (2006). *The Kurdish Nationalist Movement*. Cambridge: Cambridge University Press.

Sayer, D. (1987). *The Violence of Abstraction*. New York: Basil Blackwell.

Serxwebûn (1981, Ocak). Alınan yer http: //www.serxwebun.org/ in-dex.php? sys= arsiv (son erişim tarihi 15 March, 2014).

Sönmez, M. (1992). *Doğu Anadolu'nun Hikayesi Kürtler ve Sosyal Tarih*. Ankara: Arkadaş Yayınevi.

Strang, D. (1991). "Global Patterns of Decolonization, 1500-1987". *International Studies Quarterly*, 35 (4), 429-454.

Today's Zaman. (2013, 30 Haziran). "Lice Incidents Can't Be Allowed to Hurt Settlement Process. Today's Zaman". Alınan yer http: //www.todays zaman. com/ news-319636-.html (son erişim tarihi 15 March, 2014).

United Nations (1969). *Growth of the World's Urban and Rural Population, 1920-2000*. New York: United Nations Publication.

Van Bruinessen, M. (2003). *Ağa, Şeyh, Devlet*. İstanbul: İletişim Yayınları.

Vatan. (2013). "Gömülü 1 Milyon Mayın Var!" Alınan yer http: //www. gazetevatan .com/gomulu-1-milyon-mayin-var--588457-gundem (son erişim tarihi 10 April 2015).

Veltmeyer, H. (2005). "Dynamics of Land Occupations in Latin America". S. Moyo ve P. Yeros, (ed.), *Reclaiming the Land: The Resurgence of Rural Movements in Africa, Asia and Latin America* (285–316). New York: Zed Books.

Vergara-Camus, L. (2009). "The MST and the EZLN Struggle for Land: New Forms of Peasant Rebellion". *Journal of Agrarian Change*, 9(3), 365-391.

Walker, K.L.M. (2008). "From Covert to Overt: Everyday Peasant Politics in China and the Implications for Transnational Agrarian Movements". S. M. Borras Jr, M. Edelman ve C. Kay (ed.), *Transnational Agrarian Movements Confronting Globalization* (295-321). Oxford: Blackwell Publishing.

Wallerstein, I. (1983). *Historical Capitalism*. Londra: Verso.

Wallerstein, I. (1986). *Africa and the Modern World*. New Jersey: Africa World Press.

Wallerstein, I. (2002). "New Revolts Against the System". *New Left Review*, 18, 29-39.

Walton, J. (1984). *Reluctant Rebels: Comparative Studies of Revolution and Underdevelopment*. New York: Columbia University Press.

White, P. (2000). *Primitive Rebels or Revolutionary Modernizers? The Kurdish National Movement in Turkey*. New York: Zed Books.

Wolf, E. R. (1999). *Peasant Wars of the Twentieth Century*. Norman: University of Oklahoma Press.

Woods, N. (2006). *The Globalizers the IMF, the World Bank, and Their Borrowers*. Ithaca: Cornell University Press.

Yeğin, M. (2011a, 31 Mart). "Gever Komünleri". Alınan yer http: //www.emek-dunyasi.net/ed/guncel/11922-gever-komunleri (son erişim tarihi 6 December, 2012).

Yeğin, M. (2011b). "Metin Yeğin ile Röportaj". *Toplum ve Kuram: Lêkolîn û Xebatên Kurdî*, Bahar-Yaz, 5, 107-120.

Yeni Özgür Politika. (2013, 5 Haziran). "Komünler Yaygınlaşıyor Yeni Özgür Politika". Alınan yer http: //yeniozgurpolitika.org/index.php?rupel =nuce&id =20992 (son erişim tarihi 15 January, 2014).

Yüksekova Haber. (2010, 3 Aralık). "Gever'de Komünal Yaşam. Yüksekova Haber". Alınan yer http: //www.yuksekovahaber.com/haber/geverde-kominal-yasam-41755.htm (son erişim tarihi 23 April, 2013).

Yüksekova Haber.(2014, 17 Haziran). "Cezaevlerinde Kaç PKK'li ve KCK'li Var?" Alınan yer http: //www.yuksekovaguncel.com/ genel/cezaevlerinde-kac-pkkli-ve-kckli-var-h54030.html (son erişim tarihi 9 March, 2015).

* *

3. Bölüm

KAPİTALİST MODERNİTEYE ALTERNATİF BİR DİRENİŞ VE İNŞA: ROJAVA

* *

8

KOBANÎ DİRENİŞİ'NİN HAKİKATİ: ULUS-DEVLETİN İLGASI, TOTALİTER İSLÂMIN ZULMÜ*

Bahar Şimşek
Joost Jongerden

Arîn Mîrkan'ın ve Suphi Nejat Ağırnaslı'nın anısına,
tüm yoldaşları için...

Hilafetin, kendisinden olmayan ve kendisine benzetemediği herkesin ölümünü buyuran devlet-üstü bir yapı olarak ortaya çıktığı bir Ortadoğu'da, adı konulmamış bir dünya savaşının eşiğindeyiz. Aynı zamanda, Şengal Ezidilerine dönük "askeri müdahale"nin münferit ya da akıl dışı bir eylem olarak değerlendirilemeyeceğini öğreten bir tarihsel miras önümüzde durmakta. Dahası, Kobanî'ye yönelik saldırıları ve kuşatmayı, İslâm Devleti'nin, "devlet"i Müslüman olmayan nüfustan arındırma ideali adına katliamı, tecavüzü ve "ıslah"ı araç olarak kullanmakta beis görmeyişinin (Stork, 2014: 252), iyi düşü-

---

* Bu yazı daha önce *Birikim* dergisinin 307. sayısında (2014: 8-18) yayımlanmıştır.

nülmüş ve planlanmış stratejik bir saldırı olarak hayata geçirildiği Şengal Katliamı'ndan bağımsız düşünemeyeceğimiz gün gibi ortada. Zira İslâm Devleti Ordusu'nun Şengal'in denetimini ele geçirmesinin nihai amacı, Rojava'nın üç büyük kantonundan birisi olan, Demokratik Birlik Partisi'nin (*Partîya Yekîtiya Demokratîk*, PYD) denetiminde ve Halk Savunma Güçleri'nin (*Yekîneyên Parastina Gel*, YPG) savunmasında olan Cezîre Kantonu'nun doğu sınırına dayanmaktı. Kendisini Müslüman olarak tarif etmeyen ya da İslâmın farklı yorumlarını benimsemiş grupları yok etme hedefindeki İslâm Devleti (İD) ile farklılığı tanıyan ve demokratik özerklik ilkesini benimseyen PYD/YPG güçleri arasındaki cephe savaşının siyasal karşılığı ancak ve ancak yönetim modelleri arasındaki uzlaşmaz karşıtlık ile kavranabilir. Bu bağlamda süregiden savaşın dinamiklerine dair kurucu bir çerçeve sunma potansiyeli olan devlet tasavvuru ve siyaset anlayışlarını karşılaştıran bir analizin aydınlatıcı olacağı kanaatindeyiz.

İslâm Devleti'nin hilafet çağrısının iskeletini oluşturan "İslâm Devleti" fikrinin görece uzun bir örgütlenme geçmişi olmakla birlikte,[1] bizatihi geçmiş zaman hilafeti ile anılmayı tercih eden İslâm Devleti'nin devlet ve egemenlik anlayışı ile bu devlet idealini gerçek kılmak için başvurduğu araçlar modern

---

[1] Kendisini "Devlet'ül İslamiyye fi'l Irak ve'ş Şam" olarak adlandıran IŞİD'in örgütlenme geçmişi 2004 yılına kadar geri götürülebiliyor. İlk kurulduğu yıllarda ismi "Cemaat el-Tevhid vel-Cihad" olan örgüt, Ekim 2004'te "Tanzim Kāidāt el-Cihād fī Bilâd el-Rafidayn" ya da daha yaygın kullanımıyla "Irak el-Kaidesi" olarak anılmaya başladı. Ocak 2006'da birkaç küçük grubun da dâhil olması sonucunda "Mücahidîn Şûrâ Konseyi" adını benimseyen örgüt, Ekim 2006'da ilk eylemliliğin gösterdiği coğrafyaya referansla "Irak İslâm Devleti" adını aldı. Nihayet Nisan 2013'te, bugün yaygın biçimde bilinen "Irak ve Şam İslâm Devleti" ismini aldıysa da geçtiğimiz Temmuz ayında "Hilafet"in ve "İslam Devleti"nin ilanının ardından bu ismi kullanmaktan vazgeçti.

zamanlara ait. İslâm Devleti'nin kendi İslâm anlayışı üzerine bina edilmiş kültür ile (ulus devlet sınırlarına biat etmeyen) muhayyel coğrafyası arasında yaratmaya çalıştığı uyum, hilafetin makro tasarımına dair imgesiyle uyumlu bir halkı üretmek için başvurduğu şiddet aygutları, modern ulus devletlerin geçmişin çok etnisiteli, çok dinli coğrafyalarını asimile etme ve homojenleştirme politikalarında görmeye aşina olduğumuz pratiklerdir.

Hayal Edilmiş Cemaat, İcat Edilmiş Kimlik

İrlanda kökenli İngiliz akademisyen Benedict Anderson, ilk defa 1983 yılında yayımlanan *Hayali Cemaatler* (*Imagined Communities*) kitabında, kendisinden önce yazılan metinlerin dikkatli bir okuması aracılığıyla ulusu "hayal edilmiş bir cemaat" olarak değerlendirme fikrini önerir (2007: 20). Ernest Gellner'in "Milliyetçilik ulusların kendi öz-bilinçlerine uyanma süreci değildir; ulusların var olmadığı yerde onları *icat eder*" tespitinden yola çıkan Anderson, bu tarz bir icadı kaçınılmaz kılan toplumsal yapının tarihini ise on dokuzuncu yüzyılın başları olarak tayin eder. Kökleri 1820'ler sonrası milliyetçi düşüncede olan hayal etme pratikleri, 1820'ler sonrasında milliyetçi hafıza ile modern zamanın hayat hikâyesine dair uzlaşımlar ve bu uzlaşımlara içkin öncüller arasındaki yapısal uyumdan beslenmektedir (2007: 13). Cemaatlerin birbirinde sahicilik boyutuyla değil, hayal edilme tarzlarıyla ayrıştığını söyleyerek devam eden Anderson "milliyetçiliğin bilinçli olarak benimsenmiş siyasal ideolojilerle ilişkilendirilerek değil, kendisini önceleyen ve onlardan kaynaklanmış olduğu büyük kültürel sistemlerle ilişkilendirilerek incelenmesi" gerekliliğini vurgulayarak, kimlik tasarımları ve kültürel alan arasındaki alanın önemini açıkça ifade eden öncü isimlerden birisidir (2007: 25).

"Bir ideoloji ve hareket olarak milliyetçiliğin çok boyutlu bir kavram olan milli kimlik ile yakından ilişkilendirilmesi ve belirli, özel bir dil, hissiyat ve sembolizmi içerecek şekilde genişletilmesi" yönünde bir gerekliliğin kaçınılmaz olduğunu yazan Anthony D. Smith (2009: 8), Anderson'ın kurduğu hattın takipçisi olmakla beraber önemli kuramsal katkılar sunmuştur. Smith'in milli kimlik tartışmasını, etnik kimlik kavramsallaştırmasıyla geliştiriyor oluşu bu katkının başlıca odağı olup, bizim tartışmamız açısından geçişi sağlayacak bir köprü sunuyor. Zira Smith, etnik kimlikleri tanımlarken dinsel kimliğin, üretim ve mübadele ilişkilerinde doğan sınıfsal kimliklere nazaran kültürel öğelerle –gelenek ve ritüeller içinde kodlanmış değerler, semboller, mitler ve görenekler– daha yakından temas halinde olduğu tespitini yapmaktadır (2009: 21) Smith'in kolektif kültürel kimlik tasarımı da bu bağlamda önemlidir:

> (...) kolektif kültürel kimlik, bu kimliği oluşturan unsurların nesiller boyu sürmüş tekbiçimliliğine değil, halkın belli bir kültürel birimine dâhil nesillerde var olan bir süreklilik duygusuna, bu birime ait tarihin eski devir ve olaylarının paylaşılmakta olan anılarına ve her bir neslin bu birim ve onun kültürünün kolektif kaderi hakkında taşıdığı tasarıma atıfta bulunmaktadır (2009: 48).

Örgütlü dinin tek başına yeterli olamayacağını teslim eden Smith'in etnik kendini yenilemeyi mümkün kılan yapıları sıralarken başvurduğu dini reformlar, kültürel ödünç alma, halk katılımı ve etnik seçilmişliğe dair tasarımlar (2009: 63) İslâm Devleti'nin muhayyel cemaatin inşasına dair dinamikler açısından dikkate değerdir. Ancak Ernest Gellner'in metinleri ile tartışarak teşhis ve tespit odaklı bir literatüre katkı sunan Anderson ve Smith'in tartışmalarının küresel akış içinde ve *internet çağında İslâm Devleti'nin* kimlik tasarımını açıklamakta yetersiz kalacağı açıktır. İslâm Devleti'nin sunduğu kimlik tasarımı ana bileşeni din olup, uluslararası görünürlüğü ve etkisi bağlamında ihmal edilmemesi gereken diğer uzantıları ise Appadurai'nin çalışmasından ödünç alınabilir: etnikuzantı, medyauzantısı, teknouzantı, finansuzantısı ve son olarak ideoloji uzantısıdır (Appadurai, 2001: 221). Arjun Appadurai'nin çalışması, kimlik eksenli mücadeleleri bir tahayyül savaşı olarak konumlandırması (2001: 227) bağlamında ayrıca dikkate değerdir, çünkü İslâm Devleti'nin saldırısının hedefinin çoğulcu, demokratik, özerk yönetim modelinin tanıdığı çok-kültürlü, homojenlikten uzak, özgür halk tasavvuru olduğu açıktır.

Biraz daha yakından bakacak olursak, İslâm Devleti'nin Suriye ve Irak'ta çok sayıda örneğini gördüğümüz direniş hareketlerinden farklı bir siyasal yapısı olduğunu rahatlıkla söyleyebiliriz. Kurulu bir düzende, otoriteye karşı silahlanmış bir isyan hareketi olmadığı gibi bizzat kendisi, tercih ettiği isme uygun biçimde *devlet gibi* davranmaktadır. Bir başka deyişle, barbar savaş aygıtı gibi davranmakla yetinmeyip geniş bir alanda, makro kontrol hedefine uygun yönetim anlayışını geliştiriyor oluşuyla, İslâm'ı referans alan tarihsel benzerlerinden farklı bir deneyim olarak karşımıza çıkmakta.[2] Ele geçirdiği bölgelerde İslâm Devleti'ne bağlı mahkemeler kuruyor ve bu mahkemelerde kendi şeriat yasalarını yürürlüğe koyuyor; kendilerine bağlı polislerin devriyeleri aracılığıyla, yiyecek ve yakıt fiyatlarının yoksulların erişebileceği şekilde düzenlenmesini sağlamaya çalışıyor, kadın ve erkeklerin belirlenen kılık kıyafet kurallarına uymasını ve ibadetlere katılımını sağlıyor.[3] Gündelik hayat üzerinde hâkimiyeti tesis eden bu uygulamaların yanı sıra, işgal ettiği topraklar üzerinde gücün yegâne

---

[2] Bkz. Bennet-Jones, Owen (2014). "How should we think about the Caliphate", *London Review of Books*, 17 Temmuz.

[3] Bu konuda hayli örnek sunan, VICE News muhabiri Medyan Dairieh'in IŞİD belgeseline başvurulabilir. *The Islamic State:* https: // newvice. com/ video/the-islamic-state-full-length

kaynağı ve dolayısıyla otoritelerine boyun eğmesi beklenen silahlı gruplara karşı şiddet uygulayabilecek tek güç olma iddiasında. Max Weber'in (1919), şiddet tekeli bazlı devlet tanımıyla karşı karşıyayız. Yeni medya kanallarında, dünyanın farklı yerlerindeki Müslümanları hilafet sınırlarında yaşamaya davet eden bir devletin çağrısını görüyoruz. İslâm Devleti'nin tanıtım videolarının diğer yüzü de internet aracılığıyla yaymaya çalıştıkları korku: en barbar biçimiyle cinayet, insan kaçırma, tecavüz vs. Yerelde ve uluslararası düzlemde etkili olabilmek için medya kanallarını ve teknik araçları kullanmakta hayli usta görünen İslâm Devleti'nin bu videolar ile vermeye çalıştığı mesaj ise gayet açık: İdeal "vatandaş" profillerine "uygun" kişilerin ilgisini çekmek ya da herhangi bir nedenle bu profile uygun ol(a)mayanlara olası akıbetlerinin bilgisini vermek. Muhayyel cemaatini yaratmaya çalışan devleti tam anlamıyla karşımızda, görmememiz mümkün değil. Televizyon, Facebook, Twitter ve Youtube kanallarında, her şey naklen aktarılmakta... Sadece petrol satışından aylık geliri 90 milyon doları bulan İslâm Devleti'nin, cemaat yaratma amaçlı edimlerinin "içeri"yle sınırlı kalmadığını ve kalmayacağını bugün tüm dünya dene-yimlemekte.

Geçtiğimiz Haziran ayında, o sıralar Irak Şam İslâm Devleti (IŞİD) olarak bilinen örgütün yaklaşık 1.500 cihat yandaşı mensubu, Musul'u ve şehrin batısından akan Dicle Nehri ile Musul arasında kalan Ninevo'yu işgal etti. Temmuz ayında kendisini İslâm Devleti (İD) olarak yeniden tanımlayan örgüt, örgüt lideri Ebu Bekir Bağdadi'yi bütün Müslüman âleminin halifesi ilan etti; Musul ve civarındaki petrol rafinelerinin kontrolünü de ele geçirdi. Irak ve Suriye'de ele geçirdiği diğer petrol rafineleriyle birlikte söz konusu örgüt, bölgenin başlıca enerji üreticisi oldu ve dolayısıyla dolar akışının düzenlenmesinde ve işler kılınmasında birincil fail haline geldi. Ninova'nın tamamına hükmetmesiyle beraber, nüfusu Ezidi Kürtlerden, Sünni Araplardan ve Suriyeli Hristiyanlardan oluşan Şengal'i kuşatmaya yönelen Devlet, 2 Ağustos 2014 tarihinde, şeytana taptıkları iddiasıyla Ezidi nüfusunun katledilmesiyle sonuçlanacak kuşatmayı ve saldırıyı duyurdu. Binlerce Ezidi katledildi, binlercesi Müslüman olmayı kabul etmeleri koşuluyla katliamdan kurtuldu. Kaçırılan kadınların sayısı ise belirsizliğini koruyor; Felluce (Irak) ve Rakka (Suriye) kentlerinde seks kölesi olarak kullanıldıklarına dair bilgilere ulaşıldı. Devlet, diyordu Weber: "Belli bir bölgede fiziki şiddetin meşru kullanım hakkını kendinde gören insan topluluğudur" (1919).

Modern ve Katil

İkinci Dünya Savaşı'nın insanlığa öğrettiği en önemli şey, Arendt'in, uygarlığın düşmanı olan, dışarıdan gelebilecek hiçbir tehlikenin kalmadığı yönündeki argümanı olmuştur (1968: 32). Nazi soykırımı üzerine yoğunlaşan Michael Freeman'ın çıkış noktası da budur: Soykırımın faili Naziler *uygarlaşmıştı* (1995: 208). Freeman, uygarlık tarihinin planlı ve kanlı savaşların tarihi olduğu ve uygarlaşmanın erkin üreticisi olduğu tezlerinden yola çıkarak soykırımın ilkellikle özdeşleştiren yaklaşıma karşı çıkmaktadır. Soykırımın kurbanları ilkel kabileler değil, ideolojik olarak kurgulanmış insanlardır (Freeman, 1995: 216-217). Bu ideolojik kurgulama sürecini meydana getiren, Freeman'ın soykırımın motivasyonları olarak tanımladığı dört odak vardır: a) Zenginlik arzusu, b) Tehlikenin bertaraf edilmesi, c) Belli bir ideolojiyi yaymak, d) Terör yaratmak (1995: 212). Bütün bu motivasyonları aynı anda besleyen, uygarlık sürecinin son evresinde yer aldığı kabul edilen modernite ve modern kültür ise, insani açıdan yetersiz ve suçludur (Freeman, 1995: 222). Nitekim geçtiğimiz yüzyılda şiddetin sınırlarını aşması ve olağanüstü yıkım potansiyelinin farklı coğrafyalarda ve kültürlerde yenilenen bir motif olarak ortaya çıkması, uygarlığın muhtemel eksikliğinin azgelişmişlikle değil aksine kazandığı olağanüstü donanımla ilgili olduğu bugün artık aşikârdır. Dahası, bilhassa ulus devletlerin modernleşme süreçlerinde kristalize olan uygarlaş(tır)ma sorununu çözmek adına meşru bir yöntem olarak şiddete yönelmeleri, daimi bir motif olarak karşımızdadır.

Zygmunt Bauman, holokost üzerine çalışmasında, öldürme ediminin nizami ve iyi işleyen bir toplum yaratma motivasyonunu bahçıvan metaforuyla açıklar. Bauman, her bahçıvanın, muhteşem bahçe tasarımlarını borçlu olduğu bahçesinin mükemmellik durumunun sürekliliği ile isminin hakkını verdiğini yazar. Bu amaç doğrultusunda, tasarımın içinde kendisine yer bulamamış otlar ya da bitkiler yok edilmelidir. Modern kültürün bahçe kültürü olduğunu savunan Bauman, bu bağlamda düzenin yapaylığını şöyle izah eder: Düzen, başlangıçta tasarımınmış gibi algılanır, ancak evrenin tüm öğelerini kendisiyle ilişkisi içinde sınıflandırmaktadır. Neyin yararlı olup olmadığını belirleyen bu düzen, beri yandan, neyin korunması neyin öldürülmesi gerektiğine de karar vermektedir (Bauman, 1989: 249-92). Basitçe ifade edecek olursak toplumun kendi imgesi ile ya da dışı ile uyum içinde konumlandırılamayan halklar, bizzat var oluşlarıyla düzenin kendini gerçekleştirmesinin önündeki başlıca engel olarak görülmektedir. Dolayısıyla ayıklanması gereken otlar olarak (Jacobsen, 2008: 253) bahçe düzenini tehdit etmektediler. İslâm Devleti'nin Ezidi halkına yönelmesinin temel sebebi de muhteşem Müslüman toplumlarına dair büyük resimlerine uygun bir var oluşları sunmayışlarıydı. Kendi İslâm anlayışlarını yaymak amacıyla ilerlediklerini iddia eden, bu uğurda terör yaratan, tehlikeli gördüğü unsurları barbarca yok eden ve eşzamanlı olarak İslâm anlayışına halel getirmeyen zenginleşme araçlarını da kullanan İslâm Devleti'nin, Ezidi halkına yönelmesinin sebebi tam olarak buydu. Kendi İslâm anlayışlarına dair büyük resimde Ezidilere yer yoktu ve olmayacak da. Kobanî halkının da olmayacak zira Rojava halkının İslâm Devleti'nin makbul Müslüman tanımını tehdit eden "seküler" ve "komünist" idealleri var.

Bauman'ın yaklaşımında, bizim tartışmamız açısından önemli olan ve öncülerinde de izlerine rastlayacağımız başlıca husus soykırımı mümkün kılan şeyin kendisini bizzat modernite olarak tespit edişidir. Bauman, soykırım projelerinin "akılcı ve öteki tasarımı konusunda özenle hesaplanmış" projeler olduğunu açıkça ifade eder (1989: 249, 87, 90). Bauman, bu minvalde iki temel öğeye dikkat çeker: 1. Öteki'nin dışsallaştırılmasına bağlı bir kendini gerçekleştirme tasarımı, 2. Egemenlik arzusu. İslâm Devleti, Öteki'nin dışsallaştırılmasına bağlı bir kendini gerçekleştirme tasarımına bağlı büyükplanının hedeflediği yeni toplum yaratma girişimlerinde asimilasyonu ve katliamı uygulamakta ve dayatmakta tereddütsüz davranmaktadır. Kendi İslâm anlayışını dayatmakta ve halkı din değiştirmeye zorlamak aksi takdirde ağır vergilere tabii bir yaşam hakkı tanımaktadır. Bu doğrultuda, ulus anlatısının yerine din anlatısının yerleştirildiği modern devlet anlayışıyla, mükemmel bahçesini yaratmak ve korumak adına, bahçıvanlığa yönelmiştir. Dolayısıyla hilafetleri, iddia ettikleri gibi modern öncesi zamanların değil modernizmin kendisinin temsilcisi ve taşıyıcısıdır. Egemenlik kaynağı olan hilafetin vücut bulduğu temsilci ve taşıyıcı olan Halife ise, tanımlama ve karar verme yetkisi ve hakkı olan yegâne güç sahibi olarak devletin başında yer alıyor. Hiç kimsenin şerk koyamadığı nihai otorite, hiç kimseyle paylaşılmaması anlamında görünmezdir. Bir kez daha modern devlet tasavvuruna ve onun egemenlik anlayışına yaklaşıyoruz. Yakın tarih, modern devletin egemenlik anlayışına sadakat içinde soykırım uygulama ve kendi yasası altındaki halklara karşı soykırımları destekleme hakkından söz edebildiğimiz örnekler sunmakta (Kuper, 1981: 137, 161, 250). İngiltere'nin Irak Büyükelçisi, 2 Eylül 1988'te Halepçe Katliamı hakkında *Channel 4*'da şöyle söylüyordu: "Kürtlerin varlığı, esenlikleri ve yazgıları Irak'ın iç meselesidir ve vatan topraklarına egemen devletin edimlerine karışmaya kimsenin hakkı yoktur" (aktaran Bauman, 198: 249, 260). Bauman, tartışmanın sonunda, Weber'in devlet tanımını bir adım daha ileri taşıyarak egemene özgü söz konusu yoğun şiddetin soykırımın koşulu olduğunu yazar (1989: 249-97). Bilhassa, devletlerin muhteşem tasarımlarını gölgeleyen, arzulanmayan öğeler olarak işaret edilen nüfuslar söz konusu olduğunda.

Ulus Dışı Bir Siyasetin İmkân(lar)ı

Şimdiye kadar sürdürülen tartışmalar kapsamında, Rojava Devrimi'nin taşıyıcısı olan PYD'nin siyasi söylemine yönelmenin elzem olduğu kanaatindeyiz. Abdullah Öcalan'ın ulus-devlet eleştirisi temelinde şekillenen söz konusu siyasal hat nazarında ulus-devlet (ya da devlet) özneyi sömürge konumundan kurtarmadığı gibi aksine başlıca baskı altında tutma aracı olarak karşımıza çıkmaktadır:

> Kapitalizm sanıldığı gibi ekonomik gelişmenin değil inkârının sistemik halidir. Ulus-devlet ise yine çokça yansıtıldığı gibi demokrasinin, özgürlüğün, insan haklarının temel formu değil, bu değerlerin inkârının sistemidir (Öcalan, 2010: 193).

Çokça söylendiği üzere XX. yüzyıl, devlet ile kültür (Jongerden, 2007: 1-2), homojenleştirici bakışın onaylanması ya da siyasi güç bloklarının kültür anlayışlarının benimsenmesi ile yaşayan çok biçimli kültür arasında (Hayden, 1996: 783) uyumun icat edilişinin yüzyılı olmuştur. Asimilasyon siyaseti tam da bu noktada, devletin tasarladığı kimlik ile bir yerlerde olduğu varsayılan ve gün ışığına çıkarılmayı bekleyen ulusal kimlik arasında uyum tesis etmek için hizmete konur. Pek çok örnekte olduğu gibi Türkiye'de de ulus devlet inşası mevcut toplumsal yapının arzulanmayan ve yok edilmesi gereken bir şey olarak konumlandırılmasını gerektirmiştir. [4] Öcalan'ın bu konudaki yorumu şöyledir: "Homojen hâkim ulus yaratma tam bir felakettir. Her homojen ulus, binlerce kültürel değerin imhası anlamına gelmektedir" (Öcalan, 2011: 92).

Ulus devlete yöneltilen bu eleştiri, PKK'nin siyasal söylemini yeniden kurmasını kaçınılmaz kılması sebebiyle not ediliyor. Bu bağlamda PKK'nin yeni yönetim modelini duyurduğu 2005 Newroz'u kritik bir tarihtir:

---

[4] *İslam Devleti*'nin toprağın saflığını yaratma ve tasarıma uygun olmayanları "ayıklama" girişimi Ortadoğu ve Anadolu için pek de yeni sayılmaz. Ermeni Soykırımı öncesinde Türk milliyetçisi Ziya Gökalp ünlü "Kızıl Elma" şiirinde şöyle diyordu:

Halk bahçe, biz bahçıvanız.
Ağaçlar gençleşmez aşıdan yalnız;
Evvela ağacı budamak gerek.
Aşıyı sonradan ulamak gerek.

Kötü filizlerin kesilmesi, Ermeni nüfusunun katledilmesine dair bir bahçe metaforu olarak düşünülebilir ve doku naklini ise Kürt nüfusunu Türkleştirme politikalarının temel aracı olan asimilayonla birlikte düşünebiliriz. Osmanlı İmparatorluğu'nun son demlerinden Türkiye Cumhuriyeti'nin ilk yıllarına bir dizi kitlesel kıyım, sözde mübadele (baskı altında yer değiştirme ve sürgün) (sadece 1912-1924 yılları arasında birbirinden bağımsız ve hayli geniş on yedi nüfus hareketine rastlıyoruz; toprak bütünlüğü ve saflık motivasyonuyla şekillendirilen bu hareketlerin adresleri şimdiki adlarıyla Türkiye, Yunanistan ve Bulgaristan oldu), haritaların Türkçeleştirilmesi, arındırılması (yerleşim bölgelerinin yeniden adlandırılması) ve inşa edilen çevrenin Türklükle tanımlanması, İslam Devleti'nin bugün Suriye, Irak ve Kürdistan'da uyguladığı politikaların tarihsel emsalleri olarak düşünülemez mi? Tam da bu anlamda İslam Devleti, XX. yüzyıl boyunca tanıklık ettiğimiz ulus devlet inşa projeleriyle hayli benzerlik taşıyor —dahası televizyona veriliyor.

> Ulusların kendi kaderlerini tayin hakkı, XX. yüzyılın başlarında devlet kurma hakkı olarak yorumlandı. Bu temelde şekillendirilen ulus devletler, bugün gelişimin önünde engel teşkil etmekte. Gelinen noktada Birleşmiş Milletler etkisini kaybetmiş bir kurum. Bu durumun başlıca göstergeleri ise Körfez Savaşı ve Irak'ta yaşananlar. (...) Buradan çıkış ulus devlet modelinin küreselleşmesi olmadığı gibi, halkın desteği temelinde şekillenen demokratik konfederalizm modeli olarak karşımıza çıkmakta (Uzun, 2014: 22).

Söz konusu modelin şekillendirildiği paradigmanın temelinde yer alan demokratik özerklik fikri, egemen bir devlet şemsiyesi altında alt-egemenlikler biçiminde tasarlanmadığı gibi, halkın doğrudan katılımı ile ve dayanışma ağları içinde, ihtiyaç duyulan ve arzulanan yaşamın üretiminde ve yeniden üretiminde rol aldığı pratikleri temel almaktadır. *Kürdistan* Topluluklar Birliği'nin (*Koma Civakên Kurdistan,* KCK) benimsediği bu model, farklı bir siyasal tahayyül önermekte. Tam olarak önerdiği şey, merkezi bir devlet anlayışı ile devlet eliyle homojen bir millet yaratma faaliyeti üzerine bina edilmiş ulus devlet siyasetinin aksine aktif vatandaşlık temelinde bir siyasal yapılanmadır. Düşünce tarihi ve siyaset tarihi içerisinde bereketli bir geleneğin mirasını alan bu model, en iyi ifadesini Murray Bookchin'in düşüncesinde bulmaktadır. Boochin, özerklik ve konfedarlizm olgularını, modern siyasetin üzerine bina edildiği otoriter Roma geleneğinin karşısına Helen Uygarlığı'nın aktif vatandaşlık düşüncesi koyarak tartışır. Bu bağlamda Paris Komünü (1871), 1917'de Rus Devrimi sırasında ortaya çıkan öncü komisyonlar ve 1936-1939 arası İspanyol Devrimi örneklerine başvurur (Boochin, 1991). Komisyonlar fikrini komünist hareketler tarihi içerisinden okuyan Darrow Schecter ise, Rosa Luxemburg, Antonio Gramsci ve bilhassa Anton Pannekoek'a başvurmakta (1994: 74-101). Hardt ve Negri'nin (2004) yanı sıra, Amerikan Devrimi'nin komisyon hareketiyle ilişkili akımlarını değerlendiren bir diğer isim de Arendt. "Vatandaşların kamu gerçekliğine erişim hakkı" fikrine yoğunlaşan Arendt (1990: 127), komisyonları devrimin kayıp hazineleri olarak değerlendirir. Zira komisyonlar, "bizzat devrim sürecinde kurulan ve düzenlen özgürlük için yeni bir kamusal alan fikrinden beslenen, tamamen yeni bir yönetim biçimini" temsil etmektedir (Arendt 1990 [1963]: 249). Nihayetinde, bugün KCK'nin ve Demokratik Toplum Kongresi'nin (DTK) Türkiye Kürdistanı'nda, Demokratik Toplum Hareketi'nin (*Tevgera Civaka Demokratîk*, TEV-DEM) Suriye'de yapmaya çalıştığı şeyin öncülerini Amerikan Devrimi'nde, Fransa'da ve Rusya'da görmekteyiz.

PKK'nin siyasal paradigmasını benimseyen PYD, 2007 yılında demokratik özerklik ve konfederalizm kavramlarını benimsemiş parti programını duyurdu. 2011 yılında Cezîre, Kobanî ve Efrîn kantonlarının geniş bir alanında kontrolü ele geçirmesiyle birlikte ise hayata geçirme fırsatı buldu. Rojava'daki toplumsal hayatı düzenlemesi beklenen komisyonlar, Suriye'de savaşın şiddetlenmesiyle temel toplumsal hizmetler açısından ortaya çıkan eksikliklere yanıt olabilecek şekilde kurulmuştu ki bunu oldukça başarılı bir biçimde başardılar (Jongerden, 2013: 160). Salih Müslim mevcut durumu şöyle izah ediyor:

> Biz buna Batı Kürdistan Halk Konseyi diyoruz. Bu konsey her yerde örgütlüdür ve ayrıca köylerde insanları koruyan Öz-Savunma Komiteleri'ni kapsar. Demek istediğim, Halk Savunma Birimleri'ni halk bizzat kendisi örgütlemiştir. Bunlar silahlı gruplar ve toplumu koruyorlar. Belediyelerde ve şehirlerde günlük ihtiyaçlar ve işler için komitelerimiz var, bu yüzden merkezi otoritelere veya merkezi hükümete ihtiyacımız yok. Her yerde bir tür özerkliğe ve özyönetime sahibiz, şimdiye kadar çok başarılı olduk. Bunu Suriye'nin bütü-

nünde hayata geçirebilsek, Suriye'deki durum çok farklı olur diye düşünüyorum (aktaran Jongerden & Akkaya, 2013: 174).

Bu doğrultuda güvenlikten sorumlu öz-savunma birimleri oluşturuldu ve 26 Eylül 2011'de Kürtçe anadilinde eğitim veren Şehit Osman Okulu Kobanî'de açıldı.

Kuruluş ilkeleri itibariyle modern devletin üzerine bina edildiği görünmez egemenlik fikrinin ötesinde bir siyasal programa sahip olan PYD, merkezi yönetimin dışında, homojenleştirmeye karşı, asimilasyona karşı, deneyime ve farklılıklara açık bir yönetimi savunmaktadır. Rojava, öz yönetimin benimsendiği üç kantondan müteşekkil: Efrîn, Cezîre ve Kobanî. Öz yönetim ve kantonlara bölünme ilkesi, Rojava Toplumsal Sözleşmesi esaslarına uygun hayata geçirilmiştir. Yeni bir demokratik toplumu yaratmaya dair temel ilkelerin yazıldığı Rojava Sözleşmesi'nin 8. Maddesi'ne göre:

> Demokratik Özerk Yönetimlerin tüm kantonları; her türlü bölgesel faaliyetlerini yürütme, özgür iradeleriyle yönetim ve meclislerini kurma ve Toplumsal Sözleşme'ye aykırı olmayan her türlü hakkı kullanma hakkına sahiptir.[5]

---

[5] PYD eş başkanı Asya Abdullah, Rojava'da özellikle Cezîre Kantonu'nun kurulmasıyla beraber, çok önemli oranda gelişme kat edildiğini işaret ediyor: "Kürt, Arap, Süryani, Çerkez ve Ermeni bileşenlerden oluşan Cezîre Kantonu, kuruluşu itibariyle tüm bileşenlerinin iradesini tanımıştır. Cezîre Kantonu, 57 farklı siyasi parti, çağdaş toplumsal örgütlenme ve bölge halklarının ulusal temsilcilerinden oluşmaktadır. Bunlardan 10'u siyasi partilerdir. Devrimin şekillenmesinde rol oynamış kadın örgütleri, siyasi ve demokratik çözümün gelişmesinde de öncü rol oynamaktadır. Kantonların kurulmasına da kadın ve gençlik öncülük etmiştir. Onun için kadının iradesinin ziyadesiyle egemen olduğu başarılı bir kadın örgütlenmesi mevcut. Bütün karar mekanizmalarında, en üst noktada kadının sorumluluk üstlendiği bir kanton da Efrîn Kantonu. Ve diğer 2 bölgede de, kantonun yönetim kademesinde bir yardımcı, 2 başkan ve başkan yardımcısı kadınlardan oluşmaktadır. Onun için de bugün kadınlar bütün

Öz yönetim modelinin temelinde komünler yer alır. Komşuluk ya da köylülük düzeyinde ortaya çıkan komisyonlarda karşılığını bulan komünler, insanların birbirleriyle doğrudan temas halinde olabildikleri ve sorunlarına doğrudan müdahale edebildikleri toplumsal alanı şekillendirmektedir. Bununla birlikte komünler, farklı komünler, kentler ve bölgesel düzeyde muhataplarıyla ilişki içindedir ve bu bütünleşik ağ içerisinde, halka karar verme yetkisini ve kendi hayatları üzerinde söz sahibi olma hakkını sunmaktadır. İnsan sürülerinin egemen devlet yönetiminden/denetiminden azade olduğu bu sistemde, güç aktif vatandaşlık temelinde şekillendirilmiş komisyonlar aracılığıyla dağıtılmıştır. PYD Eş Başkanı Asya Abdullah bu durumu şöyle izah ediyor:

> Demokratik özerk toplum, merkezi yönetimin egemenliğini kabul etmez. Tekçi bir egemen devlet anlayışını da kabul etmez. Kendi emeği üzerine kurulmayan bir sistemi kabul etmez. Demokratik özerklik, toplumun iradesinin egemen olduğu bir yapıdır ve toplumsal kararların esas alındığı bir sistemdir. Onun için de Rojava'da, bu kazanımların, bu başarıların ve demokrasi kültürü açısından gelinecek noktanın, çözüm açısından Suriye'nin diğer bölgelerinde de dikkate alınan bir model olmasının mücadelesini veriyoruz. Suriye çok zengin bir ülkedir, kültürel açıdan, dini açıdan ve onu oluşturan bütün unsurlar açısından bir arada yaşamın geliştirilebileceği bir ülkedir. Bugünkü çözüm süreci, ulus devlet zihniyetini esas alan bir süreci değil, tam tersi toplumun emeğini esas alır. Ulus devletler, toplumu inkâr eder, ortadan kaldırır ve iradesizleştirir, tekçiliği esas alır. Çözüm, bugün farklı veçhelerde,

---

karar mekanizmalarında aktif rol almaktadır. Oluşturulmuş 22 heyette, kantonların en üst kademelerinde sorumluluk almış kadınlarımız var. Bugün 3 heyetin yönetimini Süryani halkı kendisi yapmaktadır. 2 tanesini Arap halkı, 3 tanesi de kadınlar yapacaktır. Bütün dinler, ortak ve eşit bir şekilde heyet içinde çalışmalarını sürdürecektir. Cezîre Kantonu, bir model olarak, bölgede yaşayan bütün etnik toplulukların temsil edildiği 57 siyasi parti, sivil toplum kuruluşundan oluşmaktadır." (1 Şubat 2014)

farklı isimlerde karşımıza çıkan, toplumun emeği üzerinden kendi gücünü egemen kılmaya çalışan kapitalist sistemle mümkün değil. Bu sistem, bütün manevi ve toplumsal değerleri, ferdiyeti ve benliği ortadan kaldırmaya çalışır (1 Şubat 2014).

Nihayetinde iddiamız şudur ki, dünyanın bugün Kobanî'de tanıklık ettiği ve ekseriyetle kayıtsız kaldığı mücadele, İslâm Devleti'nde vücut bulan devlet fikrinin beslendiği egemenlik ile aktif vatandaşlığı öneren radikal demokrasi modeli arasındaki mücadeledir. Soykırımı mümkün ve meşru gören İslâm Devleti ile özgürlüğü esas alan Rojava'nın savaşı ya da Öteki'yi öldüren devletli yönetim ile Öteki'nin sorumluluğunu taşımaya hazır halkçı yönetim arasındaki savaş, Kobanî halkının kapitalist moderniteye verdiği yanıttır.

Sorular ve Çıkarımlar

Bitirirken modernite konusuna bir kez daha değinmek istiyoruz. İslâm Devleti, modernliğe dönüş anlamında değil ancak devlet inşa etme girişimde bulunan, cemaatine uygun özne yaratma işine girişmiş ve Öteki'den arınma motivasyonunda olması bağlamında modern bir harekettir. Bu bağlamda Balibar'ın modern ulus devletlerin öznellik anlayışlarını betimlemek için kullandığı *homo-nationalis* (Balibar 1991: 93) kavramının İslâm Devleti özelinde *homo caliphatus* olarak karşılığını bulduğunu düşünüyoruz. *Homo caliphatus* "üretmek" adına etnik temizlik, asimilasyon ve homojenleştirmeye yönelmekte beis görmeyen bu Devlet, faşizmin en yoğun biçimlerinin örneklerini görebileceğimiz modern (ulus) devletlerin repertuarına totaliter İslâmı katmış görünmekteler. PYD'nin komisyon sistemi ise, parti çıkarları doğrultusunda araçsallaştırılmadığı takdirde, egemen güç fikrini kat eden bir siyaset vaadinin temsilcisi olarak tarihteki yerini almış durumda. Yeknesak muhayyel bir toplumda tekçi bir egemenliğin aksine çok uluslu, etnisiteli tarihsel ve kültürel gerçeklik ile barışık, dağınık ancak birbiriyle ilişkili komisyonlar ağıyla örülmüş bir toplum vaadi ve (demokratik) özerklik fikri merkezi tasarımın çok dışında ve ötesinde bir kavrayışın siyasetini mücadelesini yürütmekte. Rojava Halk Meclisi Kobanî eş başkanı Ayşe Efendi'nin yalın biçimde ifade ettiği gibi: "Tek devlet, tek bayrak değil tek mücadele, tek direniş!" (5 Ekim 2014, Suruç). Homojenleştirme ve asimilasyonun değil, deneyimin ve farklılığın tanındığı bu yönetim, Ortadoğu siyasetinde şimdiye kadar kendisine yer bul(a)mamış kavramlarla dile dökülen Rojava Devrimi ve Kürtlerin Stalingrandı Kobanî. Bu yazının yazılma sürecinde dünya kamuoyu nazarında da görünürlük kazanmaya başladığı gibi: Kobanî'de tanıklık ettiğimiz savaş iki silahlı grup arasında değil, iki farklı yönetim modeli arasında cereyan etmektedir. Modern İslâm Devleti'nin merkeziyetçi egemenlik tasavvuru ile aktif vatandaşlık temelinde radikal demokrasi anlayışı ve tanınma hakkı arasında süregiden bu savaşa uluslararası kayıtsızlığın temelinde de bu hakikat yatmaktadır. Demokratik özerklik temelinde örgütlenmiş bir Ortadoğu'nun uluslararası güçlere vaadi, tatmin edici ve müttefik olmaktan uzak görünmektedir. Ulus devletlerin tabiiyet ilişkilerinin aksine özerk kantonların özgürlüğü hayat bulduğunda ortaya çıkan bir Ortadoğu'nun anlamı ve önemi de bu noktada üzerinde durulması gereken önemli bir noktayı işaret etmektedir. Dolayısıyla Kobanî'ye yönelik saldırılar ve soykırım tehlikesi, hayatlarını kaybeden insanların, acının ve hüznün trajedisi olarak sınırlandırılamaz. Kobanî direnişi, Ortadoğu halklarının muhtemel geleceğinin teminatıdır. Bu açıdan Kobanî ile sembolleşen ve pek çok insanın belleğinde derin yer eden şey, ulus devletin ve kültürel homojenleştirmenin ötesinde bir yaşam ihtimalidir. Halkların, egemenin mühendislik faaliyetlerinin nesnesi değil kendi geleceklerinin öznesi olduğu bir yaşamın güvencesi...

Kaynakça

Abdullah, Asya (1 Şubat 2014), "Rojava'yı Neden Boğmak İstiyorlar?" http://hdp.org.tr/haberler/orgut-haberleri/asya-abdullah-rojavayi-neden-bogmak-istiyorlar/5369

Anderson, Benedict (2007), *Hayali Cemaatler-Milliyetçiliğin Kökenleri ve Yayılması*, çev. İskender Savaşır, İstanbul: Metis.

Appudurai, Arjun (2001), "Disjuncture & Difference in the Global Cultural Economy", *The Cultural Studies Reader*, Simon During (Ed.), Londra: Routledge, ss. 220-232.

Arendt, Hannah (1968), "The Perplexities of Rights of Man", *The Origins of Totalitarianism*, New York: Harcourt Brace, ss. 290-302.

Balibar, Etienne (1991), "The Nation Form", *Race, Nation, Class, Ambigious Identitie*, Etienne Balibar & Immanual Wallerstein (Ed.), Londra: Verso, ss. 86-106.

Bauman, Zymunt (1989), *Modernity & the Holocaust*. Cambridge: Polity Press.

Bennet-Jones, Owen (2014), "How Should We Think About the Caliphate", *London Review of Books*.

Bookchin, Murray (1991), "Libertarian Municipalism: an Overview", *Green Perspectives*.

Freeman, Michael (1995), "Genocide, Civilization & Modernity", *The British Journal of Sociology* 46(2): 207-223.

Gellner, Ernest (2008), *Uluslar ve Ulusçuluk*, Çev. Büşra Ersanlı ve Günay Göksu Özdoğan, İstanbul: Hil.

Hayden, Robert M., (1996), "Imagined Communities & Real Victims: Self-determination & Ethnic Cleansing in Yugoslavia", *American Ethnologist* 23(4): 783-801.

Imbusch, Peter (2000), "Uygarlık Kuramları ve Şiddet Sorunu", *Toplum ve Bilim*, 84: 91-110.

Jacobsen, Michael Hviid & Poul Roder (2008), *The Sociology of Zygmunt Bauman: Challenges & Critique*, Hampshire: Ashgate.

Jongerden, Joost & Ahmet Hamdi Akkaya (2013), "Democratic Confederalism as a Kurdish Spring: the PKK & the Quest For Radical Democracy", *The Kurdish Spring: Geopolitical Changes & the Kurds*, Mohammed Ahmet & Michael Gunter (Ed.), Costa Mesa: Mazda Publishers.

Jongerden, Joost (2007), *The Settlement Issue in Turkey & the Kurds: an Analysis of Spatial Policies, Modernity & War*, Leiden & Boston: Brill.

Kuper, Leo (1981), *Genocide: Its Political Use in the Twentieth Century*. New Haven: Yale University Press.

Öcalan, Abdullah (2010), *Demokratik Uygarlık Manifestosu: Ortadoğu'da Uygarlık Krizi ve Demokratik Uygarlık Çözümü*. Neuss: Mezopotamya Yayınları.

Öcalan, Abdullah (2011), *Türkiye'de Demokratikleşme Sorunları Kürdistan'da Çözüm Modelleri (Yol Haritası)*, Neuss: Mezopotamya Yayınları

Renan, Ernest (1993), "What is a nation?", *Nation & Narration*, Homi Bhabha (Ed.), Londra & New York: Routledge, s. 8-22.

Schecter, Darrow (1994), *Radical Theories: Paths Beyond Marxism & Social-Democracy*. Manchester: Manchester University Press.

Smith, Anthony D (2009), *Milli Kimlik* (Bahadır Sina Şener, çev.), İstanbul: İletişim.

Stork, Joe (2014), "The Nightmare in Iraq". HRW (http: //www.hrw.org/-news/2014/08/09/nightmare-iraq).

Uzun, Adem (2014), *Living Freedom: The Evolution of the Kurdish Conflict in Turkey & the Efforts to Resolve it*, Berlin: Berghof Foundation.

Weber (1919), *Politik as Beruf*, Munich: Duncker & Humblod (see: http: //-www.sscnet.ucla.edu/polisci/ethos/Weber-vocation. pdf).

9

ORTADOĞU'DA KORKU VE UMUT ARASINDA: TÜRKİYE, İSLÂM DEVLETİ VE KÜRDİSTAN ÖZGÜRLÜK HAREKETİ*

Joost Jongerden
Bahar Şimşek

İslâm Devleti'nin Yükselişi

İslâm Devleti (İD), temelde idarelerini hizipçi çizgiler üzerine kuran Saddam ve sonrasındaki Maliki yönetimindeki Irak rejimleri ile Esat yönetimindeki Suriye'de ortaya çıkan toplumsal çelişkilerin ürünüdür. Bunun yanı sıra, örgütün güçlenmesinde Saddam sonrası Irak ve Suriye'ye yönelik sürdürülen politikalar ve başta Türkiye, (Mursi yönetimindeki) Mısır, İran, Katar ve Suudi Arabistan olmak üzere, yerel güçlerin dolaylı/düzensiz müdahaleleri çok etkili olmuştur. Özellikle Batı ve

* Bu yazı daha önce *E-International Relations* web sitesinde yayımlanmıştır: (http: //www.e-ir.info/2014/11/24/turkey-the-islamic-state-and-the-kurdistan-liberation-movement/).

Rusya'nın çeşitli, daha geniş çaplı jeopolitik ve ekonomik çıkarları ve tabii ki Saddam rejiminin ABD öncülüğündeki koalisyon tarafından devrilmesinin yarattığı deprem, İD'nin gelişiminin çağdaş anlatısında net bir başlangıç noktası olarak kendini göstermektedir.

Esasında, Irak'taki geçici Amerikan hükümeti etkili bir biçimde "tersinden devlet inşası" modelini izlemiş ve toplumsal ve siyasal güvensizliğe ve bunun sonucu bölgesel ve dini hizipçiliğin büyümesine yol açan sıkı bir neoliberal programa bağlı kalmıştır (Medani, 2004: 255). Bu proje hızla ve ümitsiz bir çabayla mezhebe dayalı şiddeti kontrol altına alabilmek adına toprak duvarların örülmesine ve hendeklerin kazılmasına indirgenmiştir (Parker, 2006: 156-95). Saddam Rejimi'nin çöküşü o kadar etkili olmadıysa da Saddam sonrası Irak'ın kuruluş biçimi bir Sünni ayaklanmasına sebebiyet vermiştir. Ordunun tasfiyesi ve doğrulanmış bir güvenlik boşluğunun yanı sıra, neoliberal reform, kaynakların devlet elinden özel denetime geçmesindeki düzensizliğin ve parçalanmanın ilerlemesine yardım ederken, genel itibariyle devlet kurumları bir gecede dağıtılmış ve on binlerce devlet memuru yerine bir danışman ordusu geçirilmiştir. Büyük bir fırtına yaratacak bu önlemlerin bileşimi, hızlı bir milis ekonomisinin gelişimiyle sonuçlanmıştır. Parker'ın 2006'da ileri sürdüğü üzere "Goethe'nin karakteri 'sihirbazın çırağı' gibi ABD'li politika üreticiler şimdi kendilerini elleriyle var ettikleri hayaleti kontrol etmeyi başaramaz durumda bulmaktadırlar" (99).

Gerçekten de, ortaya çıkan ilk hayalet, aslen Colin Powel tarafından Birleşmiş Milletler'e Irak işgalinin ardında yatan temel gerekçelerden biri olarak gösterdiği sebeplerden birinin, ironik bir biçimde, bir kehanetmişçesine nerdeyse yoktan var edilerek gerçekleşmesiyle ortaya çıkan El Kaide olmuştur. Şiddetin en kötü kısmının ABD "baskını" ve Sünni aşiretlerinin "uyanışı" olarak atlatılması tekrardan bir nebze istikrar sağlamış olsa da, İran etkisi gibi başka bir hayaletin ortaya çıkmasına meydan veren –ya da belki de başka bir cini şişesiden çıkaran– demokratik Irak projesi için gerekli olan çoğulculuk ve bütün bölge için kabul edilen politik model hedefinin bir korku ve fırsatçılık atmosferi içinde başlamadan bitmesinin beraberinde, rutin şiddet hiçbir zaman tamamen dinmemiş ve çatırdayan devlet onarılmadan kalmıştır. Arap Baharı Suriye'ye ulaştığı süre içerisinde, iç savaşa doğru giden sürekli düşüş, kuzey Ortadoğu hattı boyunca keskinleşen toplumsal bölünme çizgilerinin ve de hizipçilik heyulasının korkunç tezahürüne tanık olmuştur. Böylelikle, Rıza Altun'un öne sürdüğü gibi, "eski rejimlerle bütünleşik çelişkiler açığa çıkmıştır". Bunun sonucunda bölgesel aktörler de açığa çıkmaya başlamıştır -öncelikli olarak, uzmanlaşmış müktesep çıkarlara sahip diğer güçlü rejimler gittikçe artan oranda oyuna dahil olmuşlardır. İran'ın Maliki Hükümeti'yle işbirliği yaparak Irak'ta kazanması ve Suriye'daki Esat Rejimi'nin ve Lübnan'daki Hizbullah'ın devam eden desteği karşısında, Türkiye, Mısır (Sisi tarafından yapılan darbeye kadar), Katar ve Suudi Arabistan, Suriye'deki muhalefetin, vahşi bir Sünni ayaklanmasına dönüşümünü kolaylaştırması nedeniyle, o kadar da destekçisi olmamışlardır. Türkiye'ye gelince, rejimi devirme yönündeki çabaları sırasında cihatçı ve El Kaide ile bağlantılı gruplara destek vermeye başlarken (*Al-Monitor*, 10 Haziran 2014), Müslüman Kardeşler'in hâkim olduğu Suriye Ulusal Konseyi'ne verdiği destek hizipçi olması nedeniyle eleştirilmiştir (Nuh Yılmaz, Avrupa Birliği Dış İlişkiler Konseyi, 2013).

Kendi hesabına PYD, Suriye'deki rejimin şiddet kullanılarak devrilmesi fikrini desteklememiştir. PYD bu durumun "Irak'ta Saddam Hüseyin'in devrilmesinden sonra tanık olunan kargaşa benzeri bir duruma yol açabileceğini" öngörmüştür (KNK, 2 Eylül 2013). Dikkate değer bir biçimde, uluslararası güçler de aynı endişeyi paylaşmış ve (İran dışında) yerel güçler "Şii rejimini" Sünni bir rejimle değiştirecek süratli bir askeri rejim değişikliğinin mümkün olduğuna inanarak, (Rusya dışında) Suriye'de barışçıl bir geçişi tercih etmişlerdir. İran'daki protestoların ilk günlerinde Türkiye hâlihazırda bir rejim değişikliği politikası geliştirmiştir. Bununla birlikte, "sıfır düşman" politikasından, yaygın biçimde yeni Osmanlıcı bir strateji olarak değerlendirilen bir politikaya geçiş hamlesiyle Türkiye, başta ABD olmak üzere, hiçbir uluslararası gücü Suriye'ye müdahale etme konusunda ikna etmeyi başaramamıştır.

Türkiye'nin Suriye'deki muhtemel bir Sünni ayaklanmasının gelişiminde rol alma çabası ve Irak'taki hizipçi politikası tarihsel olarak Batı'ya yöneleniminin göstergeleri olan NATO üyeliği ve önceki Avrupa yanlısı politikaları ile taban tabana zıttır. Rıza Altun "Türkiye'de çelişkili bir durum görmekteyiz" demektedir.

> Türkiye' 1950'lerden beri Avrupa kurumlarının bir üyesi olmaya çalışmıştır ve bu politika her ne kadar AKP yönetimi altında da değişmemiş gözükse dahi, Türkiye Suriye'de gün yüzüne çıkan dini, Sünni kimlik temelinde bir dış politika geliştirmiştir. (...) Cihatçı gruplar Türkiye tarafından misafir edildiler, beslendiler ve desteklendiler.

Devletin bu destek politikası -görünüşe bakılırsa Ankara'dan yönetilen Milli İstihbarat Teşkilatı (MİT) tarafından desteklenen silah transferine kadar varmıştır. Aralarında Suriye'deki El Kaide kolu olan Al-Nusra, ve de İslâm Devleti'nin de bulunduğu radikal cihatçı grupların yükselişine katkıda bulunmuştur (Philips, 2014). "Türkiye İslâm Devleti'ni kullanabileceğin düşünmüştür ve hala bundan vazgeçmemiştir, ancak İD kendi gündeminin gerçekte ne olduğunu göstermiştir, Türkiye'nin bu politikayı sürdürmesi zordur" diyen Rıza Altun şöyle devam etmektedir "Türkiye zaman kazanma çabasındadır, ancak bu İslâm Devleti'nin başarısızlığına ters düşmektedir".

Kobanî

Türkiye , AKP hükümeti "Kürt probleminin" çözümünü kendi saikleri doğrultusunda kontrol etmeye uğraşırken kendi sınırındaki PYD'ye etkili bir darbe vurmak ve böylelikle aynı zamanda PKK'yi da zayıflatmak adına İD tarafından Kobanî'de gerçekleştirilecek bir yıldırım harekatına güvenmiştir. İD saldırısının ilk günlerinde, Cumhurbaşkanı Recep Tayyip Erdoğan'ın da aralarında olduğu bazı Türk politikacılar, Kobanî'nin düşmek üzere olduğunu ilan etmişlerdir (*The Independent*, 7 Ekim). Kobanî'nin düşüşünün kaçınılmaz olduğu fikri, İD karşısındaki uluslararası koalisyonu –ABD'nin terör listesinde yer alan bir organizasyonu desteklemesi biçiminde anlaşılabilecek PKK bağlantısı çekincelere yol açmış olabilecekken- saldırıların başlangıç noktasında müdahale etmeme konusunda ikna etmiş olabilir. Ancak beri yandan ise Washington Türkiye'yi ifşa etmek istemiş de olabilir. Her iki şekilde de, Kobanî'nin İD savaşçıları karşısında düşüşünü engellemenin ABD'nin stratejik amacı olmadığını ifade eden Dış İşleri Bakanı John Kerry'nin onaylandığı üzere ABD, Bağdat'a destek vermekle daha çok ilgilenmiştir (*Reuters*, 8 Ekim).

Bununla birlikte Kürt YPG savaşçılarının güçlü direnişi ve de Kürtleri dünya çapında destek arama çalışmalarının yanı sıra Kobanî özelinde kazanılan destek ve meşruiyet, şehrin stratejik önemi konusundaki algıda ani bir değişiklik yaratmıştır. 40 binden fazla nüfusu olmayan kent düşmemiş ve İD'nin Kobanî'yi savunanlar karşısındaki askeri üstünlüğüne rağmen inanç, sebat ve biraz da destek ile görünüşteki durdurulamaz ilerlemesinin durdurulabileceği dünyaya gösterilmiştir. Kobanî dünya çapındaki İD karşıtı direnişin sembolü haline gelmiş ve sembolik ve stratejik önem kazanmıştır. Ancak halihazırda, şehir üç taraftan İD tarafından kuşatılmışken, Türkiye'nin sınırları kapatmaya çalışan güvensiz tutumu, şehrin kuşatmasını etkin olarak desteklemesi anlamına gelmektedir. Sınır kapatma tutumu, ülkeye girişlerine izin verilmeyen düzinelerce mültecinin sınırda, tam olarak sınır telleri boyunca yaşam mücadelesi sürdürmesine varmıştır ve nihayetinde ABD'yi ön plana çıkmaya zorlamıştır.

John Kerry'nin, ABD'nin İD'ye karşı stratejisinde Kobanî'nin ikincil konumuna dair beyanı üzerinden sadece üç gün geçmişken, Amerikalı diplomatlar ve PYD Paris'te bir araya gelmiştir. 11-12 Ekim tarihlerinde Kobanî ve İD'ye karşı yürütülen savaş tartışma konusu olmuştur. Bu buluşma ABD politikasındaki sert dönüşün belirginleşmesi olarak değerlendirilebilir. O zamandan beri İD karşısındaki savaş ve Kobanî birbiriyle derinden ilişkili bir şekilde ele alınmaktadır. Buna rağmen, Paris'teki ABD-PYD buluşmasından bir gün sonra Türk Silahlı Kuvvetleri Irak sınırındaki PKK üssü olduğunu öne sürdüğü yerleri top ateşinde tutmuş ve hava saldırıları düzenlemiştir. Türkiye'nin ana akım haber ajanslarından biri olan *Hürriyet* hava saldırılarının hem PKK'nin düzenlediği ileri karakol saldırılarına (her ne kadar PKK tarafından üstlenilmese de) bir cevap mahiyetinde olduğunu hem de Türkiye'nin İD'ye verdiği destek nedeniyle alevlenen ülke çapındaki Kobanî protestoları ile ortaya çıkan huzursuzlukla doğrudan ilgili olduğunu yazmıştır. Böylelikle, Türkiye'nin Kürt nüfusla olan ilişkileri sürüncemede bırakılmıştır. Kürtlerin protestolar sırasında Kürt İslâmi hareketi Hüda-Par ile karşılaşması, üç gün (7-10 Ekim 2014) içinde 55 kişinin hayatını kaybetmesiyle sonuçlanmıştır. Dahası, bazı kent merkezlerinde uygulanan sokağa çıkma yasağı, PKK lideri Abdullah Öcalan'ın "çözüm süreci"nde somut bir adımın atılması için belirlediği tarihin yaklaşmasıyla kritik bir hal almıştır. Böylelikle Türkiye, başarısız Esat siyaseti ardından Kobanî'deki tavrı ile hızlı bir düşüş boyunca ikinci riskli girişiminde bulunmuştur. Nihayetinde bir iç savaşı tetikleme potansiyelini de beraberinde taşıyan bir misillemeyle karşı karşıya kalma tehdidi altına girmiştir. Buna rağmen Türkiye İD karşıtı koalisyona katılmayarak ve Kobanî'ya yapılan yardımların önünü keserek önceki konumunu korumaya devam etmiştir. Erdoğan "PYD'ye silah göndererek İŞİD'e karşı bir cephe oluşturma görüşmeleri yapılmaktadır; ancak bizim için PYD PKK'ya eşittir, o da bir terör örgütüdür" demiştir (*Zaman*, 19 Ekim). Böylece PYD ve PKK'yi açıkça aynı kefeye koyarak ve her ikisini de dolaylı olarak İD'ye denk birer "terör" organizasyonu olarak konumlandırmak suretiyke Kürt vatandaşları daha da yabancılaştırmıştır. Bu durum PKK ile sürdürülen "çözüm süreci" özelinde tamamen tutarsız ve aldatıcı bir hükümet politikasını ortaya çıkarmıştır.

Diğer taraftan, ABD ve NATO'nun Suriye ve İD karşısındaki resmi çizgisinin, neredeyse açıkça muhalefete geçecek kadar dışına çıkan Türkiye, uluslararası düzlemde ummadığı ölçüde yalnızlaşmıştır. Bugün itibariyle Kobanî'ye yapılan saldırılara karşı eyleme geçmekteki gönülsüzlüğü, ABD'nin hava saldırılarını arttırmakla kalmayıp aynı zamanda karadaki PYD istihbaratının da bu saldırıların etkisine katkısıda bulunmasıyla sonuçlanmıştır. Amerika, İD'ye karşı hava saldırılarının yanı sıra askeri hava araçlarından birisi aracılığıyla PYD'ye hafif silah ve tıbbi malzeme yardımında bulunmuştur (*New York Times*, 20 Ekim). Açıkça görüldüğü üzere, ABD Kobanî'nin düşüşünün stratejik bir seçenek olmadığı konusunda karar kılmıştır.

Bu gelişmelerin sonucunda Türkiye'nin konumu değişiklik göstermeye başlamıştır. Türkiye Esad'ın devrilmesi ve Suriye sınırındaki Kürt nüfuzunun yıkılmasını öncelik haline getirerek İD karşısındaki koalisyonun parçası olmamıştır. Ancak çatışma Türkiye'nin bölgedeki stratejik ortağı olan İslâm Devleti aleyhine gelişmiş ve ABD, PYD'nin varlığını fiilen tanımaya başlamıştır. Ve hatta İD karşındaki mücadelesine destek olmuştur. Bu durum Türkiye için, bir anda, kazanma ihtimalinin olmadığı bir hal almış ve bu nedenle İD karşıtı mücadelede çatlaklar oluşturma ve çelişkilerin altını çizme çabası içinde kendine bir manevra alanı yaratmaya çalışmıştır. Bu doğrultuda, uluslararası düzlemde Esad'ı yerinden etmek için – birçok nedenden dolayı Obama tarafından çoktan rafa kaldırılmış bir seçenek olsa da– daha geniş çaplı bir plan ortaya çıkana kadar Kobanî'ye müdahale etmeyeceğini -yani, sınır kapısını açacağını- söyleyemiştir. PYD tarafından reddedileceği beklentisi ile, son on sene içerisinde Erdoğan'ın AKP'si ile ilişki tesis etmiş olan Kürdistan Bölgesel Yönetimi'ne (*Kurdistan Regional Government*, KRG) bağlı *pêşmerge*lerin Kobanî'ye geçmeleri için bir koridor açmayı önermiştir. Bu beklentiyi en açık görebileceğimiz yer ise bizzat Erdoğan'ın beyanı: "PYD Peşmergelerin gelmesini istemiyor" (*AFP*, 26 Ekim).

Öte yandan, PYD'nin bir koridorun açılması ve *pêşmerge* desteğini olumlu yaklaşımı, Türkiye'ye kendi önerisini hayata geçirmekten başka seçenek bırakmayarak blöfün açığa çıkarılmasını sağlamıştır. Böylelikle Türkiye koalisyonun gönülsüz bir ortağı haline gelmiştir. Rıza Altun'a göre, "Kobanî'nin düşmemiş olması ve *pêşmerge*nin geçişini sağlayacak koridorun açılmasıyla Türkiye'nin kendi politikasının çöktüğünü kabul etmekten başka şansı kalmamıştır". Geçtiğimiz 2-3 yıla bakıldığında Türkiye'nin, Ortadoğu'da, Suriye'de Sünni Müslümanların yönetimi devralmasının yolunu hazırlayarak bir oyun kurucu olarak faaliyet göstermeye çalıştığını görüyoruz. Ancak söz konusu politika açıkça çökmüştür. Türkiye'nin politikası artık, zaman kazanma amacında, tepkisel bir politikaya dönüşmüştür. Ankara, önceden olduğu gibi İD'yi desteklemeye devam edemeyeceğinin farkına varmış olsa da, İD'nin er ya da geç Kobanî'yi işgal ederek sahada yeni koşullar ortaya çıkaracağını ümit etmektedir.

Birlikte Yaşa(yama)mak

Ağır bir bedel ödediklerini onaylayan Rıza Altun, şunu da açıkça ekliyor "ancak İslâm Devleti'ni durdurduk". İD'nin Kobanî'yi almasını engellemiş olmanın muazzam bir askeri önemi olabilir, ancak politik açıdan önemi de bir o kadar büyük. "Öyle bir noktaya geldik ki yürütülen politikalar artık yeniden şekillenecek", diye eklemektedir Altun. Gerçekten de, Kobanî ya da Şengal'i Ortadoğu'yu daha net görmemizi sağlayacak bir mercek olarak ele aldığımızda, iki model arasındaki karşıtlıkları açıkça görebiliyoruz. İD'nin ideali, ataerkil yasaları barındıran modern ulus devlet aracılığıyla desteklenen hizipçi Sünni politikaların doruk noktasını temsil ederken, PYD'nin derinleşmiş demokrasi yorumu ne alışılagelmiş anlamıyla (modern) devletçi ne de ataerkil bir modeli temsil etmektedir.

İD'nin halifelik ilanı ve İslâm Devleti fikirleri bir yandan uzun bir maziyle (hilafet) muhatap olduğumuz izlenimini vermekte. Ancak öte yandan, Müslüman olmayanların ve İslâm'ın belli bir yorumuna ters düşen yaklaşımların ötekileştirilmesi, tarihi camilerin, mabetlerin ve türbelerin yıkımı, katı kıyafet ve davranış kuralları, daha ziyade modern siyasal tartışmalara has özelliklere gönderme yapmakta. İD'nin kültür ve coğrafya arasında tesis etmeye çalıştığı mutabakat, kurmaya çalıştığı büyük yetki alanı imgesiyle uyum içinde olacak bir halk yaratmak için gösterdiği şiddet temelli çaba, sanıldığının aksine modern bir ulus devlet fikrine hayli yakın. Aslında, izledikleri asimilasyon ve homojenleştirme politikaları, geçmişin birçok etnik yapıyı ve dini barındıran coğrafyalarından ziyade modern zamanların ulus devletleri andırmakta. Dahası, tavizsiz kadın şiddeti ve erkeklerin politik ajanlar, kadınların ulusal kültürün aktarıcıları olduğu varsayımı milliyetçi yaklaşıma özgü (Yuval-Davis, 2000). Yuval-Davis çalışmasında kadına karşı şiddetin, kadınların ulusal kimliğin yeniden üreticileri olarak görülen sembolik konumlarıyla alakalı olduğunu belirtir. Bu düzlemde tecavüz bir çatışma aracı, kadın bedenleri ise savaş alanıdır (Boesten 2014: 21). Böylesi bir yaklaşım dahilinde, kadının direnişe katılması, kadını etkin bir şekilde erkek egemen politikaların ve toplumun nesnesi olmaktan çıkardığı ve kendi sosyo-politik anlatılarının özneleri olmalarına yardım ettiği ölçüde, özel bir anlam taşır.

Öteki'nin ırzına geçilmesi ya da uzuvlarının kesilmesi; Şii camilerinin yıkımından Ezidi kadınlarının köle olarak satılmasına varıncaya değin Ötekiyi sembolize eden maddi sembollerin yok edilmesi, tesadüfî ya da rastlantısal değil aksine oldukça planlı ve düşünülmüştür. En yalın haliyle, İD'nin yaratmak istediği sadık devletin tasarısının etkin ve asli araçlarından söz etmekteyiz: Yok edilenler İD'nin yaratmak istediği toplumsal biçime uygun ol(a)mayanlardır. Bu bağlamda İD, modern ulus devletlerin, uygulanabilir bir politika için gerekli koşul olarak gördüğü devlet ve kültür arasında mutabakata bağlıdır. İD'nin uğruna katliamlar yaptığı iyi düzenlenmiş toplum, belli bir Sünni Müslüman anlayışı tarafından şekillendirilmiş bir toplumdur.

Soykırım üzerine kaleme aldığı çalışmasında Zygmunt Bauman, düzenli ve iyi işleyen bir toplum adına öldürmeyi bahçıvan metaforuyla açıklamaktadır. Bauman'a göre, her bahçıvanın ismine yaraşır mükemmel bahçe tasarısı vardır ve nihai amacı o mükemmeliğe erişmektir. Bu yolda, tasarının parçası ol(a)mayan bitkiler ve zararlı otların temizlenmesi elzemdir. Modern kültür, Bauman'ın iddia ettiği üzere, yapay bir bahçe kültürüdür. "İlk olarak bir tasarı olarak düşünülmüş düzen (...) kainatın bütün unsurlarını kendisiyle olan ilişkilerine göre sınıflandırır" (Bauman, 1989: 92). Neyin işe yarar neyin olmadığını, neyin korunması neyin öldürülmesi gerektiğine o karar verir. İnsanların, toplum imgesiyle uyumlu ya da uyumsuz olarak sınıflandırıldıkları an, sadece var oluşlarından ötürü toplumun gerçekleştirilmesini tehlikeye atan unsurlar olarak algılanmalarının kapısı aralanır. Temizlenmesi gereken zararlı otlar haline gelirler (Jacobsen, 2008: 253). Öldürülmeleri gerekir çünkü uyum sağla(ya)mıyorlardır (Bauman 1989: 92). Söz konusu bu durum milliyetçiliğin nihai biçiminin ve de İslâm Devleti'nin dehşet verici mantığıdır ifadesidir.

Rojava Kürtlerine yönelik ısrarlı saldırılar, tam da böylesi bir farklılığı sembolize eden yönetim modeliyle alakalıdır. Rojava halkı yalnızca Kürtlüğü sebebiyle değil –nihayetinde İD Kürt kökenli savaşçıları da barındırmaktadır– PYD'nin temsil ettiği siyasal tahayyül nedeniyle de katledilmektedir. Abdullah Öcalan'ın görüşleri doğrultusunda PYD, etnik ya da dini kimlikler üzerine temellenmiş olması fark etmeksizin, homojen devletlerin kurulması fikrini sorunlu görmektedirler -hem kendi deneyimleri hem de yakın zamanda bölgede yaşananlara bakıldığında aynı zamanda katastrofik de. Ve buna yanıt olma çabası, Rojava'da PYD tarafından uygulamaya konulan ve savunulan, alandaki gerçekliğin çok kültürlü karakterini tanıyan, insanların farklılıklarını dile getirebilme özgürlükleri ve özyönetim üzerine kurulu alternatif bir modelde vücut bulmuştur. Dahası, üçlü kanton sistemi içinde birbiriyle bağlantılı, bir konsey ya da kongreye dayalı demokrasi biçimiyle hayata geçirilmiştir.

Kantonlarda, yönetimin en temel prensibi olarak her kademede yüzde elli kadın temsiliyetinin sağlandığı bir eş başkanlık sistemi uygulanmaktadır. Yerel Kürt ve Arap toplulukları, Şii ve Sünni Müslümanlar, Ermeniler ve Suriye'li Hıristiyanların inançlarını özgürce yaşayabilmelerinin önü açılmıştır. Yani, kendi devletini bütün ötekiliklerden arındırılmış ataerkil bir toplum üzerine tasarlayan ve bu yolda cinayetten ve katliamdan sakınmayan İD'nin karşısında, beraber yaşam üzerine temellenmiş PYD'nin modeli durmakta. Kobanî'ye yapılan saldırı tam da bu karşıtlıktan beslenmektedir ve Kobanî'yi savunmak bu modelin savunduğu değerleri savunmak anlamına gelmektedir.

Muhtemel Gelecek Senaryoları

"Bölgenin şu andaki durumu" diyor Rıza Altun, "uluslararası ve yerel güçlerin kendi politik modellerini ve hizipçi politikaların gelişimini dayatmadaki başarısızlıklarının sonucudur". Bugün, İran'ın Şii kimliği üzerine uygulanabilir bir politika üretmekteki başarısızlığının yanı sıra ABD'in uygulanabilir bir Saddam sonrası politika üretmedeki başarısızlığına da tanık olmaktayız. Ayrıca, bölgesel devletli aktörlerin (Türkiye ve Arap ülkeleri), kendi parçalı ve ayrımcı himaye siyasetlerinin Sünni-Müslüman kimliğe dayalı bir politika oluşturmadaki yenilgisine. Bu başarısızlıklar, hizipçi bir mantığı ve bununla bağlantılı kimlik politikalarını en uç noktalara sürükleyerek, İslâm Devleti'nin ortaya çıkmasına katkı sunmuşlardır. İD'nin yıkıcı "başarısı" bu kalıbı yıkmak olmuştur. Bir zamanların Irak ve Suriyesine dönmek mümkün de değil, arzulanmıyor da. Bununla birlikte, İD'nin kazandığı topraklar üzerindeki hakimiyetini kaybetmesi yakın zamanda mümkün görünmese de, bir gelecek vaat ettiğini söylemek de pek mümkün değil. Bir başka deyişle, kaçınılmaz sonu engelleyecek bir olgudan söz etmek mümkün değil.

Rojava'da geliştirilen model, otoriter ve hizipçi rejimler karşısında uygulanabilir bir alternatif oluşturmakla sınırlı kalmayıp Ortadoğu'daki pek çok halk için umut vaat etmektedir. Ve tam olarak bu minvalde, sadece ve sadece özgürleşmiş ve barış içinde bir Ortadoğu olasılığının varlığı için, demokratik özerklik adına gösterilen bu çaba tanınmalıdır. Her ne kadar ana akım ajanslar ve siyasetler Kürtleri katliam karşısında sergiledikleri destansı direniş ile tanıyor olsa da, esasında faili oldukları çok daha geniş çaplı sonuçlar ve fırsatlardan söz etmekteyiz. Çoğulcu bir toplum ve aktif vatandaşlık için mücadele yürüten ve bu ilkelerin savunusunu yapan Rojava, insanların kendi geleceklerinin öznesi oldukları bir Ortadoğu'nun anahtarıdır. Efrîn ekonomi bakanı, Dr. Ahmet Yusuf'un ısrarla altını çizdiği üzere: "Rojava'yı sadece savaşla değil aynı zamanda inşayla da birlikte düşünün".

♦ *Çeviri:* Ceren Aksoy

Kaynakça

Bauman, Zymunt. 1989. *Modernity & the Holocaust*. Cambridge: Polity Press.

Boesten, Jelke. *Sexual Violence During War & Peace,* New York: Palgrave MacMillan

Jacobsen, Michael Hviid & Poul Roder. 2008. *The Sociology of Zygmunt Bauman: Challenges & Critique*. Hampshire: Ashgate.

Medani, Khalid Mustafa. 2004. "State Rebuilding in Reverse : The Neoliberal 'Reconstruction' of Iraq", *Middle East Report* 34(232).

Parker, Christopher. 2006. "From forced revolution to failed transition: the Nightmarish Agency of Revolutionary Neo-Liberalism in Iraq", Madrid, UNISCI.

Phillips, David L. 2014. *Research Paper: ISIS-Turkey LinkInstitute for the Study of Human Rights,* Columbia University in the City of New York. Kaynak: http: //www.huffingtonpost. Com/david-l-phillips/research-paper-isis-turke_b_6128950.html

Yuval-Davis, Nira (2000). *Gender & Nation*. Londra: SAGE.

10

ROJAVA DENEYİMİ BAĞLAMINDA SOSYAL EKONOMİYİ DÜŞÜNMEK: TEMELLER VE İLKELER*

Ahmet Yusuf

Giriş

Topluluklar ve toplumsal ilişkilere doğrudan bağlı bilimler listesine dâhil olmakla birlikte, zenginlik yaratımına dair başlıca yorumların mevziisi olan ekonomi farklı biçimlerde ele alınabilir. Dahası, hem devletin sınırları dâhilinde iç bir mesele olarak, hem de devletlerarası ilişkilere odaklanan bir dış mesele olarak finansal ve parasal ilişkilerin gelişimiyle doğrudan ilişkilidir. Bugüne kadar bir ekonomik model olarak, kapitalizm de sosyalizm de, desteklediği grupların çıkarlarına hizmet eden savları doğrulamaya çalıştı. Bu bağlamda farklı düzeylerde gelişimi mümkün kılacak, esası biçimlendirecek iktisadi analizi destekleyici, kapsamlı bir pragmatizm ile karşımıza çıkan klasik ekonomi ise, kapitalizmin Batı toplumlarındaki sömürgeci davranış biçimini olumlamaya çalıştı. Ne yazık ki

---

* Dr. Ahmet Yusuf, Suriye Ebla Privet Üniversitesi öğretim üyesi ve Efrîn Kantonu Ekonomi Bakanı'dır.

Marksist gelenek, kapitalizmin özü bağlamında, kapitalist modernitenin ulus devlet sisteminin küresel nizami yükünden kurtuluşunu sağlayamadı ve Marksistlerin bir anlamda farkında olmaksızın sürdürdüğü bu hata en nihayetinde olgusal bir yanlışa dönüştü.

Ekonomi ve politikanın toplumsal ve iktisadi ilişkilerin gelişiminin tarihinin açık bir analizini sunma konusundaki yetersizlikleri ya da belli grupların çıkarını korumak adına benimsedikleri yönelimler, ekonomi ve sosyoloji arasında bugün artık malumumuz olan ayrımın kaynağı olarak tespit edilebilir. Nihayetinde, bütünlüklü bu iki olgunun biçimlendirilmesinde etkili olan bu ayrım, ekonomi özelinde küresel kapitalizmin çıkarı lehine liberal eğilimin güçlenmesine yol açmıştır. Hâlbuki iktisadi toplumsal ilişkilerin tarihini Mezopotamya toplumları tarihi boyunca (ve hatta insanlık tarihi boyunca) ele alacak olursak, toplumsal ilişkilerin yapısının ve belli bir zümrenin bir diğeri üzerindeki etkisinin derecesinin toplumlar içerisindeki ekonomik ilişkiler boyunca –ki bu ilişkiler hâkim zümrenin çıkarlarına hizmet eden tanımları belirlemektedir– şekillendiğini görürüz. Buna bağlı olarak ekonominin tanımları çeşitlidir ve bu tanımlar ekseriyetle ekonomik modelin içinden şekillendiği geleneklere bağlıdır. Sonuçta bir adlandırma çokluğuyla karşı karşıya kalırız: ekonomi politik, kapitalist ekonomi, sosyalist ekonomi, uluslararası ekonomi vb. Bu ifadeler sosyale, politik olana ve belli durumlardaki ekonomiye işaret etmektedir. Beri yandan ise bir gruba özgü ilişkilerin yapısını ya da farklı gruplar arasındaki ilişkilerin isimlendirildiği bağlamlarda ele alır ki bu durum ekonominin olgusal gerçekliğini yansıtmaktan uzaktır. Tarihsel olguların gösterdiği üzere ekonomi, ihtiyaç temelli bir bilimdir; belli zümrelerin çıkarlarını maksimize etme bilimi ya da merkantilizmde ya da klasik dönemde gördüğümüz üzere uluslararası talan düzeninin bilimi değildir. Ekonominin en tarihi görünümü "ev ekonomisi" şeklinde karşımıza çıkmaktadır: Kâr amacı gütmeyen ve fakat aile fertlerinin yaşamsal ihtiyaçlarını güvence altına alan.

Bu temelde, ekonomi; ekonomik olmaktan toplumsaldan koparılması durumunda çıkmaktadır. Bir diğer deyişle, ekonominin kurucu özelliği herhangi bir ayrım gözetmeksizin toplumun bütün bireylerinin sosyal refahını esas almalıdır. Ki bu, ekonomik, entelektüel ve kültürel anlamda hayli sofistike bir mekanizmayı gerekli kılar. 90'lı yılların başlarında Francis Fukuyama'nın "tarihin sonu" tezi ile Sovyetler Birliği ve peşi sıra Sosyalist Blok'un çöküşü, kapitalizmin insanlığın önüne koyduğu bitimsiz entelektüel düşünüşünün zaferini imleyen kavramlar olmuştur. Beri yandan ise 2007 ekonomik krizi, kârı maksimize etme arayışında herhangi ahlaki bir belirleyenden yoksun liberal ekonominin finansal hareketlerinin etik sınırlardan mahrum oluşunun kanıtıdır. Uzun bir parantezi kapatacak olursak, ekonominin tanımının üzerinde durmamın sebebi, Rojava'daki sosyal ekonominin hayata geçirilişini anlamayı mümkün kılacak kavramlardan başlıcası oluşudur. Dahası, ekonomi ve sosyal politikaları bir arada düşünmeyi mümkün kılacak kuramsal temel arayışıdır. Ekonominin bugün Rojava'da da gördüğümüz şekliyle yeniden tanımı, totaliter sosyalist rejimlerin yeniden üretimini mümkün kılacak bir yeniden keşiften ziyade, ekonomi ile toplumsal ilişkiler arasındaki ilişkinin normalleşmesini sağlayacak bir iktisadi arayış düşüncesinin kendisiyle ilgili bir durumdur. Tüm bunların yanı sıra ise, bilimsel ve teknolojik devrimin edimlerinin avantajlarını doğru bağlamda değerlendirme çabasıdır.

Sosyal Ekonomi Kavramı

Sosyal kavramının ekonomi bağlamında XIX. Yüzyılda ortaya çıktığı eser, Jacquez Donzoelot'a aittir: "Endüstriyel kapital egemenliğinin karşısında".[1] Bu çalışma, sosyal piyasa ekonomisi kavramının ortaya çıktığı zamanı 1930'lar olarak işaret etmektedir; dahası II. Dünya Savaşı'nı takip eden yıllarda pek çok İskandinav ülkelesinin yanı sıra Almanya gibi Batı Avrupa ülkelerinde gelişmişliğini gözler önüne sermektedir. Alfred Müller-Armack'ın serbest piyasa ilkelerinin toplumsal düzen ilkeleri ile bir araya getirildiği ve birleştirildiği ülkelerdir bunlar aynı zamanda.[2] Müller-Armack, sosyal piyasa ekonomisi temelinde şekillenen sosyal piyasa ekonomisi hakkındaki fikirlerini ve programını 1946 yılında kamuya açmıştır.[3] Sosyal piyasa ekonomisinin piyasa anlayışı, ihtiyaç ve tedarik değişkenlerine ve emek gücünün ve refah koşullarının yeniden üretimine dayanmaktadır. Kavramın, iktisadi liberalizme ve merkezi planlama sistemine alternatif üçüncü bir yol olarak ortaya çıktığını hatırlatmakta fayda görüyorum.

Sosyal piyasa ekonomi geleneğinin öncülerinin, güçlü bir piyasa ilkesine ihtiyacın yanı sıra, soylu sınıfının toplum içerisinde kontrolünün, işçi sınıfının toplumsal menfaatlerinin garanti altına alındığı ölçüde mümkün olabileceğini öngördüklerini de söyleyebiliyoruz. Çünkü üretim araçlarının hâkim olduğu mutabakata dayalı ilişkilerin üretim sürecine özgü kimi değişikliklerle bütünleşmesi ve işçi sınıfının çıkarlarının doğrudan sonuçlarının dışavurumu olarak ele alınabilecek sınıflar arası düşmanlığın dönüştürülmesi gerekiyordu. Yani, sosyal ekonomiyi tanımlama girişimleri piyasa ile toplumsal zorunluluklar arasında gerekli bir dengeyi işaret etmektedir. Bu bağ-

---

[1] عصام الزعيم، اقتصاد السوق الاجتماعي بين محددات العولمة والتديات الوطنية، جمعية العلوم الاقتصادية السورية، 2006، ص: 13

[2] Joerges, Christian & Rödl, Florian. *Social Market Economy as Europe's Social Model*, European University Institute, İtalya, 2004.

[3] نور الدين هرمز، باسل سلامة، التجربة الألمانية في اقتصاد السوق الاجتماعي: الأسس والمبادئ النظرية. مجلة جامعة تشرين للبحوث والدراسات العلمية، سلسلة العلوم الاقتصادية والقانونية، المجلد(33)، العدد(4) 2011، ص: 131

lamda John D. Klaus'un, sosyal piyasa ekonomisi tanımını ele alalım: "Ekonomik sistem siyaseti kavramı, serbest piyasa ilkesine dayanır, fakat aynı zamanda toplumsal dengeye has bileşenleri de içerir".[4] Bu tanımdan yola çıkarak sosyal piyasa ekonomisinin iki ana bileşenini tespit edebiliyoruz:

- Piyasa içerisinde rekabetin korunması ve toplumsal güven ve dengenin hayata geçirilmesinin temel mekanizmalarından birisi olarak işler kılınması
- Toplumsal adaleti sağlamak ve dengede kalmasını sağlayacak tüm öğeleri güvence altına almak.

Bu durumda karşımıza çıkan ilk soru: Rojava'da ekonomik bir model olarak benimsenen sosyal ekonomi ile sosyal piyasa ekonomisi arasında bir fark var mıdır?

Bu soruya yanıt olma çabası, sosyal ekonominin Rojava deneyiminin farklı kuramsal ve pratik açılardan ele alınmasını gerektirmektedir. Öncesinde ise sosyal ekonomi piyasasına dair bir tartışmaya değinmekte fayda var.

Sosyal ekonomi ve sosyal piyasa ekonomisi, her iki kavramın da ekonomik faaliyetlerin toplumsal hedeflerini gerçekleştirmeyi amaçladığı piyasa anlayışı içinde bir ve özdeş kavramlar olarak göründükleri noktada pek çok dışsal değer itibariyle de birbirlerine benzemektedir. Ancak, bu benzerliğin kavramsal konforuna kapılmak ölümcül bir hata olurdu, çünkü sosyal ekonomiyi kapitalist sistemin belli ekonomik koşullarına has bir kurala tepki olarak indirgeme riski taşımakta. Hâlbuki sosyal ekonomi hayli özgün bir kavramdır. Abdullah Öcalan kavramı anlamak adına, ulaşılabilir ve görece kısıtlı kaynaklardan insancıl ihtiyaçların sağlanmasını ödev edinmiş bir bilim olarak ele aldığı ekonominin ortaya çıktığı tarihselliğe yönelmeyi uygun bulur. Bu bağlamda kadının asli rolüne odaklanan Ab-

---

[4] John D. Klaus. *The German Social Market Economy-(Style) Amodel for The European Union*, Chemnitz Technical University, Almanya, 2006.

dullah Öcalan, ekonominin hakiki kavramlarından koparıldığı tarihsel bağlamı, kadınların ekonomi dışına itildiği sürecin kendisi olarak tespit eder. Söz konusu dışlama, ekonomik olma iddiasındaki tüm teoriler bağlamında bugün bile geçerliliğini korumaktadır.[5] Otoriterleşme eğiliminin tarihi serüvenini göz önünde bulundurduğumuzda, kadının potansiyelinin ve kapasitesinin ekonomi özelinde dışlanması, tesadüf olmaktan uzaktır. "Kadınlar, toplumu bir arada tutan güçtür, toplum içinden konuşanlardır. Patriarkanın kendisinini gerçekleştirmek için kadınları baypas etmesi gerekiyordu".[6]

Söz konusu dışlama, kadınların ekonomi içerisinde rollerini temel bir dengesizlik düzeyinde icra etmelerine yol açmıştır. Bu istismar, beri yandan ise sınıflı toplumlarda üretim aktivitelerinin karşılıklılık karakteristiği olmuştur. Böylelikle değişim değeri maksimize olurken, kullanım değeri egemen sınıf tarafından hayata geçirilen politikalar sonucunda gitgide minimize olmuştur. Sonuçta, aşağı sınıfların üretim araçlarının sahiplerine bağımlılığı zamanla daha da artmıştır. Sosyal ekonomi, ekonomik meseleleri toplumdaki farklı sınıfların uyum sorunu şeklinde ele almadığı gibi, sosyal piyasa ekonomisinin aksine merkezi sorunlara çözüm arayışında da değildir. Çünkü sosyal ekonomi kavramı nazarında sınıf çatışması temel değil ikincil çelişkidir. Toplumsal çelişki tekelciler ve toplumun tamamı arasında bir yerdedir.[7] Hakikatini insan toplululukları tarihinin başlarında arayan sosyal ekonomi, toplumun ahlaki değerlerinin koruyucularına ve böylelikle insan bireyin doğal güçlüklerle baş etmesine hizmet eden ekonomik ilişkileri güçlendirmek suretiyle kendisini koruyan toplumların izindedir. Eşitlik, özgürlük ve sosyal demokrasi mücadelesinin esasını

---

[5] للمزيد من التفصيل أنظر: عبدالله أوجالان، حول الاقتصاد، 2013، ص ص: 5-16

[6] -عبد الله أوجالان، الدفاع عن شعب(المرافعة المقدمة إلى محكمة حقوق الإنسان الأوروبية). ترجمة زاخو شيار، طبعة 2015، ص: 34

[7] -عبدالله أوجالان، حول الاقتصاد. 2013، ص: 205

içselleştirmesi anlamında önemli bir kavramdan söz etmekteyiz; çünkü yenilgi durumunda dâhi emek gücünü satan ve toplumun yoksul kesimlerinden çalınan ve yağmalanan ucuzluğu alan, toplumun mallarını talan eden patronuna eşlik eden işçiyi teşhis etmemiz mümkün olmaz.[8] Söz konusu işçi, ekonominin kendisini mümkün kılmasını sağlayacak uygulamaların ve dağılımın topluma erişmesinin eşiğinde duran ahlaki değerlerin itibarsızlaşmasında da rol oynamaktadır.

Bu aşamada sosyal ekonomi ile sosyal piyasa ekonomisi arasındaki farkı anlamızı sağlayacak kilit bir olgudan söz edebiliriz. Sosyal piyasa ekonomisi, sürekliliğini güvence altına almak adına kapitalist sisteme özgü kimi dengesizlikleri ekonomi karşıtı bir siyasal sistem kümesi olarak tespit eder. Sosyal ekonomi ise, kapitalist olmayan ekonomik toplumu kâr uğraşını küçültmek adına kullanım değerlerini tekele dâhil olmadan arttırması, ekonomik toplum içerisinde daimi oluşu ve piyasa ile karakterize edilmektedir. Bu temelde, sosyal ekonomiyi toplumun ihtiyaçlarını üretim araçları tekelinden demokratik şartlar lehine uzaklaşmış bir biçimde güvence altına alma arayışında bir bilim olarak tarif edebiliriz. Tekelin kaynağı hükümetler ya da özel sektör olabilir. Ayrıksı mülk anlayışı ya da belli durumlar ve şartlarda özel mülkiyet bağlamında katılımcı edim egemen olabilir.

Toplumsal Ekonominin Karakteristik Özelliği

Kelimenin tam anlamıyla yeni bir metodoloji ile karakterize edilen sosyal ekonomi, bu metodoloji dolayımıyla ekonomiyi ilk insan topluluklarından bugüne kadar, insanın gelişimini tarihsel bir bakışla yeniden ele alır. Bunun yanı sıra, söz konusu topluluklarda kişiler arasında eşitlik temelinde ve sınıflı top-

---

[8] -عبدالله أوجالان، حول الاقتصاد. 2013، ص: 112

lum bileşiminin sonuçları bağlamında şekillenen sosyal ilişkilerin gelişimini de sorunsallaştırır. Bu bağlamda sosyal ekonominin asli niteliklerini şöyle sıralanabilir:

- Sosyal ekonomi antikapitalisttir; merkezi olarak planlanmış ya da sosyalist bir ekonomi değildir. Zira her iki durumda da ekonomi tekelleşmeye doğru ilerlemektedir; özel sektörün tekeli ya da devlet tekeli. Bunun sonucunda ekonominin kavramsal gerçekliğinin karşısında konumlandığı monopole dönüşmesi kaçınılmazdır. Dolayısıyla sosyal ekonomi özelinde temel çelişki işçi sınıfı ile burjuva sınıfı arasında değil, ekonomi ve monopol arasındadır.

- Sosyal ekonomi, kapitalist çelişkiye bağlı kalarak işçi sınıfı ile burjuva sınıfının çıkarları arasında uyum arayışını reddeder. Dahası, ekonominin tekelciler düzeyini kontrol altında tutma ile tanımlanması sonucunda ortaya çıkan çelişkileri ve çatışmaları öngörür ve bunu düzeltme işlemi için köklere yönelir. Sosyal piyasa ekonomisi ile sosyal ekonomi arasındaki farkın özü de bu noktada karşımıza çıkar. Sosyal ekonomi, iki sınıf arasındaki çelişkiyi uyumlu kılmaya çalışan sosyal piyasa ekonomisinin aksine iki sınıf arasındaki çelişkiyi ikincil kabul eder. Sosyal ekonomi ilkesi, ekonominin kapitalizmin çıkarlarına hizmet etmeyişinin ilkesidir. Dolayısıyla, ekonominin kalbinde yattığı iddia edildiği üzere, ekonomik sorunların uyum ile çözülmesi gibi bir ihtiyaç yoktur. Asıl ihtiyaç, ekonominin tarihsel bir bakış açısıyla yeniden tanımlanmasıdır.

- Sosyal ekonomi, kullanım ve değişim değerinin, endüstriyel ile ekolojik olanın birleşimini mümkün kılar. Bu birleşim, yokluğunda endüstrinin endüstrileşmeye dönüşmek suretiyle doğanın korunması, kârların düşürülmesi ve piyasanın kontrolü gibi temel insani değerlere karşı savaş açışı bağlamında ele alınmalıdır. Üretim, kullanım değeri ya da değişim değerinden bağımsız bir biçimde, toplum ile onu kuşatan doğa arasındaki ilişkinin önemli bir parçasıdır; bir anlamda ikisinin bütünleşmesini sağlamaktadır. Bunun yanı sıra bir diğer önemli konu ise endüstrileşmedir. Endüstirileşmenin en tehlikeli etkilerinden birisi, toplumun ve toplumu oluşturan bireyler arasındaki ilişkilerin sınırlarını güneş sisteminin sınırlarına kadar zorlayışıdır. Zira temel dürtüsü sömürge çemberini mümkün olduğunca genişletmektir. Endüstrileşmenin bütünsel etkisini, toplum ve doğa açısından tehdit oluşturduğu noktaları ilişkili olarak ele alan Abdullah Öcalan'a kulak verecek olursak: "Böyle giderse, yalnızca bizim gezegenimiz değil bir bütün olarak güneş sistemi endüstrileşmenin bedelini kaldıramayacak.[9]

- Sosyal ekonomi, tarımsal, endüstriyel ve ticari sektörlerde tüm ekolojik faaliyetlere açıktır. Nitekim ekonomik gelişim için doğru bir yol inşa etmesini mümkün kılmasının yolu da budur. Bilhassa XVI. yüzyıl sonrasında kapitalist sistemin kontrol çemberinin ideoloji politik bir sistem şeklinde gelişimi ile bu kaçınılmaz bir hal almıştır. Çünkü açıkça yapılmaya çalışılan şey, kapitalizmin yerel ve küresel sömürgeci karakterini meşrulaştıracak entelektüel bilginin inşasıdır.
- Asli mülkiyet gruba bağlıdır. Şüphesiz özel mülkiyetin istismarı anlamında değil ve fakat değişim değerinin karşısında kullanım değerinin maksimize edilmesi anlamında. Aksi halde, değişim değerinin maksimize edilişinin kapitalist sisteme felaket dönüşünün büyüklüğü yadsınamayacak bir hakikattir, bilhassa çevresel sonuçları itibariyle.
- Kadının ekonomideki rolü yeniden düzenlenmiştir, çünkü "ekonomi, kadın elinin dışarıda bırakılması ve yerine tefeciler, tüccarlar, yatırımcılar, para, mülk ve devlet sahibi zümrelerin ellerine teslim edilmesi ile en büyük darbelerden birisini almıştır. Ekonominin, ekonomi karşıtı güçlerin eline teslim edilmesi bir anlamda otoritenin ve militarizmin yükselişe geçişinin öncülü olmuştur. Nihayetinde buna bağlı olarak savaşların, çatışmaların, çarpışmaların; uygarlaşma tarihi ve bir bütün olarak modernleşmeye özgü sınırsız krizin de müsebbibidir".[10] Şunu açıkça ifade etmekte fayda görüyorum: kadının ekonomideki rolünün yeniden yapılandırılmasından kasıt, ekonomi ve söz konusu ekonominin şekillendirdiği topluma karşı suçla-

---

[9] -عبدالله أوجالان، حول الاقتصاد. 2013، ص 188

[10] -عبدالله أوجالان، حول الاقتصاد، 2013، ص: 6

rın karşısında durması değil. Daha ziyade, kadına "rahminde taşıdığı fetüsü kendi kanıyla beslemesi, doğumdan sonra kendi ayakları üzerinde duruncaya kadar yardımcı olması" itibariyle "ekonominin temel güç kaynaklarından birisi" olduğunu hatırlatmaktır.[11]

- Ekonomi, toplumun ahlaki değerleri temelinde şekillenmelidir. Yani, toplumun kapitalist kaos dolayımıyla şekillenen bilinci "toplumsal değerlerin çöküşünü ve yıkımını beraberinde getirir ve özgür bireyi mümkün kılan ahlakın tüketimine dayanır".[12] Kapitalist etik, ahlaki olması beklenemeyen sosyalliğin bir sonucu olarak kendisini savunur. Hiç şüphe yok ki, kentlerin kanser gibi yayılışına benzer gerçekdışı sosyal ve ekonomik durumları besleyen pek çok durum var; beri yandan ise emek gücü ihtiyacını karşılama gerekliliği, nüfusun artı-değerini yaratma arayışını körüklemekte. Sosyal ekonomi bu olgudan hareket ederek, ahlakı en önemli ilke olarak önüne koymaktadır. "Ahlaki ilkeler olmadığı sürece insanın ekonomik ihtiyaçları güvence altına alması mümkün değildir; çünkü aksi halde Çin'in, Japonya'ın ve Dünya benzeri on gezegenin dahi yetemeyeceği bir enflasyonla karşı karşıya kalırız. Ahlakın yokluğunda toplum zifiri karanlığa gömülür. Ahlak, sürülerin yenilmek için beklemediği ya da dünyanın tek bir aslanın kontrolünde olmadığı bir dünya vadeder".[13]

Rojava ve Sosyal Ekonomi Kurumları

Rojava, 1921 yılından beri, Fransız ve Türk hükümetleri arasında yapılan anlaşmalar ve İngiliz ve Fransız hükümetleri arasında imzalanan Sykes-Picot Anlaşması (1916) uyarınca be-

---

11 -عبدالله أوجالان، حول الاقتصاد، 2013، ص: 7

12 عبدالله أوجالان، الدفاع عن شعب(المرافعة المقدمة إلى محكمة حقوق الإنسان الأوروبية). ترجمة زاخو شيار، طبعة 2015، ص: 158

13 -عبدالله أوجالان، مانيفستو الحضارة الديمقراطية(المدنية الرأسمالية، العصرانية الديمقراطية وقضايا تجاوز الحداثة الرأسمالية- عصر الآلهة غير المقنعة والملوك العراة). ترجمة زاخو شيار، المجلد الثاني، الطبعة الثانية، 2014، ص: 141

lirlenen sınırlar dâhilinde idari olarak Suriye'ye bağlıdır. [14]Kuzey Suriye'de, en doğudan batıya kadar bir hat boyunca ilerleyen coğrafyayı kapsar. Kürdistan coğrafyası özelinde, Dêrik Botan havzasının devamıdır, Qamişlo Nisêbîn'in devamıdır, Serêkaniyê Mêrdin Ovası'dır, Kobanî Riha'dır. Ulus devletlerin belirlediği sınırların ayırdığı ailelerden söz ediyoruz.[15] Rojava isimlendirmesi de bu bağlamda ortaya çıkmıştır; Türkiye, Irak, Suriye ve İran'ın böldüğü Kürdistan haritasının batısında kalan bölge olması sebebiyle Rojava ismini almıştır. Öne çıkan Rojava kentleri, Dêrik, Qamişlo, Kobanî ve Efrîn'dir. 18.300 km^2 yüzey alanına sahip Rojava idari olarak üç kantona bölünmüştür: Cezîre, Kobanî, Efrîn.[16] Özellikle petrol ve doğal gaz gibi yeraltı zenginlikleriyle ünlü Cezîre, Rojava'nın en büyük kantonudur. Yeraltı zenginliklerinin yanı sıra Suriye'nin tahıl ihtiyacının % 60'ını karşılamaktadır. Kobanî ise, tahıl ve pamuk üretimi ile ön plana çıkarken; Efrîn zeytinyağı üretimi konusunda Suriye'nin tamamının ihtiyacına yanıt olma potansiyeli taşımaktadır. % 80'i üretim aşamasına geçmiş 18 milyon zeytin ağacı ile birinci sırada ise İdlib yer almaktadır.[17] Suriye nüfusunun % 20 ya da % 22'sini oluşturan Rojava'nın gayri safi milli hasılası, Suriye'nin bütün hasılasına katkısı % 50 ile % 55 arasındadır.

Temel Ekonomi Koruması[18]

Kapitalist modernitenin insan hakları ihlalleri konusunda en önemli aygıtı olan ulus devlet, soykırımı farklı bağlamlarda uygulamaktan imtina etmemiştir. Bunun en açık biçimde göz-

---

[14] http: //sotkurdistan.net/index.php?option=com

[15]- http: //sotkurdistan.net/index.php?option=com

[16] http: //ciwanekurd.net/index.php

[17] -إحصائيات هيئة الزراعة في مقاطعة عفرين، 2014.

[18] Abûriya Demokratîk Komînal. Akademiya Zanestên Civakîya Abdullah Ocalan, 2013.

leneceği yer şüphesiz ki Kürdistan'dır. Kapitalist modernitenin metodolojik uygulamaları ile hayata geçirdiği soykırım, siyasal ve askeri alanın sınırlarını zorlayarak kültürel alana da sirayet etmekle yetinmemiş, hepsini kat ederek iktisadi soykırıma yönelmiştir. Sonuçta Kürdistan halklarının yürürlükte olan acı hakikati göremeyecekleri bir noktaya varmıştır. Kürdistan'ın tüm parçalarında hüküm süren bu tehlikeli durum, Rojava'da Temmuz Devrimi ile birlikte kaçınılmaz bir biçimde gün yüzüne çıkmıştır. 19 Temmuz Devrimi ardından ekonomik faaliyetlerin kurumsal rolünü hayata geçirmek ve yaygınlaştırmak adına ekonomi bilincine sahip olmak kaçınılmaz bir hal almıştı. Zira demokratik modernitenin ekonomik korumasını mümkün kılacak kaynakların Rojava ekonomisi ile birlikte yeniden inşası dışında bir seçenek düşünülemezdi. Temel ekonomi koruması, sosyal ekonominin doğa, kadın ve toplumsal adalet lehine ilkeler bağlamında gelişimini desteklemesi amacıyla tasarlanmıştır. Ancak bu sayede Rojava'da bugüne kadar süregelen yağma ve talan ve bunun toplum üzerindeki feci sonuçları ile mücadele edilebilir.

Sosyal Ekonomi Mantığı

Sosyal ekonomi düşüncesinin, kapitalist ve sosyalist sistemlerde gördüğümüz ekonomi kuramlarından hayli farklı olduğunu yukarıda belirtmiştik. Bunun asli sebebi, sosyal ekonominin toplumu mümkün kılan bireyler arasındaki sömürü ilişkilerindan azade bir ekonomik veriyi ölçüt almasıdır. Ayrıca, komünlerin ekonomik ve sosyal bütünleşmesini en iyi şekilde hayata geçirilmesini sağlayacak işbirliği ve dayanışmayı teşvik etmektedir. Sosyal ekonomi düşüncesinin ana hatlarını, kapitalist ve sosyalist dünyanın metodolojilerinden farklı bilimsel ve tarihsel doğrulamalar oluşturmaktadır. Bu kapsamda önem arz eden belli başlı başlıklara değinmek istiyorum:

i. Komünler

Sosyal hayata özgü birimler olan komünler, yaşamın her alanında katılımcı bir iş bölümünü desteklemektedir.[19] Komünlerin Rojava kantonlarında hayata geçirilmesi, ancak 2014 yılının ortalarında mümkün olmuş ve hızlı bir biçimde Cezîre ve Efrîn kantonlarına yayılmıştır. Kobanî söz konusu süre zarfında IŞİD'e karşı tarihi bir direniş sergilediği için bu sürecin söz konusu tarihsel dönemde sağlıklı bir biçimde ilerleyebildiğini söylemek mümkün değil. Ancak bugün, Kobanî'nin IŞİD çetelerinden özgürleşmesi, ardından geri dönüşlerin başlaması ile komünlerin hayata geçirilmesinin önünde bir engel kalmıyor. Komünlerin temel ilkesi: "Birimiz hepimiz, hepimiz birimiz ve hepimiz hepimiz için"dir. Bu ilke, komünlerdeki bireylerin katılımcı bir varoluş sergileyebilmeleri açısından önem arz etmekte. Kadın ve erkeklerden oluşan 300-400 kişilik bu komünlerde yer alan bireyler, kendi yaşam alanlarının toplumsal, ekonomik ve hizmet bağlamlı sorunlarını kendileri çözmeye çalışıyorlar. Komünler, kurumsallaşma ihtiyacının demokratik biçimleri olarak anlaşılabilir. Kökenleri toplumların çekirdeğini oluşturan "klan"lara dayanan komünler 25-30 kişilik gruplardır. Bu anlamda komünler, insanlık tarihinin boyunca karşımıza çıkmaktadır.[20]

ii. Sosyal Ekonomiye Yönelmek

Bir anlamda cemaatlerindeki öznelere hizmet sunma amacındaki devrimlerin, bu hizmetleri en açık haliyle gösterebilecekleri alan ekonomidir. Devrimler, ancak ve ancak toplumların ekonomik ihtiyaçlarını güvence altına alabildikleri oranda, on-

---

19 Abûriya Demokratîk Kominal. Akademiya Zanistên Civakîya Abdullah Ocalan, 2013.

20 -عبدالله أوجالان، مانيفستو الحضارة الديمقراطية(سوسيولوجيا الحرية). ترجمة زاخو شيار، المجلد الثالث، مطبعة ميزوبوتاميا، 2010، ص: 311

lar tarafından desteklenirler. Nitekim devrimlerin başarısızlıkları genellikle bu konuyla doğrudan ilgili olmuştur; ekonominin bir grup parazite emanet edilmesiyle ya da halkın büyük bir kısmının devrimin ekonomik faydalarından mahrum bırakılması. 19 Temmuz Devrimi, bu gerçekliğin ilk andan beri farkında olması sebebiyle, parazit grupların ekonomiyi talan etmesine müsaade etmemiştir. Bu aşamada devrimin liderlerinin, halk için olmayan bir ekonominin halka hizmet edemeyeceğini açıkça deklare etmeleri hayli önemlidir. Arzulanan ve hayata geçirilen ekonomi, toplumun oluşturduğu komünlerin ekonomik faaliyetleri çerçevesinde şekillenecek bir ekonomi olmuştur. Bir diğer deyişle, ekonominin kâr odaklı dar anlayışından kurtarılması amaçlanmaktadır. Bu noktada, sosyal ekonominin meşruiyetini yasalardan değil, toplumdan, toplumun özelliklerinden ve tarihsel değerlerinden aldığını belirtmeliyim.[21] Bugün Kürdistan halkının bedelini ödediği ekonomik sorunların başlıca kaynağı, doğal zenginlik kaynaklarının kapitalist güçlerce işgalidir. Sosyal ekonomi bu sömürüye ve talana karşı doğru bir süreci inşa etme iddiasıdır.

Sosyal Ekonominin Kuralları ve Değerleri

Demokratik Geçiş

Sosyal ekonominin bizzat kendisi, demokrasi olarak kavranmadığı sürece esas itibariyle ifade ettiği anlamına ulaşamaz. Toplumsal olmayan ekonomik aktivitelerin kaçınılmaz bir biçimde birey olan insan düşüncesini cesaretlendirdiği göz önünde bulundurulduğunda, demokratik edimlerden vazgeçiş şaşırtıcı olmayacaktır. Komünler, demokratik gelişimin temel bileşenlerindendir. Rojava'da hayata geçirmeye çalışılan

---

21 للمزيد من التفصيل أنظر: مشروع الحل الديمقراطي لسورية المقدم من قبل حركة المجتمع الديمقراطي TEV-DEM.2015 لمختلف الفصائل السورية في عام)

demokratik ekonomi siyaseti, bir yandan kamusal gelir ile gider arasında güçlü bir örtüşme yaratmaya çalışırken, komünlerden beklenen, söz konusu geliri komünlerin ihtiyaçları ve planları doğrultusunda harcamak suretiyle genel ekonomi politikasının özelliklerini ve yerel mali siyaseti inşa etmekte etkili bir rol üstlenmeleridir. Rojava'nın vergi politikasının başarısı, komünler ile demokratik öz yönetiminin finansal yönetimi arasındaki ilişkinin gücüne bağlıdır.

Ekolojik Dönüşüm

Ekolojik dönüşüm, demokratik dönüşümün olmazsa olmazıdır çünkü demokrasi ve ekonomik pratikler ekolojik prensiplerin uygulamasıdır. Ekonomik toplum ise, doğayı ekonomik faaliyetler adı altında doğa düşmanı edimlerin sınırlarını zorlayan girişimlerden sakınan bir toplumdur. Rojava'nın üç kantonunda hayata geçirilen demokratik öz-yönetim bu doğrultuda doğa düşmanı uygulamalardan sakınan ekonomik faaliyetleri destekleme iddiasındadır. Söz konusu ekolojik meselelerin ele alınış biçimi, belli ekonomik yatırımlara izin verilip diğerlerinden sakınılma şeklinde sınırlandırılamaz. Ekolojinin ele alınması meselesi, insan ve onu çevreleyen doğa arasındaki doğa tabanlı ilişki bağlamında özenle çalışılması gereken belli başlı sosyal ve felsefi konulardan birisidir. Zira sakınma meselesi ve çevresel sorunların kapitalist uygulamalarına asgari bir çerçeveden mahrum müdahalenin izin verilmesi, insan ile doğa arasındaki olgu temelli ilişkilerin sorunlarını derinleştirecektir.

Sürdürülebilir Özgürlük

Bu bağlamda karşımıza çıkacak ilk odak kadın meselesidir. "Kadın sorunu", Ortadoğu'nun kadim tarihinin en karmaşık konularından birisidir. Çünkü patriyarkal toplumun lehine olan egemen güçlerin etkisinden herhangi bir çözüm arayışından mahrum kalmıştır. Ve bugün kapitalist modernite de kadınlar, ekonomik faaliyetlerin gelişim süreçlerinde etkin rol alamamaktadır. Sosyal ekonomi, kadının yaşamın her alanındaki rolünü tanıma iddiasındadır. Ekonomi bu alanlardan sadece bir tanesidir. Dahası, kadınların ekonomik gelişimin başlıca özneleri olduğunu ve toplumsal adaleti sağlayacak en önemli aktörler olduklarını kabul eder. Öyle ki, kadınların söz konusu merkezi rolünü tanımayan ekonomik gelişimlerin eksik kalacağını ve toplumun çıkarını gözetemeyeceğini savunur. Rojava'daki sosyal ekonomi deneyimi, eril müdahalenin otoritesinden özgürleştirilmiş kadın kurumlarının kurulmasını mümkün kılacak şekilde örgütlenmektedir. Tam anlamıyla bağımsız ekonomik projelerin olması ve genel hizmet ve üretkenlik düzenlemesine aktılımlarının %40'ın altında kalmaması bekleniyor.[22]

İşbirliği Olarak Sosyal Ekonomi

İşbirliği iddası, ilk bakışta üretim aygıtlarının kamusallaştırılması fikrine dayanan Marksist kurama dönüş gibi anlaşılmaya hayli müsait. Ancak kolektif edimin bu şekilde kavranışı iki sebeple hatalıdır. Öncelikle işbirliğinin mülkiyet ya da kamusal mülkiyet paylaşımını gerekli kıldığı düşüncesi yanlıştır. İkinci olarak ise, tarihsel olarak ele alındığında, işbirliği fikri ekonomik faaliyetlerin düzenlenişinin başlangıcına kadar götürülebilir ve söz konusu bu zamanlarda bireyler 25-30 kişilik gruplar içerisinde yönetilmekteydi. Sosyal ekonomi, ekonomik yaşam içerisinde işbirliğini desteklemektedir çünkü toplumsal açıdan toplumun bileşenleri arasındaki etkileşim bağlarının güçlendirilmesine izin vermesi hasebiyle hayli olumlu sonuç-

---

22 العقد الاجتماعي في -Rojava

lar taşımaktadır. Ayrıca, yalnızca ekonomi ile sınırlı kalmayarak toplumsal, kültürel, politik ve ekolojik alanlarda da etkilidir. Kolektif edim aracılığıyla sosyal ekonominin hayata geçirildiği aşamaları şöyle izah edebiliriz:

1. Dağıtım

Sosyal ekonomi, ürünlerin ve hizmetlerin toplumun temel ihtiyaçlarını karşılayacak şekilde dağıtımı ilkesine dayanmaktadır. Çünkü sosyal ekonomi, planlama aşamasından, ortaya çıkan ürünlerin herkes tarafından tüketimine kadar her aşamada tüm ekonomik faaliyetlere katılımı gerektirmektedir. Komünler, ekonomik ve sosyal faaliyetlerin hayat hücreleridir. Hâlihazırda bütün kantonlarda oluşturulan komünlerin belli yerlerde faaliyete geçtiğini de belirtmeliyiz. Ekonomik faaliyetlerin komünler aracılığıyla hayata geçirilmesi, toplumun çeşitli bileşenlerinin bütünleşmesini de mümkün kılmıştır. Üretim ve tüketim süreçlerinin rasyonalizasyonuna katılımları beri yandan ise ekonomik faaliyetlerin sosyal faydalarını maksimize etmektedir.

2. Destek ve Yardım

Kapitalist sistem daimi biçimde sömürgeci gerçekliğine dair gerçekdışı imge arayışındadır. Uygulamadaki tüm sömürgeci faaliyetlerini doğrulayarak ve biricik faaliyetlerde başarılı olma yeteneği olmayan herhangi birisinin yapamayacağı normal ekonomik faaliyetler olarak göstermektedir. Maddi kaynaklara ve insan kabileyetine ihtiyaç duyan bu faaliyetler ne tesadüf ki, çoğunlukla çokuluslu şirketlerin tekelindedir.

3. Adalet

Adalet, farklı ekonomi ve sosyal yaklaşımlarında farklı şekillerde kavramsallaştırılmıştır. Yer yer çelişkili hale gelen bu durumun en açık örneğini sosyalist ve kapitalist toplumların adalet kavrayışında görüyoruz. Sosyalist toplumlar için adalet, "herkese ihtiyacı kadar, herkesten yeteneği ölçüsünde" iken kapitalist toplumlar için adalet "mülkiyetin ihtiyaç sınırlarına sadık kalmadığı ve herkesin ihtiyaçlarını karşılamasının gereklilik olmadığı" bir hale işaret etmektedir. Sosyal ekonomi nazarında adalet ise, ürünlerin eşit dağılımı anlamına gelmediği gibi mülkiyet hakkının sınırsız tanınması anlamına da gelmemektedir. Sosyal ekonomi nazarında adalet kavramının temel dayanağı, toplumun ihtiyaçlarını toplumun kendisinin sağlamasını mümkün kılacak ekolojik üretimdir. Yoksullarla dayanışma ve destek ağları kuran kapitalist sistemde çok uluslu şirketler, yardım ve borçlarla, çevreye duyarlı faaliyetler ya da belli öğrencilere sunulan burslarla sömürgeciliğe özgü hakikati gizlemeye çalışırlar. Büyük kârların küçük parçalarının paylaştırılması ile vergi yükünden azade oluşları da cabası. Hâlbuki sosyal ekonominin ekonomik ve sosyal faaliyetleri, doğa temelli müşterek işlere bağlı destek ve dayanışma ağları ile karakterize edilmiştir. Köylerde ya da şehirlerde komünlerde de karşımıza çıkabilecek bir özellikten söz ediyoruz.

4. Özgürlük

Sosyal ekonominin başarısının temelinde şüphesiz ki özgürlük vardır çünkü özgürlük tüm sosyal grupların ekonomik ve sosyal gelişim süreçlerine katılımını mümkün kılan şeydir. Dolayısıyla özgürlük, ekonomi ve sosyal yaşamın tüm alanlarını kapsamaktadır. Mülkiyet hakkı, ekolojik değerleri tanıması kaydıyla istisnasız ekonomik özgürlüğün önceliklerindendir.

Sosyal Ekonomiyi Temel Ekonomik Aktiviteler Temelinde Anlamak

1. Üretim

Tüm ekonomik faaliyetlerin ekonomik doğasını vurguladığımız zaman, üretimin ekolojik olması gerektiğini ve dolayısıyla yeni ihtiyaçlar yaratmaktansa toplumun ihtiyaçlarını karşılaması gerektiğini söylemiş oluyoruz. Genelde, ekonomi içerisinde üretim aşamasının önemini ve amaçlarını sorgulayan bir dizi soruyla karşılaşırız: Ne üretiyoruz? Nasıl üretiyoruz? Kim için/kime üretiyoruz? Kapitalist sistemin bu sorulara yanıtı şüphesiz ki kârın arttırılması ve kapitalin yoğunlaşması temelindedir fakat sosyal ekonominin önceliği ekonomik ve sosyal istikrarın sağlanmasıdır. Dolayısıyla maddi üretimin belirleyeni ekolojik yasalardır. Usulü ise, gelecek kuşakların ihtiyaçlarını gözetecek şekilde toplumun zenginliklerinin artı değerlerini korumak şeklinde karşımıza çıkmaktadır. Toplumun ihtiyaçlarının toplum tarafından karşılanması konusunu bir kez daha vurgulamak istiyorum. Yoksulluk, işsizlik ve bir dizi sosyal ve ekonomik hastalık ile mücadelenin başlıca yolu budur.

2. İş

İş, toplumun değerlerini ve ahlakının zembereğidir. Toplum ancak işi ve iş gelişimini kontrol ettiğinde, değerleri ve etik ilkeleri geliştirmesi mümkün olacaktır. Dolayısıyla iş, sosyal ekonominin kutsalıdır. Rojava deneyimi kapsamında yapılmaya çalışılan şey, iş kavramını geliştirerek ve işçinin ekonomik ve sosyal durumunu iyileştirme çabası olarak onu sömürgecilikten uzaklaştırarak sömürgeci iş kurumlarının rolünün geriletilmesidir. İş özelinde bu yöntemin benimsenmesinin, bir meslek grubununun işinin bir diğerinin mesleğindeki işe tekabül etmediği müddetçe gerçekçi olmayacağı ortadaır. Bu sebeple kooperatifler ve komünler özel önem arz etmektedirler.

3. Mülkiyet

Sosyal ekonomi, mülkiyeti toplumsal adalete hizmet eden bir araç olarak görmektedir. Bu çerçevede var olamayan mülkiyet ise, toplumdaki hâkim güçlerin sömürge aracıdır. Dolayısıyla sosyal ekonomi bireysel mülkiyetin tekel aşamasına geçişte yol açtığı problemleri görür. Ayrıca mülkiyetin ulus devletin kontrol alanını genişlettiğini kabul eden sosyal ekonomi, sömürgeci mülkiyet ilişkilerinin karşısındadır. Küçük ve orta ölçekli mülkiyet, bugün komünlerde sosyal ekonomi temelinde teşvik edilmektedir.

4. Piyasa

Piyasa, sosyal bir ihtiyaçtır. Toplumun ürün ve hizmet ihtiyacını takas ile güvence altına almayı amaçlar ve böylelikle toplumda yürürlükte olan kültürel ve ahlaki durumu güvence altına almaya çalışır. Kapitalist sistem, piyasa kavramını alt sınıfların tekeller karşısında sömürülebildiği bir araca dönüştürmüştür; böylelikle piyasaya karşıt bir rol atfetmiş olur: "kapitalizm (piyasa ve ekonomi arasındaki uyum özelinde) yalnızca piyasa karşıtı değildir. Fernard Braduel'in argümanları, beri yandan kapitalizmi ekonomi karşıtı olarak değerlendirilmesi bağlamında ele alınmalıdır". [23] Sosyal ekonomi özelinde piyasa ve ekonomi arasındaki eşleşme, spekülatif piyasayı reddetmektedir. Finans pazarlar için de aynı şey geçerlidir. Ürün-

---

[23] Fernand Braudel kapitalizmi, özü itibariyle piyasa karşıtı görür. Sayın Öcalan bu analizin, ekonomi ve piyasa ayrımı yapması sebebiyle sorunlu olduğunu yazar. Zira ikisi bir bütündür ve her ikisi de toplumun temel ihtiyaçlarını güvence altına almak amacındadır. Spekülasyonu tanımak ve bu sayede kâr oranını arttırmak değil.

lerin büyük çoğunluğunun bireyler ya da gruplar tekelinde toplanması kabul edilemez. Ekonomik zafiyet ancak ve ancak bireyin ekonomideki rolünün zayıflatılması ve komünlerdeki paylaşım ve dayanışmanın güçlendirilmesi ile sağlanabilir.[24]

5. *Teknoloji*

Teknoloji, insanın farklı tekniklerle uğraşının sonucunda ortaya çıkan bilgi olup, yüzyıllardır toplumları doğadan kaynaklı tehlikelerden koruması bağlamında anlaşılmıştır. Savaşlarda kullanımı ise cabası. Teknolojinin, kapitalist ülkelerdeki bilimsel devrimin doğal bir sonucu olarak yaşadığı dönüşümlerin yanı sıra zaman geçtikçe daha da açık bir hal alan çevre karşıtı özelliği malumumuz. Nihayetinde kapitalist sistem içerisinde biricik amaç, piyasada kârın maksimize edilmesine hizmet etmektir. Sosyal ekonomi, çevre ve doğa karşıtı teknolojiyi reddeder. Bunun yerine doğanın ve toplumun buluştuğu bir teknoloji kavramını benimsemeye yönelen sosyal ekonomi, doğa dostu enerji teknolojisine öncelik vermektedir.

6. *Endüstri*

Endüstri kültürünün tarihi bildiğimiz üzere hayli köklü. Erken dönemlerden beri toplumun ihtiyaçlarını karşılama hedefinde olduğu ise malumumuz. Fakat kapitalist modernite ile birlikte başka formlar almaya ve toplumsal olmayan hedeflere yönelmeye başladığı da bir diğer gerçek. Endüstri, daha fazla kar edebilmek adına ürünlerin niteliklerini farklı kaynaklardan geliştirmeye yönelmiştir. Sosyal ekonominin endüstriye yaklaşımı ancak ve ancak toplumun ihtiyaçlarını karşılaması bağlamında anlaşılabilir. Endüstri açık biçimde ekolojik olmalıdır.

---

24 للمزيد من التفصيل أنظر: هوشيار معروف، تحليل الأقتصاد الكلي. دار صفاء للنشر والتوزيع، عمان، الطبعة الأولى، 2005، ص ص: 347-400

7. Ekonomik Gelişme

Ekonomik gelişmeyi, farklı ülkelerde ortaya çıkan ekonomik ve sosyal problemlere bağlı olarak ele alan çok sayıda kuram var. Bunların içerisinde ikisi ön plana çıkıyor: dengeli büyüme kuramı ve dengesiz büyüme kuramı. Bu kuramları ekonomik gelişmeye dair bir çerçeveye ulaşmak adına odağa yerleştirmek, başlangıçtan itibaren büyüme ve özel ve kamusal sektörlerde yürütülen ekonomik faaliyetlerde kâr arttırımı aracılığıyla kapital birikimi konusuna odaklanılması sebebiyle, ekonomik gelişmenin esas bağlamını gözden kaçırmamıza sebep olabilir. Ekonomik gelişme, çevre ve üretimin bütünleşmesi olarak ele alınmalıdır. Çünkü gelişmeyi hedefleyen ekonomik faaliyetler genelde çevre karşıtıdırlar. Tabiat bu sebeple tehlike altına girmiştir ve sonuçta küresel ısınma, Ozon tabakasındaki delinmeler, ormanlık alanların azalması, gecekondulaşmanın artması ve doğal kaynakların yok edilmesi gibi sorunlar ortaya çıkmıştır. Esasında, kapitalist sömürge düzeni içerisinde gelişmenin tanımı her halükarda eksik kalacak ve gelişimi hayata geçirmesi mümkün olmayacaktır. İnsan topluluklarının gelişimini borç seviyeleri üzerinden analiz eden bu anlayış, gelişimin farklı aşamaları arasında büyük bir öneme sahip emeğin uluslararası bölüşümünü de ekonomik liberalizm etkisinde ele alır. Üretim ve hizmet faaliyetleri üzerindeki tüm sınırların kaldırıldığı bu durumda, uluslararası şirketlere hizmet edilmiş ve sınırsız yaşam alanları üzerindeki kontrol güçleri arttırılmış olur. Gelişmenin uyarlanması gereken metodolojisinde kilit mesele gelişim kavramının doğası kadar, biçimine bağlı olmadığıdır. Rojava'da kapsamlı bir gelişmeyi hayata geçirmenin temelinde yer alan sınanmış entelektüel metodoloji böylesi bir bağlamda ortaya çıkmıştır: "ekolojik gelişim metodolojisi".

8. Ekolojik Gelişim

Ekolojik gelişim, ekonomi ve sosyalin bir arada geliştiği, toplululuğun kendisini çevreleyen doğa ile kurduğu ilişkinin gelişimi durumuna verilen addır. Sosyali ve ekonomik olanı bir ve tamamlayıcı olarak düşündüğümüzde, birlikteliğe özgü herhangi bir sorunun her iki tarafın da homojenliğini bozacağını görürüz. Ekolojik gelişmenin özünü, ilkel doğal toplumlarda ve sömürgeleştirilmemiş toplumlarda ortaya çıkan sosyo-ekonomik ilişkiler teşkil etmektedir. Gelişim metodolojisi, kapitalist modernitenin gelişme kavramlarının reddine dayanmaktadır. Ne şekilde adlandırılmış olurlarsa olsunlar, kapitalizmin kârı arttırmak için doğanın korunmasıyla ve toplumu oluşturan bireyler arasındaki ilişkilerle ilgili her şeyi yok etmeye tereddüt etmeyeceği açıktır. Bu bağlamda ekolojik gelişim bir dizi kriterle tanımlanmaktadır:

- Ekolojik endüstri
- Üretken projelerin seçiminde temel kriter, ekonomik kâr da getiren sosyal kârdır.
- Yenilenemeyen doğal kaynakların korunması ve kullanımlarının topluluğun ihtiyaçları ile sınırlı tutulması.
- Spekülatif ekonomi ya da kasino adı verilen kapitalist aktivitelerin karşısına ekonomik toplumun konulması.
- Toplumun ekonomideki rolünün, sosyo ekonomik birimlerin –komünler– inşası ile sağlanması; toplumsal ihtiyaçlar ancak böylelikle güvence altına alınabilir.
- Sosyo-ekonomik gelişmeyi hayat geçirmenin temeli ise yol gösterici plandır.

9. Ticaret

Ticaret, hayli çekingen bir biçimde insan hayatına girmiştir. İhtiyaçların takasla güvence altına alındığı en eski zamanlarda, zayıf olanın sömürülmesini gereklilik olarak gören norm söz konusu değildi. Sosyal ilişkilerin cömertlikle kuşatıldığı bu bağlamda, ötekine hayatta kalması için yardım etmek olağandı. Fakat zamanla üretim fazlaları, ötekinin ihtiyaçlarını sömürecek şekilde satılmaya başlandı ve bu tarih ilerledikçe daha da meşruiyet kazandı. Toplumda kârın norm olarak ön plana çıkması, ticaretin büyümesine ve küresel olarak yayılmasına yol açtı. Nihayetinde kapitalist modernitenin en önemli sektörlerinden birisi ve küresel anlamda en büyük gelir kaynağı oldu. Piyasadaki spekülasyonları aşan ürün ve hizmet alışverişi, gerçek bir değerden mahrum kârın türevlerinin ortaya çıkmasıyla sonuçlandı. Sosyal ekonomi, ticareti toplumun ihtiyaçlarını ürünlerin ve hizmetlerin takası ile güvence altına almanın bir aracı olarak görür ve gerçek ticaretin spekülasyon ve tekel hedefinde olmadığını iddia eder. Ticaret, ürünlerin ve servislerin kullanım değerlerinin maksimize edilmesi ardından hayata geçirilmelidir.

10. Finansal ve Finanse Etme

Kapitalist sistem finanse etmenin çok çeşitli biçimlerini kapsamaktadır. En günceli şüphesiz finansal yan ürünlerin finanse edilmesidir ki 2007-2010 ekonomik krizi bunun sonuçlarını göstermiştir. Kapitalist sistem içerisinde en iyi bilinen finanse etme biçimleri sömürgeci olup, kapitalist sistemin tekelci kurumların rollerinin güçlendirilmesi amacına hizmet etmektedir. Ve tabii kapitalistlere devasa kâr sunan endüstriyel ekonomiden finansal ekonomiye geçişe. Sosyal ekonomi, kapitalist sistemin sömürgeci finanse etme biçimlerini reddettiği gibi sömürgeci olmayan sosyal başka yöntemler arayışındadır da. Kendini finanse etmenin ekonomik projeler temelinde hayata geçirildiği mesleki kuruluşlarda ortaklığı finanse ederek ekonominin gelişimine katkı sunulması amaçlanmıştır.

Rojava'daki Sosyal Ekonomiyi Başarılı Kılan Öğeler

Rojava'daki ekonomik modelin başarılarını şöyle sıralayabiliriz:

- Demokratik ulus ilkesinin uygulaması aracılığıyla Rojava nüfusunun tüm bileşenleri arasında (Kürt, Arap vb) eşitlik ilkesinin hayata geçirilmesi,
- Rojava'nın insan ve kaynak zenginliğinin yanı sıra, bu kaynakların çeşitliliği,
- Ekonomik faaliyetlerin kontrolünde kapitalist modernite-nin sömürge sistemlerinin zayıflığı, ki bu Rojava'daki ekonomik gelişme süreci adına Suriye rejimiyle sürdürülen mücadelenin bir sonucudur,
- Sosyal ekonomiyi uyarlama girişiminin ahlaki boyutunun korunması aracılığıyla kapitalist modernitenin etik anlayışından etkilenmiş kesimlerin güçsüzleştirilmesi.

Rojava'da Sosyal Ekonominin Başarısının Önündeki Engeller

Sosyal ekonomideki başarıların yanı sıra bir takım sorunların geçerliliğini koruduğunu belirtmemiz gerekiyor. Bu sorunların belli başlıcalarını sıralayacak olursak:

- Ekonomiyi asıl formuna döndürme girişimi olma iddiasındaki ilk deneyim olması ve kapitalist modernitenin yürürlükte olan ekonomi kavramlarını değiştirmeye çalışması,
- 2011 yılından beri süregiden çatışma hali sebebiyle bilimsel yetkinlikte isimlerin yoksunluk koşulları sebebiyle göçe yönelmesi,
- İlk aşamanın daha güçlü bir biçimde hayata geçirilebileceği finansal yeteneklerin zayıflığı,
- Dayanışma ve kolektif eylem konusundaki kamusal vurdumduymazlık.

Rojava'daki Sosyal Ekonomik Sistemin İlkeleri

Temel İlkeler	*Düzenlenmiş İlkeler*
• Özel mülkiyet hakkı • Ekoloji • Kullanım değerinin değişim değerinden fazla olması • Komünler	• Etkinlik politikası • Komünler aracılığıyla toplumsal güvenlik • Tekelci olmayan piyasa • Gelir dağılım politikası

Rojava'daki Sosyal Ekonominin Kurumsal Yapısı

Ekonomi Akademileri

Demokratik ulusun ekonomisi üzerine teorik ve pratik uzmanlık alanı olarak yoğunlaşan kadroların çalışmalarını geliştirmesi hedeflenen bilimsel ve entelektüel kurumlar. Hâlihazırda belli yerlerde çalışmalarını sürdürdüklerini belirtmekte fayda var. Esas hazırlık ise Rojava kantonlarının her birinde ekonomi akademilerinin açılmasına dairdir.

Komünler

Komünler, Rojava'daki kolektif eylem çerçevesinin birincil ve temel sosyal birimleridir. Sosyal ekonomi sistemi içerisindeki birincil ekonomik birim olarak hizmet görürler ve eylem alanları ekonomiden sosyal, kültürel ve askeri hayata kadar geniş bir alana yayılmışlardır. Bugün itibariyle Efrîn Kantonu'nda kurulan komünlerin sayısı üç yüz elliyi aşmış durumda. Komünlerin çalışma alanları ise: ekonomi, barınma, eğitim, istihdam, sağlık, kültür, temel ihtiyaçların güvence altına alınması ve öz savunma. Komünler, toplumun yaşamın her alanında karar alma aşamalarına katılımını hayata geçirme amacındadır. Hiçbir istisnası olmayan bu durum, hükümetlerin ve yürürlükte olan kapitalist otoritelerin geriletilmesinin koşuludur.

Kooperatifler

Toplumun tüm fertlerinin kendine yetmesini ve değişim değerinin düşürülmesine mukabil kullanım değerinin maksimize edilmesi ve topluluğun temel ihtiyaçlarının uygun bir bedel karşılığında grup çalışması ile karşılanarak güvence altına alınmasını mümkün kılacak bir katılım; bir diğer deyişle tüm ekonomik sektörlere katılımları aracılığıyla ekonomik faaliyetlerin geliştirilmesi amaçlanmaktadır.

Küçük ve Orta Ölçekli Özel Girişimler

Rojava'da küçük ve ortak ölçekli tüccarlar olmadığı gibi çevreyi kirleten ve ekonomi karşıtı tekelci kapitalist endüstriler de yok. Tüm bunların Rojava'da gelişim halindeki sürecin temel bileşenlerinden olduğu şüphesiz. Bu sebeple Yatırımları Düzenleme Komisyonu küçük ve orta ölçekli girişimlerin desteklenmesi kararı vermiştir. Böylelikle toplumun potansiyelinden doğru, gerçekçi bir yanıt sunan projelerin seçilmesi aracılığıyla temel ihtiyaçların karşılanması amaçlanmıştır.

Sonuç

Rojava deneyimi, Ortadoğu'da sosyal ekonomiyi öneren ve hayata geçiren ilk ve öncü bir örnektir. Bu amaçla ekonominin tanımını ve sosyal hayattaki rolünü yeniden tanımlamaya yönelmiştir. Ancak bu sebeple küresel müdahaleleri dışarıda bırakmaktansa onun güçlü olduğu noktaları ve zayıflıklarını bulmaya çalışmaktadır. Abdullah Öcalan'ın ekonomik ve sosyal alandaki düşünceleri temelinde şekillenen Rojava deneyimi, kapitalist sistemin etkisinden kurtulamamış ekonomi dünyasında gerçek bir devrim niteliği taşımaktadır. Kapitalist sistemin 70'li yıllardan beri süregiden bir kriz içerisinde en tehlikeli aşamaya geldiği göz önünde bulundurulduğunda bu devrimin niteliği daha açık bir hal alacaktır.

Sosyal ekonomi, ekonominin tam anlamıyla hayata geçirilmesi konusundaki güçlü özü ve kapitalist moderniteye içkin işsizlik sorununu katılımcı iş gücü ile çözme iddiasıyla, toplumun ihtiyaçlarını karşılamak konusunda kâr hedefli yaklaşımlardan çok daha etkilidir. İşsizliğin son bulması, siyasal uygulamalarla değil entelektüel yaklaşım farkından kaynaklı olarak karşımıza çıkmaktadır. Komünler ve katılımcı eylem ile ürünlerin kullanım değerinin arttırılması ve tüm bunların yanı sıra kapitalist sistemlerin ucuz emek gücü için teşvik ettiği nüfus artışı politikalarının geriletilmesi amaçlanmaktadır. Sosyal ekonominin Rojava'da hayata geçirildiği bağlamda ortaya çıkan ilkelerin uygulaması, yaşamın her alanını etkileyecek şekilde ekonomik ve sosyal gelişim mekanizmalarına dair özgün bir yöntem sunmaktadır. Bölgesel deneyimin başarılı olmasının temel koşulu, şüphesiz ki komünlerin ve kooperatiflerin rollerini üstlenebilmesidir. Bu sebeple, engellere saplanıp kalmadan Rojava'daki üç kantonun bütünleşmesini sağlayacak bir sosyal ekonomi ufku için çalışmaya devam etmeliyiz.

♦ *Çeviri:* Bahar Şimşek

Kaynakça

Abûriya Demokratîk Kominal. Akademiya Zanistên Civakî ya Abdullah Ocalan, 2013

Frank Moulaert, Oana Ailenei. "Social Economy, Third Sector & Solidarity Relations: AConceptual Synthesis from". *Urban Studies,* C. 42, No. 11, 2037-2053, Ekim, 2005.

Joerges, Christian, Rodl Florian. *Social Market Economy as Europe's Social Model,* European University Institute, Italia, 2004.

John. D. Klaut. *The German Social Market Economy-(Style) Amodel for The European Union,* Chemnitz Technical University Germany, 2006.

UNIDO, *Industrial Development,* Global Report,1996, Londra, 1996.

1 -عصام الزعيم، اقتصاد السوق الاجتماعي بين محددات العولمة والتحديات الوطنية، جمعية العلوم الاقتصادية السورية، 2006

2 -نور الدين هرمز، باسل سلامة، التجربة الألمانية في اقتصاد السوق الاجتماعي: الأسس والمبادئ النظرية. مجلة جامعة تشرين للبحوث والدراسات العلمية، سلسلة العلوم الاقتصادية والقانونية، المجلد(33)، العدد(4) 2011

3 -عبدالله أوجالان، حول الاقتصاد، 2013

4 -عبد الله أوجالان، الدفاع عن شعب(المرافعة المقدمة إلى محكمة حقوق الإنسان الأوروبية). ترجمة زاخو شيار، الطبعة الثانية، 2015

5 -عبدالله أوجالان، مانيفستو الحضارة الديمقراطية(المدنية الرأسمالية، العصرانية الديمقراطية وقضايا تجاوز الحداثة الرأسمالية- عصر الآلهة غير المقنعة والملوك العراة). ترجمة زاخو شيار، المجلد الثاني، الطبعة الثانية، 2014

6 -عبدالله أوجالان، مانيفستو الحضارة الديمقراطية(سوسيولوجيا الحرية). ترجمة زاخو شيار، المجلد الثالث، مطبعة ميزوبوتاميا، 2010

7-عبدالله أوجالان، مانيفستو الحضارة الديمقراطية(أزمة المدنية وحل الحضارة الديمقراطية في الشرق الأوسط). ترجمة زاخو شيار، المجلد الرابع، مطبعة آزادي، 2011

8-هوشيار معروف، تحليل الاقتصاد الكلي. دار صفاء للنشر والتوزيع، عمان، الطبعة الأولى، 2005

9-مشروع الحل الديمقراطي لسورية المقدم من قبل حركة المجتمع الديمقراطي لمختلف الفصائل السورية في عام 2015.

10-العقد الاجتماعي في Rojava

11-إحصائيات هيئة الزراعة مقاطعة عفرين، 2014

İnternet Kaynakları

http: //sotkurdistan.net/index.php?option=com
http: //ciwanekurd.net/index.php

* *

4. Bölüm

DİRENEN İMGELER: KAMERANIN DAĞ YOLCULUĞU

* *

11

ÇATIŞMA, DİRENİŞ VE HALİL DAĞ'IN SİNEMASI*

Kevin Smets
Ahmet Hamdi Akkaya

Giriş

Birçok çatışmanın medya aracılığıyla sahneye konulduğu ve gerçekleştirildiği (Cottle 2006) ve medyanın çatışmaları yönetmede ve çözmede kilit bir rol oynuyor olduğu genel olarak kabul edilmektedir (Schoemaker & Stremlau 2014). Çatışmaların sosyal medya yoluyla günlük hayata dahil olmasının (Michael 2013) ve "Bilişim ve İletişim Teknolojilerinin" (BİT) çeşitli "devrimler" söz konusu olduğunda çoğunlukla romantikleştirilen özelliklerinin yanı sıra, bu farkındalık, medyanın şiddet içeren çatışmalardaki rolü üzerine çalışmaların artmasına yol açtı. Bu zamana kadar, araştırmalar büyük çoğunlukla çatışmaların medya aracılığıyla yeniden üretimi ve temsil edilişi üzerine odaklandı. Çoğu yazar ise etkili bir biçimde savaş haberciliği ve gündem belirleme (Iyengar ve Simon 1993), çerçeveleme

---

* *Media, War & Conflict* dergisinde yayımlanacak olan makalenin kısmen değiştirilmiş halidir.

(Fahmy 2010; Kolmer ve Semetko 2009; Lee 2010; Melkote 2009), fotoğrafçılık ve imgelem (Griffin 2004, 2010; Taylor 1998) ve savaş gazeteciliği pratikleri (Kampf ve Liebes 2013) konularına odaklandılar.

Medya ve çatışma üzerine araştırmalar gelişmekte olsa da, çok az çalışma şiddet içeren çatışmaların kalbinde bilfiil yer alan insanlar tarafından ortaya konan medya üretimine değinmektedir. Bunun bir nedeni, bu tür eserlerin görece azlığı olarak alınırsa, bir diğeri de uluslararası politika ve medya arasındaki ilişki üzerine yapılan çalışmalarda büyük ölçüde gazetecilik araştırmalarının baskın olmasıdır. Bu durum, şiddet içeren çatışmalar içinde üretilen medyalardaki artıştan gözlemleyebildiğimiz gibi, son yıllarda değişmeye başlamıştır. Anden-Papadopoulos'un ortaya koyduğu gibi, medyanın ve askeri elitlerin çizdikleri çerçeveler gücünü korusa da, bugün "uluslararası çatışmanın yerelde üretilen imgeleminde" bir patlama olmaktadır (2009: 25). Örnekler arasında görev başındaki askerlerin (Anden-Papadopoulos 2009, Christensen 2008, Kennedy 2009) ya da savaş alanındaki insanların (Anden-Papadopoulos 2014; Rodriguez 2011) yaptıkları videolar ve çektikleri fotoğraflar yer almaktadır. Bu üretilen medyanın içeriği giderek su yüzüne çıktıkça ve çatışmaları şekillendirmede önemli bir rol oynamaya başladıkça, medya etnografyası ve "medya elitlerinin" ötesine bakan ve günlük deneyimlere, medya üretimine ve çatışmaya odaklananlar da dahil olmak üzere, yeni bakış açıları ve metodolojik yaklaşımlar ortaya çıkmıştır.

Bu alternatif elit-olmayan çerçevelemeler üzerine yapılan çalışmalardaki yeni dalgadan esinlenerek, şiddet içeren çatışmalarda yerel imgelem olarak sinema mecrasını yeniden ele almak istemekteyiz. Şiddetli çatışmalarda sosyal medyaya yönelen şu anki ilgi nedeniyle, belirli yönetmenler (örn. Doğu Almanya kökenli yönetmen Konrad Wolf, bkz. Silberman

1990), dijital teknolojiler öncesinde askerler tarafından yapılan amatör filmler (Boyle 2009) ya da devrimci hareketlerin içindeki film yapımı (örn. Nikaragua'daki sinema ve devrim üzerine bkz. Buchscaum 2003) üzerine yapılan az sayıda çalışma dışında, film yapımı büyük ölçüde çalışılmamış bir alan olarak kalmıştır. Aynı zamana yerel imgelem olarak sinemaya odaklanmanın direniş ve çatışmanın modern imgelemlerini belgeleme ve analiz etme gibi daha geniş bir hedefe hizmet edebileceğine inanıyoruz. Birçok film yapımcısı bugün hâlâ "angaje" film yapımcılarının mirasından faydalanmaktadır ve sinemaya ait yerel imgelem, sömürgecilik sonrası film yapımı ya da diaspora ve sürgün filmleri gibi kültürel üretimin çeşitli alanlarındaki bir dizi yapımı etkilemiştir.

Bizim çatışma ve yerel imgelem biçimi olarak sinema konusuna giriş noktamız, Kürt sinemasında önemli bir figür olan Halil Dağ'ın (nüfustaki adıyla Halil Uysal, Kürtçe: *Xelîl Uysal*) kendisidir. Kürt sineması son yıllarda hem bir "söylem" (Koçer 2014) hem de ulusaşırı bir film hareketi olarak ortaya çıkmıştır. Kürt sineması, özellikle Kürt diasporasının Batı'da, bilhassa da Avrupa'da daha politik ve örgütlü bir hal aldığı 1980'ler ve 90'lardan itibaren, çatışma ve direnişten doğmuştur. Son yıllarda hem akademik hem de kültürel çevrelerde (örn. film festivalleri, sergiler) Kürt sinemasına olan ilgi artmaktadır. Halil Dağ, Kürt aktivistler arasında bilinen belki de en ikonik Kürt film yapımcısıdır. Yine de tarihsel değerlendirmelerde her zaman yer almadığı için, Kürt sinemasının daha geniş bir tarihselleştirmesindeki rolü, daha karmaşık ve muğlak gözükmektedir. Bu makale boyunca, Dağ'ı karakterize eden en önemli noktalardan biri olan bu tanınma ve bilinmezlik çelişkisi üzerinde duracağız.

Bir sonraki bölümde ise önce Kürt mücadelesi ve bundan doğan direniş kültürünü tartışmaya açarak, Dağ'ın sinemasının bağlamını özellikle medya üzerine odaklanarak kısaca tarif edeceğiz. Bu çalışmanın etnografik yapısı ve kullandığımız veriler üzerine birkaç not düştükten sonra, Dağ'ın yaşamı ve çalışmaları, ve modern Kürt film yapımı üzerindeki etkisine geçeceğiz. Son olarak, Dağ'ı, şiddet içeren çatışmalara ideolojik ve fiziksel olarakkendini katmış aktörler tarafından yapılan yerel, çoğu kez amatör filmleri tarif eden bir kavram olan, "mücadele sinemasının" başlıca örneği olarak resmedeceğiz. Bu bizim, geleneksel türdeki sınıflandırmaların ötesine geçip eserlerinin aktivist ve yaratıcı yönlerine odaklanarak Dağ'ın sinemasını kavramsallaştırmamıza yardımcı olacaktır.

Kürt Mücadelesi, Kültürel Direniş ve Medya

Halil Dağ'ın önemini kavrayabilmek için öncelikle Kürt mücadelesi, direniş ve medyasını daha geniş bir bakış açısıyla ele almak gerekmektedir. Türk devleti ve Kürdistan İşçi Partisi (*Partiya Karkerên Kurdistan*, PKK) arasında süregiden çatışma XX. yüzyılda Türk devletini en çok zorlayan meselelerden biri olarak kabul edilmektedir ve 1984'ten beri onbinlerce kişinin hayatını kaybetmesine neden olmuştur. 1970'lerde Türkiye'deki devrimci solun içinden Abdullah Öcalan'ın önderliğinde ortaya çıkan PKK sadece bir başkaldırı hareketi olarak faaliyette bulunmadı. 1970'lerden itibaren çeşitli aşamalardan geçen hareket, küçük bir gizli örgütten, binlerce silahlı gerilla savaşçısı olan bir askeri kanada; hem Türkiye'de hem de birçok Avrupa ülkesinde uydu televizyon, radyo, gazeteler ve dergileri barındıran kapsamlı bir kitle iletişim ağına ve çeşitli halk örgütlenmelerine sahip ulusaşırı bir sosyo-politik harekete doğru evrilmiştir. Bu itibarla, 1990'lardan beri Türkiye, toplumsal ve politik hayatta PKK'nin temel aktör olarak hareket ettiği kimlik politikasına dayalı bir Kürt varlığına tanıklık etmektedir. Başlangıcından beri, ama özellikle de 1984'teki gerilla mücadelesinin patlak vermesinden sonra, birçok genç kadın ve erkek PKK'ye katılmıştır. Bunlar arasında, 1990'ların başında görece yeni bir Kürt diasporasının politik olarak oldukça aktif olduğu Avrupa'da yaşayan Kürtler de vardır.

Kitle iletişim araçları Kürt milliyetçiliğini şekillendirmede çok önemli bir rol oynamıştır ve Kürt medyasının çoğunluğu, bugün ulus devletlerin hegemonyası ve Kürt etnik kökenine Ortadoğucu bir bakışla tarih yazımının baskınlığı karşısında bir direniş kültürünün parçası olarak değerlendirilebilir. Bu direniş kültürü son yirmi yılda bir patlama yaşamıştır ve televizyon yayınları (Hassanpour 2003), popüler mizah kültürü (Grabolle-Çeliker 2009), sinema (Çiçek 2011), edebiyat (Galip, 2015), müzik (Eccarius-Kelly 2010) ile internet siteleri ve ağları furyasını (Candan & Hunger 2008; Sheyhol İslâmi 2011) kapsamaktadır. Bu açıdan 1994'te Avrupa'daki Kürt diasporasının üyelerinin sınırlı kaynaklarla bir televizyon kanalı açmak için geliştirdikleri proje oldukça önemlidir. Böylece, dünyadaki ilk Kürt uydu kanalı, MED-TV, 1995'te İngiltere'den alınan lisansla kurulmuştur. Kanal, Hassanpour'un (2003) tanımladığı gibi, hem birçok Kürt için sembolik bir saygınlığa sahip olmuştur hem de Türkiye ve Avrupa'da diplomatik ve politik sorunların kaynağı olmuştur (Ayata 2011; Sinclair & Smets 2014).

Sinema dünyasında da Kürt diasporası aynı ölçüde önemli bir rol oynamıştır. Koçer (2014) Kürt sineması mefhumunun nasıl ulusaşırı ve diaspora çabaları sayesinde 2000'lerden beri "sinema alanında tedavüle girdiğini" ortaya koymuştur. Koçer, "Film yapımının önünü açan bir ulusal sinema endüstrisini yaratan ve düzenleyen resmi bir ulusal devletin olmadığı koşullarda, söylemsel bir alan olarak Kürt sineması her zaman ulusaşırı bir yapıya sahip olagelmiştir" diye iddia etmektedir (2014: 485). Şu an Kürt sineması denince ne anlaşıldığını, esas olarak festival organizatörlerinin yanı sıra diasporaya dahil ve sürgündeki film yapımcıları belirlemişlerdir. Ulusal Kürt sinemasının süregelen ulusaşırı inşası, onu bir tür, bir söylem ve bir politik başarı olarak tanımlamaya çabalamaktadır. Yanı sıra, Koçer'in (a.g.e., 486) öne sürdüğü üzere,

> Kürt sinema aktivistleri, aralarında bağlar kurarak, gelenekler tanımlayarak, sınırları belirleyerek, aidiyet ve dışlanmışlıkları tayin ederek bir Kürt sineması yaratıp bazı filmleri Kürt olarak sahiplenmektedirler.

Yöntemler ve Düşünümsellik Üzerine Bir Not

Halil Dağ üzerine tartışmamıza geçmeden önce, bu çalışmanın yapısını kısaca ele almak istiyoruz. Bu çalışma gündelik tartışmalar sırasında medya, çatışma ve direniş konularına ortak bir ilgi olduğunu keşfetmemizden temel almaktadır. Kürt mücadelesine çok farklı bakış açılarından bakmaktayken -medya ve kültür çalışmaları açısından ve siyaset bilimleri bakış açısından-çözümlenmeye çalışılan direniş kültürleri ve Kürt mücadelesini daha iyi anlayabilmek adına farklı disiplinlerin konuyu kavrayışlarını bir araya getirme isteği duyduk. Halil Dağ'ın ismi anıldığında, onun karanlıkta kalmış ancak değer verilen itibarının kendine has ikilemini fark etmeye başladık. Bu noktada, araştırma alanımızı adım adım Kürt sineması ve daha genel anlamıyla sinema ile çatışma arasındaki ilişkiye doğru genişleterek, Halil Dağ'ın hayatı ve çalışmaları üzerine daha yapısal bir araştırmaya giriştik.

Halil Dağ'ın hem teorik hem ampirik olarak çatışma ve yerel imgelem üzerine konuyla oldukça alakalı bir örnek olmasının yanı sıra, daha özel verilere erişimimiz olması nedeniyle de çalışmayı gerçekleştirmek için istek duyduk. Bu makalenin ortak yazarlarından biri olan Ahmet Hamdi Akkaya, daha önce gazeteci olarak Kürdistan'da çalışmış ve ilk Kürt yanlısı günlük gazete, *Özgür Gündem*'in ve ilk Kürt uydu kanalı MED-TV'nin editörlüğünü yapmıştı. Kendisi, Dağ ile 1995'teki bir gezi sırasında tanışmış, sonraki çalışmalarını yakından takip etmiş ve 1997-1999 arasında MED-TV için muhabir olarak Irak Kürdistanı bölgesinde çalışırken bir sürede beraber vakit geçirmiştir. Daha sonra da Dağ ile bağı kişisel yazışmalar yoluyla devam etmiştir. Kürt Hareketi üzerine bir araştırmacı olmasının yanı sıra profesyonel bir gazeteci ve bir haber editörü olarak yıllarca çalışmasının getirdiği deneyimle, Akkaya, aktivizm, silahlı direniş ve medya arasındaki ilişki üzerine benzersiz bir bakış açısı geliştirmiştir. Dağ ve şiddet içeren çatışmalardaki yerel imgelem üzerine incelememiz, bu sebeple, daha sonra iç tartışmalarımız ve kaynak taramaları sonucu yeniden şekillenen, oto-etnografik deneyimlerden beslenmektedir. Bu şekilde, aynı zamanda konu üzerine son dönemde yazılan akademik çalışmalarla da uyumlu düşünümsel bir konum edinirken, özgün veriler ve oto-etnokrafik bakış açışından da sonuna kadar yararlanmayı hedefledik.

Halil Dağ ile yapılan yazışmaların ve gazetecilik yılları sırasında Akkaya'nın aldığı etnografi notlarının yanında, bu çalışma bazı ek kaynaklara da dayanmaktadır. Dağ'ın (2009), çeşitli Kürt basın kuruluşlarında yayımlanan makalelerinden bir derleme ile film yapımı ve aktivizm üzerine düşüncelerini de içeren anılarından yararlanmaktayız. Ek olarak, temelde anlatı yapısına, sembol, görüntü ve zaman kullanımına bakarak, Dağ'ın başlıca filmlerinin niteliksel içerik analizini yaptık. Bunun yanı sıra, özellikle açıkça aktivist bir profile sahip muhataplara odaklanarak, modern Kürt film yapımı alanında çalışan muhtelif uzmanlarla derinlemesine görüşmeler gerçekleştirdik. Muhataplarımız arasında yazar, aktivist ve Diyarbakır *Akademiya Çand û Hûnerê Ya Cegerxwîn* (Cegerxwîn Kültür ve Sanat Merkezi) sinema öğretmeni olan Özgür Amed ve İstanbul'da bulunan Kürt film kolektifi *Yapım 13* ile bağlantılı çeşitli film yapımcıları yer almaktadır.

Halil Dağ: Filme ve Kürt Direnişine Adanmış Bir Hayat

Dağ, 1973 senesinde Türk bir baba ve Kürt bir annenin oğlu olarak Halil İbrahim Uysal ismiyle Almanya'da doğdu. İlkokulu Almanya'da okuduktan sonra Türkiye'de İzmir'de bir koleje gönderildi. 1990'ların başında Almanya'ya döndüğü zaman ise, sadece Almanya'da değil tüm Avrupa'da politik olarak angaje bir Kürt diasporası şekillenmekteydi. İşçi olarak çalıştığı sırada, Dağ, ek olarak fotoğrafçılık eğitimi almaya başladı. Daha sonra belirttiği gibi, o ana kadar kendi Kürt kökeniyle ilgili özel bir farkındalığa sahip değildi. Fakat dayısı aracılığıyla, Kürt Hareketi'ne olan ilgisini ateşleyecek olan bir yerle, bir Kürt derneğiyle tanıştı. Dağ'ın hikayesi, Kürtlüklerini Avrupa'da politikleşmiş bir etnik kimlik olarak "keşfeden" Kürt kökenli birçok göçmenin hikayesini yansıtmaktadır (bkz. Başer 2013: 9).

1990'ların başında Avrupa'da bir Kürt uydu kanalı yayına başladığında, Dağ da hepsi genç, politikaya hevesli erkek ve kadınlardan oluşan bir avuç ekip elemanı arasındaydı. Fotoğraf konusundaki bilgisi ve Kürt politik hareketiyle olan yeni bağları sayesinde, MED-TV kameramanı olarak işe başladı. Mart 1995'te Suriye'nin başkenti Şam'a yaptığı bir gezi Dağ'ın hayatındaki dönüm noktası oldu. Şam o zamanlar, lideri Abdullah Öcalan'ın 1979'dan beri orada konuşlanmış olması nedeniyle PKK'nin politik merkeziydi. PKK ayrıca şehrin dış mahallelerinde yerleşik bir politik/ideolojik eğitim merkezine sahipti. Dağ, yakın zamanda yayına başlayacak olan MED-TV için Öcalan'la yapılacak bir röportajı da içeren bazı programların çekimini yapmak üzere kamera asistanı olarak Şam'a gitti. Ancak Dağ hiçbir zaman Avrupa'ya geri dönmedi. Öcalan röportajını ve Suriye'deki Kürtlerin hayatlarını konu alan çeşitli programları çektikten sonra profesyonel bir militan olarak PKK'ya katılmaya karar verdi. Dağ'ın çalışma arkadaşı Alman kameraman Avrupa'ya tek başına döndü. Akkaya 1995 yılındaki bu gezisinde Dağ ile tanışmıştı ve Nisan 1995'te de o zamanlar Brüksel'de yakında uydu yayınına başlayacak olan MED-TV'dehaber editörü olarak çalışmak üzere geri dönmüştü. Akkaya notlarında bu dönemi şöyle anımsamaktadır:

> Kendi yaptığımız programlara çok fazla ihtiyacımız vardı. İnanılmaz derecede çoşkulu oldukları için Halil ve çalışma arkadaşından Şam'da çok etkilenmiştim. Kanaldaki arkadaşlarıma onların ihtiyaçlarımızı karşılayacak birçok programla döneceklerini ve çalışmamıza büyük katkıda bulunacaklarını söylüyordum [...] 1995 Mayıs'ının ortasında ekibimizin Suriye'den döneceği haberini aldık. Ben onları karşılamak için kişisel olarak Brüksel havaalanına gittim. Ancak, kapıda sadece Alman kameramanımız gözüktü ve ona Halil'in nerede olduğunu sordum. Gözleri yaşlı biçimde cevap verdi: "O bir özgürlük savaşçısı olmayı tercih etti".

Dağ ise kendi açısından yazılarında bu dönemi şöyle anlattı:

> Abdullah Öcalan'la yapılan ve benim ilk anlamlı çalışmam olan bir programdan sonra kalmaya ve daha ileri gitmeye karar verdim... Her şeyi geride bırakıp Ortadoğu'nun orta yerine doğru yolculuk yaptığım o günlerde bir daha geri dönmemeyi kesinlikle karar altına aldığımı iyi hatırlıyorum..Hayatım ve mesleğim için aradıklarımın beni burada beklediğini hissediyordum. Hiç tanımadığım bir coğrafyaya, hiç tanımadığım insanlar arasına, hiçbir kelimesini anlamadığım bir dilin konuşulduğu bu ülkeye koşarcasına girdim (2009: 19-20).

Böylece Dağ için yeni bir hayat başladı. Şam'daki politik-ideolojik eğitim kampında geçen altı aydan sonra bir gerilla savaşçısı olarak Suriye ve Irak arasındaki sınırı geçti. 1995'in sonlarından itibaren, Türkiye'nin güneydoğusunca uzanan Suriye-Irak sınırı ve Irak-İran sınırı arasında kalan alanda PKK'nin çeşitli kamplar kurduğu Irak Kürdistanı'ndaki gerilla birimlerinin bir üyesi oldu. Dağ, gerilla yaşamının farklı yönleri üzerine programlar yapmanın yanı sıra gerilla eylemlerini çekerek örgütün daha çok basın biriminde aktif olarak yer almaktaydı. Bunlar MED-TV aracılığıyla yayımlanmaktaydı. Çalışmaları izleyici arasında giderek tanınır oldu. Haziran 1997'de PKK tarafından atılan ilk güdümlü füze tarafından vurulan bir Türk savaş helikopterinin düşüşünü çekti ve görüntüler militan Kürtler arasında büyük bir basın olayı haline geldi. Bu dönemde Dağ, ayrıca Kürt gazeteleri için kısa makaleler de yazdı. Bunlarda genellikle, sonraki filmlerine de etki eden bir merak haline gelen, gerilla savaşçılarının kişisel öykülerini anlatmaktaydı. Bu savaşçıların kişisel hayatlarını ve hikayelerini yansıtarak, Dağ, onları ölümsüzleştirmeye çalışmaktaydı:

> Hayatımın ve mesleğimin ilk ilkesini o günlerde edindim. Dağlarda yakaladığım bir tek simayı, bir tek sözü bile hiçbir şeye değişmeyecektim. Üzerinden atlamayacak, kıyısından geçmeyecektim. Hiçbir şekilde yaşanmamış saymayacaktım (Dağ 2009: 21).

Bu çalışmalar temelinde Dağ, Kürt Hareketi içinde ve Kürt basınını takip edenler arasında tanındı.

PKK lideri Abdullah Öcalan 1999 Şubat'ında Kenya'da yakalandıktan sonra Türkiye'ye getirildiğinde Kürt Hareketi'nin yönü değişti. Liderlerinin kaçırılmasıyla başlayarak PKK ciddi zorluklar yaşadı ama bir dizi değişim sonrasında kendisini yenilemeyi başardı (Jongerden & Akkaya 2011). 1999-2004 arasındaki bu dönem, Irak Kürdistanı'nda konuşlanan gerilla güçlerinin savaşmak dışında farklı yöntemlerle kendilerini ifade etme olanakları aradıkları bir kriz ve yeniden konumlanma dönemiydi. Bunun gerektirdiği ideolojik değişimin yanı sıra, hareket içinde anı yazımı ve film çekimi gibi kültürel aktivitelere daha çok odaklanmaya da başlandı. Bu amaçla, kültürel aktiviteler için, aynı zamanda bir şarkıcı ve besteci olan, PKK'nin ilk gerilla savaşçılarından Celal Ercan'ın (kod adı "Sefkan") anısına Şehit Sefkan Kültür ve Sanat Okulu diye adlandırılan gerilla kampı biçiminde özel olarak bir okul kuruldu. O zamana kadar film yapımına artan bir ilgi göstermekte olan Dağ bu okulun bir üyesi oldu. 2000-2005 arasında çeşitli filmler üzerine çalıştı, sonrasında bu yılları şöyle andı:

> Film yaptığım o beş yıl benim güzel zamanımdı. Hayatımın en güzel, en verimli yıllarını bu binyılın başlangıcı olan ilk beş yılda yaşadım. Ruhen ve fiziken en sevinçli olduğum yıllardı o yıllar (Dağ 2009: 239).

Güney Kürdistan'da 2006'da yaptığı son filmden sonra Dağ, efsanevi Kürt gerilla kumandanı *Egîd* (Mahsum Korkmaz) üzerine bir filmi de içeren yeni projeler peşine düştü (kişisel yazışma, 13 Ağustos 2006). 2007'de, gerillaların, genelde iki ay civarında süren, Güney Kürdistan'dan Dersim (Kuzey Kürdistan) bölgesine yolculuklarını filme alacağı, yeni ve oldukça cüretkâr bir projeye girişti. Türk-Irak sınırını geçtikten sonra Şırnak ve Hakkâri arasındaki Botan bölgesinde kalmak zorunda kaldı. Türk ordusu ve Kürt gerillalar arasındaki savaş tırmandığında, Dağ yaralandı ve bir yoldaşı tarafından kurtarıldı (Dağ bunu daha sonra makalelerinde yazdı, bkz. Dağ 2009: 158-182). Ancak Dağ, Şırnak yakınlarındaki Besta'da 1 Nisan 2008'de Türk ordusuyla yaşanan çatışmalar sırasında öldürüldüğü için, Dersim yolculuğunu hiçbir zaman tamamlayamadı.

Dağ'ın Filmleri: İnsana Dair Hikâyeler ve Aktivizm

Dağ sonunda odak noktasını filme yönelttiğinde, insan hikâyelerine olan ilgisini politik aktivizmle birleştirebilmesine olanak tanıyan aracı buldu. Film yapımındaki girişimleri gerillanın bir üyesi olarak dağlarda yaşadığı deneyimlerden çokça ilham almaktaydı. "Bir gün bir film yapacağımı hiçbir zaman düşünmedim. Bunu hayal bile etmedim", diye yazıyordu Dağ, şunu da ekleyerek

> Şayet dağa çıkmasaydım, gerilla olmasaydım, Kürt halkının delikanlı çocuklarıyla tanışmasaydım, onların hayatlarına tanıklık etmeseydim, yine film yapmazdım, yapamazdım. Sinema benim, fotoğrafla başlayan, dağlardaki yolculuğumdur (Dağ 2009: 20).

Dağ, bir noktadan sonra fotoğrafın o zamana kadar biriktirdiği hikayeleri anlatmakta yetersiz kaldığını belirtecekti. Ona göre, film yapması bir zorunluluk haline gelmiştir. Akkaya, Dağ'ın dağlarda sinema üzerine bulabildiği her şeyi okumaya çalıştığını aktarmaktadır. En sevdiği kitaplar ünlü Sovyet yönetmen ve film teorisyeni Sergei Eisenstein'ın kitapları olmuştur, özellikle de *Film Duyumu* ve *Film Biçimi*. Dağ, gerilla savaşçıları arasında birçok hikaye ve portre toplamıştı ve bunları filmlerinin arkasındaki asıl sermaye olarak görmüştü: "Aslında filmlerimin hikayeleri, filmlerimden çok daha büyüktür" (2009: 27). Dağ, birçoğuna tanık olduğu için bu hikayelerin birer parçasıdır. Başlarda deneyimleri ve hikayeleri film yaparken birer avantaj oluşturuyor gibi dursalar da, sonraları olanları yansıtabilmenin sorumluluğu onun için ağır bir yük haline gelmiştir. Bu, "içeridekiler" arasında Dağ'ın kamerası olan ve film yapabilme yeteneğine sahip ender kişilerden biri olması nedeniyle anlaşılabilir bir durumdur. "Hikâyeleri yeterince işleyememe sorunu, bu konudaki bilgi ve tecrübe yetersizliğim çok uzun zaman çekingen davranmama neden oldu. Ama bir yerlerden başlamam gerektiğine de her zaman inandım. Mutlaka bir yerlerden başlamalıydım ki zaman içinde hakkını verebileydim. Bu anlamda ilk hikayelerimi feda etmek zorunda kaldım. Bununun hüznünü hâlâ yaşıyorum. *Tîrêj*, [başlangıç] filmini bir kez daha sahneleme istemim hala içimde bir sızı gibi duruyor" (Dağ 2009: 27-28).

Bu noktada, Dağ'ın filmlerinin birbirleriyle olan uyumunun altını çizmek isteriz. Eserleri, çatışma, direniş ve gerilla savaşçılarının gündelik hayatlarına dair kapsayıcı temalar üzerine kurulmuştur ve filmleri boyunca aynı görsel dil ve yapım yöntemleri gözlemlenebilmektedir. Dağ, bazı filmler için bir ortak yapımcıyla çalışmıştır ama genellikle filmlerin ana yaratıcısı yine kendisi olmuştur. Dağ, toplamda 29 ve 162 dakika arasında değişen uzunluklarda altı film yapmıştır. Dağ'ın bir gerilla savaşçısı olarak deneyimi, film teorisini incelediği zamanlarda takdir etmeye başladığı, büyük ölçüde sembolik ve alegorik olan sinemaya özgü dille kaynaşmaktadır. Bu yapımlardan, *Kilamek ji Zagrosê* (*Zagros İçin Bir Şarkı*) ve *Di Jiyana Gerîla Xweza û Ajal* (*Gerilla Hayatında Doğa ve Hayvan)* gibi bazıları belgesel filmler olarak adlandırılabilirler. Dağ'ın bu filmleri, eğitim, boş zaman ve yaşam koşulları gibi farklı yönleri ele alarak gerilla savaşçılarının hayatları hakkında içeriden ve özgün bir bakış açısı sunmaktadır. Burada farklı rütbeler ve geçmişlerden gerilla savaşçılarıyla röportajlar yapılmıştır. Doğal ortam ve savaşçıların nasıl bu ortamla uyumu yakaladıkları, bu belgesel filmlerin önemli bir bölümünü oluşturur. Çiçekler ve hayvanların (özellikle kuşlar ve dağ keçileri) yakın çekimleri ve Kürt dağlarının peyzajının geniş panaromik çekimleri savaşçıları ve kampları gösteren sahnelerin arasına yerleştirilmiştir. *Tîrêj* (*Güneş Işığı,* 2002), *Eyna Bejnê* (*Boy Aynası,* 2002), *Firmeskên Ava Zê* (*Zap'ın Gözyaşları,* 2005) ve *Bêrîtan* (*Bêrîtan,* 2006) gibi diğer filmleri tür olarak daha çok hikaye ya da belgesel-kurgu tarzındadır. Kurgulanmış bir anlatının etrafında şekillense de gerilla kamplarının gerçekçi ortamında geçtikleri için bu filmlerde hâlâ önemli bir belgesel yönü de vardır. Dahası, büyük ölçüde gerçek hikayeler ve olaylar üzerine kurgulanmışlardır. Oyuncuların hepsi hayatlarında ilk defa rol yapan gerilla savaşçı arkadaşlarıdır. Yapım için Dağ, benzersiz yerler, setler ve farklı

PKK birimleri tarafından sağlanan araç gereçler kullanabilmiştir.

Dağ'ın ilk filmi olan *Tîrêj*, gerilla arkadaşlarından birisinin hayatını konu almaktadır. Dağ'ın ilk yazılarına göre, bu gerilla, PKK'ye katılmadan önce bir tıp öğrencisidir. Dağ, *Tîrêj*'le hayatının son dönemlerinde dağlardaki bir patikada karşılaşır. *Tîrêj* bundan çok kısa zaman önce Türk ordusuyla girilen bir çatışmada yaralanmıştır. Dağ, kısa bir süre sonra başka bir gerilla üssünde iken onun telsiz üzerinden yoldaşlarına söylediği son sözlere tanık olmuştur: "[...] bütün yoldaşlara selam. Bütün Kürt halkına başsağlığı diliyorum". Bu son sözler Dağ'ın 2002'deki ilk filmi için ilham kaynağı olmuştur. Film, genç savaşçıları, yoğun ve bitmek bilmeyen bir çatışmanın içindeki insancıl ve kırılgan bireyler olarak resmettiği bir kahramanlık portresidir.

Aynı yıl Dağ başka bir film çekmiştir: *Eyna Bejnê*. Bu film, hayatında hiç boy aynası görmemiş ve kendini böyle bir aynada hayal eden Sakine isimli genç bir gerilla kadınla ilgilidir. Yoldaşları doğum günü hediyesi olarak yakındaki köyden dağlara böyle bir ayna getirmeye karar verirler. Aynayı almak için yaptıkları yolculuk boyunca film Sakine'nin hayat hikayesinin yanı sıra gerilla yaşamının farklı yönlerini de gösterir. Dağ, daha önce Sakine'nin ailesine yazılarından birinde yer vermiştir. Aile 1990'ların başında Türk devletinin baskısından kaçmış ve Kuzey Irak'ta PKK kontrolündeki bir alana sığınmıştır. Sonrasında, Sakine ve iki ablası gerilla savaşçısı olmuşlardır. Sakine'nin ablası ve kendisi Türk ordusuyla girilen çatışmalarda sırasıyla 1997 ve 1999 yıllarında yaşamlarını kaybetmişlerdir.[1]

---

[1] Ailenin ikinci kızı, Deniz Fırat, Ağustos 2014'te Kürt televizyonu için İslam Devleti (önceki adıyla IŞİD) ile Musul ve Erbil arasındaki Maxmur'da Kürt gerillaları arasında yaşanan çatışmaların haberini yapmak amacıyla gazeteci olarak çalışırken öldürüldü. Ailenin en genç kızı ise halen PKK saflarında gerilladır.

Ailenin hikayesinden etkilenen Dağ, "bu aileden takip ettiğim dördüncü kız bu" diye yazmıştır. Bu filmle boy aynasında kendisini görüşünü hayal edişini ölümsüzleştirerek onun anısını onurlandırmak istemiştir:

> Onun vurulduğuna hiçbir zaman inanmadım. Boy aynasına gizlenmiş hayalini hep içimde taşıdım. Ne onun için yazdığım yazılar, ne de yaptığım filmler hissettiklerimi dile getirmeye yetmedi (Dağ 2009: 87).

2005'te çekilen kısa bir film olan bir sonraki yapımı *Firmeskên Ava Zê*'de (*Zap'ın Gözyaşları*), Dağ yine tek bir gerilla savaşçısına odaklanır; ancak bu sefer hikaye daha alegorik ve sembolizmle yüklüdür. Film, biriminden ayrı düşen ve Türk ordusuyla çatışırken yaralanan bir savaşçı olan Gabar'ın hikayesini anlatır. Uzun bir rüya sekansında, Gabar, en sonunda İştar olduğu tahmin edilen tanrıçayla karşılaştığı büyük bir yeraltı mağarasına erişen bir keçiyi dağlardaki mağaralarda takip eder. Tanrıça Gabar'ı kurtarır ve kekemeliğini iyileştirir. Her ne kadar Dağ'ın diğer filmlerine göre kısa olsa da, *Firmeskên Ava Zê*, sembollerin ve göndermelerin zengin bir bileşimini içermektedir. Diğer filmlerinde sahnelere etkileyici dağlar egemen olsa da, burada Kürt coğrafyasının başka bir yüzü gösterilmektedir: Operasyonlar sırasında dağdaki mağaraların (yaralı) gerillalara sunduğu sığınak ve güvenli bölgeler. Gabar'a mağaralarda yolunu bulması için yardım eden dağ keçisi filmin anahtar öğesidir ve açıkça Kürt folklorunda sıkça kullanılan bir sembol olan dağ keçisine gönderme yapmaktadır. Güç ve dayanıklılığa işaret etmektedir. Gabar'ın rüyasındaki tanrıça ise Neolitik (kuzey) Mezopotamya'da aşk, savaş, doğurganlık ve cinselliği temsil eden İştar'a gönderme yapmaktadır. İştar, Kürt Ulusal Hareketi ve aktivizmi için de popüler bir semboldür. Öcalan farklı zamanlarda yazılarında, onu kahraman bir rol modeli olarak göstererek İştar'a gönderme yapmıştır. Böylesi göndermeler kullanarak mücadelelerini tarihsel bir bağlama oturtmayı ve meşru kılmayı amaçlamaktadırlar. Gerçekten de Çağlayan'ın (2012: 6) Kürt Hareketi'nin ideolojik ve politik söylemlerin üzerine yazdığı bir çalışmada söylediği gibi, diğerlerinin yanı sıra İştar efsanesi "Mezopotamya'nın tarih öncesi halklarından gelen bir tarihi devamlılığın altını çizer [...] ve böylelikle Kürtlüğün devamlılık gösteren bir kimlik olarak yaratımına yardımcı olur". Üstelik tanrıçalara ve kahraman kadınlara Kürt Ulusal Hareketi'nde kadınların önemli rolünü vurgulamak adına yer verilmektedir.

Son olarak, Dağ'ın en son ve en çok tanınan filmi *Bêrîtan,* 2006 yılında yapıldı. Dağ, bunu kendisinin "ilk gerçek filmi" saymıştır (kişisel yazışma, 12 Mayıs 2006). Film, Kürt Hareketi içinde tanınan bir şehit olan, kadın savaşçı Bêrîtan'a (Gülnaz Karataş'ın *kod adı*dır bu) bir övgü niteliğindedir. Karataş 1990 yılında PKK'ye katılmış ve Ekim 1992'de Kürdistan Demokrat Partisi'ne (KDP) teslim olmamak için kendisini bir kayalıktan atarak ölmüştür. KDP, Türk ordusuyla beraber PKK gerilla güçlerine saldırmıştı. Dağ'ın önceki filmlerinde olduğu gibi, bu film de tamamen doğal mekânlarda ve gerçek gerilla kamplarında geçmektedir. Gerilla yaşamı dışında başka bir hayat anlatılmaz ve Bêrîtan'ın PKK'ye katılmadan önceki yaşamına gönderme yoktur. Bunun yerine, film, savaşçıların azmini, cesaretini ve dayanışmayı göstermeye yarayan eğitim, çatışmalar ve gerilla savaşçılarının gündelik faaliyetlerini gösterir. Dahası, Bêrîtan ve onun kadın yoldaşlarına odaklanmak, PKK'nin kadınların gücün ve direnişin güçlü sembolleri olduğuna dönük retoriğinin altını çizmektedir. Filmin Bêrîtan'ın ölümünü gösteren dramatik sonunu, gerçek Gülnaz Karataş'ın resimlerinin yanı sıra yoldaşlarının Bêrîtan'ı yâd ettikleri cenaze töreni sahneleri takip eder.

Dağ kısıtlı kaynaklara sahip, kendini yetiştirmiş biri olduğundan eserlerinin teknik kalitesi mütevazı kalmıştır. Çeşitli yazılarında, Dağ, filmlerini birer sınav ve "egzersiz" olarak tanımlayarak, bunu kabul etmiştir. Birbirini izleyen filmlerinde bazı teknik gelişmeler görülmektedir. Temelde durgun teatral sahneler gösteren ilk filmi *Tîrêj* bazı teknik hatalar içerse de, sonraki filmleri çeşitli karakterler, mekânlar ve temalar içeren daha karmaşık filmlerdir. Ünlendiği ölçüde, Dağ, daha iyi araç gerece sahip daha geniş bir ekip oluşturmayı başarmıştır. Dağ aynı zamanda filmlerinin kolektif bir çabanın ürünleri olması için uğraşmıştır. Örneğin, Avrupa'daki bazı arkadaşları onun talimatları doğrultusunda filmin post-prodüksiyonunu gerçekleştirmişlerdir. Daha sonraki eserleri, özellikle *Bêrîtan* için, Dağ, post-prodüksiyonu ailesi kendisine hediye olarak Almanya'dan bir bilgisayar gönderdikten sonra dağlarda tamamen kendisi gerçekleştirmiştir (kişisel yazışma, 13 Ağustos 2006).

Dağ'ın filmlerinin sıra dışı yapımıyla uyumlu olarak, eserleri çoğunlukla bilinen kanallar ya da film dağıtımcılarının dışında yayılmıştır. PKK'nin sadece Türk devleti değil aynı zamanda Avrupa Birliği ve ABD tarafından da terör örgütleri listesine alınması nedeniyle, Dağ'ın eserlerinin dağıtım olanağı haliyle oldukça kısıtlı kalmıştır. Filmleri film festivallerinde gösterime girmek için gerekli teknik standartları karşılayamamıştır ve bildiğimiz kadarıyla Dağ'ın da bu yönde bir çabası olmamıştır. Diğer bir faktör ise Kürt film yapımı ve dağıtımının, Berlin merkezli *mîtosfilm* (2004) gibi temelde bağımsız filmler ya da sanat filmlerine odaklanacak biçimde son zamanlarda görece profesyonelleşmesidir. Buna karşılık, Dağ'ın filmleri, iki Kürt diaspora kanalı olan MEDYA-TV ve ROJ-TV'nin uydu yayınları üzerinden ve yasadışı kopyalama ve internet üzerinden yayılmıştır. Dağ'ın filmleri çevrimiçi olarak *Youtube* ya da birebir ağ platformlarında kolayca bulunabilmektedir. Ayrıca filmlerinin kopya DVD'leri, özellikle *Bêrîtan*, hem Türkiye hem de Kürt diasporası arasında, Kürt sosyal merkezleri ve dükkanlarda enformel ağlar içinde el değiştirmektedir. Bu faaliyet Dağ tarafından oldukça hoş karşılanmıştır. Son filminin yaygın olarak kopyalanması üzerine kendisinin ifade ettiği biçimde:

> Bêrîtan'a Korsan yakışır! Bêrîtan'ın Türkiye'de yasaklı bir yayın olması, bu şekilde elden ele dolaşması önemlidir. .. Bêrîtan bütün yasaların ötesinde bir şeydi. Yasalara sığmazdı. O yüzden Bêrîtan oldu zaten. Korsan satıldığını söylüyorlar. O çok önemli değil, korsan satan da büyük ihtimalle Kürt'tür. Birkaç kuruş kazanmak için yapıyor. Bêrîtan ona da kazandırıyorsa ne mutlu. Biz onun peşinde, getireceği gelirin peşinde değiliz. Bu paylaşılıyorsa ne mutlu bize (Dağ 2009: 259).

Dağ'ın Fikirleri ve Kürt Film Yapımına Etkisi

Dağ, bugün halen diğer yapımcılar arasında yankılanmakta olan Kürt sineması hakkındaki fikirlerini çok açık biçimde ifade etmiştir. Filmleri, amatör olarak tarif edilebilirse de Dağ'ın Kürt sinemasının nasıl olması gerektiği üzerine fikirleriyle oldukça uyum içindedirler. Bu fikirler kendi için tanımladığı çerçeveyle birbirini tutmaktadır. Öncelikle, bu yapımcının Kürtlere Kürt olarak yaklaşması gerektiği anlamına gelmiştir:

> Kürte bir yabancı, bir Batılı gibi değil, bir Kürt gibi bakılması gerektiğini sözlerle değil, yaparak anlatmaya kararlıydım. En büyük yanılgının bu bakışta olduğunu biliyordum. Kürt sanatçısı, sinemacısı kendi halkına Batıdan, Tahran'dan ya da İstanbul'dan bakıyordu (Dağ 2009: 24).

Diğer bir ilke de film yapımının kolektif bir çabanın ürünü olması gerektiğidir. Geleneksel film yapımı pratiklerini yıkarak, Dağ, yoldaşlarıyla işbirliği yaparak (örneğin kurgu sürecinde) ve onları filmlerine kameraman ve oyuncu olarak yetiştirerek yapım hiyerarşisini alt üst etmeyi denemiştir. Bundan başka, mekânsal öğe, filmlerinde Kürtlüğün kilit işaretlerinden biridir: Dağlar kilit bir rol oynar ve Kürtler ve mücadeleleri sadece dağlarda tam olarak anlaşılabilir. Son olarak, film yapım pratiği anti-sömürgecil-kurtuluş –yani özgürleşmiş kadın ve erkekleri ortaya çıkaracak olan bir mücadele– üzerine kurulmalıdır. Bu anlamda Dağ'ın Kürt film yapımı üzerine fikirleri, Solanas ve Getino (1973) tarafından tanımlandığı gibi "militanların sineması" kavramıyla bazı ideolojik unsurları paylaşır:

> militanların sinemasının canlandırıcıları sadece kültürel sömürgeciliğin kültürel anlamda tersine çevrilmesi ya da ulusal kültürün geri kazanılması amacını gütmezler, onlar militan eylemleri aracılığıyla [...] yeni sömürgeciliğin yıkımını, ülkelerimizin ulusal kurtuluşunu ve sosyalizmin ulusal inşasını beraberinde getiren devrimci politikalar ortaya koyarlar (Getino, 2013: 53).

Filmlerini asimilasyon ve baskı karşısındaki mücadelenin parçası olarak gören Dağ , kendisini de Kürt mücadelesinin bir militanı sayıyordu. Filmlerinin profesyonellik olmamakla eleştirileceğinin çok iyi farkındaydı. "Günümüz dünyasında sinemanın bir pazar olduğunu, ürünleri kitlelere ulaştırmak için mutlaka bu Pazar yerine inilmesi gerektiğini biliyorum" diye yazıyordu (Dağ 2009: 31). Ancak o, Kürt sinemasını böylesi piyasa mantığından ayrı bir şey olarak görmekteydi:

> Bana göre, Kürt sineması bu pazarın içinde değil, ancak dışında var olabilir. Çalışmalarımın pazarın içinde zaman zaman gündemleştirilen, önplana çıkarılan oryantal bir malzeme haline gelmesindense, Kürt gençlerinin ellerinde, sokaktan sokağa, evden eve gizlice taşınmasını yasaklı ama yürekli seyredilmesini tercih ediyorum (a.g.e.).

Bu son metinde, Dağ'ın filmlerini Kürt direnişinin meşruluğu konusunda ikna edilmesi gereken dışarıdakiler için *değil,* Kürtler ile duygudaşlık geliştirmek adına yaptığı açık hale gelmiştir.

Dağ, Kürt yapımcılar arasında bir rol model olarak görülmektedir ve Kürt Hareketi'nin önde gelen kültürel kahramanlarından biri olarak yer almaktadır. Bu en iyi şekilde birkaç kısa örnekle anlatılabilir. İlk olarak, Cegerxwîn Kültür ve Sanat Merkezi (Diyarbakır) sinema öğretmeni Özgür Amed'le yaptığımız görüşmede (7 Temmuz 2014) Dağ'ın teşkil ettiği örneğin önemi vurgulandı. Burası Kürdistan'da, sinema da dahil olmak üzere, sanat eğitiminin , sanatın politik rolünün altının çizilerek verildiği birkaç kültür merkezinden biridir. Her sene onlarca genç öğrenci, sinema derslerini takip ederek buradan kendi film projeleriyle (genellikle kısa filmler) mezun olmaktadır. Diğer bir merkez ise *Akademiya Sînemaya Rojhilata Navîn* (Ortadoğu Film Akademisi)'dir (Kürdistan'daki sinema çalışmaları açısından Diyarbakır merkezli bir çeşit çatı örgütü) Özgür Amed'e göre kendisinin eğittiği öğrenciler gibi gelecek vadeden Kürt yapımcılar için iki rol model vardır: Yılmaz Güney ve Halil Dağ. Bu iddia, örneğin örgüt tarafından organize edilen Kürt sinema etkinliği için hazırlanan tanıtım posterinin bir parçası olan Resim 1'de açıkça görülmektedir. Burada Dağ, 1982 Cannes Film Festivali'nde *Altın Palmiye*'yi kazanan ünlü yönetmen Güney'in yanında resmedilmiştir. Ortadoğu Film Akademisi'nin ofisinden içeri girerken, Dağ'ın ve Güney'in çalışırlarken gözüktükleri dikkat çekici resimler yer almaktadır (Resim 2). Amed, görüşmemiz sırasında kurumda Kürt sinemasına dair bulunan tek resimlerin bunlar olduğunu belirtmiştir. Film merkezinde, Halil Dağ'ın "film yaparken sahip olduğumuz tek şey kameralarımız ve yoldaşlarımızdır" ifadesi doğrultusunda, onun ruhunu taşıyan filmler yapmak cesaretlendirilmektedir.

Öte yandan, diasporanın (örn. Hamburg) yanı sıra Batman ve Van gibi, Kürdistan'ın farklı yerlerinde de Kürt sinemasını desteklemek amacıyla Dağ'ın filmleri düzenli olarak tartışmaya açılmakta ve gösterilmektedir (bkz. *Yeni Özgür Politika* 2015). Yakın zamanda bazı genç yönetmenler Dağ'dan açıkça bir ilham kaynağı olarak ve Kürt sinema yapımı için yeni sahalar açan biri olarak bahsetmişlerdir. Onun eserlerinden ilham alan bazı yönetmenleri ve eserleri şöyle sıralayabiliriz: Kürt uydu kanalı *Stêrk TV*'de yayımlanan bir dizinin yönetmeni olan Haşim Aydemir (Altay 2014); 2014 yılında Türkiye'de yasaklanan

Kürtçe isimler üzerine kısa belgesel *Navê Te Çi Ye?* (*Senin Adın Ne?*, Cihad İlbaş ve Ömer Altaş); ödül kazanan *Dengê Bavê Min* (*Babamın Sesi*, Orhan Eskiköy ve Zeynel Doğan); 2013 Antalya Film Festivali'nde en iyi belgesel filmi ödülünü alan *Fecîra* (Piran Baydemir). Ayrıca *Yapım 13* film kolektifi üyeleriyle yaptığımız görüşmelerde, yine Dağ ve Güney'in adları, modern Kürt film yapımcıları için tekrar tekrar birer rol modeli ve öncü olarak anılmıştır.

Dağ'ın ulusaşırı Kürt Hareketi için sembolik değerini gözler önüne seren diğer bir örnek ise, Dağ'ın portresinin Türkiye ve Avrupa'daki Kürt toplum merkezlerinde bulunuyor olmasıdır. Örneğin Resim 3 (Ocak 2014'te çekilmiş), Doğu Londra'daki bir sosyal merkezde, Kürt Hareketi'nin diğer kahramanlarının portreleri arasında Halil Dağ'ın da bir resmini göstermektedir. Benzer portreler (Kürt Hareketi'nin farklı kollarına ait) diğer merkezlerde de bulunmaktadır. Bir gerilla savaşçısı kıyafeti içinde fotoğraf çekerken resmedilen Dağ'ın görüntüsü onun nasıl anıldığının özünü yakalamaktadır.

Ölümünden beri, Dağ ve filmleri Kürt "direniş kültürü" içinde ve Kürt sinemasının süregelen tarihselleştirilmesi ve itibar kazandırılması sürecinin parçası olarak önemli bir figür haline gelmiştir. Yereli yansıtan filmleri, yapımların sadece fiziksel mekânına gönderme yaparak değil, aynı zamanda PKK örgütlenmesi içinde olmasına da işaret ederek, "dağ sineması" olarak tanınmıştır. İnternet portallarının yanı sıra (örn. Kurdishcinema.com), Kürt sineması adına düzenlenen etkinlikler ve Kürt sinemasına tarihsel bir genel bakış ortaya koyan yayınlardan da görüldüğü üzere (örn. Arslan, 2009) Dağ'ın dağ sineması, Kürt sinemasının temel bir parçasıdır.

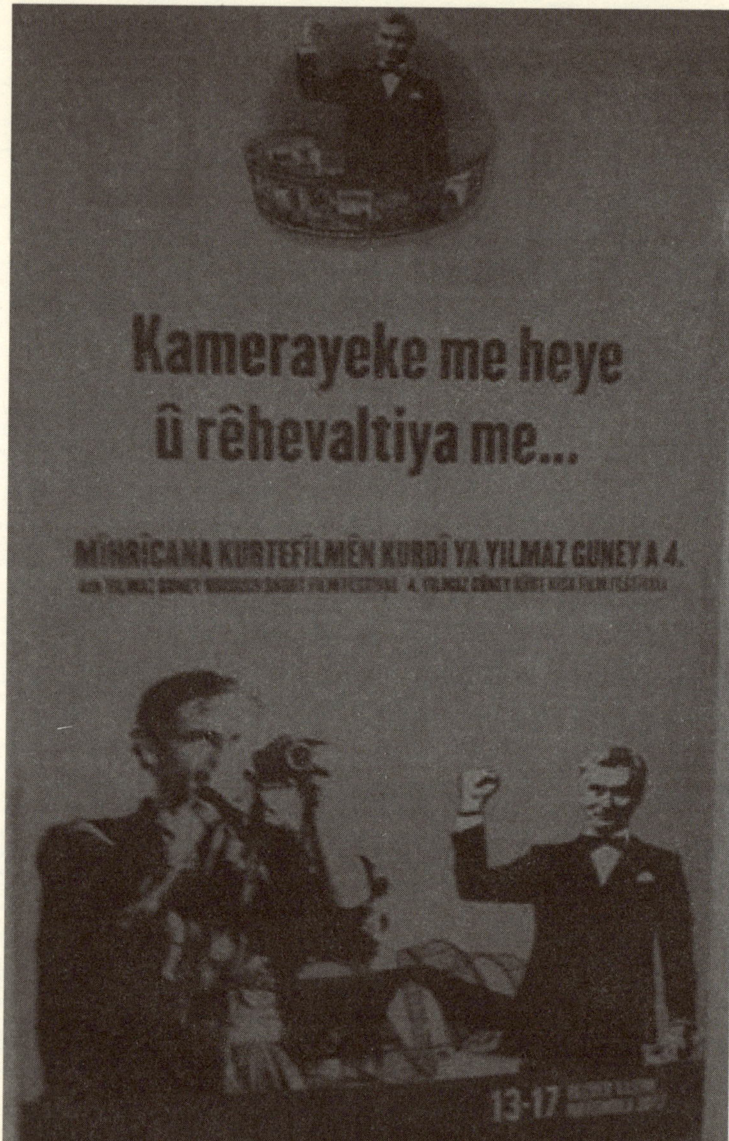

Resim 1: Halil Dağ (sol) & Yılmaz Güney (sağ), Kürt film etkinliğinin posteri.

Resim 2: Dağ ve Güney çalışırlarken, Ortadoğu Film Akademisi (Diyarbakır).

Resim 3: Dağ'ın Dalston, Londra'daki (İngiltere) bir Kürt toplum merkezinde bulunan portresi.

Tartışma: Dağ ve Yerli Çatışma Medyasındaki Geleneksel İkilikler

Bu bölümde Dağ'ın filmleri ile yerli medyanın geleneksel kavramsallaştırmalarına dönük eleştirel bir yaklaşımı bir araya getirmek istiyoruz. Daha spesifik olarak, yerli medyanın Dağ'ın çalışmaları tarafından sorgulanan beş yönünü saptamaktayız. Daha sonra bu sorgulamaları yerli çatışma medyasını incelemek üzere alternatif sorunsallar tanımlamak için kullanacağız.

İlk olarak, geleneksel anlamda yerli çatışma medyası sadece amatör bir iş olarak değerlendirilirken, Dağ, amatör ve profesyonel üretim arasındaki sınırların sadece belirsiz değil aynı zamanda koşullara bağlı olduğunu da göstermiştir. Koşullar ve kısıtlı imkânlar göz önüne alındığında, onun çalışma biçimi amatör seviyeyi aşmıştır; ancak birçok standarda göre kendisi profesyonel bir film yapımcısı olarak sayılmayabilir. Bu sınıflandırmanın onun için çok da önemli olmadığı; aksine kendi film yapım biçimini bir meslekten çok bir "misyon" ya da bir "görev" olarak algıladığı görülmektedir. İkinci olarak, yerli çatışma medyası genelde kurumsallaşmamış olarak görülse de, Dağ'ın durumu, nasıl adım adım gerilla hareketinin yetkili kurumlarının içine dalmış olduğunu göstermektedir. Hareketin içinde kendini yetiştirmiş biri olarak başlayan Dağ'ın çalışmaları, yıllar içinde kendi medya kuruluşları ve kültürel çevresi aracılığıyla kurumsallaşmıştır. Üçüncü olarak, yerli çatışma medyası ile ilgili literatürün büyük kısmı, ya askerler tarafından üretilen ya da yurttaş üretimi yapımlar kategorisi altına girmektedir. Dağ'ın ürünleri bu sebeple yeni ve melez bir medya üretimi alanını açımlamaktadır. Bir gerilla savaşçısı olarak kendisi askeri ve politik bir yapının parçasıdır; ancak aynı zamanda (örn. saldırılar sırasında) toplu şiddet olaylarını deneyimleyen ve bunlara tanıklık eden bir birey olarak da tekil sesini korumaktadır. Dördüncüsü, yerli medya geleneksel olarak ya hegemonya-karşıtı söylemlerin taşıyıcıları ya da hegemonyacı söylemler karşısında mücadele edenler olarak görülürler. Dağ'ın filmleri ve Kürt yanlısı çevrelerde yayılmaları, hegemonyacı ve hegemonya-karşıtı söylemler arasındaki ikiliğin saptanmasının zorluğunu vurgulamaktadır. Gerçekten de

Dağ'ın çalışması Türk-Kürt çatışmasında Türk milliyetçilerinin hegemonyasına karşı bir görüş olarak değerlendirilebilir; ama aynı zamanda filmlerin kendileri de Kürt Hareketi'nin güçlü söylemlerinin parçası haline gelmişlerdir. Hegemonya ve hegemonya-karşıtlığı arasındaki sınırlar bu sebeple belirsizleşir. Son olarak, her ne kadar çatışmayı konu alan yerli medyanın genellikle –çatışma ya da şiddeti "olduğu gibi"– belgeleme ya da anma (örn. çatışma kurbanlarını anmak adına, Knudsen ve Stage 2012) amacına hizmet ettiği iddia edilse de, Dağ'ın filmleri, üzerine açtığımız tartışma çatışmayı konu alan yerel medyanın daha karmaşık ve çok katmanlı olabileceğini göstermektedir. Onun filmleri süregiden çatışma ve şiddeti bildirir/belgelerken; aynı zamanda da gerilla savaşçılarının kahramanca portrelerini çizerek geleneksel öğeleri bir araya getirir. Bunun da ötesinde, bu öğeler kurgusal unsurlarla, mitoloji, ulusal sembolizm ve tabiatçılıkla birleşerek, Kürt direniş kültürünün bir parçası haline gelmiş olan "dağ sineması"nın belirgin estetiğine doğru yönelir.

Çatışmayı konu alan yerli medyanın geleneksel kavramlaştırmasının önündeki bu zorlukları dikkate alarak, Dağ'ın işlerini inceleyen bu çalışmanın bu türden medyanın üretimi üzerine gelecekteki araştırmalara yeni yönler vermede nasıl yardımcı olabileceğini görebiliriz. Çatışma konulu yerel medyanın bazı varsayılan özellikleri, üzerine az çalışılmış sorulara odaklanarak yeni bir ışık altında incelenebilir: Yerli yapımlar, örgütler ve hareketler tarafından nasıl kurumsallaştırılmaktalar? Yapımcıların tekil sesleri, parçası oldukları daha geniş yapıların varlığı kabul edilerek nasıl incelenebilir? Hegemonya-karşıtı söylemler, çatışmaların belirli tarihsel bağlamları içinde nasıl hegemonyacı söylemler haline gelmektedirler? Özellikle inanmaktayız ki burada ortaya konulan örnek olay, ampirik araştırmalar için –çatışma ve medya arasındaki ilişkiye yeni anlayışlar getirebilecek– yeni bir alan açmaktadır.

Konuyu toparlamak adına, çatışmayı konu alan yerli medyanın kavramsallaştırmasına ve bu tür bir medyanın Kürt başkaldırısı için oynadığı role odaklanan bu araştırmanın iki temel noktasını tartışmaya sunmak istemekteyiz. İlk olarak, ortaya koyduğumuz gibi, çatışmayı konu alan yerli medya alanında hızlı bir gelişme olmaktadır. Araştırma, şu ana kadar bu yapımların geleneksel medya platformları ve kurumları dışında, halktan yapımcıların hegemonya-karşıtı anlatılar oluşturmak üzere yarattıkları olanaklara yoğunlaştı. Dahası, çalışmalar toplu şiddetin "sıradan" insanlar tarafından nasıl deneyimlendiğinin "ham" tasvirlerini çatışma odaklı yerel medyanın nasıl yansıttığını incelemişlerdir. Bu her ne kadar birçok örnek için geçerli olsa da, biz, dijital çağdan önceki dönemden yerli yapımlar ya da (eski) askerler tarafından yapılan kurgusal filmler gibi heyecan verici ancak üzerine çok çalışılmamış deneysel alanlar olduğunu ileri sürdük. Dağ'ın çatışmayı konu alan yerel filmleri üzerine yaptığımız çalışma yerel çatışma medyasına ait geleneksel kavramlarından bir kısmına zıt düşmektedir. Dağ, şiddet ve çatışma sahnelerini "olduğu gibi" ve yalın bir bakış açısıyla çekmiştir; ancak bu sahneler kurgu, mitoloji, ulusal sembolizm unsurlarıyla karışmış, böylece belirgin bir estetik dil yaratmıştır. Dahası, Dağ'ın çalışma tarzı, amatör ve profesyonel film yapımcılığı arasında bir yerde olmuştur ve yapımları Kürt başkaldırı hareketi tarafından gitgide özümsenerek kurumsallaştırılan bağımsız, "yaratıcı" ve "yerel" bir yapımcı olarak hareket etmiştir. Dağ'ın çalışmalarının bu özelliklerini çatışma konulu yerel medyanın geleneksel kavramlarıyla yan yana koyarak böylesi medya yapımları üzerine gelecekte yapılacak çalışmaların kurumsallaşma, melezleşme ve estetik konularına daha derinden bakmalarını önermekteyiz. Bu tür kategoriler, örneğin güç ilişkilerini araştırırken hala yararlı olabileceklerinden, Lange'ın (2011: 40) da ileri sürdüğü üzere, amatör-profesyonel yapım kategorilerinin karşıtlığı tamamen yok sayılmamalıdır. Ancak bizler daha çok bunların arasındaki melez kategorilere odaklanmalıyız.

İkinci olarak, bu makale yerel filmlerin Kürt direniş kültüründe önemli bir rol oynadıklarını göstermektedir. Kürt Hareketi özenli şekilde oluşturulmuş bir medya altyapısına sahiptir ve yerli film bunu kilit parçalarından biri olmuştur. Öte yandan bu, PKK'nin kendi içinde geliştirdiği bir strateji olmaktan çok; Kürt medyasına azimli desteği ve gerillalarla beraber kalırken ortaya çıkarmayı başardığı eşsiz kamera görüntüleri sayesinde hareket içinde saygı kazanmış olan Halil Dağ'ın gayretinin sonucudur. Filmleri, hareket tarafından onaylanmış -ve kısmen kullanılmış- ancak onun kişisel deneyimleri ve hikaye paylaşma arzusundan ortaya çıkmıştır. Ayrıca filmleri çağdaş Kürt kültüründe de kilit bir yere sahiptir. Dağ'ın film yaptığı zamanlarda (2002-2008 arası), Kürt film yapımı Kürt sinemasının yakın zamanda yaşadığı büyümeye kıyasla oldukça sınırlıydı ve onun çalışmaları "dağ sineması" ve Kürt sinema tarihinin önemli bir parçası olarak bilinegeldiler. Dağ'ın filmlerinin, çatışma konulu yerli filmlerin günümüzdeki bazı örneklerinde olduğu gibi üye kazanma amaçlı olmasa da, harekete sempati duyanları hedef alan belirli bir medya kültürü oluşturduğunu belirtmek önemlidir.

Sonuç: Halil Dağ ve "Mücadele Sineması"

Dağ'ın hayatı ve çalışmaları üzerine yürüttüğümüz tartışma, onun geleneksel tarzdaki sınıflandırmaların ötesine geçtiğini açıkça göstermektedir. Buna karşılık, onun sineması, belgesel, gazetecilik, kurgu ve propaganda unsurlarını birleştirir. Çalışmasını bu kategorilerden herhangi birine sığdırmak yerine, onun çalışmalarının sinema-çatışma bağlantı noktası dâhilinde konumlayabileceğimiz yeni bir film yapımı biçimini temsil ettiğini iddia etmekteyiz. Dağ'ın ortaya koyduğu örnek, kullandığı film yapımı tarzını incelemek ve sınıflandırmak adına uygun kavramların eksikliğini de karşımıza çıkarmaktadır. Şiddet içeren çatışmalar (onların etkileri) ile uğraşan yapımcıların çalışmaları genelde ulusaşırı, vurgulu, sürgüne ya da diasporaya dair sinema gibi farklı çerçeveler kullanarak incelenirler. Başka yerde de ortaya konulduğu üzere (Smets 2015), bu çerçeveler, ulusal ve kültürel sınırlar ötesinde işleseler dahi, Dağ gibi bir yapımcının fiziksel katılımını ve ideolojik kaygılarını tarif etmekte yetersiz kalırlar. Bunun yerine, biz, *mücadele* kavramını öneriyoruz. *Mücadele* sineması, şiddet içeren çatışmalara en yakından dahil olan yapımcıların çalışmalarını tarif etmek için kullanılabilir. Çatışmanın tamamen içine dalmış olduklarından, onların filmleri kendi ideolojik bağlılıklarının sanatsal ifadeleridir. Mücadele sineması,diğer kavramlarla ortak bazı özellikler taşır, öyle ki; aslında "gerilla film yapımının" (çok düşük bütçelerle ya da resmi izin olmaksızın ve güçlü bir "doğrudanlık" hissi ile çalışılan bağımsız film yapımı pratiklerini nitelendiren bkz. Jones ve Jolliffe 2006) üretimle ilgili öğelerini "isyankâr sinema" ya da *Cine Insurgente* (*Arjantin Film Kolektifi ve Toplumsal Hareket*, bkz. Krichmar 2011) ya da "Cine Rebelde"de (Küba Devrimci Sineması, bkz. Stone 2006) görüldüğü üzere, izleyicileri ayaklanmaya ve direnmeye çağıran ideolojik öğelerle birleştirir. Bu nedenle, Dağ'ın mücadele sinemasının, muhatap olduğu şiddetli çatışmayı hem belgeleyen *hem de* şekillendiren yerel imgelemin belirli bir durumunu temsil ettiğini öne sürmekteyiz.

Yukarıda belirttiğimiz gibi, Dağ'ın Kürt hareketi ve onunla bağlantılı film yapımcıları için sembolik önemi ile Kürt sinemasının süregiden itibarlaştırılması sürecindeki görece marjinal konumu arasında bir zıtlık gözlemlemekteyiz. Bunun iki nedeni olduğuna inanıyoruz. İlki, Dağ'ın ideolojik profilinin PKK'ye, yani Kürt Hareketi'nin en militan kanadına aşırı bağlı olmasıdır. Yukarıda yazdığımız gibi, Dağ'ın filmleri öncelikle

PKK'ye sempati duyanlar için yapılmıştı ve onun çalışmaları, Kürtlerin kültürel direnişini şekillendirmekle uğraşan entelektüeller ve sanatçılar da dahil olmak üzere Kürt hareketinin diger kesimleri arasında büyük olasılıkla daha az yankı buldu, hatta tasvip edilmediler. İkinci bir neden ise, Dağ'ın günümüz bağımsız sanat filmi standartlarını karşılamayan amatör yapım biçimi ve sinema yaklaşımı olabilir. Kürt sinemasını sürekli gelişen "dünya sineması"nın –uluslararası film festivali sahnesi modasına uygun– bir parçası olarak tasavvur edenler Halil Dağ'ı buna dahil etmeye daha az meyilli durmaktadırlar. Bu anlamda, uluslararası film ödülleri kazanmış olan Yılmaz Güney, hevesli Kürt yapımcılar tarafından daha uygun bir referans noktasıdır. Gerçekten de Güney, genç Kürt film yapımcıları tarafından sıklıkla temel ilham kaynağı olarak anılmaktadır. Bunlar anlaşılır hususlar olsalar da, Dağ'ın çalışmalarının Kürt Hareketi içinde süregelmekte olan kültürel üretim ve sosyopolitik bağlılık arasındaki istisnai alışverişi bünyesinde barındırması nedeniyle, daha incelikli biçimde tanınması gerektiğini hatırlatmak istiyoruz. Dağ'ı çok sayıdaki diğer Kürt yapımcılardan ayrı bir yere koymak yerine, Dağ'ın bu bütünün bir dalını, örneğin Kürt kültürel direnişinin en kuvvetli belirleyicisi olan şiddet içeren çatışmaya doğrudan dâhil olmuş olan bir dalını temsil ettiğini savunmaktayız.

♦ *Çeviri:* Ceren Akyos

Kaynakça

Altay, G., 2014. "'Ref' dizisi Stêrk TV ekranında". Yeni Özgür Politika [online], 23 May 2014. Available from: http: //www.yeniozgurpolitika. org/index. php?rupel=nuce&id=30941 [Erişim tarihi 25 Kasım 2014].

Andén-Papadopoulos, K., 2009. "US soldiers imaging the Iraq War on YouTube". Popular Communication,7 (1), 17-27.

Andén-Papadopoulos, K., 2014. "Citizen Camera-Witnessing: Embodied Political Dissent in the Age of 'Mediated Mass Self-Communication'". New Media &Society, 16 (5), 753-769.

Arslan, M., 2009. Kürt Sineması : Yurtsuzluk, Sınır ve Ölüm. İstanbul: Agora Kitaplığı.

Ayata, B., 2011. "Kurdish Transnational Politics & Turkey's Changing Kurdish Policy: The Journey of Kurdish Broadcasting from Europe to Turkey". Journal of Contemporary European Studies, 19 (4), 523–533.

Başer, B., 2013. "The Kurdish Diaspora in Europe: Identity Formation & Political Activism". Istanbul: Boğaziçi University TÜSIAD Foreign Policy Forum. Available from: http: //cadmus.eui.eu/bitstream/handle /1814/28337 /Bahar_Baser_RR_01_2013.pdf?sequence=1 [Erişim tarihi 23 Kasım 2014].

Boyle , S., 2009. "Amateur film & the researcher: alternative perspectives of Australian soldiers in Vietnam". Australian Academic & Research Libraries, 40 (3), 223-233.

Buchsbaum, J., 2003. Cinema & the Sandinistas: Filmmaking in Revolutionary Nicaragua. Austin, TX: University of Texas Press.

Candan, M. & Hunger, U., 2008. "Nation Building Online: A Case Study of Kurdish Migrants in Germany". German Policy Studies, 4 (4), 125-153.

Christensen, C., 2008. "Uploading war & Peace: YouTube & Military Propaganda". Media, War & Conflict, 1 (2), 155-175.

Cottle, , 2006. Mediatized Conflict: Developments in Media & Conflict Studies. Maidenhead: Open University Press.

Çağlayan, H., 2012. "From Kawa the Blacksmith to Ishtar to Goddess: Gender Constructions in İdeological-Political Discourses of the Kurdish Movement in Post-1980 Turkey. Possibilities & Limits". European Journal of Turkish Studies, 14 (2), 2-23.

Çiçek, Ö. 2011. "The Fictive Archive: Kurdish Filmmaking in Turkey". Alphaville: Journal of Film & Screen Media [online], 1 (1). Available from: http: //www. alphavillejournal.com/Issue%201/ArticleCicek.html [Erişim tarihi 18 Eylül 2014].

Dağ, H. 2009. Beni bağışlayın: Dağ yazıları& Botan günlüğü. Neuss: Mezopotamya Yayınları.

Eccarius-Kelly, V., 2010. "Nationalism, ethnic rap, & the Kurdish diaspora". Peace Review: A Journal of Social Justice, 22 (4), 423-431.

Fahmy, S., 2010. "Contrasting Visual Frames of Our Times: A Framing Analysis of English- & Arabic-language Press Coverage of war & Terrorism". International Communication Gazette, 72 (8), 695-717.

Galip, Ö., 2015. Imagining Kurdistan: identity, culture, & society. Londra: I. B. Tauris.

Getino, O., 2011. "The Cinema as Political Fact". Third Text,25 (1), 41-53.

Grabolle Çeliker, A., 2009. "Construction of the Kurdish self in Turkey Through Humorous Popular Culture". Journal of Intercultural Studies, 30 (1), 89-105.

Griffin, M., 2004. "Picturing America's 'war on terrorism' in Afghanistan & Iraq: Photographic Motives as News Frames". Journalism, 5 (4), 381-402.

Griffin, M., 2010. "Media images of war". Media, War & Conflict, 3 (1), 7-41.

Hassanpour, A., 2003. "Diaspora, Homeland & Communication Technologies". H. K. Karim, ed. The media of diaspora içinde. Londra: Routledge, 76–88.

Iyengar, S. & Simon, A., 1993. "News Coverage of the Gulf Crisis & Public Opinion: A Study of Agenda-setting, Priming & Framing". Communication Research,20 (3), 365-383.

Jones, C. & Jolliffe, G., 2006. The guerilla filmmakers handbook. New York, NY: Continuum.

Jongerden, J. & Akkaya, A. H (2011). "Born from the Left: the Making of the PKK. Casier, M. & Jongerden", J. (Ed.). Nationalisms & politics in Turkey: political Islam, Kemalism & the Kurdish issue (s. 123-142). Londra: Routledge.

Kampf, Z. & Liebes, T., 2013. Transforming Media Coverage of Violent Conflicts: The New Face of War. Houndmills, Basingstoke: Palgrave Macmillan.

Kennedy, L., 2009. "Soldier Photography: Visualising The War in Iraq". Review of International Studies, 35 (4), 817-833.

Knudsen B. T. & Stage C., 2012. "Online war memorials: YouTube as a Democratic Space of Commemoration Exemplified Through Video Tributes to Fallen Danish Soldiers". Memory Studies 6(4): 418-436.

Koçer , S., 2014. "Kurdish Cinema as A Transnational Discourse Genre: Cinematic Visibility, Cultural Resilience, & Political Agency". International Journal of Middle East Studies,46(3), 473-488.

Kolmer, C. & Semetko, H. A., 2009. "Framing the Iraq War: perspectives from American, UK, Czech, German, South African, & Al-Jazeera news". American Behavioural Scientist, 52 (5), 643-656.

Krichmar, F., 2011. "Cine Insurgente/Rebel Cinema (Argentina)". J. D. H. Downing, (ed.), Encyclopedia of social movement media. Thousand Oaks, CA: Sage, 95-96.

Lee, T., 2010. "Peace Journalism: Principles & Structural Limitations in The News Coverage of Three Conflicts". Mass Communication & Society, 13 (4), 361-384.

Melkote, R., 2009. "News Framing During a Time of İmpending War: An Examination of Coverage in The New York Times Prior to the 2003 Iraq War". International Communication Gazette, 71 (7), 547-559.

Michael, L., 2013. "Frames, Forums & Facebook: Interpreting British Muslim Understandings of Post-7/7 militarist media narratives". A. Karatzogianni, (ed.) Violence & war in culture & the media: five disciplinary lenses. Londra: Routledge, 148-168.

Rodríguez, C., 2011. Citizens' Media Against Armed Conflict: Disrupting Violence in Colombia. Minneapolis, MN: University of Minnesota Press.

Schoemaker, E. & Stremlau, N (2014). "Media & Conflict: An Assessment of the Evidence". Progress in Development Studies, 2 (14), 181-195.

SheyholIslâmi, J., 2011. Kurdish Identity, Discourse, & New Media. Houndmills, Basingstoke: Palgrave Macmillan.

Silberman, M., 1990. "Remembering History: the Filmmaker Konrad Wolf". New German Critique, 49, 163-191.

Sinclair, C. & Smets, K (2014). "Media Freedoms & Cover Diplomacy: Turkey Challenges Europe Over Kurdish Broadcasts". Global Media & Communication 10(3): 319-331.

Smets, K (2015). "Cinemas of Conflict: A Framework of Cinematic Engagement With Violent Conflict, İllustrated With Kurdish Cinema". International Journal of Communication 9(1): 796–817.

Solanas, F. E. & Getino, O., 1973. Cine, cultura y descolonización. Mexico City: Siglo Veintiuno.

Stone, R., 2006. "Mother lands, sister nations: the epic, poetic, propaganda films of Cuba & the Basque Country". S. Dennison & S. H. Lim, (ed.) Remapping World Cinema: Identity, Culture & Politics in Film. Londra: Wallflower Press, 65-72.

Taylor, J., 1998. Body Horror: Photojournalism, Catastrophe & War. New York, NY: New York University Press.

Yeni Özgür Politika (2015). "Halil Uysal Sinema Günleri ile Anılacak". Yeni Özgür Politika, 2 Nisan 2015. Available from: http: //www.yeniozgurpolitika.org/ index.php? rupel=nuce&id=40682 [Erişim tarihi 3 Nisan 2015].

70'ler Kuzey Kürdistanı'nda Siyasi Partiler Soyağacı

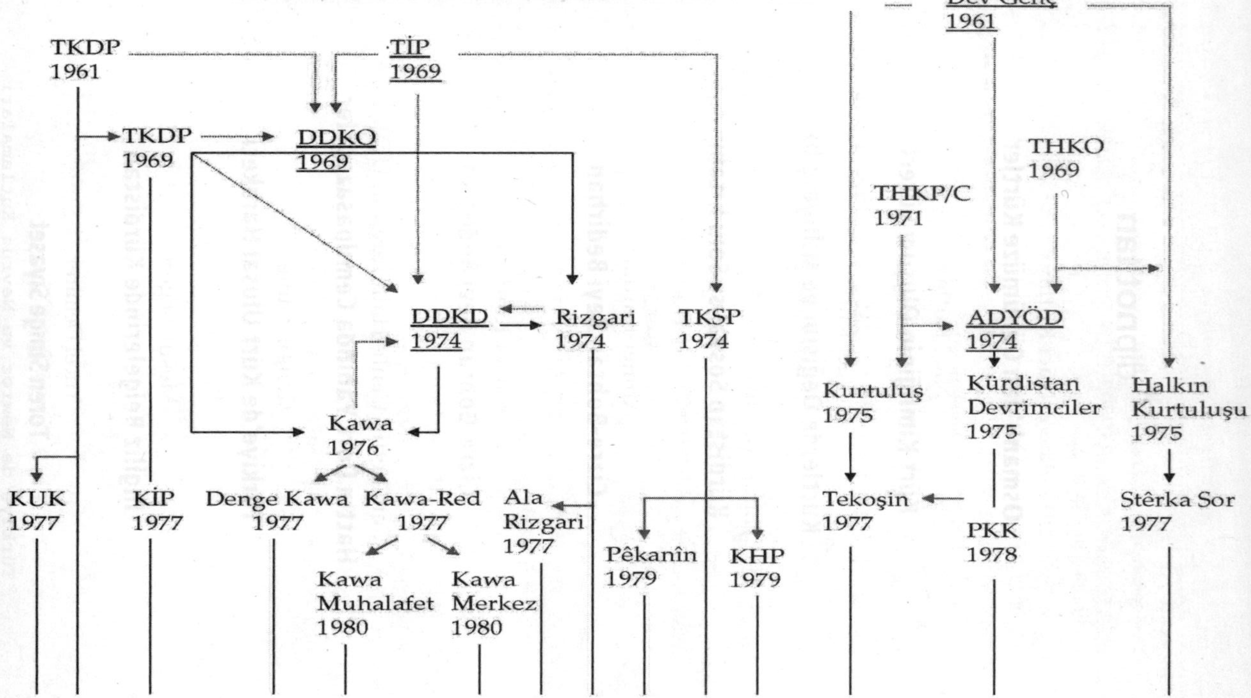

*dipnot'tan

Naci Kutlay
Osmanlı'dan Günümüze Kürtler

Naci Kutlay
Kürt Kimliğinin Oluşum Süreci

Naci Kutlay
Kürtlerde Değişim ve Milliyetçilik

Haz. Emir Ali Türkmen–Abdurrahim Özmen
Kürdistan Sosyalist Solu Kitabı
60'lardan 2000'lere Seçme Metinler

Ahmet Kardam
Cizre-Bohtan Beyi Bedirhan
Sürgün Yılları

Ahmet Kardam
Cizre-Bohtan Beyi Bedirhan
Direniş ve İsyan Yılları

Cemalettin Canlı–Halil İbrahim Uçak
Hattın Dört Yanında Cemilpaşazadeler

Cengiz Güneş
Türkiye'de Kürt Ulusal Hareketi
Direnişin Söylemi

Mesut Yeğen
İngiliz Belgelerinde Kürdistan

Yücel Demirer
Tören Simge Siyaset
Türkiye'de Newroz ve Nevruz Kutlamaları